权威·前沿·原创

皮书系列为
“十二五”“十三五”国家重点图书出版规划项目

养老金融蓝皮书

BLUE BOOK OF AGEING FINANCE

# 中国养老金融发展报告（2019）

## ANNUAL REPORT ON THE DEVELOPMENT OF CHINA'S AGEING FINANCE (2019)

研　　创／中国养老金融50人论坛
主　　编／董克用　姚余栋
执行主编／孙　博

社会科学文献出版社
SOCIAL SCIENCES ACADEMIC PRESS (CHINA)

图书在版编目(CIP)数据

中国养老金融发展报告.2019／董克用，姚余栋主编.--北京：社会科学文献出版社，2019.10
（养老金融蓝皮书）
ISBN 978-7-5201-5317-1

Ⅰ.①中… Ⅱ.①董… Ⅲ.①养老-金融业-研究报告-中国-2019 Ⅳ.①F832

中国版本图书馆CIP数据核字（2019）第171831号

养老金融蓝皮书
中国养老金融发展报告（2019）

研　　创／中国养老金融50人论坛
主　　编／董克用　姚余栋
执行主编／孙　博

出 版 人／谢寿光
责任编辑／张　超　张雯鑫

出　　版／社会科学文献出版社·皮书出版分社（010）59367127
地址：北京市北三环中路甲29号院华龙大厦　邮编：100029
网址：www.ssap.com.cn
发　　行／市场营销中心（010）59367081　59367083
印　　装／天津千鹤文化传播有限公司

规　　格／开　本：787mm×1092mm　1/16
印　张：29　字　数：436千字
版　　次／2019年10月第1版　2019年10月第1次印刷
书　　号／ISBN 978-7-5201-5317-1
定　　价／158.00元

# 《中国养老金融发展报告（2019）》
# 编委会与课题组名单

**课 题 组** （按姓氏拼音排序）

曹卓君　崔文华　丁诗聪　丁岩松　董克用
胡　兵　胡俊英　贾佩琳　李　斐　李宏纲
李志淦　林佳钰　刘　建　彭维瀚　秦　婧
尚　筱　沈艳芬　苏　罡　孙　博　孙　瑜
王建钦　王增强　宣　华　闫化海　杨　董
袁绪超　张凌睿　张维义　张　栋　赵莎莎

**编 辑 组** 张　栋　王振振　林佳钰　李嘉璇　邹林娟

**参与单位** （按机构名称拼音排序）

长江养老保险股份有限公司
大成基金管理有限公司
广发基金管理有限公司
和君集团有限公司
华安基金管理有限公司
华夏基金管理有限公司
汇添富基金管理股份有限公司
建信养老金管理有限责任公司
美国信安金融集团（Principal Financial Group）
清华大学社会科学学院社会与金融研究中心
泰达宏利基金管理有限公司
兴业银行股份有限公司
宜信公司
招商银行股份有限公司
中国人民大学公共管理学院
中国人寿养老保险股份有限公司

# 中国养老金融50人论坛简介

中国养老金融50人论坛由中国人民大学董克用教授联合华夏新供给经济学研究院等多家机构共同发起，于2015年12月9日正式成立，聘请中国人民银行副行长、国家外汇管理局局长潘功胜，中国社会保险学会会长、人力资源和社会保障部原副部长胡晓义，全国社保基金理事会原副理事长王忠民，中国人民银行原行长助理杨子强担任学术顾问，为论坛学术活动和课题研究提供学术指导。论坛成员由来自政策部门的决策人员、研究机构的专家学者和业界机构资深专业人士组成。论坛致力于成为养老金融领域的高端专业智库，旨在为政策制定提供智力支持，为行业发展搭建交流平台，向媒体大众传播专业知识。论坛的使命为：推动我国养老金融事业发展，促进我国长期资本市场完善，推进普惠养老金融建设，践行改善民生福祉的社会责任。

中国养老金融50人论坛官方网址：www. caff50. net

中国养老金融50人论坛联系方式：info@ caff50. net

中国养老金融50人论坛微信公众号：CAFF50

# 主要编撰者简介

**董克用**　经济学博士、中国人民大学养老金融研究中心主任，教授、博士生导师，中国养老金融50人论坛秘书长，研究领域为养老政策与养老金融。兼任人力资源和社会保障部特聘专家、中欧社会保障改革项目中方专家、国家开发银行专家委员会养老项目评审专家、美国密歇根大学福特公共政策学院客座教授、中共中央党校（国家行政学院）等国内多所大学兼职教授。曾任中国人民大学公共管理学院院长、劳动人事学院院长，全国MPA教育指导委员会秘书长。数十年来，同国家发展和改革委员会、财政部、人力资源和社会保障部等国家部委合作开展多项养老金融项目研究。此外，作为中国养老金国际研讨会创始人与世界养老金峰会创始人Harry Smorenberg先生合作组织了多届养老金融国际研讨会。在《管理世界》《公共管理学报》《中国工业经济》等期刊上发表文章百余篇。

**姚余栋**　经济学博士、研究员、博士生导师，中国养老金融50人论坛首席经济学家，主要研究领域为宏观经济与金融发展。现任大成基金副总经理、首席经济学家，中国中小银行发展论坛秘书长。兼任中国金融会计协会副会长、中国财政学会常务理事、清华大学财税研究中心特邀研究员。曾任中国人民银行金融研究所所长、国际货币基金组织经济学家、中国人民银行货币政策二司副巡视员、中国人民银行货币政策司副司长。在《经济研究》《金融研究》等期刊上发表论文百余篇。

**孙　博**　中国人民大学管理学博士，中国证监会、清华大学金融学博士后，中国养老金融50人论坛特邀成员，研究领域为养老金融。曾供职于中国证监会研究中心，现任华夏基金养老金管理部总监，兼任中国人民大学人力资源与开发中心客座研究员。在《清华金融评论》《金融监管研究》《公共管理学报》《中国社会保障》等期刊发表文章多篇。

# 摘　要

人口老龄化是我国将要长期面临的严峻挑战。应对人口老龄化离不开金融的媒介融通作用，由此诞生了养老金融这一领域。养老金融指的是为应对人口老龄化挑战，围绕社会成员的各种养老需求所进行的金融活动的总和，包括养老金金融、养老服务金融、养老产业金融三部分内容。基于此，本报告旨在对我国养老金融行业年度发展情况进行回顾，分析存在的问题、面临的挑战，并对未来发展趋势进行研判，同时提出相关思考和建议，目的在于推动社会各界共同关注、积极参与并深入探索适应我国养老金融事业的发展道路。

本报告主要分为总报告、分报告、调研篇、产品篇、专题篇和借鉴篇六部分内容。

在总报告，对原有“养老金融”概念中养老金金融、养老服务金融和养老产业金融的内涵进一步拓展，之后从宏观视角总结归纳中国养老金融发展现状及面临的挑战，在此基础上对中国养老金融未来发展趋势进行研判，并提出对策建议。

在分报告，一是对 2018 ~ 2019 年养老金金融行业发展、资产管理现状进行回顾，总结其存在的问题与面临的挑战，在此基础上对养老金金融发展趋势进行预判并提出发展完善的对策建议。二是在深入分析“养老服务金融”内涵、概念框架的前提下，系统梳理了我国养老服务金融发展现状、面临的问题与挑战，在此基础上对其未来发展趋势进行展望，并提出完善我国养老服务金融的对策建议。三是通过回顾养老产业金融五年发展历程，梳理健康养老产业金融体系，确立养老产业金融四大核心工具，在此基础上对我国养老产业金融发展趋势进行研判。

在调研篇，本年度重点关注农村养老金融发展，依托中国人民大学“千人百村”社会调研活动的调查数据，从农村居民的养老政策认知、养老保障制度参与情况和养老储备及养老相关活动的参与意愿这三个方面出发，分析当前农村养老保障制度运行情况和农村居民的养老现状、存在的问题，并提出完善农村养老保障体系的对策建议。

在产品篇，一是重点分析2018～2019年我国养老金产品发展现状、存在问题与挑战，在此基础上阐明产品管理模式是职业年金投资的发展趋势，提出促进养老金产品发展的政策建议；二是系统介绍了养老目标基金的推出背景、产品定义及核心要点，从投资策略、发展现状、产品设计核心要素、投资收益等角度详细分析了目标风险基金和目标日期基金，之后对我国养老目标基金发展的机遇和挑战进行剖析，并提出发展我国养老目标基金的对策建议。三是在回溯养老保障管理业务十年发展历程，详细分析其业务的发展现状、产品特点、渠道情况的基础上，对养老保障管理市场当前面临的形势及未来的机遇进行了分析和展望。四是在简要分析个人税延型商业养老保险试点政策的基础上，重点分析了第三支柱个人税延型商业养老保险试点以来的发展现状与存在问题，之后提出相应的对策建议以促进第三支柱个人养老金发展。五是通过对保险、基金在管理机制、投资运作等方面进行比较，分析了商业银行发展养老金融产品的优势所在、存在问题，并结合我国实践给出未来银行养老金融产品的市场定位、发展路径和策略选择。

在专题篇，一是从养老金三支柱发展未来的难点出发，借鉴海外养老金对接的实践经验，对推动我国三支柱养老金账户对接的意义及实施路径进行了分析，为三支柱养老金的可持续发展提出了探索性建议。二是在回顾海外主流理论的基础上，描述了国内目标日期基金下滑曲线的设计情况及海外对比，基于下滑曲线的改进设计提出了国内养老目标日期基金发展的相关建议。三是从个人税收递延型商业养老保险试点工作出发，通过对个人养老金体系产品制和账户制的对比分析，明确个人养老金体系实行账户制模式的必要性与可行性，之后对账户制个人养老金体系的整体架构、业务运作流程进行说明，并就账户制模式如何更好地实施给出建议。四是重点总结海外养老金投资私募股权的经验以及我国私募股权市场的发展态势，对我国基本养老金、企业年金及职业年金投资私募股权提出了政策建议。五是回顾了海外投顾业务的发展历程，阐明投资顾问在养老金融发展中的重要意义，之后在总结投资顾问在养老金融发展中的实践经验的基础上，提出从客户利益出发，加快多元化、多层次的投顾服务体系建设。

在借鉴篇，一是在系统梳理智利养老金改革历程基础上，重点阐释了智利在改革中的转移缴费、认可债券及其对政府财政产生的影响，为我国建设第三支柱养老金提供经验借鉴。二是系统介绍了美国目标风险基金的基本概况、参与情况以及主要特征，在此基础上结合我国养老金市场和已发行目标风险基金产品的基本特点，总结了我国目标风险基金发展所面临的挑战并提出建议。三是介绍了海外默认机制引入的背景与设计原则、设计机制及现有默认产品的主要类型与特点，之后结合我国实际情况提出了一些经验借鉴和启示。

2018 年是第三支柱个人养老金试点的第一年，也是职业年金市场化投资的元年。2018～2019 年，在国家诸多政策连续推动下，银行、基金、保险、信托等行业纷纷进行了积极探索，养老金金融、养老服务金融、养老产业金融都得到了进一步的发展。同时，受诸多因素的影响，我国养老金融事业发展过程存在诸多问题与不足，且远远滞后于发达国家，但毋庸置疑，我国养老金融事业发展空间巨大。受计划生育等因素影响，我国人口老龄化速度远远快于其他国家，将很快步入重度老龄化乃至超老龄化阶段。在此背景下，我国必须全方位重视养老金融的各个方面建设，加快推动养老金融事业发展壮大，为我国应对老龄化挑战做好金融准备。

# Abstract

Population ageing is a serious challenge that China will face for a long time. Coping with ageing cannot be separated from the financial media intermediation, which was born in this area of ageing finance. Ageing finance refers to the three parts of the fiscal activities, including pension finance, pension service finance and pension industry, in order to cope with the challenges of ageing, around the various social needs of the members of the community. Based on this, the purpose of this report is to review the annual development of China's industry of ageing finance, analyze the problems and challenges, and to study the future development trend, and put forward relevant thinking and suggestions. The purpose is to promote the community shared concern, and actively participate in and explore the development of China's pension infrastructure to adapt to the road.

This report is mainly divided into six parts: General Report, Topical Reports, Research Report, Product Reports and Special Subject Reports and Experience Reports. In the part of General Report, the connotation of pension finance, Pension Service Finance and pension industry finance in the original concept of "pension finance" is further expanded. The General Report also summarizes China's pension finance from a macro perspective. Based on the current situation and challenges, this report studies and judges the future development trend of China's pension finance, and puts forward countermeasures and suggestions.

In the Topical Reports, the first part reviews the development of pension finance industry and the status quo of asset management from 2018 to 2019, summarizes the existing problems and challenges, and on this basis, forecasts the development trend of pension finance and puts forward countermeasures and suggestions for its improvement. Secondly, on the premise of in-depth analysis of the connotation and conceptual framework of "old-age service finance", this part systematically combs the current situation, problems and challenges of the development of our country's old-age service finance. This paper also predicts the development trend of China's pension service finance with some practical suggestions. The third part describes the healthy pension industry finance system, and establishes the four core tools of pension industry finance by reviewing the five-year development process of pension industry finance. The report also studies and judges the development trend of China's pension industry, and proposes the future development opportunities of healthy pension industry.

In the Research Report, this year's focus is on the rural old-age security undertakings. The forum relies on the survey data of the social research activities of "Qianrenbaicun" in Renmin University of China. It conducts research from three aspects: rural residents' perception of the old-age policy, participation in the old-age security system, the old-age reserve and willingness to participate in old-age related activities. The report analyses the current operation of the rural old-age security system, the present situation and existing problems of the rural residents'old-age security system, and puts forward some countermeasures and suggestions to improve the rural old-age security system.

In the Product Reports, the first part focuses on the analysis of the current problems and challenges of the development of pension products in China's occupational pension investment from 2018 to 2019. It clarifies that product management mode is the development trend of occupational pension investment, and provides some policy recommendations to promote the development of pension products. Secondly, this part systematically introduces the background, product definition and core points of the pension target fund. It analyses the target risk fund and target date fund in detail from the angles of investment strategy, development status, core elements of product design and investment income. Then it analyses the opportunities and challenges of the development of the pension target fund in China. The countermeasures and suggestions for the development of China's pension target fund are put forward. The third part reviews the ten-year development course of the pension security management business, analyses in detail the current situation of its business development, product characteristics, the basis of channel situation, and makes an analysis and Prospect of the current market situation and future opportunities. Fourthly, on the basis of a brief analysis of the pilot policy of tax-deferred commercial endowment insurance, this part focuses on the analysis of the development status and existing problems of the third pillar of tax-deferred commercial endowment insurance since the pilot, and then puts forward corresponding suggestions for improvement. Fifthly, this part introduces the advantages and problems of commercial banks in developing pension financial products by comparing with insurance and fund in terms of management mechanism and investment operation, and gives the market orientation, development path and strategy choice of future pension financial products according to China's practice

In the Special Subject Reports, first, it starting from the difficulties of the future development of the three pillars of pension, and drawing on the practical experience of overseas pension docking, the significance and implementation path of promoting the three pillars of pension account docking in China are analyzed, and exploratory suggestions for the sustainable development of the three pillars of pension are put forward. First, this part analyses the significance and implementation path of promoting the docking of three-pillar pension accounts in China by drawing on the experience of overseas pension docking, and provides some exploratory suggestions for solving the difficulties of the development of China Individual Pension accounts. Secondly, on the basis of reviewing the overseas mainstream design theory, this paper describes the design situation and overseas comparison of the decline curve of domestic target date fund, and puts forward relevant suggestions for the development of domestic pension target date fund based on the improved design of the decline curve. Thirdly, this part bases on the pilot work of the deferred commercial pension insurance of personal tax to conduct a comparative analysis of the product system and the account system of the individual pension system, including the necessity and feasibility of implementing the account system in the individual pension system are clarified. The overall structure and business operation process of the account system of the individual pension system are described, as well as suggestions on how to better implement the account system model. Fourthly, it focuses on summing up the experience of overseas pension investment in private equity and the development trend of China's private equity market, and puts forward policy recommendations for China's basic pension, enterprise annuity and occupational annuity investment in private equity. Fifthly, it reviews the development process of overseas investment services, clarifies the importance of investment consultants in the development of pension finance, and proposes to speed up the construction of diversified and multi-level investment service system based on the interests of customers, and encourage the development of professional independent investment companies.

In the Experience Reports, first, on the basis of a systematic review of Chile's pension reform process, this part explains Chile's transfer payments, recognized bonds and their impact on the government's finance in the reform, providing experience for reference for the third pillar of Chile's construction. Secondly, it introduces the basic situation, participation and main characteristics of the target risk fund in the United States. It summarizes the challenges faced by the development of the target risk fund in China and puts forward some suggestions based on the basic characteristics of China's pension market and the issued target risk fund products. Thirdly, it introduces the background and design principles, design mechanism and the main types and characteristics of default products, and then puts forward some experience and Enlightenment Based on the actual situation of our country.

2018 is the first year of China's third pillar of personal pension pilot, and also is the first year of market-oriented investment in occupational pension. In the year of 2018 ~ 2019, under the continuous promotion of many national policies, banks, funds, insurance, trusts and other industries have actively explored, pension finance, pension service finance, pension industry finance have been further developed. At the same time, influenced by many factors, problems and shortcomings still exist in the development process of China's pension finance, and it lags far behind the developed countries. However, there is a huge space for the development of China's pension finance. Influenced by family planning and other factors, China's ageing rate is much faster than other countries, and will soon enter a stage of severe ageing and even super-ageing. In this context, China must pay full attention to all aspects of pension finance, accelerate the development and growth of pension finance, and make financial preparations for China to deal with the challenges of ageing

# 目 录

## Ⅰ 总报告



## Ⅱ 分报告

## Ⅲ 调研篇



## Ⅳ 产品篇



## Ⅴ 专题篇



## Ⅵ 借鉴篇

## Ⅶ 附录



皮书数据库阅读使用指南

# CONTENTS

## I General Report



## Ⅱ Topical Reports

## Ⅲ Research Report



## Ⅳ Product Reports



## Ⅴ Special Subject Reports

## Ⅵ Experience Reports



## Ⅶ Appendix

# 总 报 告

General Report

# B.1 中国养老金融发展现状、挑战与趋势研判

董克用 孙 博 张 栋*

**摘 要：** 养老金融是包括养老金金融、养老服务金融和养老产业金融的一个系统性的概念体系。随着人口老龄化程度日趋加深，政府与市场的重视程度不断提升，养老金金融步入新的轨道，养老服务金融成效初显，养老产业金融持续发力。但与此同时，我国养老金融的发展依然面临一系列挑战：在养老金金融方面，制度设计有待进一步改革完善，资产管理能力仍需提升；在养

* 董克用，中国人民大学教授、博士生导师，中国养老金融50人论坛秘书长，研究领域为养老政策与养老金融；孙博，管理学博士，金融学博士后，中国养老金融50人论坛特邀成员，供职于华夏基金养老金管理部，研究领域为养老金融；张栋，管理学博士，清华大学社会科学学院社会与金融研究中心博士后，中国养老金融50人论坛青年研究员，研究领域为养老金融。本文仅代表个人观点，与供职单位无关。

老服务金融方面，供需双方面临多重制约，养老服务金融市场活力不足；在养老产业金融方面，机遇与风险叠加，养老产业投融资和运作面临挑战。长期来看，我国养老金融发展的未来前景依然广阔。未来应进一步完善养老金结构，提高养老金资产管理能力，推动养老金金融的完善；同时，要加大政策支持力度，提高养老服务金融供需双方动力，培育和扩大养老服务金融市场；此外，还应进一步加大养老产业金融支持力度，鼓励行业积极创新，促进养老产业金融的快速发展。

**关键词：** 养老金金融　养老服务金融　养老产业金融

随着人口老龄化趋势加剧，养老日益成为全社会关注的话题。与其他国家相比，我国人口老龄化呈现如下四个核心特点：规模大、发展速度快、持续时间长、应对任务重。人口老龄化将成为我国在21世纪甚至更长时期面临的严峻挑战。从国际经验来看，应对人口老龄化离不开金融的媒介融通作用，金融工具和技术是积极应对人口老龄化的重要方式，也是适应传统养老模式转变、满足群众日益增长的养老需求的必由之路，由此诞生了养老金融这一专门领域。然而，目前国际国内养老金融的概念界定及其内涵和外延均没有得到系统的阐释，概念之间的区别与联系也并未厘清，社会各界对于养老金融均没有形成统一的认识，这对于养老金融的长期可持续发展形成了极大阻碍。本报告旨在辨析相关概念，并在此基础上界定养老金融的概念框架，并探讨养老金融的发展趋势。

## 一　养老金融概念及其内涵界定

### （一）中国养老金融体系概念架构

总体来看，养老金融是一个概念体系，是指为了应对人口老龄化挑战，围绕社会成员的各种养老需求所进行的金融活动的总和，包括养老金金融、养老服务金融、养老产业金融三部分。其中，养老金金融指的是为储备制度化的养老金进行的一系列金融活动，其对象是制度化的养老金资产，目标是通过制度安排积累养老资产，同时实现保值增值；养老服务金融指的是除制度化的养老金以外，社会成员为了满足自身养老需求所采取的财富积累、消费及其他衍生的一系列金融活动，其本质是通过金融活动参与来满足人们多元化的养老需求；养老产业金融则指的是为与养老相关产业提供投融资支持的金融活动，其对象是养老产业，目标是满足养老产业发展所需要的各种投融资需求。

我们认为上述三分法有其合理性。一是从个体安排老年生活角度讲，社会成员的金融需求不仅限于养老金，还包括其他针对老年生活的财富积累和消费，以及相关的实体服务。而上述概念中，养老金金融和养老服务金融直接服务个人养老需求，养老产业金融则是通过养老产业间接满足成员的养老服务需求。二是从社会应对老龄化的全局来看，养老金金融和养老服务金融的目标都是为国民提供养老资产，为实现可持续养老支持体系提供经济基础；养老产业金融的目标则是通过金融支持养老产业的发展，为国民更加体面和完善的养老服务提供保障。可以看出，养老金融正是通过对养老资产的积累和对养老产业的支持来应对人口老龄化的挑战。

基于此，本报告拟在养老金融三分法的框架之下，对养老金金融、养老服务金融和养老产业金融子概念进行进一步讨论，完善养老金融概念体系。

### （二）养老金融概念的内涵体系

结合我们对养老金融概念的进一步界定，我们认为养老金融概念的内涵体系可用图 1 表示，其中各个子概念的内涵如下。

养老金金融内涵主要包括两方面内容。一是养老金制度化安排。从世界范围来看，多支柱养老金模式已经成为主流发展趋势，即零支柱的国民养老金、第一支柱的基本养老金、第二支柱的职业养老金、第三支柱的个人养老

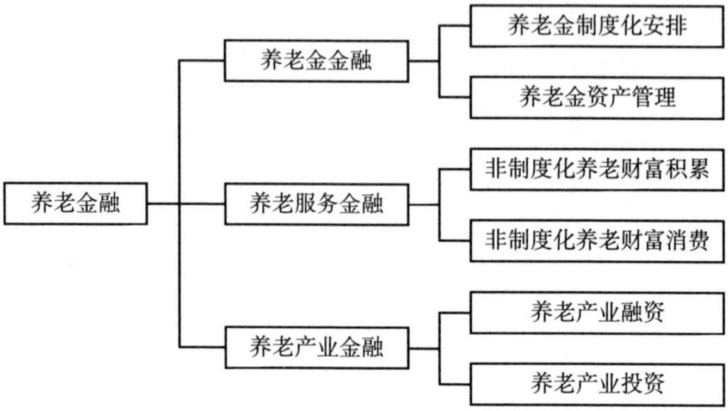


**图1　养老金融概念体系及其内涵**

金和第四支柱养老支持。各国可能根据国情选择其中不同部分构成其养老金体系，但目标是共同的，即通过政府、单位和个人等多方责任共担机制建立起多支柱、风险分散的可持续养老金制度体系，以应对人口老龄化挑战。二是养老金资产管理。上述养老金制度一般采取现收现付制或完全积累制，在一定时期内会形成养老基金积累，特别是完全积累制下基金结余存续长达几十年，其间面临保值增值需求，因此如何通过市场化投资运营实现基金积累壮大就十分重要，由此，养老金资产管理也是养老金金融的重要内容。

养老服务金融涉及两方面内容。一是非制度化养老财富积累，指的是在国家养老金体系之外，社会成员为更好满足养老需求，自发进行养老财富管理活动。其中养老财富积累主要在工作期进行，需要金融机构针对养老资产储备需求开发专业化养老金融产品和服务，如养老理财、商业养老保险、养老投资基金，以及养老财务规划、养老投资顾问等。二是非制度化养老财富消费，指的是社会成员在老年期将其养老财富储备用于消费的过程，同样需要金融机构针对人在老年阶段的消费需求，提供针对性金融服务，比如住房反向抵押贷款/保险、老年财产信托等。

养老产业金融包括两方面内容。一是养老产业融资，这主要是从产业端的视角来看，即解决养老产业发展的钱从哪里来的问题。由于养老产业投资额度大、回报周期长等问题，客观上需要通过各类金融手段支持产业发展。具体包括市场化融资手段，比如养老产业机构发行债券、上市、并购等；政策性融资手段包括政策性金融债、政府贴息贷款等。养老产业融资的出发点和落脚点在于推动养老产业实体经济的发展。二是养老产业投资，这主要是从资金端的视角来看，即金融资本如何参与养老产业实体经济发展，其本质上是一个金融投资活动，其出发点落脚点在于如何实现金融资本的投资收益和回报。这里需要指出的是，养老产业在实现经济效益的同时，还有社会效益，因此也存在一些不以获利为目的的投资工具，比如政府引导基金等。

## 二　中国养老金融发展现状

### （一）养老金投资稳步推进，养老金金融开启新的篇章

1. 养老金市场化运营顺利推进，三支柱养老金均有突破

在《基本养老保险基金投资管理办法》《职业年金基金管理暂行办法》《关于开展个人税收递延型商业养老保险试点的通知》等一系列政策指导下，经过一段时间的准备，养老金市场化运营工作顺利推进。截至2019年3月底，全国已有17个省份与全国社保基金理事会签订了基本养老委托投资合同，合同总金额达到8580亿元，其中已经到账运营规模为6248.69亿元，投资运作比例达72.83%；在基本养老委托投资金额占比方面，合同签署金额占2018年底城镇职工基本养老金结余规模（5.09万亿元）的比例为16.86%，委托投资金额占比稳步提升。在第二支柱职业年金方面，截至2019年6月底，已完成中直机关、新疆维吾尔自治区、山东省等共计25个受托人的评选工作，职业年金基金受托评选工作进程已过半，迈出了职业年金基金业务发展的关键一步，同时，中直机关、新疆维吾尔自治区、山东省、陕西省、江西省、辽宁省已正式公布投管人评选结果，职业年金投资运营已进入快车道。在第三支柱个人养老金方面，自2018年5月1日起在上

海市、福建省（含厦门市）和苏州工业园区三地试点实施个人税收递延型商业养老保险；到2019年4月，共5批23家保险公司获准个人税延型商业养老保险业务资格，19家机构开发的62款产品获准销售，试点取得了一定成效。

2. 多方因素综合作用，养老金投资收益有所回落

受内外部因素的影响，2018年A股主要指数普遍下跌，其中小盘股指数跌幅超过大中盘指数，上证综指、沪深300、中小板指、创业板指全年分别下跌24.59%、25.31%、37.75%和28.65%，在此影响下，2018年全国社保基金、企业年金的收益率双双回落，其中，企业年金整体收益率为3.01%，较上年的5%整体表现显著下降，也是自2012年以来最低水平；全国社保基金当年投资收益率则更是跌至-2.28%。尽管如此，从长期来看，企业年金2007~2018年平均年化收益率为6.97%，全国社保基金自2000年成立以来的年均投资收益率为7.82%，仍然大幅超越同期通胀水平，实现了良好的保值增值功能。

3. 金融行业广泛探索，养老金融产品快速发展

随着各金融行业对养老问题的日益重视，各类养老金融产品应运而生，包括养老金产品、税延型商业养老保险、养老保障产品和养老目标基金等。其中，养老金产品作为吸引增量资金和实现资产配置的重要工具越来越获得投资管理人、法人受托、理事会和部分委托人的关注和重视。2018年底，全市场已运作养老金产品规模达到4771亿元，相较2017年底增加1269亿元，且养老金产品占企业年金规模的比重呈上升趋势，从2013年的2.58%上升至2018年底的32.90%。2018年底，养老金产品的平均投资运作规模为14.73亿元，比上年同期的13.07亿元增加了1.66亿元，远高于2018年企业年金投资组合的平均规模（3.78亿元）。同时，2018年养老保障管理产品依然保持了良好的增长势头。随着养老保险公司牌照的不断扩容，以及建信养老金管理有限责任公司的设立展业，市场上的经营主体不断增加，业务快速发展。截至2018年底，全行业业务管理规模达到6483.33亿元，相较2017年增长约42%。此外，随着证监会《养老目标证券投资基金指引

(试行)》正式发布，包括华夏基金管理有限公司、易方达基金管理有限公司、工银瑞信基金管理有限公司等公司的共14只养老目标基金于2018年8月6日获批，华夏养老2040自2018年8月28日起开始发售，养老目标基金正式起航。截至2019年6月30日，共有37家公司旗下的59只产品分五批获得了证监会颁布的“准生证”，其中养老目标日期基金33只、养老目标风险基金26只。截至2019年6月30日，共有42只基金成立，认购规模140.93亿元，认购户数114.47万户，养老目标基金整体起步稳健，运作良好。

## （二）行业广泛探索，养老服务金融稳步发展

### 1. 政策支持不断完善，养老服务金融发展环境不断优化

近年来，我国政府各部门已经认识到金融机构参与养老行业发展的重要意义，出台了一系列金融支持养老服务发展的政策指导意见，为我国养老服务金融的规范化发展提供了相应的政策基础。2013年国务院发布的《关于加快发展养老服务业的若干意见》，2016年中国人民银行等五部门联合发布的《关于金融支持养老服务业加快发展的指导意见》，2016年国务院办公厅发布的《关于全面放开养老服务市场提升养老服务质量的若干意见》，2019年国务院办公厅发布的《关于推进养老服务发展的意见》，这一系列综合性的养老服务金融支持政策为金融机构养老金融业务发展指明了方向，为不同类别的养老金融产品的发展提供了政策支持。除此之外，各部门还相继出台了针对不同行业不同业务的专门性政策。在保险行业，2017年国务院办公厅发布《关于加快发展商业养老保险的若干意见》，就丰富商业养老保险产品供给，为个人和家庭提供个性化、差异化养老保障提出了相应的指导意见；同时，老年人住房反向抵押养老保险也备受重视，2014～2018年，原保监会和现银保监会三次发布文件推动老年人住房反向抵押养老保险发展。在基金行业，2018年2月11日，证监会发布了《养老目标证券投资基金指引（试行)》，对以养老为导向的证券投资基金的发展进行了明确的规范，既为证券基金行业支持养老服务的发展提供了政策支持，也为广大国民养老

金融需求的满足提供了规范性保障，成为证券基金行业参与养老服务金融的重要文件。

2. 金融行业积极布局，养老服务金融开始发挥重要作用

随着各级政府部门对金融机构参与养老行业发展的日益重视以及一系列金融支持养老服务发展政策指导意见的出台，各金融行业纷纷布局，关注养老与金融行业的结合，不少金融机构也开始积极探索养老服务金融的发展路径，开创了一系列带有养老概念的产品，并取得了一系列成效。

在养老财富积累方面，银行业借助庞大客户，继续开发多元化的养老储蓄产品和养老理财产品，成为相当大一部分群体退休收入的重要来源之一；基金业则结合其长期投资的优势，根据养老特征创新全生命周期投资模式，开发出包括养老目标风险基金和养老目标日期基金在内的两种养老目标基金产品，也吸引了相当大一部分群体参与其中；保险业利用风险防范优势，打造全方位保障产品，其开发的商业养老保险产品、养老保障管理产品均已成为广大国民养老储备的重要选择；信托业则通过关注特定目标，开展专门化养老业务，其开创的养老财产管理信托模式，可以很好地根据委托人意愿，通过资产管理实现保值增值，按照信托合同中规定的受益人、信托利益支付用途实现养老、传承的目的。

在养老财富消费方面，如何将年轻时积累的财富转化为有效的养老资产或者服务成为不少金融机构探索的重要方面。其中，银行业探索了住房反向抵押贷款和综合性养老金融服务模式。住房反向抵押贷款是盘活固定资产将其转化为养老财富的重要手段，综合性养老金融服务则可以将理财、信贷、便利结算、增值服务等内容结合到一起，提供产品定制、健康管理、法律顾问、财产保障等综合金融服务，以更好地方便老年人消费。保险业住房反向抵押养老保险产品与住房反向抵押贷款类似，其区别在于将固定的房产转化为养老服务和经济支持的双重保障，目前也获得了部分特定群体的青睐。信托业探索的养老消费信托产品的重点在于养老消费权益及资金安全的保障。

## （三）多元化金融工具助推，养老产业金融开始向产业化方向迈进

1. 政策支持多元，养老产业金融发展方向逐步明确

政策性支持和引导是养老产业快速发展的重要保障。近年来，各级政府不断出台支持养老产业发展的政策性文件，在鼓励各地发展适宜的养老产业之外，通过一系列政策性金融工具的推出，进一步明晰了养老产业金融发展方向。2014 年 8 月，财政部、商务部印发《关于开展以市场化方式发展养老服务产业试点的通知》，确定运用养老产业引导基金方式支持发展居家养老、集中养老、社区综合服务等面向基层大众的养老服务产业。2015 年国家继续推出政策性金融工具政策，以国家发改委发布的《养老产业专项债发行指引》和民政部、国开行联合发布的《关于开发性金融支持社会养老服务体系建设的实施意见》为代表，通过专项债和低息贷款方式，进一步促进养老产业的发展。2016 年，政府积极推广 PPP 创新金融模式，以提升公共服务供给效率，其中养老 PPP 模式成为养老产业金融的重要工具之一。2017 年，PPP、政府产业引导基金、国开行贷款等政策性金融工具正在持续深化。2018 年，养老产业金融出现向债券融资倾斜、向地方下沉的趋势，地方省份开始积极探索创新金融工具。总体来看，在一系列政策性金融工具的支持下，养老产业金融发展方向逐步明确。

2. 产业并购增多，养老产业金融进入规模化发展阶段

为更好地实现规模化发展，近年来养老产业并购持续升温，区别于其他成熟行业市场的整合式并购，健康养老产业并购更多是企业多元化布局的一种方式，以上市公司为主体的产业并购尤为明显，市场上优质养老标的被争抢，养老项目估值不断被推高。具体而言，以上市公司为主体的资本方，在健康养老产业规模化阶段，以资源和资本为支点，并购成熟养老服务企业，成为健康养老产业核心参与者。资本红利加速健康养老产业的产业化进程。从产业并购对象来说，主要是处于成长期的养老服务企业，资本助力其向成熟企业发展。从产业并购的区域来说，主要集中在京津冀、长三角和粤港澳三个核心经济圈。通过产业并购，并购方有机会进入新的产业

赛道，获得健康养老产业兴起的产业红利，被并购方则借助资本获取产业资源，扩大服务市场。

## 三　中国养老金融发展面临的挑战

### （一）养老金金融：制度设计有待完善，资产管理能力仍需提升

#### 1. 三支柱养老金体系发展不平衡，补充养老金制度亟待加强

目前我国养老金体系以第一支柱为主导，二三支柱养老金制度发展严重不足，具体来看，我国三支柱养老金合计规模为7.10万亿元，占GDP比重为7.89%。其中，第一支柱基本养老金规模5.62万亿元，占比高达79.15%，第二支柱企业年金规模1.48万亿元，第三支柱税延养老金仅为0.7亿元。补充养老金占总体养老金的比重仅为20%，占GDP比重不到2%，大部分国民退休后的养老保障只能依靠第一支柱基本养老金。我国三支柱养老金体系长期发展不平衡的原因主要有以下几个方面。一是长期以来二三支柱被认为是公共养老金的补充，居于养老金体系的从属地位，对补充养老金制度的重视力度不够。二是补充养老金税收优惠政策吸引力不足，税收优惠是第三支柱个人养老金发展的根本动力，目前试点的个人税延型商业养老保险的税收政策是，缴费阶段参加者可以以当月工资薪金、连续性劳务报酬收入的6%或者1000元孰低者在个人所得税前扣除，领取阶段账户累积额25%的部分免税，其余部分按照10%征税。随着个税起征点从每月3500元上调到5000元，个人所得税的纳税人从1.87亿人下降到0.64亿人，导致税收优惠激励的获益群体极为有限。同样，对第二支柱企业年金而言，根据《企业年金办法》，企业缴费最高可达职工工资总额的8%。然而，2009年《关于补充养老保险费补充医疗保险费有关企业所得税政策问题的通知》（财税〔2009〕27号）规定企业为员工年金缴费在工资总额5%以内的部分才能进行税前扣除。缴费上限和免税上限存在3%的差额，导致有能力缴费更多的企业缴费意愿不强。在这种情况下，我国补充养老金制度的发展动力严重受限。

2. 养老金投资理念相对保守，权益类资产配置不足

养老金基金投资运作的目标是要实现长期保值增值，因此养老金投资收益仅以战胜 CPI 或国债收益率为目标是不够的，而应该与养老金长期面对的支付需求与经济增长率合理挂钩。在我国经济和工资增长率长期高企的情况下，养老金投资理应要求更高的回报率。而要实现较高的回报，就必须提升投资组合的风险容忍度，配置相当比例的权益类资产。但是从我国实践来看，除了全国社保基金，无论是基本养老保险基金还是企业年金，其投资都过于保守，风险承受能力不能适应资金的养老属性，权益类资产配置明显不足。权益类资产投资比例一般围绕 10% 波动，极少突破 20% 。

## （二）养老服务金融：供需双方面临多重制约，养老服务金融市场活力不足

1. 养老储备意识和能力不足，养老服务金融需求乏力

在儒家思想的影响下，传统的“家庭养老”“养儿防老”模式成为中国长期以来老年生活保障的关键手段，加之近年来我国基本养老保险制度不断完善，广大国民对自身的养老保障预期又增加了新的信心。在此背景下，广大国民养老金融储备意识严重不足。同时，中国广大居民的金融专业知识比较匮乏，居民普遍对养老金融产品缺乏认识，对理财产品普遍要求“低风险”和“高收益”，对于金融政策法规、金融市场、金融产品和金融风险等尚未形成良好的认知。因此，在养老金融储备意识薄弱和养老金融专业认知有限的双重困境之下，广大居民养老投资参与意愿不足。除此之外，尽管目前我国已经提前实现了总体小康的目标，但我国居民收入差距长期偏高，基尼系数连续多年超过 0.4 的国际警戒线水平，相当一部分群体的收入水平极为有限。养老服务金融的目标是通过多元化的金融手段为国民积累更多的养老财富并更好地管理财富，以更好地提高老年生活保障水平，这就依赖于国民全生命周期过程的经济基础和财富积累。我国目前相当大一部分居民的可支配收入有限，在很大程度上制约了其对养老服务金融参与的能力，从而导致养老服务金融需求乏力。

2. 金融机构产品设计和服务偏差，限制了养老服务金融有效供给

在我国人口老龄化不断深化以及养老服务金融需求快速增加的背景下，各金融行业都认识到养老金融的重要性，不少机构开始探索针对老年人的专有金融产品和服务。但受到广大国民需求的制约，真正具有长期投资、养老性质的养老金融产品很难获得老百姓青睐。因此，从本质上来看，现有养老金融产品没有实现养老金融服务需求导向，大多数金融机构只是在“养老”的旗帜下推出大众化金融产品。同时，尽管银行、基金、保险、信托等行业都积极投身养老服务金融产品供给中，但总体来看，发行的养老服务金融产品数量极为有限。此外，养老服务金融作为提供全生命周期养老储备和消费的金融服务，需要相对科学和专业的金融知识和素养，但我国广大国民金融素养相对有限，而金融机构虽然根据不同群体的需求开发了一系列养老服务金融产品，但在推广过程中，没有针对这类跨生命周期的金融产品形成更加科学、专业的顾问服务，缺少类似国外的智能投顾等服务项目的同步跟进，因此导致广大国民对产品的理解有限，从而阻碍了养老服务金融供给的有效性。

3. 政策和市场环境仍然不足，养老服务金融业态尚不成熟

近几年相关部门出台了一系列涉及养老服务金融的政策，但总体来看政策比较分散，缺少专门针对养老服务金融的法规。国务院等部门的一些指导意见偏于宏观，缺乏详细的操作指引与落实细则，各部门制定的一些政策只能针对部分养老服务金融产品，在此背景下，各行业仅能在有限的领域进行探索，难以形成良好的养老服务金融业态。除此之外，国家在鼓励养老服务金融发展的同时，缺乏配套制度（如税收优惠等）和激励机制，导致供需双方对于养老服务金融的参与动力都受到限制。

### （三）养老产业金融：机遇与风险叠加，养老产业投融资和运作面临挑战

1. 健康养老产业投资竞争激烈，优质标的难以获得竞争优势

健康养老产业投资机会不集中在养老服务业，向医疗、医药等领域延

伸，这就意味着，中长期阶段必将出现与专业医疗投资基金和医药投资基金争抢优质标的的情况。站在投资者角度，医疗和医药的专项投资基金，基金管理人和投后管理团队更为专业，甚至更能为所投资企业带来深厚的产业资源。站在资金来源角度，各地方政府和相关上市公司均成立有医疗和医药的专业投资基金，其资金成本不低于养老产业引导基金，甚至其投资效率和决策流程也与养老产业引导基金不相上下。这都会导致养老产业引导基金门槛弱化、竞争激烈，在抢夺优质投资标的上不占有绝对优势。

2. 区域间政策性金融支持不均衡，养老产业金融市场效率不足

近年来，在一系列政策性金融工具的支持下，我国养老产业获得了较为快速的发展。以 PPP 模式为例，其作为解决地方政府基础设施资金难题的创新金融工具，不受地域影响，在养老产业发展方面具有较好的应用。但从实际运作来看，存在不同区域间发展不均衡的难题。由于投资效率不同，PPP 工具存在经济发达区域社会资本积极性强，而在经济发展速度较慢的区域难以吸引社会资本的情况。如北京市朝阳区第二社会服务中心项目，尽管在实施期间受到诸多的限制，仍受到社会资本的追捧，而与之形成鲜明对比的是青海、甘肃等内陆地区的 PPP 项目，难以找到合适的社会的资本方运营，甚至个别项目出现多次招标，由于应标企业数量不足而流标的情况，这会导致 PPP 在区域间养老服务市场效率不均衡问题。

3. 养老产业并购业务整合周期长，新旧业务之间协同性不足

健康养老产业属于长周期产业，上市公司在产业并购后，难以实现短期营收的快速增长。资本市场对上市公司短期盈利要求与产业的长周期性存在长短期不匹配的矛盾。同时，并购后存在并购整合周期长、新旧业务协同性差的问题。大部分上市公司并购健康养老产业标的后，选择不直接介入被收购方企业运作，仅通过董事会进行管控，维持所收购标的独立化运作，使新旧业务间协同性较差。另外，上市公司产业并购越来越倾向于控股并购，成为产业的战略投资者。但上市公司一方面缺乏一整套并购后整合的计划，另一方面缺乏专业产业运营团队，难以对并购标的提出合理化的考核指标，这都导致现阶段产业并购存在并购后整合难题。

## 四　中国养老金融发展趋势研判

### （一）养老金金融：养老金规模将持续扩大，资产管理将出现新的动向

1. 养老金体系结构将进一步完善，养老金规模有望持续扩大

为更好地助力企业降税减负，激发经济发展活力，2019 年 4 月 4 日，国务院办公厅印发《降低社会保险费率综合方案》，提出目前基本养老保险缴费高于 16% 的地区可降至 16%。毫无疑问，该举措也会同时进一步增加第一支柱支出压力，进而影响我国养老金总储备。因此，定位于应对人口老龄化高原期社保支出的全国社保基金将不可避免地要发挥更大作用，随着划转国有资本、国有股减持、中央财政预算拨款、彩票公益金拨款等充实社保基金的举措逐步落实，可以预见，我国社保基金的储备将呈现持续增加的趋势。与此同时，受益于《企业年金办法》政策利好，年金规模增速有望回升。除此之外，随着第三支柱个人养老金制度的不断完善，账户制将逐步得到明确，加之银行、基金等行业的加入，市场上将出现越来越多的具有吸引力的第三支柱个人养老金融产品，可以预见，第三支柱个人养老金的规模也将呈现快速上升的趋势。

2. 年金资产管理进入新阶段，产品化趋势将日益显著

随着职业年金的进入，我国积累型第二支柱养老金规模越来越大，养老金的保值增值问题也显得越来越突出，养老金资产的有效管理越来越受到关注，主要体现在两个方面，一是第二支柱中受托人地位进一步加强，业务模式出现新变化。一方面，年金市场中的受托人话语权将得到进一步提升，在职业年金运营模式中，受托人中枢地位实质性确立，在投管人遴选中具有决定权，同时后期还将决定资金分配机制，对于职业年金实际运作具有主导作用，在企业年金业务中，随着计划规模不断增加，管理难度加大，部分理事会受托模式也转为法人受托模式，受托人在市场的重要性提升。另一方面，

职业年金投管人遴选更加关注投资经理团队，除了公司综合实力与过往业绩等宏观因素之外，投资经理历史业绩、投资理念与风格、投资经验等都成为核心考量因素。二是年金产品化投资趋势明显，分类归集将成主流选择。近年来，企业年金投资运营的产品化率持续上升，尽管养老金产品规模基数持续扩大，但增速仍然保持在 20% 以上，显著高于年金组合，年金组合通过养老金产品进行投资的趋势十分明显。同时，随着委托人和受托人专业性的增强，组合个性化投资要求日益增多。而且，随着受托人职责进一步做实，其资产配置要求和投资监督工作更加精细化，分类别归集更能满足受托人的管理要求。因此，长期来看“股票固收分别归集为主，混合型归集为辅”是未来年金业务归集的发展趋势。

### （二）养老服务金融：养老需求多元，养老服务金融市场空间广阔

1. 传统养老模式面临巨大挑战，现代养老服务金融需求前景广阔

随着我国人口老龄化程度的不断加深，未来数十年间我国老年人口抚养比将呈现快速上升的趋势，老龄化、少子化、家庭规模小型化导致传统意义上的“养儿防老”等家庭养老模式面临巨大挑战。与此同时，在经济和社会发展水平不断提高的情况下，广大人民的生活水平逐步向新的台阶迈进，除了基本的物质生活需求之外，人们的精神文化生活等多层次的生活需求也呈现多元化的趋势。养老需求将不再局限于物质生活不足时代的被动养老，而逐渐向丰富老年生活的主动“享老”转变。而为了实现更高质量的养老生活，国民将逐步认识到提早进行养老储备的重要意义，可以预见，未来数十年间养老服务金融需求前景将十分广阔，市场将呈现爆发式增长的趋势。

2. 互联网和金融科技不断进步，养老服务金融将得到快速发展

在数据和技术的驱动作用下，未来互联网和金融科技将实现更加快速的发展，也会促进金融行业创造出新的业务模式，使养老服务金融供需双方的目标更加契合，提供的养老金融服务更具适应性。一方面，随着大数据、云

计算、人工智能等技术的不断进步，广大国民的养老需求可以更加轻易地被金融机构所了解和掌握，并可以进行快速地分类和模拟，准确开发出适合不同群体的养老服务金融产品，而且金融机构可以将线下的物理网点和线上的应用平台无缝接合，量身定做提供养老金融服务，在提升服务质量的同时还能降低服务成本。另一方面，随着互联网和金融科技的快速发展，尤其是在智能投顾的支持下，广大国民可以随时随地了解到更加全面的养老服务金融产品，通过对投资者的风险承受水平、财务状况、预期收益目标和投资风险偏好等多种因素进行比较、筛选，可以更加智能化、更加有效地为广大国民提供养老服务金融产品。

### （三）养老产业金融：政策性和市场性金融工具共发力，养老产业发展进入快车道

1. 市场性金融工具开始活跃，中心城市养老产业进入优胜劣汰阶段

随着股权并购的出现，市场性金融工具兴起，在人口老龄化率高、人均 GDP 高的省份和城市起到资本的杠杆作用，大力推动了产业的市场化和产业化进程，并与政策性金融工具形成双向互补。从股权类并购、基金投资的投资标的来看，主要集中在以北京为核心的京津冀、以上海为核心的长三角和以多城市中心的粤港澳等一线城市为核心的城市圈。这些城市圈以核心城市为带动，在人口老龄化率、人均 GDP 双高的情况下，产业利润空间较大，存在资本并购机会。资本的活跃推动产业扩张，同时也加剧了竞争。经过多年的布局发展，以核心城市为引领的城市圈均被资本实力强大的企业占据，市场格局基本已定，之后将进入产业优胜劣汰、内部规模并购阶段。

2. 政策性金融工具发挥产业引导功能，促进区域间养老产业均衡发展

从各类政策性金融工具的试点城市选择中可以看出，政府更关注区域间同频发展，给经济发达地区和欠发达地区均等的产业发展机会，甚至偏向于经济欠发达地区。这主要还是由于健康养老产业不能脱离福利性产业底色，经济欠发达地区难以凭借自身经济基础吸引产业资本。通过政策性金融工具

试点，先带动当地市场，培育当地健康养老企业，推动地方健康养老产业向规模化方向发展。地方产业成熟后，再通过大型产业资本的进入，助力地方产业走向市场化和规模化，形成新一轮的产融互动。通过政策性金融工具，弥补市场性金融工具的区域投资效率的差异，起到引导市场、培育市场、促进区域同频发展的作用。

## 五　中国养老金融发展的建议与思考

### （一）进一步完善养老金结构，提高养老金资产管理效率

1. 完善二三支柱养老金税收优惠政策，健全三支柱养老金体系结构

从国际经验来看，税收优惠是推动自愿性养老金制度发展的重要推动力量，为促进我国二三支柱快速发展，也必须运用好税收优惠的杠杆作用。目前来看，我国二三支柱养老金制度的税收优惠力度有限，制约了二三支柱的快速发展。未来应进一步加大我国二三支柱养老金制度的税收优惠力度。在第三支柱方面，要采取账户税收优惠模式，简化税收优惠流程，取消试点政策中税优上限6%的限制，将税优从比例制改为额度制，并将1000元的税优额度上限适度提升，比如调至2000元。同时，结合目前个人所得税最新政策，将第三支柱养老金领取阶段7.5%的税率降至3%以下，确保税收政策对所有纳税人群都有吸引力。在第二支柱方面，将企业年金缴费税优上限从目前的5%同样提升到8%，与职业年金政策保持一致。同时，比照全国社保基金和基本养老金，对第二支柱投资免收增值税和印花税，在领取阶段将年金待遇支付纳入个人综合所得计算个税，或者参考第三支柱设定免除额，增加制度吸引力。此外，还可以打通第二和第三支柱的税收优惠，即在缴费阶段，对于没有参加第二支柱的个人，允许其在缴纳第三支柱个人养老金时，除了本应享受相应的递延额度外，还可以享受其在第二支柱中的税收优惠额度，旨在不增加补充养老金总体税收优惠力度的条件下，提高个人参加第二、三支柱的优惠力度和灵活度，增强制度吸引力，促进补充养老金发展。

2. 培育积极的养老金投资理念，提高养老金保值增值能力

要实现较高投资回报就必须提升投资组合的风险容忍度，因为风险容忍度偏低的直接影响就是会限制投资机构主动投资能力的发挥和获取长期高收益的可能性。因此必须加大长期权益资产投资比例，分享经济增长和资本市场发展的成果。未来我们应该培育积极的养老金投资理念，提高养老金保值增值能力。一是改革基本养老养老金委托模式，有效提升风险承受水平。建议由财政部代表中央政府对各地发行特种债券，置换各地基本养老金结余，一方面由财政部根据各地基金支出情况逐年兑付债务；另一方面，由财政部归集各地资金，作为统一委托方将其委托给全国社保基金理事会进行运营。财政部作为基本养老金最后责任人，有动力提高基金风险敞口，承担主动风险，追求较高投资回报，能有效规避地方政府过度保守的投资弊端。二是通过实施个人选择权对年金资产进行分层，分离并稳定其中的长期资金，以加大权益类投资比例。建议我国年金制度中放开个人选择权，让不同年龄段、不同风险偏好的人群选择不同养老金融产品。相应地，不同类型的资产也能自动加以分类，年轻且风险偏好高的人群就可以从目前的保守投资中解放出来，选择并长期持有风险资产占比较高的产品，客观上有助于为资本市场提供更多长期稳定资金。

## （二）加大政策支持力度，提高养老服务金融供需双方动力

1. 完善养老服务金融政策，营造良好的行业发展环境

目前，我国养老服务金融相关政策和指导意见相对比较宏观，对于具体的政策导向与配套细则尚不明确，导致养老服务金融市场发展目标不够清晰，因此必须进一步细化养老服务金融政策，推动我国养老服务金融健康发展。一方面，应针对现有的各行业的养老服务金融政策提供一些配套的产品开发指引，为金融机构养老服务金融产品的开发提供支持和引导；另一方面，要完善相关的配套政策，比如“以房养老”业务的开展需要配套的资产评估业务、养老目标基金的风险承受能力鉴别等；同时，还需要弥补当前一些行业养老金融产品支持政策空白，比如银行业和信托业养老服务金融政

策等；此外，还应强化养老服务金融监管，逐步明确监管框架、划分监管职责，对养老服务金融的产品门槛、服务流程和风险监控等方面形成明确的行业标准，开通各行业养老服务金融消费者维权的有效渠道，与征信系统对接，加大对个人和单位金融诈骗的处罚力度，从而重塑国民养老金融参与信心。

2. 提高国民养老储备意识和能力，提振养老服务金融有效需求

国民目前养老储备意识不足主要源于传统养老观念的制约以及相对欠缺的养老金融素养。未来应通过多元化渠道提高国民养老金融素养，政府部门、行业协会和金融机构各司其职，积极发挥各自的宣传、引导、培训等方面功能，更好地让消费者了解金融知识，提高其金融素养，进而形成养老储备意识。除此之外，收入限制成为国民养老储备能力的重要阻碍，需要多方发力，拓展国民收入来源渠道，提高广大国民的收入。在初次分配方面，要规范收入分配秩序，完善收入分配调控体制机制和政策体系，增加低收入者收入，扩大中等收入者比重，努力缩小城乡、区域、行业收入分配差距，逐步形成橄榄形分配格局；在再分配方面，需要不断完善养老金制度体系，通过参量改革优化第一支柱公共养老金制度，给国民提供坚实的、保基本的养老金待遇保障，同时通过结构性改革，以税收优惠等激励机制推动二三支柱养老金制度的发展，为国民提供更高水平的养老金待遇。只有不断提高国民养老储备意识和能力，才能提振养老服务金融有效需求，为养老服务金融的发展提供稳定的基础。

3. 探索多元化金融产品和服务，丰富养老服务金融供给

由于不同群体的需求类别存在差异，金融机构的同质化产品往往难以与老年人的差异化需求进行匹配。因此，金融机构应不断进行养老金融理论研究，及时、广泛进行社会调研，切实了解国民的养老服务金融产品需求的特征，针对其需求差异，通过不同的组合方式进行产品创新以满足其不同需求。同时，随着广大国民的养老储备意识的逐步提升，各金融机构应深入挖掘投资者的养老需求，根据个人实际经济、年龄、性别、婚姻、工作、健康和教育等情况细分客户群体，对不同类型客户设计不同的期限、资产配置及风险偏好产品，强化其养老属性。此外，从国际经验来看，智能投顾可以通

过更加科学和专业的方法为投资者提供定制化的投资建议，从而有效弥补金融素养不足形成的投资障碍。未来各金融机构应进一步重视智能投顾服务的发展，为养老服务金融投资者提供更为便捷、专业的投资服务。

## （三）加大养老产业金融支持力度，鼓励行业积极创新

1. 强化市场化和政策性金融工具支持力度，提高养老产业融资效率

养老产业金融是健康养老产业关键的一环，对产业发展起到不可或缺的作用。因此，从政策和资金层面，政府要加强对养老产业金融的支持力度，从降低金融工具的准入门槛、政策资金投入等方面给予政策支持。例如，放宽养老服务企业上市标准，针对专门投资于养老服务业的基金增开绿色通道，加快审批流程，放宽产业引导基金存续期限等。养老产业金融的发展需要政府出台专项的政策细则进行支持，能使金融更好地发挥对健康养老产业的支持作用。同时，还应加强政策性金融工具在区域市场均衡中的作用。从金融工具的投资区域来看，经济发达地区金融工具的投资效率更高，更容易吸引到市场资本，反而会加剧地区间产业发展差异。这就需要加强政策性金融工具在经济欠发达地区对产业的支持力度。一方面需要政府在确定政策性金融工具试点城市时，均衡区域选择，将试点指标向经济欠发达地区倾斜；另一方面可评估区域政府的财政支付能力，重点补贴财政支付能力较弱的区域，起到金融带动的作用。以政府资金作为区域健康养老产业发展的种子资金，引导当地社会资本投向，促进区域间产业发展均衡。充分发挥正常的引领作用，加强金融在区域市场均衡中的作用。

2. 优化养老产业发展环境，鼓励养老产业金融产品创新

为促进养老产业金融的发展，塑造良好的营商环境，在金融产品创新方面要加强政策支持。在阶段性抑制金融泡沫、倒逼金融去杠杆后，需要鼓励有着优质底层资产和稳定回报的金融产品创新，在发展中解决金融问题。鉴于健康养老产业投资机会向全产业链延伸，可在现有金融系统风险承受能力范围下，围绕几个产业环节，设计特色的交易结构，实现健康养老产业链金融的创新。另外，对于具体金融工具的创新，建议政府降低养老服务业

REITs 的税收和交易费用，为金融工具创新提供良好的政策环境，使金融工具最大限度地发挥对产业的推动作用。

## 参考文献


董克用、姚余栋：《中国养老金融发展报告（2018）》，社会科学文献出版社，2018。

孙博：《老龄化时代需要大养老金融思维》，《中国社会保障》2016 年第 5 期。

董克用、姚余栋：《中国养老金融发展：挑战与应对》，《中国经济报告》2019 年第 1 期。

姚余栋、王赓宇：《发展养老金融与落实供给侧结构性改革》，《金融论坛》2016 年第 5 期。

董克用、张栋：《中国养老金融：现实困境、国际经验与应对策略》，《行政管理改革》2017 年第 8 期。

胡继晔：《养老金融：促进社会保障可持续的重要战略》，《中国党政干部论坛》2016 年第 1 期。

洪崎：《创新养老金融模式》，《中国金融》2016 年第 7 期。

# 分 报 告

Topical Reports

# B.2 养老金金融：投资运营全面推进，产品类型日趋丰富

胡兵　孙博*

**摘　要：**　全国社保基金和基本养老投资运营规模持续扩大，职业年金为第二支柱带来巨大新增体量，第三支柱试点也在稳步推进，养老金资产管理行业步入更加广阔的空间。但是国内养老金市场还存在诸多问题与挑战：一是“基本养老金主导，补充养老金从属”的理念偏差影响三支柱均衡发展；二是补充养老金税收优惠政策吸引力不足，制度财务可持续矛盾更加突出；三是职业年金基金运营模式复杂，对基金保值增值提出了更高要求；四是养老金投资理念保守，权益类资产配置不足，个人税延型商业养老保险试

* 胡兵，华夏基金管理有限公司养老金业务总监，董事总经理，研究领域为养老金资产管理；孙博，管理学博士，金融学博士后，供职于华夏基金管理有限公司养老金管理部，中国养老金融 50 人论坛特邀成员，研究领域为养老金融。感谢华夏基金副总经理刘义先生、机构业务运营部总监郑坚博士的中肯建议。本文仅代表个人观点，与供职单位无关。

点成效不及预期。就行业发展趋势看，第一支柱方面，基本养老降费将显著降低基本养老金基金积累速度，加快做大做强全国社保基金势在必行；第二支柱方面，受托人地位进一步加强、年金产品化投资趋势明显、年金规模增速有望回升；第三支柱方面，税收优惠进一步完善是推动其发展的根本动力。

**关键词：** 三支柱模式　养老金政策　养老金资产管理

## 一　年度行业回顾

### （一）企业年金规模近1.5万亿元，增速小幅下降

截至2018年底，企业年金积累基金14770亿元，较2017年末增加1891亿元，增长率14.68%，增速较2017年的16.30%有所下降；实际运作资产规模达14502亿元，较2017年末增加1965亿元，增速15.67%，亦与2017年的16.57%相比有小幅下降（见图1）。全国建立企业年金的企业数8.74

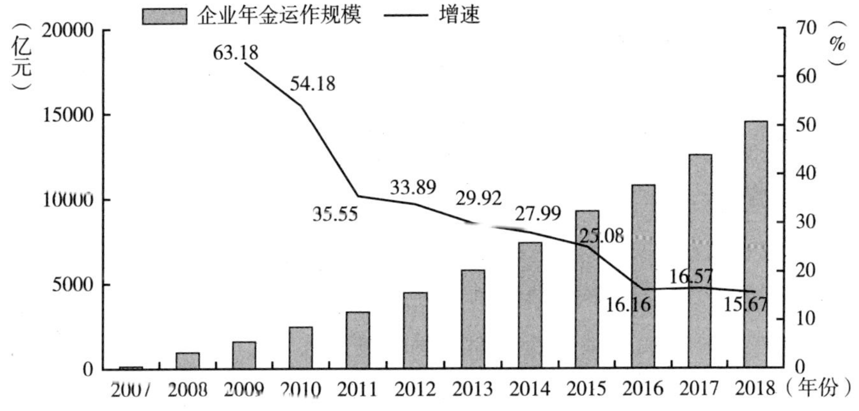


**图1　企业年金市场实际运作规模及增长情况**

资料来源：人社部。

万个，较2017年末增加0.7万个，增长率8.71%；参与职工总数2388万人，较2017年末增加57万人，增长率2.45%；建立企业年金计划数共1627个，较2017年末增加83个，增长率5.38%；运作组合共3929个，较2017年末增加361个，增长率10.12%。从整体来看，企业年金已告别高速发展阶段，进入稳定发展期。

### （二）基本养老投资稳步推进

根据人社部信息披露，截至2019年3月底，全国已有17个省份①与全国社保基金理事会签订了基本养老委托投资合同，合同总金额达到8580亿元。其中已经到账运营规模为6248.69亿元，投资运作比例达72.83%，与2018年6月63.53%的投资运作比例相比，提高了9.3个百分点。在基本养老委托投资金额占比方面，合同签署金额占2018年底城镇职工基本养老金结余规模（5.09万亿元）的比例为16.86%，到账运营规模占前述结余规模的比例为12.28%，而2018年6月同类占比数据分别为13.33%，8.45%，委托投资金额占比稳步提升。

### （三）全国社保基金规模持续增长

截至2018年底，全国社会保障基金资产总额2.24万亿元，同比增长0.45%，其中社保基金权益总额2.06万亿元。2018年，财政性拨入全国社保基金资金573.77亿元，截至2018年末，财政性拨入全国社保基金资金和股份累计9151.57亿元。

此外值得关注的是，根据2017年《国务院关于印发划转部分国有资本充实社保基金实施方案的通知》（国发〔2017〕49号），先按中央企业国有资本存量的10%拨入全国社保基金，用于弥补社保体系建立初期未缴费或缴费不足部分形成的资金缺口，同时终止了原来增量划转的办法。据此政

① 分别是北京、山西、河南、云南、湖北、上海、广西、安徽、浙江、江苏、西藏、陕西、四川、甘肃、重庆、广东、新疆。

策，2018 年，中国联通、中国有色、中农发、中国华能等 18 家央企先后完成了股权划转，根据划转时点的财务数据，规模达 750 亿元。2019 年 5 月，人保集团向全国社保基金理事会划转约 29.9 亿股，相当于 244 亿元。虽然截至目前国资划拨社保基金的规模合计仅为 0.11 万亿元，但根据中金公司研究，截至 2017 年底，我国国有资本净资产接近 90 万亿元，如果按照 10% 比例全部划转，总规模可达 9 万亿元，将有力扩充我国的养老金储备；如果按照全国社保基金承接央企划转股权的政策，那么可划转至全国社保基金的股权也有近 3 万亿元，而且划转股权的分红收益将进一步增强全国社保基金作为储备基金的作用。

### （四）职业年金投资运作正式启动

2018 年 4 月 3 日，人力资源和社会保障部办公厅、财政部办公厅联合发布了《关于规范职业年金基金管理运营有关问题的通知》，通知就职业年金基金业务在全程托管、账户归集、基金支出、备案程序、评选工作、激励机制等方面进行了规范，为确保职业年金基金安全和市场化管理运营起步规范，实现有序竞争，提高资金运用效率打下了坚实的政策基础。截至 2019 年 6 月底，已有福建、海南、山东等地共 28 个省份陆续发布了当地的职业年金实施办法，在国家相关规定的基础上，分别结合本地区的实际情况，对职业年金计划的设置及基金管理相关规定进行了完善和补充。

在职业年金基金受托人评选方面，截至 2019 年 6 月底，已完成包括中直机关、新疆维吾尔自治区、山东省在内的共计 25 个受托人的评选工作，职业年金基金受托评选工作进程已接近尾声。在投管人评选方面，截至 2019 年 6 月底，中直机关、新疆维吾尔自治区、山东省、陕西省、江西省、辽宁省已正式公布投管人评选及匹配结果。

### （五）个人税延型商业养老保险试点落地

2018 年 4 月 2 日，财政部、国家税务总局、人社部、银保监会、证监会五部门联合发布了《关于开展个人税收递延型商业养老保险试点的通知》（以下简称《通知》），标志着个人税延型商业养老保险正式进入实施阶段。《通知》指出，自 2018 年 5 月 1 日起，在上海市、福建省（含厦门市）和苏州工业园区三地实施个人税收递延型商业养老保险，试点期限暂定为一年。

在业务资格方面，截至 2019 年 6 月底，共 5 批 23 家保险公司获准个人税延型商业养老保险业务资格。在产品发行方面，已有 20 家机构开发的 66 款产品获准销售。

### （六）养老目标基金起航

2018 年 2 月 11 日，证监会正式发布《养老目标证券投资基金指引（试行）》，随着包括华夏基金管理有限公司、易方达基金管理有限公司、工银瑞信基金管理有限公司等的共 14 只养老目标基金于 2018 年 8 月 6 日获批，华夏养老 2040 自 2018 年 8 月 28 日起率先开始发售，养老目标基金正式起航。

截至 2019 年 6 月底，共有 37 家公司旗下的 59 只产品分五批获批，其中养老目标日期基金 33 只，养老目标风险基金 26 只。华夏基金和易方达基金各获批 4 只，产品获批数量位于行业首位（见图 2）。在已发行基金方面，截至 2019 年 6 月底，养老目标基金共发行 43 只基金，初始认购规模 143.16 亿元，认购户数 115.34 万户，养老目标基金整体起步稳健，运作良好。

### （七）养老金产品持续快速增长

截至 2018 年底，全市场已运作养老金产品规模达到 4771 亿元，相较 2017 年底增加 1269 亿元，养老金产品占企业年金规模的比重从 2013 年的 2.58% 上升至 2018 年底的 32.90%。2018 年底，平均每只养老金产品的投资运作规模为 14.73 亿元，比上年同期的 13.07 亿元增加了

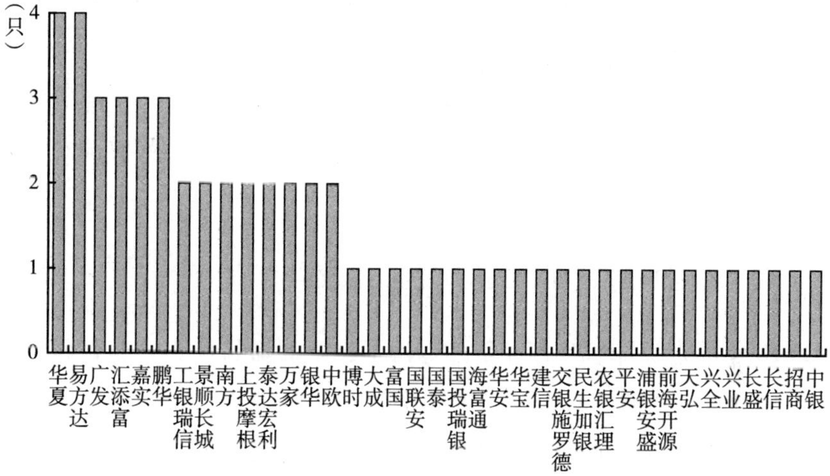


**图 2　基金管理人发行和储备养老目标基金的数量情况**

资料来源：Wind。

1.66 亿元，远高于 2018 年企业年金投资组合的平均规模 3.78 亿元（见图 3）。

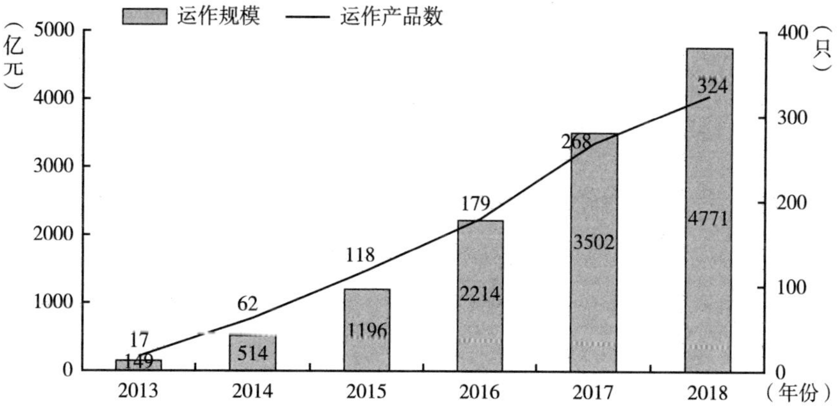


**图 3　养老金产品运作数量及规模**

资料来源：人社部。

从产品类别来看，2018年货币型产品增幅最大，从341.20亿元增加到572.32亿元，增幅达67.74%；固定收益型产品增幅次之，从1997.43亿元增加到3084.33亿元，增幅达54.42%；权益型产品由于受到资本市场冲击影响规模有所缩小，由372.06亿元减至307.54亿元，规模减少64.52亿元。

## （八）养老保障管理产品增长势头稳健

2018年养老保障管理产品依然保持了良好的增长势头。随着养老保险公司牌照的不断扩容，以及建信养老金管理有限责任公司的设立展业，市场上的经营主体不断增加，业务快速发展。截至2018年底，行业中实际开展养老保障管理业务的包括6家养老保险公司以及1家养老金管理公司。全行业2018年底业务管理规模达到6483.33亿元，相较2017年增长约42%。

从市场结构来看，市场份额排在前四位的机构分别为：国寿养老、建信养老、平安养老、长江养老，合计规模超过全行业总规模的90%，养老保障管理业务市场的头部机构市场份额集中度较高（见表1）。在养老保险公司整体业务中，养老保障管理业务规模占比已超过68%。

**表1　养老保障管理产品市场规模（截至2018年底）**

单位：亿元，%

| 公司 | 养老保障管理业务规模 | 市场份额 |
| --- | --- | --- |
| 国寿养老 | 2173.43 | 33.52 |
| 建信养老 | 1842.43 | 28.42 |
| 平安养老 | 1139.75 | 17.58 |
| 长江养老 | 720.08 | 11.11 |
| 太平养老 | 459.42 | 7.09 |
| 泰康养老 | 75.28 | 1.16 |
| 安邦养老 | 72.94 | 1.13 |
| 合计 | 6483.33 | 100.00 |

资料来源：各家机构数据来源为官网披露信息，泰康养老采用同业交流数据。

# 二　资产管理情况

## （一）企业年金资产管理情况

### 1. 企业年金投资收益率3.01%，创近年新低

投资收益方面，2018 年企业年金整体收益率 3.01%，较上年的 5% 整体表现显著下降，也是自 2012 年以来最低水平。其中含权组合收益率 2.54%、固收组合收益率 5.12%。长期来看，企业年金 2007～2018 年平均年化收益率为 6.97%（见图 4），仍然大幅超越同期通胀水平，较好实现了年金资产的保值增值。

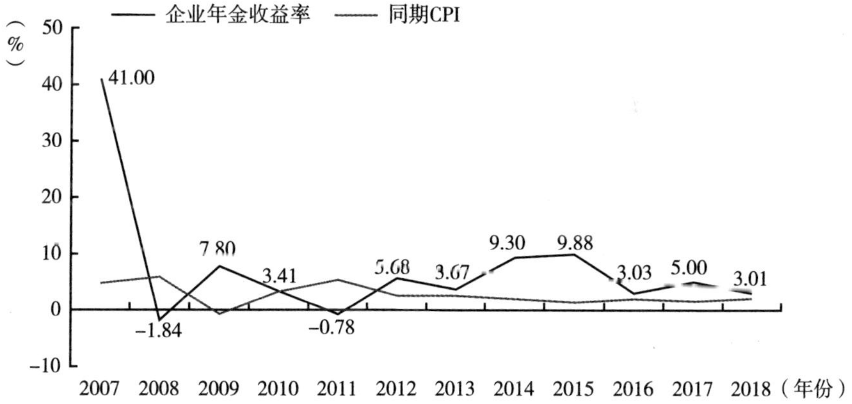


**图 4　企业年金历年投资收益率**

资料来源：人社部。

### 2. 受益于多牌照优势，保险系投管人规模优势持续扩大

保险系投管人因兼任受托人、账管人的多角色优势，市场份额不断扩大。规模上，保险系投管人管理资金规模达 7822 亿元，占比 55%；基金公司管理资金规模 5170 亿元，占比 36%；券商及银行类合计 1238 亿元，占比 9%（见图 5）。组合数量上，保险系投管人管理组合数量达 2466 个，占比

65%，基金公司管理1077个，占比29%；券商及银行类合计222个，占比6%。自2009年起保险系投管人管理资产份额稳定上升得益于其多重角色的身份，业务协同度较高，人员配置相对充足。

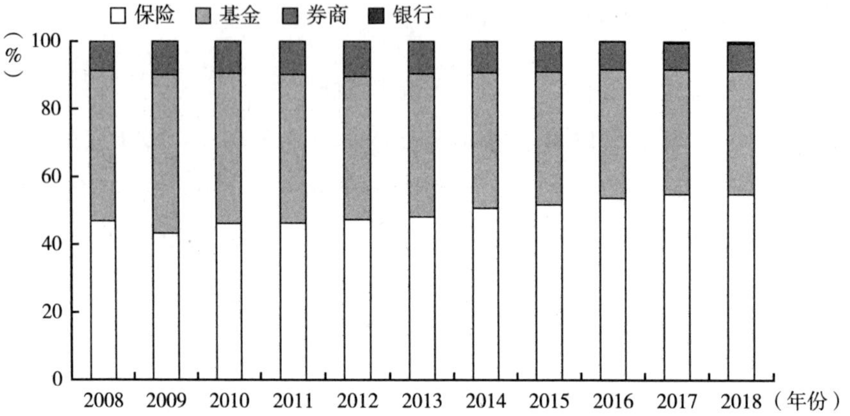


**图5　企业年金投管人分行业市场份额比较**

资料来源：人社部。

## （二）全国社保业绩情况

2018年，全国社保基金当年投资收益率为-2.28%，主要由权益市场全面下挫所致（见图6）。具体来看，2018年受内外部因素的影响，A股主要指数普遍下跌，其中小盘股指数跌幅超过大中盘股指数。整体来看，上证综指、沪深300、中小板指、创业板指全年分别下跌24.59%、25.31%、37.75%和28.65%。但是，自2000年社保基金成立以来，其年均投资收益率7.82%，超过同期通货膨胀率5.53个百分点；累计投资收益额9552.16亿元，大于累计财政净拨入额。可见全国社保基金仍然实现了长期可观的回报，有力促进了基金保值增值。

## （三）基本养老金业绩情况

2018年，受托运营的基本养老金投资收益率为2.56%，纵向比较，低

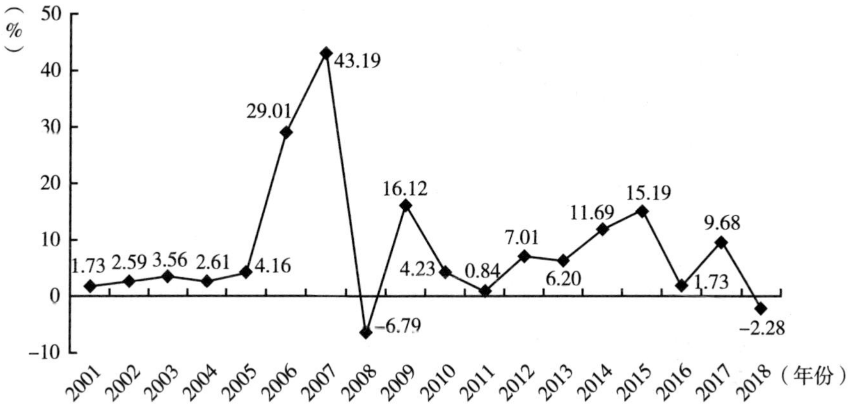


**图6　历年全国社保基金投资收益率**

于2017年的收益率5.23%；横向比较，低于2018年企业年金收益率3.01%，高于2018年社保基金收益率-2.28%。

基本养老金收益率水平与其委托模式有关。目前已经签署委托投资合同的17个省份均选择了保底保收益模式，保底收益率为委托资金到账当年的五年期记账式国债算术平均发行利率。如果要实现保底之上的收益率，从资产配置角度来讲，需要配置一定比例的权益类资产。而正是因为2018年A股大幅下挫，对基本养老金投资业绩拖累较大。

客观上，对于投资收益率的评价要综合资金属性、风险偏好、资产配置、考核期限等因素来考虑。从基本养老金来看，一方面要根据其高度注重安全性的特征进行战略资产配置，特别是合理确定权益资产比例中枢；另一方面也要根据市场情况进行战术调整。2018年，A股不断下跌，估值水平趋近历史底部，从五年期的角度来讲，应该超配权益资产，但是即便在2018年下半年，A股仍然从3000点下跌到2400多点，前期配置的权益资产仍然表现为浮亏，影响了2018年收益率。但从长期来看，这部分权益投资获利的概率极大，有利于基金长期保值增值。因此，对于基本养老金、社保基金、年金这类典型的长期资金，对其投资回报的评价应该以长期视角为主，而不宜过多关注短期收益率水平。

## （四）职业年金受托人与投管人评选情况

随着职业年金进程的稳步推进，各地区积极进行受托人及投管人的评选工作。在受托人评选方面，截至2019年6月底，已完成包括中直机关、新疆维吾尔自治区、山东省在内的25个受托人的评选工作。其中国寿养老、平安养老、工商银行、太平养老、长江养老、泰康养老、建信养老共计7个机构均获得全部地区的受托资格；新获得受托资质的中国人保、中国银行、农业银行分别获得20个、18个、18个地区的受托资格；信托系受托人仅中信信托获得辽宁省的备选资格（见图7）。结合各受托机构的企业年金的受托规模来看，截至2018年底上述7个机构的整体受托资产规模占行业总规模的94.6%。上述数据表明，职业年金受托人评选中，企业年金的受托规模和经验或为主要影响因素。

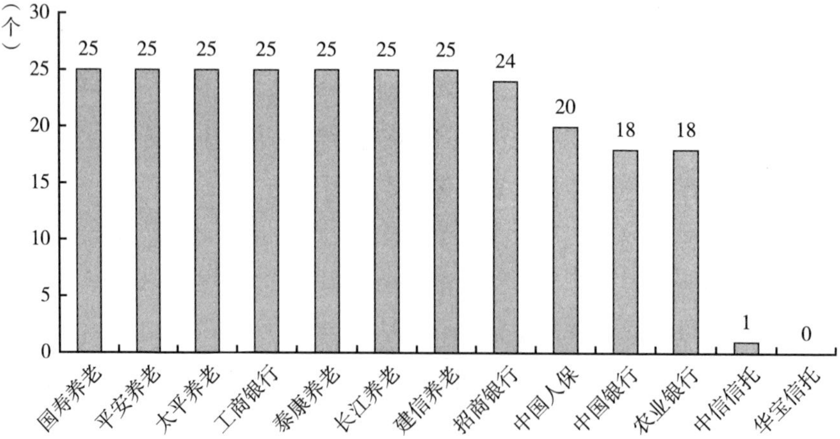


**图7　职业年金受托人资格分布情况**

资料来源：根据公开数据整理。

在投管人评选方面，根据各地方社保机构官网公示结果，截至2019年6月底，易方达、工银、南方、泰康分别获得15个受托计划的投资管理人资格，位于行业首位。具体资格分布情况见图 8。结合各投管机构企业年金业绩数据来看，一方面，工银、泰康、南方、易方达自 2014～2018 年近 5 年企业年金单一含权组合收益率分列行业第 1 位、第 2 位、第 3 位和第 6 位。上述数据表明，在职业年金投管人的评选过程中，投管人企业年金管理经验及投资业绩情况或为重要考量因素。另一方面，兼具受托和投管人资格的部分机构，虽在近五年企业年金单一含权组合中业绩相对落后，但其在职业年金评选过程中表现良好，表明随着职业年金业务开展，受托人话语权不断加重，具有受托背景的投管人在投管资格的获取上存在显著优势。

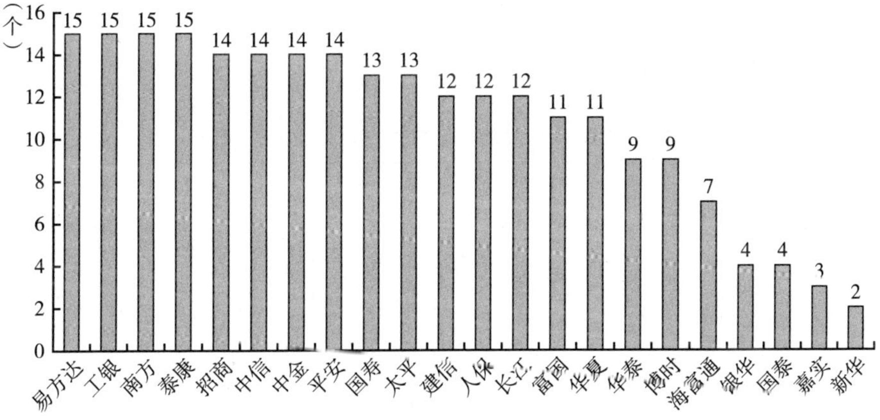


**图 8　职业年金投管人资格分布情况**

资料来源：根据公开数据整理。

## （五）个人税延型商业养老保险运营情况

2018 年，保险业先试先行开展个人税延型商业养老保险的产品开发和地区试点工作。截至 2018 年底保险行业登记在册的税延养老保险资金投资经理及组合经理 165 人，其中，投资经理 119 人，组合经理 38 人，组合经理兼投资经理 8 人。投资收益方面，税延养老保险账户收获较好成绩，全部取得正收益。截至 2018 年底，获得税延养老资质的保险机构中，共有 58 位投资经理和组合经理管理税延养老保险投资账户47个，其中最高年化收益率达6.7%。[①]

## （六）养老目标基金业绩情况

养老目标基金自推出以来，运作整体平稳，2019年之前成立的基金全部实现了正收益。截至2019年6月30日，成立超过6个月的养老目标日期基金共有10只（A/C份额分开统计），其中收益率在10%以上的有2只，收益率在5%～10%区间的有5只，收益率在5%以下的有3只。同期成立超过6个月的养老目标风险基金年化收益率为5.24%，基金份额也相较于成立时增加了5.66亿份，表明养老目标基金受到投资者的认可（见表2和表3）。

**表2　2018年成立的养老目标日期基金业绩情况**

| 序号 | 基金简称 | 基金管理人简称 | 基金成立日期 | 基金净值 | 成立以来年化收益率(%) |
|---|---|---|---|---|---|
| 1 | 华夏2040 | 华夏 | 2018-09-13 | 1.0251 | 3.24 |
| 2 | 中欧预见2035(A类) | 中欧 | 2018-10-10 | 1.0840 | 11.80 |
| 3 | 中欧预见2035(C类) | 中欧 | 2018-10-10 | 1.0809 | 11.36 |
| 4 | 工银瑞信2035 | 工银瑞信 | 2018-10-31 | 1.0306 | 4.63 |
| 5 | 南方2035(A类) | 南方 | 2018-11-06 | 1.0466 | 7.27 |
| 6 | 南方2035(C类) | 南方 | 2018-11-06 | 1.0439 | 6.84 |
| 7 | 鹏华2035 | 鹏华 | 2018-12-05 | 1.0390 | 6.94 |
| 8 | 银华尊和2035 | 银华 | 2018-12-13 | 1.0341 | 6.31 |
| 9 | 易方达汇诚2043 | 易方达 | 2018-12-26 | 1.0341 | 6.76 |
| 10 | 汇添富2030 | 汇添富 | 2018-12-27 | 1.0161 | 3.18 |

资料来源：Wind，数据时间截至2019年6月30日。

① 根据刘传葵在《中国养老金精算报告2019～2050》发布式暨养老保险降费形势研讨会上的发言内容整理。

表 3 2018 年成立的养老目标风险基金业绩情况

| 序号 | 基金简称 | 基金管理人简称 | 基金成立日期 | 基金净值 | 成立以来收益率(%) |
|---|---|---|---|---|---|
| 1 | 泰达宏利泰和平衡 | 泰达宏利 | 2018-10-25 | 1.0451 | 6.68 |
| 2 | 富国鑫旺稳健 | 富国 | 2018-12-13 | 1.0269 | 4.96 |
| 3 | 万家稳健 | 万家 | 2018-12-13 | 1.0201 | 3.70 |
| 4 | 广发稳健 | 广发 | 2018-12-25 | 1.0285 | 5.61 |

资料来源：Wind，数据时间截至 2019 年 6 月 30 日。

## （七）养老金产品业绩

2018 年养老金产品的整体投资收益率为 3.25%，其中固定收益型为 5.62%、货币型为 4.86%、混合型为 2.52%、股票型为 -11.74%。考虑到混合型养老金产品与普通年金资产配置相似，业绩具有一定可比性。2018 年混合型养老金产品收益率为 2.52%，低于普通年金组合的平均收益率 3.01%。而从长期业绩来看，2014～2018 年，混合型养老金产品平均年化收益率为 7.17%，高于普通年金组合平均收益率 6.00%，体现了养老金产品在运营效率和投资收益的提升（见图 9）。

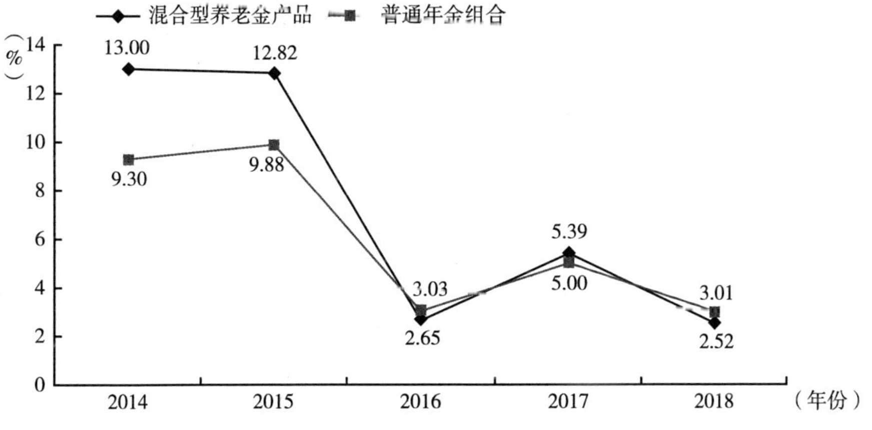


图 9 混合型养老金产品与普通年金组合投资收益对比情况

资料来源：人社部。

## 三 存在的问题与挑战

### （一）“基本养老金主导，补充养老金从属”的理念偏差影响三支柱均衡发展

从三支柱养老金模式的制度理念来讲，第二、第三支柱养老金被称为私人养老金，与第一支柱公共养老金共同应对人口老龄化挑战。经济合作与发展组织（OECD）36 个成员中，二三支柱养老金占 GDP 比例的加权平均数为 133.6%，算术平均数为 50.7%，说明 OECD 国家二三支柱养老金十分壮大，而我国二三支柱养老金占 GDP 的比例仅为 1.65%（见表 4）。

**表 4 部分国家或地区 2017 年养老基金规模情况**

单位：百万美元，%

| 国家 | 规模 | 占 GDP 比例 | 国家 | 规模 | 占 GDP 比例 |
|---|---|---|---|---|---|
| 丹麦 | 721673.50 | 208.4 | 拉脱维亚 | 4448.30 | 13.8 |
| 荷兰 | 1627799.10 | 184.2 | 西班牙 | 189360.90 | 13.6 |
| 冰岛 | 40255.50 | 164.5 | 斯洛伐克 | 11964.80 | 11.7 |
| 加拿大 | 2636400.50 | 154.7 | 葡萄牙 | 26429.70 | 11.4 |
| 瑞士 | 1019653.70 | 148.8 | 挪威 | 42102.90 | 10.5 |
| 美国 | 28168970.60 | 145.3 | 法国 | 278287.00 | 10.1 |
| 澳大利亚 | 1760107.30 | 130.2 | 波兰 | 57641.70 | 10.1 |
| 英国 | 2903324.10 | 105.3 | 意大利 | 200850.40 | 9.8 |
| 瑞典 | 505463.70 | 90.2 | 捷克 | 20919.90 | 8.8 |
| 智利 | 210512.30 | 72.0 | 比利时 | 40878.80 | 7.8 |
| 芬兰 | 162379.60 | 60.5 | 立陶宛 | 3612.60 | 7.2 |
| 以色列 | 215029.50 | 59.0 | 斯洛文尼亚 | 3591.20 | 6.9 |
| 爱尔兰 | 126570.50 | 35.9 | 德国 | 270727.60 | 6.9 |
| 韩国 | 485939.00 | 30.1 | 奥地利 | 26771.70 | 6.0 |
| 日本 | 1395297.60 | 28.8 | 匈牙利 | 8769.80 | 5.9 |
| 新西兰 | 52985.80 | 25.8 | 卢森堡 | 1941.10 | 2.9 |
| 爱沙尼亚 | 4838.60 | 17.5 | 土耳其 | 21073.20 | 2.6 |
| 墨西哥 | 185638.10 | 16.9 | 希腊 | 1604.90 | 0.8 |
| 加权平均 | — | 133.6 | 算数平均 | — | 50.7 |

资料来源：OECD Global Pension Statistics。

而且随着人口老龄化趋势加剧，二三支柱的作用得到进一步加强，在部分国家成为国民养老金主要来源。从美国来看，2018 年底养老金规模合计为27.78 万亿美元，占 GDP 比重高达135.55%。一二三支柱规模分别为2.82 万亿美元、16.15 万亿美元、8.81 万亿美元，占比分别为 10.15%、58.14%、31.71%。二三支柱的补充养老金占 GDP 的比例超过 100%。

从我国来看，二三支柱补充养老金发展严重滞后，我国三支柱养老金合计规模为7.10 万亿元，占 GDP 比重为7.88%。其中第一支柱基本养老金规模达5.62 万亿元，占比高达79.15%，第二支柱企业年金规模1.48 万亿元，第三支柱税延养老金仅为7000 万元。补充养老金占总体养老金的比重约为20%，占 GDP 比重不到2%（见表5）。

**表 5　美国与中国 2018 年养老金结构情况**

| | 名称 | 第一支柱 | 第二支柱 | 第三支柱 | 合计 |
|---|---|---|---|---|---|
| 美国 | 规模（万亿美元） | 2.82 | 16.15 | 8.81 | 27.78 |
| | 占养老金资产比重（%） | 10.15 | 58.14 | 31.71 | 100.00 |
| | 占 GDP 比重（%） | 13.76 | 78.80 | 42.99 | 135.55 |
| 中国 | 名称 | 基本养老金 | 企业年金 | 税延养老金 | 合计 |
| | 规模（万亿元） | 5.62 | 1.48 | 0.00007 | 7.10 |
| | 占养老金资产比重（%） | 79.15 | 20.85 | 0.00 | 100.00 |
| | 占 GDP 比重（%） | 6.24 | 1.64 | 0.00 | 7.88 |

资料来源：美国数据来自 ICI、Social Security；中国数据根据人力资源和社会保障部统计数据整理，其中基本养老金规模依据 2013 ~2017 年年均增长率预测。

我国二三支柱养老金发展严重不足的一个重要原因是，长期以来二三支柱被认为是公共养老金的补充，居于养老金体系的从属地位。由此引发了诸多不利后果：一是第二、第三支柱养老金发展长期滞后，特别是在目前第一支柱降费减负的情况下，基本养老远期财务可持续性面临严峻挑战，而二三支柱发育不足，无法为基本养老形成支撑；二是第二、第三支柱养老金制度设计始终以做大第一支柱为前提，比如政策规定职工参加企业年金和职业年金计划的前提是参加基本养老保险。此外，在目前第三支柱制度设计中，仍然存在以参加第一支柱为前提的声音，忽视了第三支柱包括为那些未被公共养老金体系覆盖的自雇人群提供养老保障的建制理念。

### （二）基本养老降费背景下，制度财务可持续矛盾更加突出

2019年4月4日，国务院办公厅印发《降低社会保险费率综合方案》，提出目前基本养老保险缴费高于16%的地区可降至16%。根据近5年城镇职工基本养老保险基金收入和支出情况对此次降费对基金收支情况进行测算，结果表明：此次降费将每年减少基本养老保险缴费收入超过3000亿元，最直接影响是2020年就可能出现当年基金总收入（缴费收入加上财政补贴）小于总支出。① 而在没有降费情况下，当年基金收入小于支出的年份应该是2023年。

由此可见，基本养老保险降费在助力企业降税减负的同时，也将进一步增加第一支柱支出压力，进而影响我国养老金总储备。因此必须进一步加快二三支柱建设，及早做大做强二三支柱，才能减轻第一支柱负担，促进我国养老金体系结构更加合理，总量更加充分。

### （三）职业年金基金运营模式复杂，对基金保值增值提出了更高要求

我国职业年金基金运营模式与企业年金基本保持一致，主要区别有两点：一是职业年金中的代理人取代了企业年金中的委托人，并承担账户管理人的角色；二是各省份职业年金在运营中可以设立多个计划。从业务模式来看，多个计划的设置在一定程度上影响职业年金基金运营效率——在各省份总计划层面无法进行统一的战略资产配置指导。

众所周知，资产配置决定了投资组合收益率的80%以上，因此资产配置是养老金投资的核心与基础。事实上，社保基金的投资运营科学合理，也

① 我国基本养老保险在2014年已经出现了当年缴费收入小于当年基金待遇支出。

符合资产管理行业规律的核心就在于全国社保基金理事会战略资产配置功能发挥良好：由全国社保基金理事会对社保基金进行战略资产配置获取贝塔收益，同时由全国社保基金理事会遴选在类属资产和具体产品上具有比较优势的外部投资管理人进行专业管理，以获取阿尔法收益。

而职业年金采取各省份集中运作模式，同时每个省份可以设置多个年金计划，但是一个省份的不同计划具有相同的风险偏好和收益率要求。因此，从理论上来讲，应该有一个机构或者角色，对所有资金进行全局的战略资产配置。但是从目前职业年金实践来看，在省级层面没有相关机构进行总体战略资产配置，只有单个计划层面的资产配置，而各个计划之间配置如何达到协同是缺位的。如果把社保基金进行战略资产配置后资金分配理解为按照资产类别委托运营，那么职业年金则仅仅是按照不同计划进行资金委托运营，并没有针对资金特性进行全局资产配置，长期来看不利于职业年金科学投资运营。

### （四）补充养老金税收优惠政策吸引力不足

第二支柱方面，根据《企业年金办法》，企业缴费最高可达职工工资总额的8%。然而，2009年《关于补充养老保险费补充医疗保险费有关企业所得税政策问题的通知》（财税〔2009〕27号）规定企业为员工年金缴费在工资总额5%以内的部分才能进行税前扣除。缴费上限和免税上限存在3%的差额，导致有能力缴费更多的企业缴费意愿不强。在投资环节，2018年9月，财政部、国家税务总局分别发布《关于基本养老保险基金有关投资业务税收政策的通知》《关于全国社会保障基金有关投资业务税收政策的通知》，免收社保基金和基本养老金投资阶段的增值税、印花税和所得税。企业年金、职业年金与全国社保基金、基本养老金都属于我国多层次养老金体系组成部分，应该享有同样的税收优惠待遇。

第三支柱方面，目前试点的个人税延型商业养老保险的税收政策是：缴费阶段参加者可以以当月工资薪金、连续性劳务报酬收入的6%或者1000元孰低者在个人所得税前扣除，弊端在于一是税收优惠力度较小，而且按照比例征税需要核定收入比较复杂；在领取阶段，试点政策规定“对个人达到规定条件时领取的商业养老金收入，其中25%部分予以免税，其余75%部分按照10%的比例税率计算缴纳个人所得税”，相当于领取阶段税率为7.5%。按照最新个人所得税政策，扣除五险一金和各种税前扣除项后，月收入在8000元以内者，其所得税税率仅为3%，对于这部分人而言，参加第三支柱反而会增加税收负担。

此外，2018年我国进行了个人所得税改革：将免征额从每月3500元上调到5000元。受此影响，个人所得税的纳税人从1.87亿人下降到0.64亿人。如果加上子女教育、继续教育、大病医疗、住房贷款利息、住房租金、赡养老人等专项扣除，我国个人所得税纳税人群大概率将不足0.5亿人。换言之，在当前个人所得税制度下，我国养老金第三支柱理论上最多只能覆盖5000万人，尚不及第二支柱覆盖人数（企业年金参与人群2300万，职业年金参与人群3600万）。结果是将第三支柱建设为覆盖广泛的普惠金融制度的政策定位无法实现，减轻第一支柱基本养老金财政负担的作用也十分有限。

此外，领取阶段第二支柱和第三支柱征税方式不一致，也影响未来制度衔接。第二支柱规定“个人达到国家规定的退休年龄，领取的企业年金、职业年金，符合规定的，不并入综合所得，全额单独计算应纳税款”。而第三支柱规定“对个人达到规定条件时领取的商业养老金收入，其中25%部分予以免税，其余75%部分按照10%的比例税率计算缴纳个人所得税”。

### （五）养老金投资理念保守，权益类资产配置不足

有一种声音认为养老金投资保值增值的目标就是战胜CPI，或者以战胜国债等无风险收益率为投资目标。[①] 但是对于我国这样过去几十年经济和工资增长率都保持高速增长的新兴经济体来说，养老金投资长期仅以战胜CPI

① 基本养老金在委托运营过程中绝大部分地区都采取了保底保收益的模式，保底收益率为委托资金到账当年，与委托同期限的记账式国债算术平均发行利率。

为目标，会导致最终资金积累过少，无法为国民提供与社会经济发展相适应的退休生活保障。

如表 6 所示，若一个人在 1999 年为养老一次性投入 10 万元，[①] 如果按照历年 CPI 水平作为收益率，那么 20 年后其积累值仅为 14.9 万元，仅相当于 2018 年全国社会平均工资的 1.5 倍；按照每年 5% 的收益率计算，2018 年积累值也仅为 26.5 万元，约为 2.7 倍当年社会平均工资。显然以上收益率均不能满足国民养老需求。

**表 6　中国近 20 年 GDP、CPI、工资增长率数据对比**

单位：%

| 年份 | 工资增长率 | GDP | CPI |
|---|---|---|---|
| 1999 | 11.72 | 7.70 | -1.36 |
| 2000 | 12.19 | 8.50 | 0.35 |
| 2001 | 16.08 | 8.30 | 0.72 |
| 2002 | 14.21 | 9.10 | -0.73 |
| 2003 | 12.90 | 10.00 | 1.13 |
| 2004 | 13.97 | 10.10 | 3.82 |
| 2005 | 14.32 | 11.40 | 1.78 |
| 2006 | 14.59 | 12.70 | 1.65 |
| 2007 | 18.53 | 14.20 | 4.82 |
| 2008 | 16.90 | 9.70 | 5.93 |
| 2009 | 11.58 | 9.40 | -0.73 |
| 2010 | 13.32 | 10.60 | 3.18 |
| 2011 | 14.40 | 9.50 | 5.55 |
| 2012 | 11.89 | 7.90 | 2.62 |
| 2013 | 10.08 | 7.80 | 2.62 |
| 2014 | 9.47 | 7.30 | 1.92 |
| 2015 | 10.06 | 6.90 | 1.44 |
| 2016 | 8.93 | 6.70 | 2.00 |

① 约为当年全国社会平均工资 8436 元的 12 倍，可理解为，如果以此为退休时点的养老资产储备按照社会平均工资可领取 12 年，与参加基本养老保险情况下，60 岁退休对应的计发月数 139 个月大体相当。

续表

| 年份 | 工资增长率 | GDP | CPI |
|---|---|---|---|
| 2017 | 9.99 | 6.80 | 1.59 |
| 2018 | 9.00 | 6.60 | 2.10 |
| 平均值 | 12.71 | 9.06 | 2.02 |

资料来源：Wind，工资增长率指标为城镇非私营单位就业人员平均工资增长率。因数据缺失，估算20年后金额时，将2018年工资增长率暂取9%。

因此，要真正实现养老金长期保值增值，仅以战胜CPI或国债收益率为目标是不够的，而应该与养老金长期要面对的支付需求挂钩，如美国加州退休教师基金（CalSTRS）将长期收益目标之一设定为CPI加3.5个百分点，安大略教师养老金计划（OTPP）设定的长期投资基准以20年为时间跨度，业绩基准为其间的通货膨胀率加上4~5个百分点。而对于我国经济和工资增长率长期高企的情况下，养老金投资理应要求更高的回报率。显然要实现较高的回报，就必须提升投资组合风险的容忍度，配置相当比例的权益类资产。Wills Towers Watson发布的《2018年全球养老金资产研究报告》显示，在2017年养老金规模TOP6国家的资产配置中权益资产比例普遍在30%及以上，美国、澳大利亚、英国、加拿大权益配置比例相对较高，都在45%及以上（见图10）。

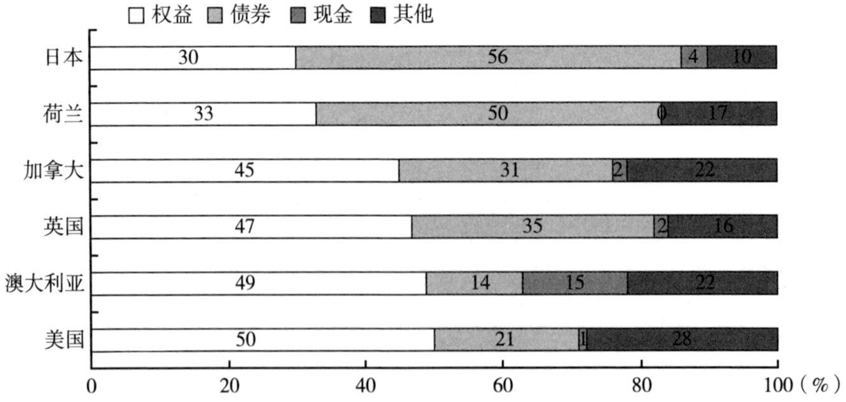


**图10　养老金规模TOP6主要经济体2017年养老金资产配置情况**

资料来源：Wills Towers Watson，《2018年全球养老金资产研究报告》。

但是从我国实践来看，除了全国社保基金，无论是基本养老金还是企业年金，其投资都较为保守，权益类资产配置明显不足。权益类资产投资比例一般围绕 10% 左右波动，极少突破 20%。

### （六）个人税延型商业养老保险试点成效不及预期

2018 年 4 月，财政部等五部门联合印发《关于开展个人税收递延型商业养老保险试点的通知》（财税〔2018〕22 号），自 2018 年 5 月 1 日起，在上海市、福建省（含厦门市）和苏州工业园区实施个人税收递延型商业养老保险试点工作，试点期限暂定一年。截至 2019 年 6 月底，共有 20 家保险公司 66 款产品面世，参保人数 4.55 万，与此前市场预期相差甚远。个人税延型商业养老保险试点中，上海市累计保费收入 8231 万元，参保人数 2.9 万人。但是上海市 2017 年基本养老保险在职职工参保人数为 1059.04 万人，2018 年第二支柱企业年金参与人数为 132.3 万人，参加个人税收递延型商业养老保险的人数占一二支柱的比例仅为 0.27% 和 2.2%，说明个人税收递延型商业养老保险的社会接受度还很低。

## 四　行业发展趋势

### （一）年金产品化投资趋势明显，分类归集将成主流选择

近年来，企业年金投资运营的产品化率①持续上升，从 2013 年的 2.58% 上升至 2018 年底的 32.90%（见表 7）。同期，尽管养老金产品规模基数持续扩大，但增速仍然保持在 20% 以上，显著高于年金组合。可见，年金组合通过养老金产品进行投资的趋势十分明显。

① 产品化率为养老金产品规模占企业年金规模的比例。

**表 7　历年产品规模变化及产品化率情况**

单位：亿元，%

| 年份 | 产品规模 | 产品增速 | 组合规模 | 组合增速 | 产品化率 |
|---|---|---|---|---|---|
| 2013 | 149 | — | 5784 | — | 2.58 |
| 2014 | 514 | 244.97 | 7403 | 28.00 | 6.94 |
| 2015 | 1196 | 132.68 | 9260 | 25.09 | 12.92 |
| 2016 | 2214 | 85.12 | 10756 | 16.15 | 20.58 |
| 2017 | 3502 | 58.18 | 12538 | 16.56 | 27.93 |
| 2018 | 4771 | 36.24 | 14502 | 15.67 | 32.90 |

资料来源：根据人社部相关数据计算。

目前，年金行业主要有两种归集思路：一是通过混合型产品进行归集，二是通过股票型产品和固收型产品分类归集。两种归集模式各有优劣，通过混合型产品归集的主要优势在于管理简单便捷，如遇市场调整时调仓速度较快。但是混合型产品归集的资产配置灵活性较差，对于有特殊投资要求的组合来说，较难进行个性化配置，而且难以在产品层面穿透进行投资监督。通过股票型产品和固收型产品进行归集的好处在于，一是资产配置分类更加清晰；二是有利于实现组合的个性化管理；三是对于受托人来说，分类归集更容易进行穿透管理和投资监督。但是分类别归集的前提是，必须明确专门的类 FOF 的投资经理负责组合的资产配置及动态调整，并对组合业绩负责（见表 8）。

**表 8　两种归集方式的对比分析**

| 对比项 | 混合型 | 股票 + 固收/股票 + 债券 + 非标 |
|---|---|---|
| 统一管理难易 | 便于统一管理 | 管理难度高 |
| 个性化资产配置 | 不能实现 | 可以实现 |
| 调仓速度 | 通过产品层调整，速度快 | 组合层赎回 + 申购，速度较慢 |
| 费率情况 | 高 | 低 |
| 受托监督 | 不好穿透，不利于精细化管理 | 易于投资监督管理 |
| FOF 投资经理 | 投资一只不需要，多只需要 | 需要 |
| 未来发展 | 空间有限 | 预留了资产配置空间 |

总体来看，随着委托人和受托人专业性的增强，组合个性化投资要求日益增多。而且，随着受托人职责进一步做实，其资产配置要求和投资监督工作更加精细化，分类别归集更能满足受托人的管理要求。当然，对于没有特殊要求的小微组合来说，混合型产品归集的管理便捷性优势始终存在。因此，长期来看“股票固收分别归集为主，混合型归集为辅”是未来年金业务归集的发展趋势。

### （二）年金受托人地位进一步加强，业务模式出现新变化

第一，年金市场发展的新趋势进一步提升受托人话语权。一是在职业年金运营模式中，受托人中枢地位实质性确立，在投管人遴选中具有决定权，同时后期还将决定资金分配机制，对于职业年金实际运作具有主导作用。二是在企业年金业务中，随着计划规模不断增加，管理难度加大，部分理事会受托模式也转为法人受托模式，受托人在市场的重要性提升。三是对年金组合考核体系更加全面细致，组合运作管理也更加精细化，比如待遇支付组合、受托直投组合日益增多。上述趋势进一步增加了受托人的话语权，而兼具受托和投管牌照的机构也借助这一优势，争取资金分配。

第二，职业年金投管人遴选更加关注投资经理团队。过往企业年金业务的核心是委托人，受限于专业水平等因素，在投管人遴选时，公司综合实力与过往业绩等因素是主要考察内容。而在职业年金中，对投资经理的关注度大大提升。这是因为职业年金业务模式中，受托人居于中枢地位，在选择投管人时，除了上述因素外，投资经理历史业绩、投资理念与风格、投资经验等都成为核心考量因素，而且在后续投资运作中，受托人对投资经理考核评价将更加细化。

第三，受托直投业务在职业年金中具有一定发展潜力，原因如下。一是职业年金中，湖北、青海、天津、宁夏等地明确规定受托人可以采取受托直投方式进行养老金产品配置。二是对于未能获得某地区职业年金投管资格的机构来说，受托直投是参与该地区职业年金业务的另一途径。

### （三）加快做大做强全国社保基金势在必行

如前文所述，基本养老降费将显著降低基本养老金基金积累速度，目前条件下，2025 年现有结余或将被全部用于支付。但是，从人口老龄化程度角度来讲，我国 2050 年前后才迎来人口老龄化高峰时期，在此期间基金收支压力十分巨大。全国社保基金定位于应对人口老龄化高峰期的社保支出，但是，2025 年我国当年养老金收入和支出的缺口为 1.48 万亿元，此后将逐年扩大。而同期全国社保基金资产总额预计约 5 万亿元，① 难以应对此后进一步加剧的人口老龄化导致的基金缺口。

因此，必须尽快做大做强全国社保基金，加快储备养老金积累力度，全面做好应对工作。主要有两点，一是要对降费形势下我国基本养老保险基金中长期收支情况进行测算，明确人口老龄化高峰期面临的资金缺口，根据缺口和全国社保基金历史投资情况，确定全国社保基金需要补充的资金规模。二是在明确规模前提下，明确划转国有资本、国有股减持、中央财政预算拨款、彩票公益金拨款的规模和时间表。与此同时，还要改革完善全国社保基金投资办法，推动适当放宽投资范围、放松投资品种限制，以实现分散投资风险、稳定和提升投资收益的目的，助力基金积累壮大。

## 五　建议与思考

### （一）完善税收优惠政策，加快二三支柱养老金落地

第二支柱方面，一是将企业的年金缴费税优上限从目前的 5% 提升到 8%，与职业年金政策保持一致，也增加企业为员工缴费动力。二是比照全

① 2009 年全国社保基金规划，2020 年为 3 万亿元，2030 年为 6 万亿元，实际 2018 年为 2.96 万亿元，据此假设 2025 年达到 5 万亿元。

国社保基金和基本养老金，对第二支柱投资免收增值税和印花税。三是在领取阶段，将年金待遇支付纳入个人综合所得计算个税，或者参考第三支柱设定免除额，增加制度吸引力。

第三支柱方面，一是借鉴国际先进经验，将目前个人税延型商业养老保险试点政策中对产品税收优惠改为对账户税收优惠，将第三支柱账户制落到实处。二是取消试点政策中税优上限6%的限制，将税优从比例制改为额度制，同时将1000元的税优额度上限适度提升，比如至2000元。[①] 三是结合目前个人所得税最新政策，将第三支柱领取阶段7.5%税率降至3%以下，改变目前负激励的政策缺陷，确保税收政策对所有纳税人群都有吸引力。[②] 四是支持居民通过个税App申报税收递延额度，简化个人税收递延型商业养老金缴费的申报流程。此外，建议按照财税〔2018〕22号文的要求，及早将公募基金纳入第三支柱税收优惠的范围，为国民提供更多选择。

### （二）树立积极的养老金投资理念，加大权益类资产占比

要实现较高投资回报就必须提升投资组合的风险容忍度，因为风险容忍度偏低的直接影响就是限制投资机构主动投资能力的发挥和获取长期高收益的可能性。因此必须加大长期权益资产投资比例，分享经济增长和资本市场发展的成果。

从海外经验来看，投资权益类资产比例较高的美国、澳大利亚、英国、加拿大、荷兰（依次为50%、49%、47%、45%、33%），中长期投资回报率也较高，显著高于发达经济体的GDP增速。澳大利亚的整体收益表现最好，五年、十年、十五年名义收益率分别为9.6%、4.9%、

① 缴费阶段，第三支柱税收优惠根据收入的6%和1000元/月孰低确定，税收优惠力度小。

② 领取阶段，第三支柱规定“对个人达到规定条件时领取的商业养老金收入，其中25%部分予以免税，其余75%部分按照10%的比例税率计算缴纳个人所得税”。相当于领取阶段税率为7.5%。按照最新个人所得税政策，扣除五险一金和各种税前扣除项后，月收入在8000元以上者才有税收优惠效应（个税税率10%及以上），降低了对收入在8000元以内国民吸引力。

6.7%。加拿大、荷兰在养老金中长期整体收益上均有不错的表现（见表9）。

**表9　部分国家养老金五年、十年、十五年名义与实际年化收益率**

单位：%

| 国家 | 名义收益率 | | | 实际收益率 | | |
|---|---|---|---|---|---|---|
| | 五年平均 | 十年平均 | 十五年平均 | 五年平均 | 十年平均 | 十五年平均 |
| 澳大利亚 | 9.6 | 4.9 | 6.7 | 7.5 | 2.5 | 4.2 |
| 加拿大 | 8.1 | 5.6 | 7.3 | 6.5 | 4.0 | 5.5 |
| 荷兰 | 7.1 | 6.0 | 6.9 | 6.0 | 4.4 | 5.3 |
| 美国 | 5.7 | 2.1 | 3.9 | 4.2 | 0.5 | 1.7 |
| 德国 | 4.0 | 3.9 | 4.1 | 2.9 | 2.6 | 2.6 |
| 韩国 | 3.5 | 4.0 | 4.1 | 2.3 | 1.8 | 1.6 |

资料来源：http://www.oecd.org/pensions/pensionmarketsinfocus.htm。

从我国实践来看，全国社保基金是目前养老金体系中风险承受能力最高的，权益类资产比例最高，同时也是投资业绩最好的。因此，建议如下。

一是改革基本养老金委托模式，有效提升风险承受水平。目前已有17个省份与全国社保基金理事会签署了基本养老金委托运营合同，全部选择了保底保收益模式。其实，各地委托投资运营的养老金是总结余的一部分，已经充分考虑了当期养老金支付需求。[①] 因此这部分资金应该具有较高的风险容忍度，可以较高比例投资权益资产。深层次原因在于，目前基本养老金以省级统筹为主，各省份对基金收支负有直接责任，如果某年出现负收益，地方政府则会承受较大压力。但是在未来实现全国统筹的趋势下，投资保守可能导致的远期基金缺口，未来将由中央财政负担。因此地方政府自然选择最为保守的投资模式。建议由财政部代表中央政府对各地发行特种债券，置换

① 以江苏为例，2017年江苏省政府办公厅《关于归集企业职工基本养老保险基金委托投资运营资金的通知》发布，明确投资资金由留足12个月备付期后结余100亿元以上的省本级、设区市本级以及结余50亿元以上的县（市）筹集。其他市、县可在保证养老金及时足额发放的前提下，自愿确定是否委托投资运营。可见，各地委托给全国社保基金的资金已经充分考虑支付需要，一个合同期结束需要赎回的可能性不大。

各地基本养老金结余，一方面由财政部根据各地基金支出情况逐年兑付债务，另一方面，由财政部归集各地资金，作为统一委托方将其委托给全国社保基金进行运营。财政部作为基本养老金最后责任人，有动力提高基金风险敞口，承担主动风险，追求较高投资回报，能有效规避地方政府投资理念过度保守的弊端。

二是通过实施个人选择权对年金资产进行分层，分离并稳定其中的长期资金，以加大权益类投资比例。“产品化投资模式”已经被大部分国家第二支柱所采用，参加者可以在雇主提供的标准化产品范围内进行自主投资选择。建议我国年金制度中逐步放开个人选择权，让不同年龄段、不同风险偏好的人群选择不同养老金融产品。相应地，不同类型的资产也能自动加以分类，年轻且风险偏好高的人群就可以从目前的保守投资中解放出来，选择风险资产占比较高的产品，并通过长期持有获得良好收益，客观上这也有助于为资本市场提供更多长期稳定资金。

### （二）尽快建立三支柱养老金制度之间的衔接机制

一是打通第二和第三支柱的税收优惠。第二支柱实施税收优惠政策，但是必须由企业主导建立，导致没有建立企业年金计划的企业职工即便有积极性也无法参与，不利于为自身养老进行储备。从发展补充养老金体系、减轻公共养老金压力角度出发，可以考虑打通第二支柱与第三支柱的税收优惠政策，即在缴费阶段，对于没有参加第二支柱的个人，允许其在缴纳第三支柱个人养老金时，除了使用原有的递延额度外，还可以使用其在第二支柱中的税收优惠额度，旨在不增加补充养老金总体税收优惠力度的条件下，提高个人参加第二、三支柱的优惠力度和灵活度，增强制度吸引力，促进补充养老金发展。此外，建议中长期将第二支柱领取阶段的税收征收方式和第三支柱征税保持一致，为制度衔接提前做好铺垫。

二是允许个人将第二支柱资产转入第三支柱投资运营。第二和第三支柱都属于市场化运作的补充养老金，允许第二支柱资产在参加者转换单位或者退休时转入第三支柱是美国等国家的通行做法。特别是我国企业年金覆盖面小，参加者转换工作后可能面临没有年金计划可参加的情况，加上第二支柱个人选择权难以落地等因素，我们建议允许第二支柱参加者在转换工作或者退休时将第二支柱资产转入第三支柱账户，按照第三支柱政策进行运作。

三是探索第一支柱个人账户转入第三支柱的路径。第一支柱的基本养老保险个人账户完全由职工缴费形成，属于个人所有。而第三支柱个人养老金同样具有私有产权属性，二者在产权上都属于个人所有，通过同一个账户运作管理。此外，基本养老保险个人账户用于该职工个人退休后养老金待遇支出，实际上是一种国家强制实施的个人养老储备，而第三支柱个人养老金除了自愿参加外，本质上也是个人养老计划，因此两者实现融合具有内在统一性。因此，建议将基本养老保险个人账户独立出来，划入第三支柱作为强制部分，在此基础上国民还可以通过自愿缴费形成第三支柱的自愿性部分。从操作层面来讲，可以考虑新老划断，过往的个人账户缴费仍然存在于第一支柱，自制度出台后的第一支柱个人账户缴费纳入第三支柱。上述改革的好处在于，基本养老保险个人账户并入第三支柱养老金可以快速扩大第三支柱覆盖面，相当于一次性使第三支柱覆盖了3亿多基本养老保险参保职工，具有类似补充养老金“自动加入”机制的效果。除此之外，由强制性个人账户和自愿性个人账户共同组成的积累型第三支柱养老金，通过合理投资可以有效实现资金的保值增值，增强参加者养老保障能力的同时减轻政府财政负担。

### （四）加强养老金融教育，迎接个人养老金时代到来

我国市场经济发展时间不长，国民财富积累时间较短，金融和理财知识十分匮乏。根据2017年中国养老金融50人论坛发布的《中国养老金融调查报告2017》，目前国民的养老理财主要看重安全稳健和收益保证，已有养老资产主要集中于银行储蓄与理财，对于以基金为代表的净值类资产配置较少。2018年腾讯发布的《国人养老准备报告》也显示，相当一部分被调查者对复利和通货膨胀等基本金融概念理解尚不准确。这对于强调制度自愿参

与、产品自主选择、责任自我负担的养老金第三支柱来说是巨大挑战，需要社会各界进行广泛、长期、深入的养老金融教育。

第一，将养老金融教育纳入国家应对人口老龄化工作大局。2018 年 1 月全国老龄办、中宣部、中组部等部门联合下发《关于开展人口老龄化国情教育的通知》，这是我国首次在政府层面进行人口老龄化教育工作。养老金融教育也是人口老龄化国情教育的重要内容，可以动员各个金融行业力量共同参与，提升国民养老金融素养，为养老金第三支柱健康发展夯实群众基础。第二，养老金融教育还要注重风险防范知识教育。养老金第三支柱担负引导国民从储蓄养老到投资养老的使命，需要资产管理行业在投教工作中长期宣导。除此之外，近几年来以养老理财为诱饵实施金融诈骗现象时有发生。这在一定程度上影响了合法合规的养老金融产品健康发展。因此，必须加强国民金融风险防范知识教育，推动国民远离非法金融诈骗风险。只有堵住“偏门”，才能为正规养老金融产品打开“正门”，促进养老金第三支柱长远发展。第三，唤醒国民养老规划和投资养老的意识。养老需要的资产规模大，只有长期积累才能充分发挥复利效应，因此需要引导国民及早进行养老规划。同时，更要把国民目前以储蓄养老为主的理念转化到投资养老上来，对于资产配置、长期投资、风险控制等既基础又重要的投资理念，需要资产管理行业在投教工作中长期宣导，树立科学投资理念。

## 参考文献

董克用、姚余栋：《中国养老金融发展报告（2018）》，社会科学文献出版社，2018。

人力资源和社会保障部社会保险基金监管局：《2018 年全国企业年金基金业务数据摘要》，2018。

人力资源和社会保障部：《2018 年人力资源和社会保障事业发展统计公报》，2018。

全国社保基金理事会：《全国社会保障基金理事会社保基金年度报告（2018 年度）》，2019。

# B.3
# 养老服务金融：快速老龄化背景下养老储备的多元化探索

张 栋　孙 博*

**摘　要：** 随着各级政府部门对金融机构参与养老行业发展的日益重视以及一系列金融支持养老服务发展的政策指导意见的出台，各金融行业纷纷布局，关注养老与金融行业的结合，不少金融机构也开始积极探索养老服务金融的发展路径，开创了一系列带有养老概念的产品，并取得了一系列成效。但是总体而言，我国养老服务金融还处于初步探索阶段，尚未形成新的金融业态，供需双方呈现明显的不匹配状态，其核心问题源于多个方面：一是需求方国民收入和传统观念约束下的经济基础不足和养老储备意识有限；二是供给方在现有市场需求特征下创新长期养老产品的动力不足；三是政策配套环境和监管仍然欠缺加剧了需求方的不信任程度，也降低了供给方的参与动力。长期来看，养老服务金融的发展需要首先完善养老服务金融政策，营造良好的行业发展环境，在此基础上增强国民养老储备意识和能力，提振养老服务金融需求，同时，激励金融机构开发多元化金融产品，丰富养老服务金融产品供给。

* 张栋，管理学博士，清华大学社会科学学院社会与金融研究中心博士后，中国养老金融50人论坛青年研究员，研究领域为养老金融；孙博，管理学博士，金融学博士后，中国养老金融50人论坛特邀成员，供职于华夏基金管理有限公司养老金管理部，研究领域为养老金融。本文仅代表个人观点，与供职单位无关。

**关键词：** 老龄化　养老服务金融　财富管理　供给　需求

近年来，随着经济社会的快速发展，广大国民开始积累起相当可观的金融资产、实物资产和不动产等经济资产和财富，这些资产和财富可以预期为国民年老时获得更高水平的生活保障提供物质基础。但如何将这些当期财富与未来的养老进行有效的结合，还未形成良好的模式，与此同时，国民财富被不合规的P2P、高利贷、非法集资、虚假“以房养老”等骗走的报道屡见不鲜，使一些正规的养老金融产品在市场上也难以被信任，这在很大程度上是由我国金融市场发展相对滞后、养老金融产品针对性不强、国民的金融知识有限等综合原因造成的。因此，在当前养老金融供给和需求存在错位的基础上，如何通过创新养老金融服务，开拓满足不同群体需求的多元化养老服务金融产品，是应对我国人口老龄化挑战、提升老年生活质量的重要内容。

## 一　养老服务金融概述

### （一）养老服务金融的内涵与概念框架

作为养老金融的重要组成部分之一，养老服务金融指的是金融机构围绕全体社会成员养老相关的投资、理财、消费及其他衍生需求采取的一系列有关金融产品与服务的创新金融活动，其本质是通过金融创新保障多元化的养老需求。具体而言，养老服务金融的核心涉及两方面的服务内容。一是养老财富积累。指的是在国家养老金体系之外，社会成员为更好满足老年需求，自发进行养老财富积累活动，需要金融机构针对养老资产储备需求开发专业化养老金融产品和服务，如养老理财、商业养老保险、养老投资基金，以及养老财务规划、养老投资顾问等。二是养老财富消费。指的是社会成员在老年期将其养老财富储备用于消费的过程，同样需要金融机构针对人在老年阶段的消费需求，提供针对性金融服务，比如住房反向抵押贷款/保险、老年财产信托等，如图1所示。

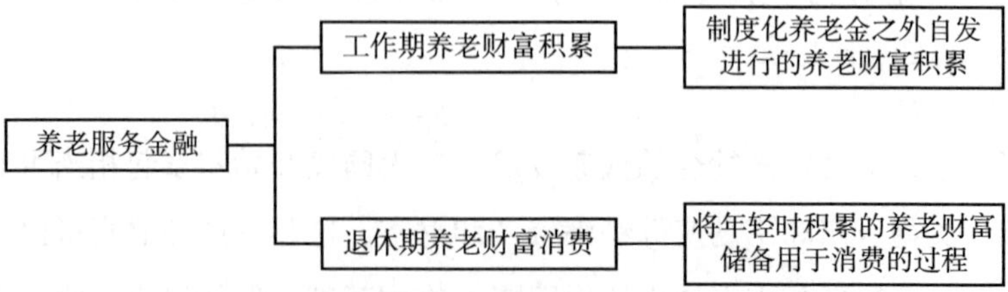


**图1　养老服务金融的核心概念框架**

## （二）养老服务金融的重要意义

第一，养老服务金融是应对人口老龄化挑战的必由之路。在传统社会，“养儿防老”是老年人实现养老生活保障的主要渠道，在这种情况下，子女是人格化了的保险品、信贷品和养老投资品，这种隐性的人格化的人际金融交易就是为了实现跨时间的价值交换，来应对未来的风险。然而，自2000年前后步入人口老龄化社会以来，我国人口老龄化速度不断加快，并且未来数十年间还会继续面临人口老龄化的加速发展。在此过程中，伴随着家庭小型化、高龄化、空巢化、失能化等问题日益凸显，传统的家庭养老模式受到冲击，广大国民逐步认识到“养儿防老”已经难以满足年老生活需求，亟须通过金融化的养老储备来应对人口老龄化带来的挑战，由此产生了越来越旺盛的养老金融需求。

第二，养老服务金融是应对未来不确定性、提高老年生活质量的重要保证。随着经济和社会发展水平的不断提高，广大国民的养老生活需求也呈现多元化的趋势，对养老生活质量也更加重视，与此同时，随着老年群体的年龄提升，各类风险（如疾病风险等）也不断增加，应对未来养老生活的不确定性和提高老年生活质量的关键是有良好的经济保障。然而，由于在个人整个生命周期过程中的消费和收入并不是同步的，在工作期，人们的收入通常会大于消费，产生正储蓄；在退休期，人们的消费则往往大于收入，产生负储蓄，因此，人们往往需要在工作期增加对养老的储蓄，进而平滑一生的消费。养老服务金融就是通过生命周期的资产配置和财富管理来获得相应的养老资产储备，贯穿于人的整个生命周期全过程。通过养老服务金融为自己年老后持久的消费能力储备相应的资产，意味着为养老生活提供更多一层的保障，降低制度化养老金供给不足带来的风险，应对未来养老生活的不确定性，同时更好地提高老年生活水平。

第三，养老服务金融的发展和完善是提高国民养老储备意识和能力的关键环节。在未富先老和人口老龄化快速深化的背景下，提高全体国民的养老储备意识和能力，对于引导广大国民未雨绸缪、强化生命周期资产配置、降低国民非理性决策具有重要意义。具体而言，养老服务金融本身就具有投资者教育的功能，一方面，可以通过人口老龄化国情教育和生命周期教育，培养国民的养老储备意识；另一方面，可以通过投资教育、金融消费教育，提高国民的生命周期资产配置能力及其他投资判断能力，有效防范国民在金融消费过程中面临的理财诈骗和其他投资风险，从而有效提高国民的养老储备能力。

## 二　养老服务金融发展现状

### （一）我国养老服务金融相关政策梳理

近年来，我国政府各部门已经认识到金融机构参与养老行业发展的重要意义，出台了一系列金融支持养老服务发展的政策指导意见，为我国养老服务金融的规范化发展提供了相应的政策基础（见图 2）。

2013 年 9 月 6 日，国务院发布《关于加快发展养老服务业的若干意见》，该意见首次提出将老年金融服务作为养老服务业的一部分，并提出要引导和规范商业银行、保险公司、证券公司等金融机构开发适合老年人的理财、信贷、保险等产品，这成为国家层面首次将养老和金融结合的指导性文件。2016 年 3 月 21 日，中国人民银行等五部门联合发布《关于金融支持养老服务业加快发展的指导意见》（简称《指导意见》），提出要增强老年群体金融服务便利性，积极发展服务居民养老的专业化金融产品，鼓励银行、证券、信托、基金、保险等各类金融机构针对不同年龄群体的养老保障需求，积极

- 2013年9月6日：国务院《关于加快发展养老服务业的若干意见》，提出要开展老年人住房反向抵押养老保险试点；引导和规范商业银行、保险公司、证券公司等金融机构开发适合老年人的理财、信贷、保险等产品
- 2014年6月17日：保监会《关于开展老年人住房反向抵押养老保险试点的指导意见》，在北京、上海、广州、武汉四地开展老年人住房反向抵押养老保险试点，试点周期为2014年7月1日到2016年6月30日
- 2016年3月21日：中国人民银行等五部门《关于金融支持养老服务业加快发展的指导意见》，鼓励银行、证券、信托、基金、保险等各类金融机构针对不同年龄群体的养老需求，积极开发长期稳定收益、符合养老跨生命周期需求的金融产品
- 2016年7月4日：保监会《关于开展老年人住房反向抵押养老保险试点的指导意见》，试点延长至2018年6月30日，并将试点范围扩大至各直辖市、省会城市（自治区首府）、计划单列市，以及江苏、浙江、山东、广东等部分地级市
- 2016年12月7日：国务院办公厅《关于全面放开养老服务市场提升养老服务质量的若干意见》，发展适老金融服务，规范和引导商业银行、保险公司等金融机构开发适合老年人的理财、保险产品，满足老年人金融服务需求
- 2017年6月29日：国务院办公厅《关于加快发展商业养老保险的若干意见》，丰富商业养老保险产品供给，为个人和家庭提供个性化、差异化养老保障；针对老年人养老保障需求，大力发展适老性强的商业保险
- 2018年2月11日：证监会《养老目标证券投资基金指引（试行）》，养老目标基金是指以追求养老资产的长期稳健增值为目的，鼓励投资人长期持有，采用成熟的资产配置策略，合理控制投资组合波动风险的公开募集证券投资基金
- 2018年8月8日：银保监会《关于扩大老年人住房反向抵押养老保险开展范围的通知》，将老年人住房反向抵押养老保险扩大到全国范围开展，保险机构要加强老年人住房反向抵押养老保险业务的风险防范与管控;积极创新产品
- 2019年4月16日：国务院办公厅《关于推进养老服务发展的意见》，鼓励商业养老保险机构发展满足长期养老需求的养老保障管理业务；支持银行、信托等金融机构开发养老型理财产品、信托产品等；扩大养老目标基金管理规模

**图2　养老服务金融相关政策演变历程**

开发可提供长期稳定收益、符合养老跨生命周期需求的差异化金融产品。这一《指导意见》不仅从国家层面阐释了金融支持养老服务的重大意义，而且从不同角度对金融支持养老服务业发展做出了具体部署和安排，被视为养老金融领域最为规范、全面的政策文件之一。2016 年 12 月 7 日，国务院办公厅发布《关于全面放开养老服务市场提升养老服务质量的若干意见》，明确提出发展适老金融服务，这也可以被视为对人民银行等五部门《指导意见》的深化和强调。2019 年 4 月 16 日，国务院办公厅发布《关于推进养老服务发展的意见》，进一步为银行、基金、保险、信托等金融机构养老金融业务发展指明了方向，为不同类别的养老金融产品的发展提供了政策支持。

除了上述综合性的养老服务金融政策支持之外，各政府部门还相继出台了针对不同行业不同业务的专门性政策。在保险行业，2017 年 6 月 29 日，国务院办公厅发布《关于加快发展商业养老保险的若干意见》，就丰富商业养老保险产品供给，为个人和家庭提供个性化、差异化养老保障提出了相应的指导意见，为商业养老保险的快速发展提供了政策支撑，成为保险行业养老服务金融发展的重要指导意见；同时老年人住房反向抵押养老保险也备受重视，2014 ~2018 年，原保监会和现银保监会三次发布文件推动老年人住房反向抵押养老保险发展，先后将老年人住房反向抵押养老保险试点从北京、上海、广州、武汉四个城市逐步扩大到全国范围内推广。在基金行业，2018 年 2 月 11 日，证监会发布了《养老目标证券投资基金指引（试行）》，对以养老为导向的证券投资基金的发展进行了明确的规范，既为证券基金行业支持养老服务的发展提供政策支持，也同时为广大国民养老金融需求的满足提供了规范性保障，成为证券基金行业参与养老金融服务的重要文件。

### （二）养老服务金融——养老财富积累的实践探索

随着我国政府部门对金融机构参与养老行业发展的日益重视以及一系列金融支持养老服务发展的政策指导意见的出台，各金融行业纷纷布局，关注养老与金融行业的结合，不少金融机构也开始积极探索养老服务金融的发展路径，开发了一系列带有养老概念的产品，部分金融机构在养老财富管理方面进行了有益尝试和探索（见图3）。同时，随着经济和社会的快速发展，广大国民养老需求呈现多元化的趋势，加之人口老龄化程度的不断加深，不少群体开始认识到养老储备的重要性。在金融创新的促进作用下，市场上的金融产品越发多样，而养老金融的产品的种类也不断增加。广大国民开始根据自身的特点，参与到多元化的养老服务金融产品的购买中。从各行业养老服务金融的居民参与实际情况来看，由于经济基础、信任差异、需求差异等方面的不同，各行业养老服务金融参与的实际情况也存在着较大差异。

**图3　各金融行业养老财富积累的实践探索情况**

1. 银行业：借助庞大客户，探索多元化产品

银行业在我国金融行业中占据着绝对的主导地位，在资金规模上，根据银保监会和中国人民银行统计数据，截至2018年底，我国银行业金融机构总资产规模达到了268.24万亿元，占我国金融业总资产的比重达到了91.22%；在客户群体上，目前银行账户在我国国民中的普及率相当高，根据世界银行2014年发布的《全球金融包容性指数》数据，我国成年人拥有银行账户的比例达到了79%。与此同时，银行是我国国民最信任的金融机构，独立公关公司爱德曼（Edelman）2012年末在全球26个国家和地区进行的“信任银行”调查显示，高达80%的中国人表示信任银行，这为银行业开展养老服务金融业务提供了无可比拟的优势。具体而言，银行业的养老财富积累业务包括养老储蓄产品和养老理财产品等。

（1）银行养老储蓄产品。养老储蓄产品，即居民以养老为目的的储蓄（或称存款），具有低风险、收益稳定、灵活便捷等方面的优势。我国居民具有储蓄的传统，无论是和发达国家还是发展中国家相比，我国国民储蓄率均较高，根据IMF的统计，2017年中国国民储蓄率为47.0%，远高于世界平均储蓄率的26.5%，也高于发展中经济体和发达国家的平均水平。相关研究表明，我国居民主要的储蓄动机包括三个方面：养老、子女教育和住房，[①] 表明银行养老储蓄在很大程度上是国民养老储备的重要选择，国内部分商业银行在较早的时候也推出了专门的养老储蓄型的产品，如中国建设银行“月月享”养老储蓄产品，兴业银行“安愉储蓄”等。根据《中国养老金融调查报告2017》，银行是广大居民获取养老投资或理财产品信息的最主要渠道，30.2%的群体将银行存款或银行理财作为养老投资/理财的首选，远远超过其他行业的养老金融产品。清华大学和同方全球人寿联合发布的《2018中国居民退休准备指数调研报告》也显示，2018年有48%的居民将储蓄作为最主要的退休收入来源。

（2）银行养老理财产品。银行养老理财产品是指由商业银行设计发行，以追求养老资产长期稳健增值为目的，鼓励客户长期持有的银行理财产品。与保险、基金等行业相比，我国商业银行养老理财产品起步相对较晚，于2007年起步，经历了十多年的探索式发展，截至目前有十余家银行发行过养老理财产品，包括交通银行、徽商银行、上海农村商业银行、上海浦东发展银行、上海银行、兴业银行、招商银行、中国工商银行、中国建设银行、中国邮政储蓄银行等，这些银行率先设计并发行了一系列以“养老”为主题、具有养老产品特征的或老年人专享的养老理财产品。具体来看，在投资期限方面，银行养老理财产品的投资期限平均为198天，也有一些养老理财产品的期限较长，如平安银行平安财富—养老系列产品期限20年，光大银行颐享阳光系列产品期限15年，在一定程度上体现了产品的养老属性；在投资门槛方面，银行养老理财产品与普通的养老理财产品差异不大，一般限

① 尚文程：《中国居民储蓄行为研究》，《财经界》2011年第5期。

定为5万元或10万元，也有部分产品达到了50万元；在产品类型方面，大部分为非保本浮动收益型产品，只有极少产品保证收益，与普通理财相比，养老理财产品的收益相对于同期发行的理财产品而言具有一定的竞争力，目前大部分非保本的产品收益率维持在4.3%～4.9%，部分产品针对贵宾及大额客户收益率有所上浮。

2. 基金业：结合养老特征，创新全生命周期投资模式

基金业早在21世纪初就开始在满足居民养老金融需求方面进行了积极的探索，一些基金公司如汇丰晋信、天弘基金、海富通基金、华夏基金、泰达宏利基金等多家基金公司相继推出养老主题基金，但由于没有监管部门进行明文规范，仅处于自我探索的阶段。2018年3月3日，证监会颁布了《养老目标证券投资基金指引（试行）》，指引指出，养老目标基金是指以追求养老资产的长期稳健增值为目的，鼓励投资者长期持有，采用成熟的资产配置策略，合理控制投资组合波动风险的公开募集证券投资基金。该指引对养老基金的形式、投资目标、投资风险、投资策略、投资限制、投资标的都做了明确规范，从制度上让养老目标基金追求收益稳健、风险可控。同时对基金公司以及基金经理的要求也达到了前所未有的高度，要求基金公司成立满2年，近三年平均规模（剔除货币）在200亿元以上，投研团队不少于20人，其中至少3人满足养老目标基金经理的条件，3年没有重大违法违规行为；基金经理则要求5年以上投研经验，其中至少2年为证券投资经验或者5年以上养老或保险资金资产配置经验，历史业绩稳定、良好，无重大管理失当，近三年没有违法违规行为，从制度上保证了管理人的专业性及可靠性。

目前，基金业养老服务金融产品的主体是养老目标基金产品，包括养老目标风险基金和养老目标日期基金两种产品。截至2019年6月21日，共有37家公司旗下的59只产品分五批获得了证件会颁布的“准生证”，其中养老目标日期基金33只，养老目标风险基金26只。华夏基金和易方达基金各获批4只，产品获批数量位于行业首位。在已设立基金方面，截至2019年6月21日，养老目标基金共设立42只基金，认购规模140.93亿元，认购户

数 114.47 万户。总体来看，目前养老目标基金的总体规模还相对有限，参与人数也不足，但不可否认的是，养老目标基金作为养老服务金融行业的一次重大突破，为广大国民养老储备增加了新的选择，随着国民养老金融素养的逐步提升，可以预期未来将有更多的人通过养老目标基金进行养老储备。

3. 保险业：利用风险防范优势，打造全方位保障产品

保险行业在风险分散和长期资金管理方面具备的独特优势决定了其在居民防范养老风险方面的重要作用，一直以来，保险行业都在个人养老保障的实现方面发挥着巨大功能。具体而言，保险行业在养老财富管理方面的供给包括商业养老保险产品、养老保障产品等多种形式。

（1）商业养老保险产品。现代商业养老保险是由商业保险机构提供的，以养老风险保障、养老金管理以及与养老需求相关的财富管理等为主要内容的养老金融产品和服务。在 2014 年保险业“新国十条”、2015 年《关于加快发展现代商业养老保险的若干意见》和 2017 年《关于加快发展商业养老保险的若干意见》等政策文件的指导下，各大保险公司纷纷探索并推出了传统型、分红型、万能型和投资连接保险等适合不同群体的商业养老保险产品。

商业养老保险产品是保险业养老服务金融最主要的表现形式，随着商业养老保险在我国社会保障体系中的作用逐步增大，近年来我国商业养老保险有了较为快速的发展，但其总体的发展水平依然比较滞后，商业养老保险的密度和深度①都不高。根据银保监会统计数据，2018 年我国保费收入为 38016.62 亿元，总人口为 139538 万人，保险密度为 2724.46 元，其中寿险公司保费收入为 20722.86 亿元，即人寿保险密度为 1485.11 元，剔除 80% 的理财产品，按照商业养老保险占寿险 20% 的比例测算，② 2018 年商业养老保险收入大约为 4144.57 亿元，商业养老保险的密度为 297.02 元。2018

① 商业养老保险的密度和深度是衡量其发展水平的重要指标，其中保险密度是一个国家的人均保费收入，保险深度则是指当年保费收入占 GDP 的比重。

② 郑秉文：《第三支柱商业养老保险顶层设计：税收的作用及其深远意义》，《中国人民大学学报》2016 年第 1 期。

年我国 GDP 规模为 900309 亿元，由此可以推算出 2018 年我国保险深度为 4.22%，人寿保险深度为 2.30%，商业养老保险的深度仅为 0.46%。

（2）养老保障产品。养老保障管理业务是指养老保险公司作为管理人，接受政府机关、企事业单位及其他社会组织等团体委托人和个人委托人的委托，为其提供养老保障以及与养老保障相关的资金管理服务，包括团体养老保障产品和个人养老保障产品两种主要类型。其中，团体养老保障产品主要是为那些不具备建立企业年金计划的企业或者希望提供更多的激励机制的单位量身打造的综合的薪酬激励方案；个人养老保障产品则是面向个人消费者满足其养老财富投资增值需求的产品。值得注意的是，当前开展的养老保障业务并不提供保险功能，而更多体现财富管理的属性。因此，相比保险公司的一般养老保险业务需要计提风险准备金和保险责任准备金，养老保障管理业务则只需要计提风险准备金。截至 2018 年底，行业中实际开展养老保障管理业务并具有一定存量规模的机构包括 6 家养老保险公司（国寿养老、平安养老、长江养老、太平养老、安邦养老、泰康养老）以及 1 家养老金管理公司（建信养老），截至 2018 年底，养老保障产品全行业业务管理规模达到 6483.33 亿元，相较 2017 年增长约 42%，其中，个人养老保障产品规模占行业总规模接近 95%，远超团体养老保障产品规模，表明养老保障产品已经成为广大国民养老储备的重要选择之一。

4. 信托业：关注特定目标，开展专门化养老业务

养老信托是指委托人基于对受托人的信任，将其财产委托给受托人，由受托人按委托人意愿为受益人管理和经营受托资产，信托到期后，由受托人给委托人提供养老经济保障或者服务保障等。养老信托具有信托财产独立、可实现委托人特定目的以及投资范围广泛等特征，且受托人专业，可以实现财务的连续管理，在养老方面具有其独特的优势，既可以保证养老财产的安全性，又可以解决老年人不愿或无力管理养老财产的问题，有助于养老财产的保值增值和有效利用，因此，近年来养老信托开始受到市场关注。

养老金融信托或称养老财产管理信托，是指委托人将财产交付至信托公司，信托公司按照委托人意愿通过资产管理实现保值增值，按照信托合同中

规定的受益人、信托利益支付用途实现养老、传承的目的，养老金融信托的门槛通常较高。国内最早的养老金融信托产品是外贸信托与兴业银行合作推出的“安愉人生”养老金融信托，针对养老和财富传承双重需求，为资产在600万元以上的高端客群实现养老保障和财富传承。养老信托凭借其财产独立、可实现委托人特定目的以及投资范围广泛等方面的优势，得到了不少高净值人群的青睐。

### （三）养老服务金融——养老财富消费的实践探索

将年轻时积累的财富转化为有效的养老资产或者服务是养老服务金融的重要表现形式之一。近年来各金融机构也开始探索开发相应的养老财富消费类的产品，其中，房产是大多数老年人具备的固定资产，将其通过资产转换进行盘活，提供多元化的养老资金或服务，是金融机构探索养老财富消费的重要产品形式，银行业和保险业均在住房反向抵押产品方面进行了实践。此外，银行业和信托业还结合老年人的财富和养老服务需求开发了一系列养老财富消费产品。这些产品在一定程度上为老年人的养老经济保障和服务保障需求的满足提供了更为丰富的渠道（见图4）。

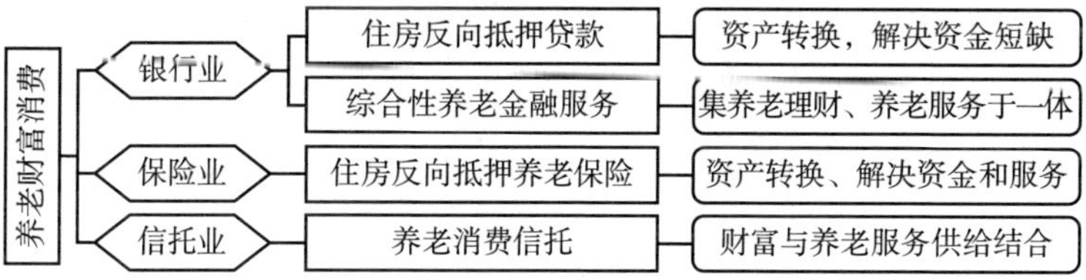


**图4　各金融行业养老财富消费的实践探索情况**

1. 银行业养老财富消费的实践探索情况

（1）住房反向抵押贷款。住房反向抵押贷款是银行将老年人拥有的房产通过金融手段进行抵押，银行再根据房主的年龄、健康状况、预期寿命、房屋的现值及未来的折旧增值等因素进行综合评估，根据房屋的价值定期给老年人一定数额的养老金，老年人去世之后银行可根据前期约定对房产进行处置。目前只有少数银行开展了住房反向抵押贷款业务，2011年中信银行最早在北京、上海等地开展住房反向抵押贷款业务，2013 年兴业银行在“安愉人生”的基础上也推出了以房养老业务。具体来看，金融机构在相关业务推出时咨询的人数较多，但由于限制较多、缺乏利率优惠、风险担忧等一系列原因，国内住房反向抵押贷款业务量很小。

（2）综合性养老金融服务。综合性养老金融服务是银行将理财、信贷、便利结算、增值服务等内容结合到一起，提供产品定制、健康管理、法律顾问、财产保障等综合金融服务的金融产品。如 2012 年 5 月兴业银行推出国内首个面向老年客群的“安愉人生”养老金融服务方案，不断升级产品和服务，满足老年客户的多样化需求，把金融与养老、社区服务有效结合，并在全国各地推动实践，形成了一些有特色的兴业样本。2013 年起，上海银行也开始围绕消费优惠、健康管理、住房保障及法律咨询等养老生活需求，搭建养老综合服务平台，包括入住高端养老社区、享受中医诊疗、保健养生、居家护养、个性体检、康复医疗等，为养老客户安筑健康、舒心的晚年生活。2016 年 4 月 19 日，浦发银行创新推出银保“健康养老 +”服务体系，并联合太平人寿、阳光人寿共同签署《专属产品合作协议》，在全国范围内发售“浦爱一生”和“普泰一生”保障计划，借助合作公司在医疗、养老等领域的专业化服务经验，实现了从以往“单一为客户提供保险产品”向“以专属产品为核心，通过加载定制化、专业化的产品和增值服务，为客户提供医疗、养老综合保障服务”的转变。

2. 保险业养老财富消费的实践探索情况

保险业养老财富消费方面的实践探索主要体现在住房反向抵押养老保险产品方面，这是一种面向老年群体的、将“房产抵押”和“养老年金保险”相结合的创新型商业养老保险产品，即老年人将自己完全产权的房产抵押给养老保险公司，从养老保险公司领取养老金直到身故，在此期间老年人继续拥有房屋的使用、收益及其他经抵押权人同意的处置权，当老年人身故后，保险公司优先获得抵押房产处置权用于偿还养老金等相关的费用，盈余部分可依法继承。2018 年，中国银保监会《关于扩大老年人住房反向抵押养老保险开展范围的通知》将老年人住房反向抵押养老保险扩大到全国范围。

2015年3月，幸福人寿推出的“幸福房来宝”产品正式获得保监会批准，是第一款住房反向抵押养老保险产品；2019年6月，人保寿险首单老年人住房反向抵押养老保险业务在广州落地，成为市场上第二家顺利承保此项业务的保险公司。

就住房反向抵押养老保险运行的实际情况而言，作为第一家试点机构，截至2019年4月，幸福人寿推出的“以房养老”保险产品累计承保194单（133户），其中北京、上海、广州三地的保单数占比较多。据统计，该保险产品平均每月每户发放养老金近8000元，根据地区房产价格的不同，每户领取每月最高3万多元，最低近2000元。[①] 2019年6月，人保寿险首单老年人住房反向抵押养老保险也在广州正式落地。

3. 信托业养老财富消费的实践探索情况

信托业养老财富消费方面的实践探索主要体现在养老消费信托产品方面。其重点在于养老消费权益及资金安全的保障，而不是预付购买消费权益的沉淀资金可能获得的收益。通过购买该产品，客户可获得相应的养老服务权益，项目募集资金在存续期内将投向低风险领域，同时预付资金由信托公司进行监管，从而保障资金安全。以中信信托推出的中信和信居家养老消费信托为例，客户可享受居家养老、健康数据管理以及紧急救援等服务，预存约1.1万元、2.1万元、3.1万元可享有一年期、不同折扣的相应服务。2014年中信信托与四川晚霞合作推出中信和信居家养老消费信托，面向居家养老的客户，产品期1年，可缴费1万、2万、3万元用于购买不同银卡、金卡和白金卡产品，在有效期内可以不同的折扣价享受养老服务机构提供的居家养老服务、健康管理服务和健康紧急救援服务等，产品到期后，根据实际消费情况，客户将获得本金全额返还以及部分现金收益。2015年，北京信托与汇晨养老也合作推出了一款“养老消费信托”，认购门槛为50万元，投资回报包含了“货币收益”和“养老消费权益”两部分，由北京信托提

① 邓雄鹰：《“以房养老险”推行举步维艰：四年承保194单》，证券时报网，2019年4月30日。

供“基准收益+浮动收益”的货币收益，汇晨养老则提供养老消费权益，具体表现为入住项目养老公寓，借此可提前锁定养老床位或未来养老消费价格及优先权。

## 三　养老服务金融面临的问题与挑战

### （一）需求角度：多方约束条件存在，社会公众需求空间受限

1. 国民收入水平有限，养老服务金融需求乏力

随着我国社会主义市场经济逐步完善，经济实现了数十年的高速发展，GDP总量持续提升，目前已经位居世界第二位，与此同时，人均GDP不断攀升，截至2017年已经达到64521元，提前实现了总体小康的目标。但我国居民收入差距长期偏高，基尼系数连续多年超过0.4的国际警戒线水平，相当一部分群体的收入水平有限。根据国家统计局按收入五等份分组的人均可支配收入数据，我国收入水平最高的前20%数量的居民，2017年的人均可支配收入为64934元，遥遥领先其他80%的人群，即便是位于第二梯队的中等偏上收入群体，2017年的人均可支配收入也只有34546.8元，刚刚超过高收入群体的一半；而收入最低的20%人群，2017年人均可支配收入仅仅为5958.4元，不到高收入人群的1/10（见图5）。

养老服务金融的目标是通过多元化的金融手段为国民积累更多的养老财富并更好地管理财富，以更好地提高老年生活保障水平，这就依赖于国民全生命周期过程的经济基础和财富积累。我国目前相当大一部分居民的可支配收入有限，在很大程度上制约了其对养老服务金融参与的能力，从而导致养老服务金融需求乏力。

2. 养老金融储备意识不足，抑制了养老投资参与意愿

在儒家思想的影响下，传统的“家庭养老”“养儿防老”模式成为中国长期以来老年生活保障的关键手段，加之近年来我国基本养老保险制度不断完善，广大国民对自身的养老保障预期又增加了新的信心。在此背景下，广

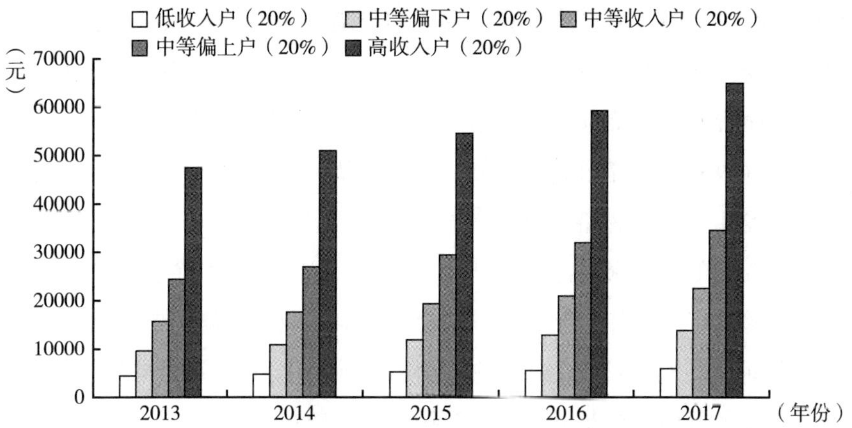


**图5　全国居民按收入五等份分组的人均可支配收入**

资料来源：国家统计局，《中国统计年鉴2018》。

大国民养老金融储备意识严重不足，有研究表明，目前我国老年人收入的主要来源排在前三位的分别是家庭其他成员供养、劳动收入和养老金收入，财产性收入仅占非常小的比重。2018年富达国际与蚂蚁财富合作撰写的中国养老前景调查报告《未雨需绸缪——中国年轻一代的养老储备现状》数据显示，年轻一代（35岁以下）开始进行养老储备的规划年龄普遍较晚，其中有将近一半尚未开始为养老做任何储备，这一代年轻人缺乏对未来的紧张感，大部分人计划在40岁时才开始储备。除此之外，中国广大居民的金融专业知识比较匮乏，居民普遍对养老金融产品缺乏认识，对理财产品普遍要求“低风险”和“高收益”，对于金融政策法规、金融市场、金融产品和金融风险等尚未形成良好的认知。因此，在养老金融储备意识不足和养老金融专业认知有限的双重困境之下，广大居民养老投资参与意愿不足。

## （二）供给角度：产品设计和服务不足，限制养老服务金融有效供给

### 1. 养老服务金融产品供给数量不足，中长期产品更为有限

目前来看，尽管银行、基金、保险、信托等各行业都积极投身到养老服

务金融产品供给中，但总体来看，发行的养老服务金融产品数量极为有限。以银行养老服务金融产品为例，目前只有养老储蓄产品覆盖范围相对较为广泛，但存在着储蓄不单单为养老的问题，而养老理财产品仅有不到10家银行开发了有限的具有养老概念的银行理财产品，小众业务的住房反向抵押贷款业务发展几乎可以忽略不计，综合性的养老金融服务则处于刚刚起步阶段，也仅有有限的几家银行开始设计了相关产品。同时，除了商业养老保险产品供给相对广泛以外，保险业、基金业和信托业的其他养老金融产品供给数量和类别都极为有限。在基金业方面，目前由于监管审批严格，仅有部分公司部分养老目标基金获批；养老信托产品的数量则更为有限。此外，在已发行的养老服务金融产品中以中短期产品为主，与养老长期储备需求难以相匹配。总体来看，目前的养老服务金融产品供给和市场的巨大需求并不匹配。

2. 养老服务金融产品同质化严重，养老功能名不副实

在我国人口老龄化不断深化以及养老服务金融需求快速增加的背景下，各金融行业都认识到养老金融的重要性，不少机构开始探索针对老年人的专有金融产品和服务，但从本质上来看，现有养老金融产品没有实现养老金融服务需求导向，大多数金融机构只是在“养老”的旗帜下推出大众化金融产品。一方面，行业内的金融产品性质差异并不大，除了冠以“养老”之名外，无论是从产品门槛、周期还是产品收益方面与其他产品都没有本质区别；另一方面，现有养老服务金融产品的“养老”功能名不副实，各类养老服务金融产品虽有养老之名，但从实际运作上来看，很多产品设计并不是以养老为目标，国民在购买相关产品后，到期可赎回并随意用于其他用途。

3. 养老服务金融针对性服务不足，阻碍了供给的有效性

养老服务金融作为提供全生命周期养老储备和消费的金融服务，需要相对科学和专业的金融知识和素养，但由于我国广大国民金融素养相对有限，虽然金融机构根据不同群体的需求开发了一系列养老服务金融产品，但在推广过程中，没有针对这类跨生命周期的金融产品形成更加科学、专业的顾问

服务，缺少类似国外的智能投顾等服务项目的同步跟进，广大国民对产品的理解有限，从而阻碍了养老服务金融供给的有效性。

### （三）发展环境：政策引导和监管不足，养老服务金融业态尚不成熟

1. 政策引导和配套制度不完善，供需双方参与动力不足

近几年相关部门出台了一系列涉及养老服务金融的政策，但总体来看政策比较分散，缺少专门针对养老服务金融的法规。国务院等宏观部门的一些指导意见偏于宏观指导，缺乏详细的操作指引与落实细则，各部门针对相关养老服务金融产品制定的一些政策，如《养老目标证券投资基金指引（试行）》《养老保障管理业务管理办法》《关于扩大老年人住房反向抵押养老保险开展范围的通知》等只能针对部分养老服务金融产品，而银行业则尚未有明确的养老服务金融政策出台，导致其相关的产品发展缺乏政策指引。在此背景下，各行业仅能在有限的领域进行探索，难以形成良好的养老服务金融业态。除此之外，国家在鼓励养老服务金融发展的同时，缺乏配套制度（如税收优惠等）激励机制，导致供需双方对于养老服务金融的参与动力都受到限制。

2. 专门的监管法规缺失，养老理财乱象层出不穷

在人口老龄化快速发展的背景下，不少群体开始意识到进行生命周期养老储备的重要性，在不断增加的市场需求的推动下，各类金融公司纷纷投其所好，开发了一系列养老服务金融产品，但由于目前我国没有专门针对养老服务金融的法规，现有的制度规定也主要零散分布在各个部门出台的各种支持养老服务业、保险业等政策之中，相关监管机构也没有出台专门的指导规定，对养老服务金融的业务范围、从业机构、服务标准、业务流程等内容缺少界定和规范，同时违法犯罪的成本不高，不少非法融资中介机构、互联网平台、民间借贷团体开始利用普通民众“低风险、高收益”需求的心理，诱导国民参与非法的养老投资理财，导致其上当受骗。根据《中国养老金融调查报告2017》数据，超过95.5%的调查对象目前（或计划）通过不同

方式进行养老投资、理财，但超过 30% 的调查对象在这一过程中有上当受骗的经历。

## 四 养老服务金融发展趋势判断

### （一）传统养老模式面临巨大挑战，现代养老服务金融需求前景广阔

随着我国人口老龄化程度的不断加深，未来数十年间我国老年人口抚养比将呈现快速上升的趋势，老龄化、少子化、家庭规模小型化导致传统意义上的“养儿防老”等家庭养老模式面临巨大挑战。与此同时，在经济和社会发展水平不断提高的情况下，广大国民的生活水平逐步向新的台阶迈进，除了基本的物质生活需求之外，广大居民的精神文化生活等多层次的生活需求也呈现多元化的趋势。养老需求将不再局限于物质生活不足时代的被动养老，而逐渐向丰富的老年生活的主动“享老”转变。而为了实现更高质量的养老生活，国民将会逐步认识到提早进行养老储备的重要意义，可以预见，未来数十年间养老服务金融需求前景将十分广阔，市场将呈现爆发式增长的趋势。

### （二）互联网和金融科技不断进步，养老服务金融将得到快速发展

在数据和技术的驱动作用下，未来互联网和金融科技将实现更加快速的发展，也会促进金融行业创造出新的业务模式，使养老服务金融供需双方的目标更加契合，提供的养老金融服务更具适应性。一方面，随着大数据、云计算、人工智能等技术的不断进步，广大国民的养老需求可以更加轻易地被金融机构所了解和掌握，并可以进行快速地分类和模拟，准确开发出适合不同群体的养老服务金融产品，而且金融机构还可以将线下的物理网点和线上的应用平台无缝结合，量身提供养老金融服务，在提升服务质量的同时还能

降低服务成本；另一方面，随着互联网和金融科技的快速发展，尤其是在智能投顾的支持下，广大国民可以随时随地了解到更加全面的养老服务金融产品，通过投资者的风险承受水平、财务状况、预期收益目标和投资风险偏好等多种因素比较、筛选，可以更加智能化、更加有效地为广大国民提供养老服务金融产品。

### （三）传统金融面临转型挑战，养老服务金融将成为新的突破口

近年来我国金融改革不断进入深化阶段，其重点是为了防范金融风险，解决资金脱实向虚的问题，其根本目的是强化金融服务实体经济的目标。在此背景下，金融机构传统业务将面临挑战，而养老行业则属于国家重点支持的行业，因此发展养老服务金融可能成为金融机构改革和发展过程中的新机遇。一方面，养老服务金融可以为金融机构带来长期稳定的业务收入来源和新的利润增长点，还能在很大程度上缓解国民养老过程中面临的经济挑战，从而可以为财政减轻负担；另一方面，金融机构为更好地满足国民多元化的养老服务金融需求，将不断推进服务模式和产品的创新以赢得市场，从而为金融机构转型升级提供新的突破口。

## 五　养老服务金融发展的完善建议

### （一）完善养老服务金融政策，营造良好的行业发展环境

#### 1. 细化养老服务金融政策，助推养老服务金融成熟业态

目前，我国相继出台了一系列与养老服务金融相关的宏观政策，各行业监管部门也为相关的养老服务金融产品的发展制定了指导意见，但总体来看，当前的政策和指导意见相对比较宏观，对于具体的政策导向与配套细则尚不明确，导致养老服务金融市场发展目标不够清晰，因此必须进一步细化养老服务金融政策，推动我国养老服务金融健康发展。一方面，应针对现有的各行业的养老服务金融政策提供一些配套的产品开发指引，为金融机构养

老服务金融产品的开发提供支持和引导；另一方面，要完善相关的配套政策，比如“以房养老”业务的开展需要配套的资产评估业务、养老目标基金的风险承受能力鉴别等；此外，还需要弥补当前一些行业养老服务金融产品支持政策空白，比如银行业和信托业养老服务金融政策等。只有明确了行业发展方向和政策配套措施，才能形成良好的行业发展环境，推动养老服务金融逐步形成成熟的业态。

2. 强化养老服务金融监管，重塑国民养老金融参与信心

当前，金融行业尤其是对老年群体的金融诈骗屡见报端，在很大程度上说明我国养老服务金融行业的监管还存在诸多不足，也大大降低了国民养老金融的参与信心。养老服务金融具有典型的混业经营特征，各部门的监管职能相对比较分散，因此必须逐步明确监管框架、划分监管职责，对养老服务金融的产品门槛、服务流程和风险监控等方面形成明确的行业标准；同时监管部门可以探索建立正规的养老服务金融产品名录，金融机构所有经过监管部门备案的养老服务金融产品均应通过监管部门网站向消费者公开；还应开通各行业养老服务金融消费者维权的有效渠道，与征信系统对接，加大个人和单位金融诈骗的处罚力度。只有通过各种方式保护消费者养老服务金融消费的权益，才能更好地重塑国民养老金融的参与信心，以促进整个行业健康发展。

3. 加强养老服务金融激励机制，增强供需双方参与动力

目前，我国养老服务金融供需双方均存在一系列困境的重要原因之一在于缺少良好的激励机制。养老服务金融的发展，本质在于其需求的激发。当前，广大国民主动的长期养老储备意识尚未形成，金融机构设置同质化的养老服务金融产品的本质在于迎合消费者的需求，很难有动力开发真正具有养老特征的养老服务金融产品。因此，必须建立税收优惠等激励机制，当消费者选择金融机构开发的具有长期投资和专门养老储备的金融产品时，可以在一定额度上进行税前扣除等方式，增强消费者的参与动力，当消费者有动力参与长期养老服务金融产品时，金融机构才有动力开发真正具有养老意义的养老金融产品。

## （二）增强国民养老储备意识和能力，提振养老服务金融需求

1. 提高国民养老金融素养，培育国民养老储备意识

目前国民养老储备意识不足主要源于传统养老观念的制约以及相对欠缺的养老金融素养。未来应通过多元化的渠道提高国民养老金融素养，一方面，结合《中国金融教育国家战略》，政府部门应依据现实条件，合理定位我国推行养老金融教育的目标，明确开展养老金融教育运作架构与配套机制，构建适合我国国情的中国特色养老金融教育体系；另一方面，作为养老金融产品的提供者，金融机构的意见和建议在很大程度上会影响到消费者的养老金融知识，因此，金融机构应切实担负起养老金融教育的桥梁作用，更好地让消费者了解金融知识的本质，提高其金融素养，进而形成养老储备意识。

2. 拓展国民收入来源渠道，提高国民养老储备能力

经济收入是国民进行养老储备的前提条件，当前我国收入差距过大以及相当一部分群体收入偏低是影响其养老储备能力的关键，因此，需要多方发力，拓展国民收入来源渠道，提高广大国民的收入。在初次分配方面，要规范收入分配秩序，完善收入分配调控体制机制和政策体系，增加低收入者收入，扩大中等收入者比重，努力缩小城乡、区域、行业收入分配差距，逐步形成橄榄形分配格局；在再分配方面，需要不断完善养老金制度体系，通过参量改革优化第一支柱公共养老金制度，给国民提供坚实的、保基本的养老金待遇保障，同时通过结构性改革，以税收优惠等激励机制推动二三支柱养老金制度的发展，为国民提供更高水平的养老金待遇。只有通过多元渠道不断增加国民收入，才能提高其养老储备能力和养老财富的主动权。

## （三）探索多元化金融产品和服务，丰富养老服务金融供给

1. 明确国民差异化需求，丰富养老服务金融产品类别

在人口老龄化不断加深的背景下，不少国民开始意识到提前进行养老储

备的重要性，但由于不同群体的需求类别存在差异，金融机构的同质化产品往往难以与老年人的差异化需求进行匹配。因此，金融机构应不断进行养老金融理论研究，及时、广泛进行社会调研，切实了解国民的养老服务金融产品需求的特征，针对其需求差异，通过不同的组合方式进行产品创新以满足其不同需求。同时，还可以探索与其他行业，比如养老服务行业等进行合作，丰富养老金融产品的功能，充分挖掘不同群体的养老金融潜在需求，从而开拓更大的养老服务金融市场。

2. 强化养老服务金融产品针对性，保证其养老投资属性

从金融市场发展规律来看，中长期投资的收益更稳健且更有效率，作为以养老为目标的养老服务金融产品，通常会贯穿个人全生命周期过程，更适合以长期投资明确其养老投资属性。目前市场上各种养老服务金融产品基本都是为了迎合消费者短期需求而不具备真正的养老长期投资属性，不利于养老服务金融的发展。随着广大国民的养老储备意识的逐步提升，各金融机构应深入挖掘投资者的养老需求，根据个人实际经济、年龄、性别、婚姻、工作、健康和教育等情况细分客户群体，对不同类型客户设计不同的期限、资产配置及风险偏好产品，强化其养老属性。

3. 推动智能投顾加快发展，提高养老服务金融投资的专业性

广大国民的金融素养相对不足，在很大程度上制约了其养老服务金融参与的积极性。从国际经验来看，智能投顾可以通过更加科学和专业的方法为投资者提供定制化的投资建议，从而有效弥补金融素养不足形成的投资障碍。具体而言，智能投顾是依托大数据分析、量化金融模型和智能化算法，结合投资者的风险承受水平、财务状况、预期收益目标和投资风险偏好等多种因素，提供个性化、多元化的智能理财服务。Credio 数据显示，美国智能投顾行业资产规模从 2014 年的 43 亿美元上涨至 2016 年的 3000 亿美元左右，另外 A. T. Kearney 预测，2020 年美国智能投顾行业资产规模或将达到 2.2 万亿美元。近年来，我国不少金融机构开始开展智能投顾业务，但仍处于起步阶段，未来各金融机构应进一步重视智能投顾业务的发展，为养老服务金融投资者提供更为便捷、专业的投资服务。

## 参考文献


陈志武：《金融的逻辑》，国际文化出版公司，2009。

尚文程：《中国居民储蓄行为研究》，《财经界》2011 年第 5 期。

郑秉文：《第三支柱商业养老保险顶层设计：税收的作用及其深远意义》，《中国人民大学学报》2016 年第 1 期。

邓雄鹰：《“以房养老险”推行举步维艰：四年承保 194 单》，证券时报网，2019 年 4 月 30 日。

姜向群、杜鹏：《中国人口老龄化和老龄事业发展报告》，中国人民大学出版社，2013。

董克用、张栋：《中国养老金融：现实困境、国际经验与应对策略》，《行政管理改革》2017 年第 8 期。

# B.4

# 养老产业金融：演进历程、发展趋势和思考建议

曹卓君　秦　婧*

**摘　要：** 2014～2018 年，我国健康养老产业经过五年的产业化发展，正快速进入规模化发展阶段。伴随着产业发展，我国养老产业金融体系也逐步完善。同时，涌现多种金融工具，成为推动产业发展的重要动力。本报告通过回顾养老产业金融五年发展历程，梳理出健康养老产业金融体系，确立养老产业金融四大核心工具。通过分析四大核心金融工具投资领域、投资策略等方面，探索健康养老产业未来发展机遇。

**关键词：** 多元化金融生态系统　产业金融工具　产融结合

在国内供给侧改革持续深入的背景下，养老产业金融热度回归常态，资本开始理性对待健康养老产业。面对这个“马拉松式”发展的产业，“精准投资 + 持续培育”成为共识。在新的经济形势下，回顾养老产业金融发展历程、总结养老产业金融体系具有必要性。历史预示未来，应从多元化金融系统中，梳理对产业发展产生重大影响的金融工具，研究其投资

* 曹卓君，和君咨询业务合伙人，和君集团·和伊咨询副总经理，和君集团健康养老研究中心副主任，国际注册管理咨询师，清华总裁发展促进会养老产业联盟顾问、客座讲师，中国养老金融 50 人论坛特邀研究员，主要研究领域为大健康养老产业；秦婧，和君咨询高级咨询师，和君集团健康养老研究中心研究员，主要研究领域为养老产业金融。

领域和投资策略，探索产业发展机遇，走一条符合中国市场的“产融互动”之路。

## 一　养老产业金融从萌发到成熟，形成多元化金融生态系统

2013 年是中国养老产业发展的政策元年，随着国务院出台《关于加快发展养老服务业的若干意见》（国发〔2013〕35 号），积极鼓励和引导社会资本参与健康养老产业，意味着健康养老产业从事业化向产业化的转变。政策鼓励和市场放开给企业释放出产业信号，以地产为主体的第一批健康养老产业参与者开始进入市场，养老产业金融即将出现。

### （一）2014年，政策主导，产业引导基金进入市场

2014 年，商务部出台《关于推动养老服务产业发展的指导意见》，提出“探索以市场化方式发展养老服务产业的新途径、新模式”。这一年政府围绕健康养老产业市场化目标，探索政策性金融工具创新。住房反向抵押养老保险试点、养老产业引导基金两大政策性金融工具出台，政府从金融端加大对健康养老产业的支持。这一年，对养老产业金融最具影响力的是养老产业引导基金的试点。

2014 年 8 月，财政部印发《关于开展以市场化方式发展养老服务产业试点的通知》，确定运用养老产业引导基金方式支持发展居家养老、集中养老、社区综合服务等面向基层大众的养老服务产业。同年 10 月，财政部和商务部共同确定吉林、山东、安徽等八省份作为试点地区。产业引导基金的形式，提高了中央财政支持的运营效率。中央财政资金作为种子资金，激发当地大型国企、上市公司的积极性，带动区域性资金、资源实力雄厚的企业积极参与到基金的投资、运作、投后管理中，为区域健康养老产业带来金融动力。

由于健康养老产业处于产业化进程初期，由政府主导的政策性金融工具

对产业发展推动作用巨大。养老产业引导基金的出现给资本市场释放出积极的产业信号，为市场化金融工具的进场奠定了市场基础。

## （二）2015年，政策性工具与市场性工具双轮驱动格局初现

2015 年，国家继续推出政策性金融工具政策，以国家发改委发布的《养老产业专项债发行指引》和民政部、国开行联合发布的《关于开发性金融支持社会养老服务体系建设的实施意见》为代表，通专项债和低息贷款方式，进一步促进养老产业的发展。

在地方债成为政府融资工具的背景下，《养老产业专项债发行指引》的出台为养老服务企业提供绿色通道，鼓励地方政府以专项债的形式支持本地养老服务企业发展。同时，国开行对机构养老、社区养老和居家养老提供低息的政策性贷款，以债券型金融工具方式支持地方健康养老产业发展。

此外，市场性产业基金出现，股权类并购开始崭露头角。2015 年 11 月，北控医疗健康收购福龄金太阳 51% 股份，此举拉开健康养老产业并购的序幕。同年，各上市公司为响应国家号召、应对市场需求、培育新兴产业，开始成立大健康产业基金。以基金方式参与到健康养老产业竞争中，典型的新闻事件包括保利地产与太平人寿成立股权基金，泰康人寿入股天士力大健康产业基金等。

2015 年资本开始将目光投向健康养老产业，认可健康养老产业是一个朝阳产业，通过财务性资本运作方式，开始健康养老产业探索。

## （三）2016年，产业并购加速，养老产业金融转折之年

2016 年作为“十三五”规划的元年，政府积极推广 PPP 创新金融模式，以提升公共服务供给效率，产业并购加速，2016 年成为五年间产业并购高潮。

在第二批国家 PPP 示范项目中，养老项目占 10 席（首批国家级 PPP 示范项目中无养老项目），这意味着 PPP 成为养老产业金融新工具。第二批 PPP 项目中的 10 个养老项目位于吉林、江苏、江西、山东、河南和广西六

省份，项目规模1.5亿元至130亿元不等，项目类型涵盖了从居家养老、社区养老、机构养老到旅居养老等各类养老服务业态。这开启了各省份以PPP模式助力健康养老产业发展历程。

同年，产业并购持续升温。区别于其他成熟行业市场整合式并购，健康养老产业并购更多是企业多元化布局的一种方式。纵观当年六大典型并购案例，A股与港股上市公司成为并购主体，被并购标的以连锁化养老机构、社区养老服务站和智慧养老服务公司为主。同时，伴随着国内企业跨境并购浪潮，产业内涌现三起跨境并购案例，并购方以国内大型险资企业为主。

2016年是养老产业金融转折之年，当年市场性金融工具兴起，在人口老龄化率高、人均GDP高的省份和城市起到资本的杠杆作用，大力推动了产业向市场化和产业化进程，并与政策性金融工具形成双向互补。这一年，养老产业金融格局呈现市场性金融工具和政策性金融工具的双轮驱动。

## （四）2017年，资本并购热度延续，港股涌现养老服务公司

2017年是资本热度持续上升的一年，在PPP、政府产业引导基金、国开行贷款等政策性金融工具持续深化的同时，以上市公司为主体的产业并购持续升温，市场上优质养老标的被争抢，养老项目估值不断被推高。

上市公司布局方面，以南京新百、宜华健康为代表的主板上市公司，沿着相对清晰的投资逻辑，持续深耕产业，并购不断。同时，以碧桂园、复星为代表的港股上市公司通过收购或股权合作方式，积极开展业务，包括碧桂园收购九华山庄，复星集团与澳洲蓝宝石集团合作，在北京落地香山长者公馆项目。在并购潮推动下，养老床位的估值达到20万~30万元/床，并购标的以拥有成熟运营模式和标准化体系的养老机构为主。

养老产业金融市场成熟标志之一是上市公司的出现。2017年，香港主板市场先于大陆资本市场，出现以养老服务为主营业务的上市公司。港交所上市公司的出现，标志着香港健康养老产业市场成熟度和产业化进程领先于大陆。而香港产业的成熟，得益于香港社会福利署的“改善买位计划”，通过政府的补贴，大大提高了老年人的支付能力，催生了以养老服务为主营业

务的上市公司出现。同样，反观我国大陆的产业实践，未来随着长期护理险的普及，大陆老年人支付能力得到改善，能够得到政府认可，参与到区域长期护理险计划中养老服务企业，有机会成为首个主板上市企业。

## （五）2018年，监管趋严、稳中提质成为主旋律

2018 是金融监管趋严的一年，防止发生结构性风险是金融市场基调。在此背景下，养老产业金融出现向债券融资倾斜、向地方下沉的趋势。同时，金融端收紧加剧了行业竞争，以“试水”方式布局产业的企业纷纷退出产业，行业集中度进一步提升。

政策性债券金融工具方面，河南省率先落地实施。2018 年 4 月，河南省发改委、民政厅等四部门联合发布《关于开发性金融支持健康养老产业转型发展的通知》，这代表地方省份在积极探索创新金融工具。这种对中小微养老服务机构探索批发统贷的贷款模式，通过抵质押、第三方担保、风险补偿金和保证金方式降低贷款风险。这为尚未达到成熟期的养老服务企业提供了成本较低的资金来源，有助于区域健康养老产业的发展。

市场性金融工具直接融资方面，以厚朴投资、中金投资为代表的资本市场参与者看好健康养老产业，坚定布局。中金投资旗下佰仁健康产业公司已在江浙沪地区连锁化运营 80 多家养老机构，中金投资计划将旗下优质养老标的并入上市公司主体，借助资本力量继续扩大产业布局。厚朴资本作为国内顶尖私募股权基金，联合中国健康养老产业集团和首旅集团，通过资本、产业与地产联合，在核心城市的核心区域积极布局健康养老产业。

市场间接融资方面，中国农业银行总行率先出台《养老服务行业信贷政策（2018 年制定）》，按照“分层划类、差别施策”的原则，从客户范围、信贷用途、区域导向等方面提供具体信贷规定，加强养老服务领域信贷业务发展的分类指导和规范管理。同年，中国工商银行北京分行提出进一步加强对养老服务企业的信贷支持，通过为经营主体授信、项目融资等多种方式支持养老服务业发展。银行信贷政策的出台，标志着养老服务业盈利能力进一步提升，成为符合银行风险管控体系的行业之一。

### （六）养老产业金融五年回顾及总结

回顾养老产业金融五年发展历程，是伴随着健康养老产业从事业化向产业化发展的五年。在产业发展初期，政策性金融工具起到更为重要的作用，随着产业化进程的加速，市场化金融工具逐渐发挥对产业经济的推动作用。在产业金融格局形成方面，从2014年以政策性金融工具为主，发展到2018年政策性金融工具与市场性金融工具双轮驱动的格局，形成我国养老产业金融的多元化金融工具生态系统（见图1）。

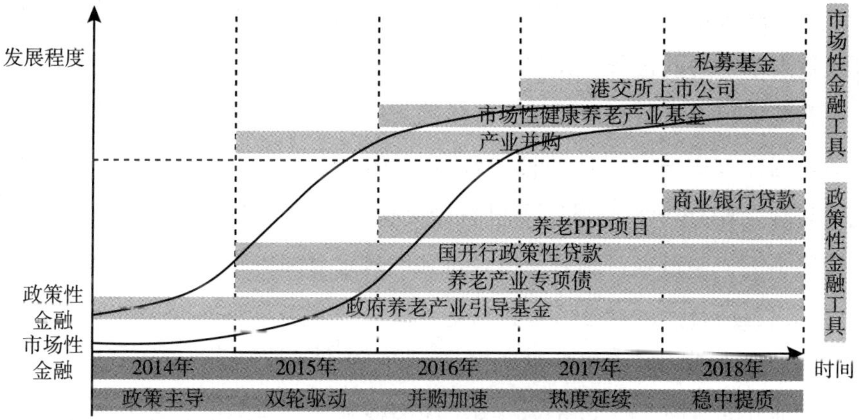


**图1　多元化养老产业金融生态发展历程**

养老产业引导基金方面，试点的八个省份均成立专业基金管理公司，从投资领域来看，为保障基金收益、降低投资风险，沿养老服务产业向大健康产业寻找投资机会。从区域布局来看，以本地经济发达城市的项目为主，同时不局限在本区域，向全国范围寻找优质标的，通过资本引导其向本地落地。从基金管理人来看，积极寻找专业基金管理人，与国有专业投资公司和本地区上市公司合作，通过专业投资人队伍对所投项目进行精准识别，降低以基金直投和母基金的形式所投标的的投资风险，成为养老产业金融发展五年中重要的政策性金融工具之一。

养老产业专项债方面，从覆盖区域和投资领域来看，湖南、贵州、辽宁、四川等内陆省份积极响应，陆续成立本地的养老产业专项债，其投资领域以养老地产类项目为主，具体项目没有脱离地产范围，切实用于养老服务企业的资金较少，没有充分发挥专项债对健康养老产业的推动作用，运行效率较低。

银行贷款工具方面，相比国开行贷款，商业银行贷款对产业的影响仅停留在政策发布和区域单点项目上。国开行贷款覆盖范围广，涵盖全国各个核心省份和地区，整体投放融资超过百亿元，支持了近500个养老项目。从支持领域来看，包括机构养老、社区养老和居家养老三个方面。从资金投放区域来看，由于银行资金风险偏好低、稳定性要求高，主要投向地方性国企主导的养老项目。但限于健康养老产业的发展阶段，面临储备项目不足的困境。

PPP作为政府和社会资本合作的创新方式之一，经历了从粗放式发展到高质量规范发展的过程，第二批10个养老PPP项目除了2个改建项目、1个福利院项目由于各种原因被清理出项目库以外，余下7个项目均由当地政府通过招标方式选定合适的社会资本，进入执行阶段。2018年，PPP项目比上年减少61.3%，项目库项目数量大比例减少，质量大比例提升。从项目阶段来说，通过项目物有所值评价和财政承受能力论证的高质量项目逐渐被筛选出，由合适的社会资本进行运作，处于执行阶段项目逐渐增多。PPP是健康养老产业重要金融工具之一。

产业并购方面，以上市公司为主体的资本方，在健康养老产业规模化阶段，以资源和资本为支点，并购成熟养老服务企业，成为健康养老产业核心参与者。资本红利加速健康养老产业的产业化进程。从产业并购对象来说，主要是处于成长期的养老服务企业，资本助力其向成熟企业发展。从产业并购的区域来说，主要集中在京津冀、长三角和粤港澳三个核心经济圈。通过产业并购，并购方有机会进入新的产业赛道，获得健康养老产业兴起的产业红利，被并购方则借助资本获取产业资源，扩大服务市场，产业并购是健康养老产业重要金融工具之一。同时，港股上市公司布局仅局限于单个区域，尚处于发展过程中。因此，在对健康养老产业金融生态内的每个金融工具进行盘点后可知，养老产业引导基金、PPP和产业并购、国开行贷款是健康养老产业的四大重要金融工具。通过对四大金融工具具体投资项目的分析，看现阶段养老产业金融面临的挑战和机遇，给出养老产业金融发展趋势及发展建议。

## 二　从四大养老产业金融工具看我国养老产业金融存在的机遇与挑战

### （一）养老产业引导基金

1. 养老产业引导基金发展现状——以八省份产业引导基金为例

本部分通过盘点55只在中国证券投资基金业协会备案的养老私募基金，梳理这些基金的投资领域，整理健康养老产业的投资机会。排除养老金投资基金和以养老名义设立的地产项目基金，切实投向健康养老产业的有18只基金，包括八省份的产业引导基金/子基金。从基金规模、投资项目数量和基金存续时间上来看，分析八省份的产业引导基金更具实践意义。因此，通过八省份产业引导基金的出资人、投资策略、所投项目，可以看出健康养老产业投资机会与挑战（见表1）。

**表1　八省份产业引导基金名称及投资策略**

| 基金名称 | 出资人 | 投资策略 |
|---|---|---|
| 湖南省健康养老产业投资基金 | 湖南健康养老产业投资基金企业（有限合伙） | 直投项目 |
| 甘肃省养老服务产业发展基金 | 甘肃省养老服务产业发展基金（有限合伙） | 直投项目 |
| 江西省养老服务产业发展基金 | 江西养老服务产业发展基金（有限合伙） | 直投项目 |
| 山东省烟台市养老产业引导基金 | 烟台市财金投资有限公司 | 参股子基金（不控股），不单独设立子基金 |
| 安徽省健康养老服务产业投资基金 | 安徽省中安健康养老服务产业投资合伙企业（有限合伙） | 直投项目 |
| 湖北省养老服务业发展引导基金 | 湖北九州通高投养老产业投资基金合伙企业（有限合伙） | 与上市公司合作直投项目参股子基金 |
| 吉林省养老服务产业基金 | 吉林省养老服务产业基金合伙企业（有限合伙） | 交由专业基金管理人，母基金+产业直投 |
| 内蒙古自治区养老服务产业政府引导基金 | 内蒙古财颐养老服务产业基金管理中心（有限合伙） | 直投项目 |

从八省份产业引导基金及其子基金投向来看，基金的存续时间和风险控制要求对所投项目的成长速度和盈利能力要求较高。因此，从现阶段基金投资的领域，可探寻产业5～10年的投资机会。整体来看，八省份产业引导基金投资领域不局限于养老服务业，而是沿着养老服务业，向康复、医疗、生物医药等大健康领域进行延伸（见表2）。

**表2　八省份产业引导基金投资领域**

| 序号 | 投资领域 | | 投资项目 | |
|---|---|---|---|---|
| 1 | 养老服务 | 机构养老 | 祥颐园老年公寓 | 盛邦老年公寓院 |
| | | | 湖南普亲老龄产业发展 | 兰州东方养老服务 |
| | | | 麓林湖养生公馆 | |
| | | 社区养老 | 宜家清洁 | 湖南万众和社区服务 |
| | | | 青鸟软通 | |
| | | 旅居养老 | 安徽石台旅游发展 | 安徽九华山康养 |
| | | | 江苏李中水上森林旅游 | |
| 2 | 医疗服务 | 康复医院 | 北京世纪康鑫健康管理 | 华医康复医院 |
| | | 老年专科医院 | 黄石广慈老年病医院 | |
| | | 二级综合医院 | 衡阳华程医院 | |
| | | 其他专科医院 | 武汉真爱妇产医院 | 兰州天奇中西医结合医院 |
| | | 第三方检验 | 烟台赛泽医学检验中心 | |
| 3 | 养老用品 | | 悠派科技 | 华熙生物科技 |
| 4 | 医疗用品 | 医疗器械/医用耗材 | 九州通医疗器械 | 烟台市蓝创生物 |
| | | | 山东巴罗克生物科技 | 烟台芥子生物 |
| | | 医药零售/研发 | 普安药房 | 湖南希尔天然药业 |
| 5 | 其他 | 殡葬 | 长沙大德生命礼仪 | |
| | | 智慧养老/智慧医疗 | 未名企鹅(北京)科技 | 北京全宁医药 |
| | | 社区服务 | 兰州金城管家家政服务 | |
| | | 其他 | 安琪酵母 | |

八省份养老产业引导基金投资涉及30多个项目，其中涉及养老服务项目不足一半。从投资标的地域分布来看，产业引导基金大部分集中在本地。可以说，中央提供种子基金的养老产业引导基金集中在当地，围绕大健康产业寻找投资机会。

2. 产业引导基金投资健康养老产业中长期发展机遇与挑战

健康养老产业中长期投资机会向大健康产业延伸。站在产业投资机会角度，由于机构养老盈利受床位规模限制，大规模盈利可能性较低，虽然投资收益集中在5～10年，与产业引导基金存续时间匹配，但仍导致机构养老项目不是基金主力配置项目。现阶段，社区与居家养老尚未探索出成熟的盈利模式。从基金投资收益角度，各省份运用不同的投资策略，但均或多或少向大健康产业投资，延伸至医疗服务、医疗用品和智慧医药等领域。因此从养老服务领域来看，护理院、旅居养老和社区养老是未来5～10年的产业发展机会。从养老服务领域延伸来看，专科医院，尤其是康复医院和老年病医院存在产业投资机会。从未来科技走向来看，生物医药、互联网线上平台存在产业投资机会。

健康养老产业中长期的投资挑战在于行业专业门槛弱化，优质标的难以获取。健康养老产业投资机会不集中在养老服务业，而是向医疗、医药等领域延伸，这就意味着中长期阶段必将出现与专业医疗投资基金和医药投资基金争抢优质标的的情况。站在投资者角度，医疗和医药的专项投资基金，基金管理人和投后管理团队更为专业，更能为所投资企业带来深厚的产业资源。站在资金来源角度，各地方政府和相关上市公司均成立有医疗和医药的专业投资基金，其资金成本不低于养老产业引导基金，甚至其投资效率和决策流程也与养老产业引导基金不相上下。这都会导致养老产业引导基金门槛弱化、竞争激烈，在抢夺优质投资标的上不占有绝对优势。

## （二）养老 PPP

1. 养老 PPP 项目发展现状

养老项目从2016年开始进入PPP项目库，见证了养老PPP项目从爆发到规范化发展过程。截至2019年6月3日，入库的养老PPP项目有104项，数量与2018年相比略微减少。从数量上看，PPP成为地方政府审慎利用的工具。PPP可吸引社会资本，完善本地养老服务体系，但如果项目的区位、合作条件、盈利期望不能达到社会资本的预期，会面临难以推动，甚至被清理出库的情况（见图 2 和图 3）。

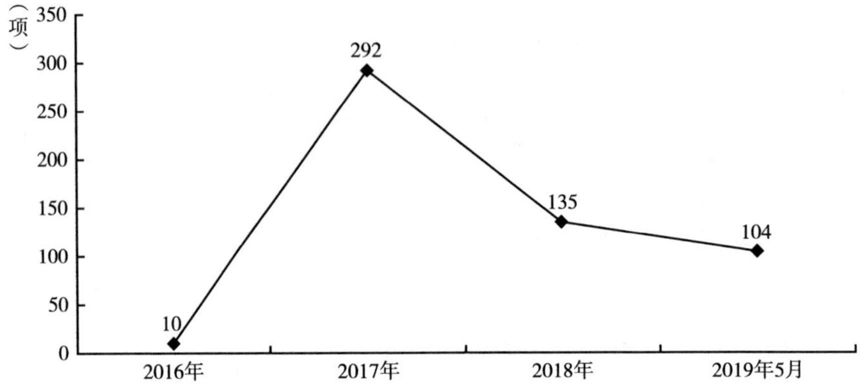


**图 2　2016～2019 年养老 PPP 项目入库数量**

资料来源：财政部政府和社会资本合作中心网站，和君健康养老事业部整理。

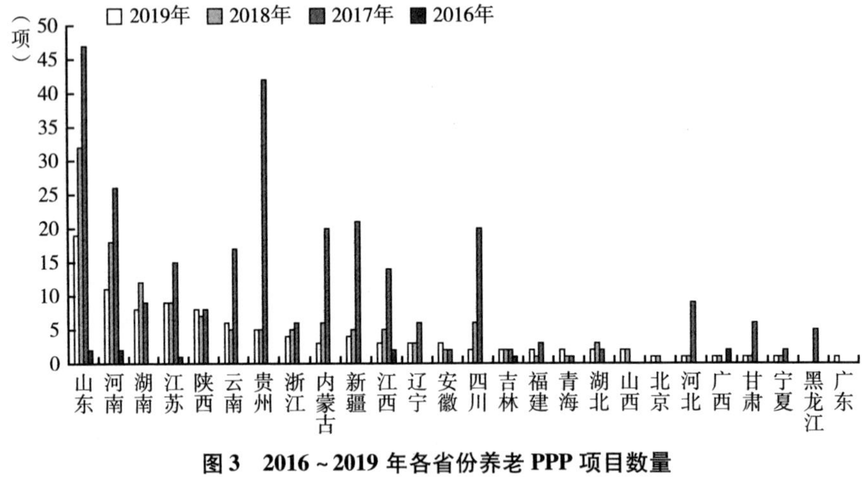


**图 3　2016～2019 年各省份养老 PPP 项目数量**

资料来源：财政部政府和社会资本合作中心网站，和君健康养老事业部整理。

养老 PPP 项目作为政府鼓励社会资本积极参与的养老项目，处于执行阶段的项目类型代表了普惠型健康养老产业的发展方向。目前，处于执行阶段的 PPP 项目有 62 个，分布在北京、山东、湖北等 19 个省份，项目大部分金额在 1 亿～10 亿元。从项目投资领域可以看出，其以养老服务类、医养结合类为主，是真正投向养老服务业的金融产品。从执行情况来看，人口老龄化率和人均GDP高的区域执行程度良好，这些地方政府能吸引到大型品牌企业，如易华录、恭和苑、中南建设、九州通等（见表3）。

**表3 养老PPP项目分类**

| 类型 | 养老PPP项目名称 | 规模 | 项目金额（亿元） |
| --- | --- | --- | --- |
| 机构养老 | 北京市朝阳区第二社会福利中心 | 469床 | 0.16 |
| | 新疆乌什县休闲养生养老基地建设项目 | 200床 | 0.67 |
| | 福建省福州市晋安区社会福利中心PPP项目 | 600床 | 0.67 |
| | 山西省吕梁市交城县社会福利养护院PPP项目 | 300床 | 0.75 |
| | 山东省滨州市邹平县养老服务中心PPP项目 | 287床 | 0.82 |
| | 山东省潍坊市寿光市福缘颐养中心(PPP)项目 | — | 0.97 |
| | 内蒙古宁城县儿童福利院和天义镇中心养老院PPP项目 | 1564床 | 0.98 |
| | 哈密地区第二养老院PPP项目 | — | 1.1 |
| | 葫芦岛市老年公寓PPP项目 | — | 1.1 |
| | 贵州省铜仁市石阡县老年养护院建设PPP项目 | 800床 | 1.2 |
| | 杭州市建德市社会福利中心一期工程 | 500床 | 1.2 |
| | 青海省贵德县养老养牛示范基地PPP项目 | 500床 | 1.2 |
| | 江苏省兴化市社会福利院 | 600床 | 1.2 |
| | 江西省上饶市老年福利中心 | 1280床 | 1.5 |
| | 江苏省盐城市亭湖区福利中心项目 | 1500床 | 2 |
| | 陕西省白水县养老院 | 2000床 | 2 |
| | 河南省开封市民生养老院项目 | 1500床 | 2.2 |
| | 江苏省宜兴市丁山养护院 | — | 2.66 |
| | 浙江省义乌市怡乐新村养老机构“公办民营” | 2622床 | 3.4 |
| 养老类医养结合 | 山东省菏泽市牡丹区吴店镇医养结合项目 | — | 1.2 |
| | 湖北省武汉市社会福利院综合大楼B座项目 | 1077床 | 1.23 |
| | 甘肃省平凉市华亭县养老服务中心建设项目 | — | 1.45 |
| | 山东省潍坊市临朐县景福养老护理院PPP项目 | 600床 | 1.63 |
| | 陕西省铜川市印台区老年养护院建设PPP项目 | — | 1.75 |
| | 安徽省阜阳市颍州区万洁养老公寓PPP项目 | 养老500床，医疗500床 | 2.07 |
| | 河南省平顶山市叶县盐都养老院PPP项目 | 养老1000床，医疗300床 | 3 |
| | 吉林省白山市怡康医养结合养老综合体·白山第二社会福利院 | 养老796床，医疗260床 | 3.34 |

续表

| 类型 | 养老 PPP 项目名称 | 规模 | 项目金额（亿元） |
|---|---|---|---|
| 养老类医养结合 | 山东省菏泽市民政医养服务中心项目 | — | 3.4 |
| | 河南龙耀健康城医养结合 PPP 项目 | 养老 2000 床，医疗 800 床 | 5 |
| | 山东省济宁市汶上县中都怡养苑医养结合项目 | 养老 1900，医疗 499 | 6.3 |
| | 山东省菏泽市牡丹区枫叶正红医养一体化养老项目 | 养老 7800 床，医疗 200 床 | 11.67 |
| 医疗类医养结合 | 浙江省建德市残疾人托养中心 | — | 0.15 |
| | 云南省老年公寓政府和社会资本合作项目 | — | 1.06 |
| | 山东省潍坊高密市健康产业大厦 PPP 项目 | — | 3.06 |
| | 安徽省淮北市濉溪县乡村医养结合 PPP 项目 | 养老 450 床 | 3.75 |
| | 河南省周口市淮阳县淮阳安康医院（养老服务中心）PPP 项目 | 医疗 820 床，养老 1480 床 | 3.8 |
| | 山东省济宁市中西医结合医院任城区老年护养院 | 340 床 | 6.66 |
| | 湖南省洪江市人民医院童鑫医养结合养老中心 PPP 项目 | 养老 200 床 | 7 |
| | 河南省周口市沈丘县沈丘念慈医院养老产业综合服务园 PPP 项目 | 医疗 500 床，养老 224 床 | 8.27 |
| | 湖南省永州市蓝山县医养结合建设 PPP 项目 | 医疗 500 床，养老 1500 床 | 8.3 |
| | 河南省三门峡市湖滨区综合康养 PPP 项目 | — | 12.45 |
| | 江苏省如东县中医院医养融合项目 | 医疗 1000 床 | 14.1 |
| 社区养老 | 江西省赣州市章贡区社区居家养老服务中心项目 | 72 网点 | 1.6 |
| 机构养老 + 社区养老 | 吉林长春市养老综合项目 | — | 7.63 |
| 养生旅居 | 山东省临沂市郯城县鲁地天沐（郯城）温泉养老扶贫开发项目 | — | 3.61 |
| | 河南固始白鹭湖温泉养老项目 | — | 3.88 |
| | 云南省红河州开远市凤凰谷养老养生项目 | 1410 床 | 4.4 |
| | 山东省淄博市博山区姚家峪生态养老中心 PPP 项目 | — | *19.25* |
| 养老 + 城市基建 | 山东省济宁市嘉祥九顶山养老服务和生态综合治理项目 | — | 130.78 |

续表

| 类型 | 养老 PPP 项目名称 | 规模 | 项目金额（亿元） |
|---|---|---|---|
| 养老综合体 | 新和县社会福利院和儿童福利院项目 | 300 床 | 0.47 |
| | 陕西省铜川市老年服务中心项目 | 500 床 | 1.35 |
| | 陕西省商洛市中心老年公寓 | 800 床 | 2.32 |
| | 河南省固始县信合养生文化村项目 | — | 5 |
| | 宁夏吴忠市盐池县民政局康复生态养生园 PPP 项目 | 1800 床 | 5.08 |
| | 山东省烟台市蓬莱市智慧健康养老服务 PPP 项目 | — | 7.08 |
| | 湖南郴州小埠养老中心 | 2500 床 | 7.5 |
| | 辽宁省喀左县馨丰老年公寓暨南山生态养老中心 | — | 7.8 |
| | 河南省许昌市襄城县—中国河南紫云谷新型养老示范基地 | — | 12.13 |
| | 江苏淮安养老养生产业园“阳光新城”项目 | 2000 户，康复 500 床 | 12.68 |
| | 山东省日照智慧康养小镇项目（一期） | — | 17.4 |
| | 湖南省怀化市健康综合服务设施建设项目 | 养老 2000 床，医疗 1200 床 | 20.58 |
| | 山东省济宁市嘉祥县诚祥北京太阳城项目 | — | 51.28 |

资料来源：财政部政府与社会资本合作中心网站，和君健康养老事业部整理。

2. 从 PPP 金融工具看大中型养老 PPP 项目的发展机遇与挑战

医养结合是大中型养老 PPP 项目重点布局领域。PPP 项目更贴近于政府大中型普惠型养老服务，普惠型养老服务的定位尚未在产业内形成共识，我们认为普惠型养老服务区别于托底性养老服务和中高端养老服务，是由政府提供一定补贴，鼓励社会资本参与的品质型服务的一种。从普惠型养老服务较为成熟的项目来看，医养结合、养老综合体等大中型而非超大型项目容易吸引社会资本参与，是未来普惠型养老服务的发展方向。医养结合项目“医”的部分，非重疾病医疗，而是与老年人慢性病相关的护理、康复类服务。从项目总投资金额来看，5 亿元左右与 2 亿元左右项目筹集资本的效率更高。同时，改建类养老项目落地速度更快。

以 PPP 方式运作的大中型养老项目存在区域发展不平衡的挑战。PPP 作为产业发展五年间的一种创新金融工具，其应用不受地域影响，但存在不同区域间发展不平衡的难题。北京、湖北、山东的 PPP 项目，由于项目区位优越，如北京市朝阳区第二社会福利中心项目，位于北京城六区之一的朝阳区，整体项目投资1600万元，在合作条件中即使政府提出不低于20%的床位用于养老服务保障对象，社会资本只有10年的运营期，仍受到社会资本的追捧。项目最终由在北京有多年养老机构运营经验的乐成养老接下，成为其北京市养老产业布局的重点项目即北京市朝阳区恭和老年公寓。与之形成鲜明对比的是青海、甘肃等内陆地区的PPP项目，难以找到合适的社会资本方运营，甚至个别项目出现多次招标，由于应标企业数量不足而流标的情况。

PPP本就是解决地方政府基础设施资金难题的创新金融工具，却由于投资效率不同，存在经济发达区域社会资本积极性强，而经济发展速度较慢的区域难以吸引社会资本的情况，这会导致PPP在区域间养老服务市场效率不平衡问题。解决这个难题，还需要中央和地方政府加强对经济欠发达地区进行多元支持，包括取消社会资本参与的属地限制，对投资于经济欠发达区域社会资本的投资进行补贴，对老年人直接进行专项补贴等措施，才能有效缓解区域间发展不平衡的问题。

## （三）产业并购

### 1. 产业并购发展现状

上市公司作为产业重要参与方一直受到市场的关注。从2016年兴起的产业并购潮开始，上市公司就开始积极探索布局养老产业的发展路径。整理Wind及同花顺的养老热点板块中126只养老概念股，通过对其年报的阅读和分析，可以发现真正在养老产业布局的有41家。[①] 其中涉及领域包括养老服务与养老机构运营、养老地产、智慧养老和老年用品。其中，养老服务及养老机构运营与养老地产方式布局超过60%（见图4）。

从这41家企业具体业务发展延伸和布局方式来看，对于参与到养老服务及养老机构运营的企业来说，多数通过并购方式，直接将市场上连锁化布

① Wind及同花顺中养老概念股以上市公司声称布局养老产业为统计基础，本报告通过对其年报进行梳理总结，确定在养老产业有实际布局的共41家上市公司。

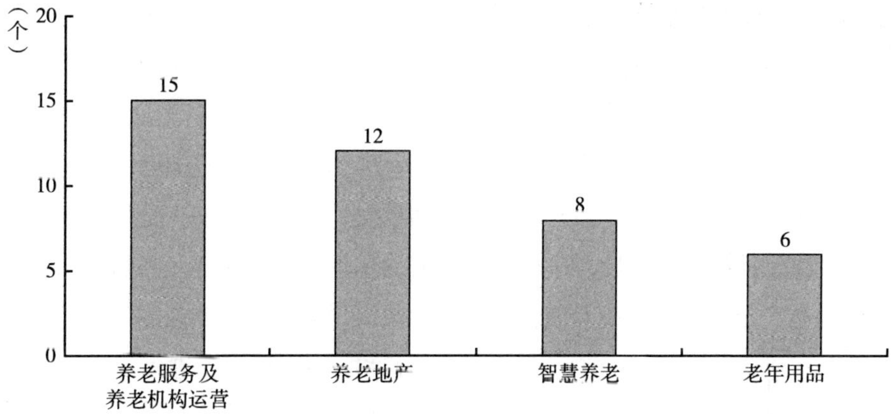


**图4　主板上市公司涉足养老产业细分领域统计**

局的企业并入体系内。对于参与养老地产的企业来说，在原有业务条线基础上，将业务产品线扩展至养老领域。对于布局智慧养老的企业来说，一是通过原软件开发的主营业务进行扩展，建立线上智慧养老平台；二是在已有养老业务布局基础上，增加线上平台，形成线上线下养老产业闭环。对于布局老年用品的企业来说，将原有产品进行相应适老化更新后，以扩大服务群体方式进入健康养老产业。因此，我们可以从养老服务及养老机构运营领域的上市公司并购角度看产业市场化发展方向和路径。

2. 从产业并购看上市公司的发展机遇与挑战

上市公司借助资本市场，通过产业并购实现健康养老业务布局。不论是宜华健康还是首开股份，直接控股并购当地连锁化养老服务企业，实现快速切入健康养老产业。通过上市公司的融资能力和市场信用，用资本的力量促进被并购养老服务企业继续扩张。这实现了养老服务和产品的区域扩展。通过运营模式输出，实现利润的持续增加。

在业务选择方面，在养老消费市场尚未有效激活的现状下，围绕老年人的刚性需求开展服务是最优选择；在服务内容方面，除养老服务外，需要构建以医疗服务为核心，康复、护理为延伸的服务体系，激发企业的服务竞争力；在业务结构方面，需构建内循环业务链条体系，医疗—康复—护理—养老一体化，形成专业服务体系，在体系内培训和输出人才。产业内标志性事件是2019年上半年中金投资将旗下仁杏健康并入交大昂立（从形式上交大昂立收购仁杏健康），实现将养老业务板块部分业务装入上市公司。

直接并购成熟标的方式多出现在产业发展初期，现在我国健康养老产业进入产业规模化发展阶段，并购市场面临成熟连锁化标的渐少且估值飙升的情况。优质标的被争抢后，市场上剩余大量单体项目，在建设和初期运营阶段急需资本介入，但对于上市公司来说，此类标的不成熟，并购风险大，导致整个产业并购速度减慢。产业培育期将持续2～3年，在进入规模化发展中期后，将出现产业内进入者之前的收并购潮，市场必将出现覆盖全国核心城市圈的大型连锁化养老服务企业，且必将进入资本市场，成为国内以养老服务为主营业务的上市公司。

并购后整合是上市公司产业并购面临的发展挑战。健康养老产业属于长周期产业，上市公司在产业并购后，难以实现短期营收的快速增长。资本市场对上市公司短期盈利要求与产业的长周期性存在长短期不匹配的矛盾。同时，并购后存在并购整合周期长、新旧业务协同性差的问题。大部分上市公司并购健康养老产业标的后，选择不直接介入被收购方企业运作，仅通过董事会进行管控，维持所收购标的独立化运作，这导致新旧业务间协同性较差。另外，上市公司产业并购越来越倾向于控股并购，成为产业的战略投资者。但上市公司一方面缺乏一整套并购后整合的计划，另一方面缺乏专业产业运营团队，难以对并购标的提出合理化的考核指标，这都导致现阶段产业并购存在并购后整合难题。

## （四）国开行政策性贷款

1. 国开行贷款发展现状

自2015年4月民政部与国家开发银行联合发布《关于开发性金融支持社会养老服务体系建设的实施意见》后，国开行开始对健康养老产业的项目进行放贷。根据国开行官网信息，到目前已累计发放养老服务领域贷款逾40亿元，新增承诺养老贷款70余亿元，整体投放融资超过百亿元。其贷款领域涵盖养老安居工程、养老医疗、老年文化、社区服务等各个方面，积极探索能覆盖95%以上居家社区养老群体的支持模式。

在贷款申请流程方面，分为借款人申请和当地民政部门推荐两种途径。国开行与民政部门建立广泛的项目入口机制。有贷款需求的借款人，填写《项目申请表》后报民政部门提出意见。对符合国家政策和养老服务业发展方向、属于当地重点支持范围且可以纳入社会养老服务体系融资范围的养老项目，当地民政部门将向国开行推荐。国开行按照相关规定开展尽职调查、项目评审，提交贷款委员会审议。

2. 从国开行贷款看社区居家养老服务发展机遇与挑战

国开行贷款支持的重点是受惠面广的居家社区养老建设项目。从国开行已投资的江西赣州章贡区（村）居家养老服务中心项目和吉林"幸福里"居家养老试点项目来看，覆盖主城区核心区域、位于成熟社区周边、多点布局的社区居家养老项目是未来发展的重点。其提供的服务一方面要涵盖日常生活，包括家政、购物、送餐等，另一方面要涵盖基础医护服务，包括送药、中医按摩、健康管理等，通过提高服务的多元性，增加单个社区居家养老服务点的盈利能力。

社区居家养老服务存在人才供给数量和质量不足的发展挑战。为达到规模效应，只有多点布局、提供多样化服务的社区居家养老机构才有盈利空间，这对社区居家养老服务人员的数量提出了要求，但养老产业从业人员存在数量缺口巨大的发展现状，难以满足社区居家养老对服务人员数量要求。同时，社区居家养老服务中基础医疗服务具有专业性要求，需要机构配备专业服务人才，这与我国缺乏专业护理、健康管理人才现状存在供需矛盾。人才成为制约社区居家养老服务发展的重要挑战。

## 三　我国养老产业金融发展趋势

### （一）市场性金融工具将促进以中心城市为引领的健康养老产业布局

2015年股权类并购开始之后，市场性金融工具逐渐活跃起来，其活跃程度逐渐与政策性金融工具齐平。从股权类并购、基金投资的投资标的来看，主要集中在以北京为核心的京津冀、以上海为核心的长三角和以多城市中心的粤港澳等一线城市为核心的城市圈。这些城市圈以核心城市为带动，在人口老龄化率、人均GDP双高情况下，产业利润空间较大，存在资本并购机会。资本的活跃，推动产业扩张，同时也加剧了竞争。经过五年的布局发展，以中心城市为引领的城市圈均被资本实力强大的企业占据，市场格局基本已定，之后将进入产业优胜劣汰、内部规模并购阶段。

### （二）政策性金融工具将发挥产业引导功能，促进区域间同频发展

从各类政策性金融工具的试点城市选择中可以看出，政府更关注区域间同频发展，给经济发达地区和欠发达地区均等的产业发展机会，甚至偏向于经济欠发达地区。这主要还是由于健康养老产业不能脱离的福利性产业底色，经济欠发达地区难以凭借自身经济基础吸引产业资本。通过政策性金融工具试点，先带动当地市场，培育当地健康养老企业，推动地方健康养老产业向规模化方向发展。地方产业成熟后，再通过大型产业资本的进入，助力地方产业走向市场化和规模化，形成新一轮的产融互动。这样，通过政策性金融工具，减少市场性金融工具的区域投资效率的差异，起到引导市场、培育市场、促进区域同频发展的作用。

### （三）健康养老产业的产融结合之路

#### 1. 金融助力三层次养老服务体系（托底/普惠/品质）的建立

不管是市场性金融工具还是政策性金融工具，均从资本层面推动着健康养老产业发展，产业成熟的标志之一就是产业逐渐细化，针对不同层次消费者形成细分市场和服务体系。通过金融工具的助力，养老服务三层次体系逐渐形成，从基础的托底型到普惠型再到品质型。政策性补贴对应着托底型养老服务，这方面主要由公立养老机构承担，起到完善社会福利体系的作用。普惠型养老服务由政策进行部分补贴，由社会资本承担服务提供者职责。品

质型养老服务偏高端，今后将走市场化道路，完全由社会资本提供，以满足拥有足够消费能力消费者。政策性金融工具今后将专注于托底性和普惠型养老服务市场，市场性金融工具将主要在部分普惠型与品质型养老服务中起到关键作用（见图5）。

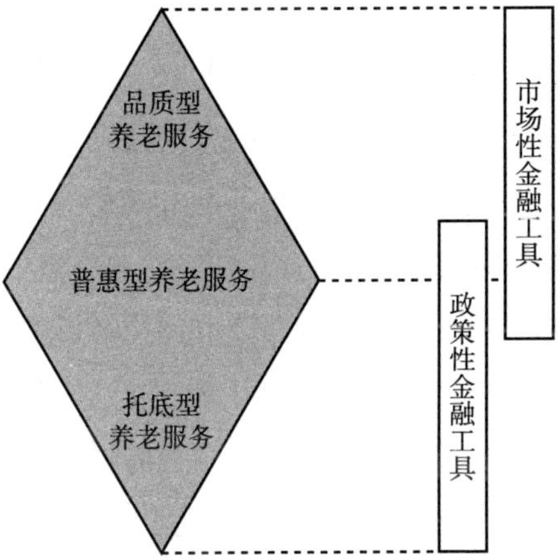


**图5　三层次养老服务体系**

2. 金融投资方向沿着养老服务业向健康养老全产业链延伸

从健康养老产业四大金融工具的投资领域来看，其已经不局限于养老服务领域，而是沿着养老服务向健康养老全产业链进行探索。从大的投资逻辑上来看，这是跟随这一轮物质性消费升级趋势，沿衣食—耐用品—住行—服务的升级路径寻找投资机会。从产业发展规律和现阶段投资领域看来，健康养老产业主要集中在三大方向，一是老年消费品市场，包括辅助老年人独立居家生活的用品即家用康复辅具、无障碍公共设施等。二是老年旅居市场，随着旅游业的成熟，老年旅游从休闲游向度假游升级，以长期停留、结伴式为需求特征，品质服务与轻医疗服务为供给特色。三是轻医疗服务，包括护理、康复等与养老服务业高度相关的医疗服务，其中二级康复医院、专业护理机构存在投资机会。整体来看，在产业规模化初期，为保障资金方的投资收益率，金融工具的投资机会向健康养老全产业链延伸。

## 四　对我国养老产业金融发展的思考和建议

### （一）加大属于养老产业基础工程的养老产业金融的支持力度

从近五年的国家政策来看，国家对产业政策引导的重点放在产业体系搭建和标准建立上，缺乏对养老产业金融的直接政策支持。养老产业金融是健康养老产业关键的一环，对产业发展起到不可或缺的作用。因此，从政策和资金层面，政府要加强对养老产业金融的支持力度，从金融工具的准入门槛降低、政策资金投入等方面给予政策支持。例如，放宽养老服务企业上市标准，为专门投资于养老服务业的基金增开绿色通道，加快审批流程，放宽产业引导基金存续期限等。养老产业金融的发展需要政府出台专项的政策细则进行支持，使金融更好地发挥对健康养老产业的支持作用。

### （二）加强政策性金融工具在区域市场平衡中的作用

从金融工具的投资区域来看，经济发达地区金融工具的投资效率更高，更容易吸引到市场资本，反而会加剧地区间产业发展差异。这就需要加强政策性金融工具在经济欠发达地区对产业的支持力度。这一方面需要政府在确定政策性金融工具试点城市时，平衡区域选择，将试点指标向经济欠发达地区倾斜；另一方面，可评估区域政府的财政支付能力，重点补贴财政支付能力较弱的区域，起到金融带动的作用。以政府资金作为区域健康养老产业发展的种子资金，引导当地社会资本投向，促进区域间产业发展平衡。充分发挥正常的引领作用，加强政策性金融工具在区域市场平衡中的作用。

### （三）在现有金融体系风险承受能力下，鼓励养老产业金融产品创新

为促进养老产业金融的发展，塑造良好的营商环境，在金融产品创新方面要加强政策支持。在阶段性抑制金融泡沫、倒逼金融去杠杆后，需要鼓励

有着优质底层地产和稳定回报的金融产品创新，在发展中解决金融问题。鉴于健康养老产业投资机会向全产业链延伸，可在现有金融系统风险承受能力范围下，围绕几个产业环节，设计特色的交易结构，实现健康养老产业链金融的创新。另外对于具体金融工具的创新，建议政府降低养老服务业 REITs 的税收和交易费用，为金融工具创新提供良好的政策环境，使金融工具最大限度地发挥对产业的推动作用。

## 参考文献

董克用、姚余栋：《中国养老金融发展报告（2018）》，社会科学文献出版社，2018。

吴玉韶、党俊武等：《中国老龄产业发展报告（2014）》，社会科学文献出版社，2014。

和君健康养老事业部：《2019 年中国健康养老产业年度报告》，2019。

# 调 研 篇

Research Report

# B.5
# 2018年中国农村养老金融调研报告

董克用　林佳钰*

**摘　要：** 本报告依托中国人民大学“千人百村”社会调研活动的调查数据，从农村居民的养老政策认知、养老保障制度参与情况和养老储备以及养老相关活动的参与意愿三个方面出发，分析农村养老金融中当前农村养老保障制度运行情况和农村居民的养老现状。调查数据显示，农村老龄人口比例高，养老保障制度运行压力较大，面临可持续性的挑战；农村的养老金水平较低，同农村居民的期望值还有一定距离；各地区之间的差异较大，制度的区域发展较不均衡。农村居民对于参加社会养老保险的认可度高，但缺乏个人

* 董克用，中国人民大学教授、博士生导师，中国养老金融50人论坛秘书长，研究领域为养老政策与养老金融；林佳钰，中国人民大学社会保障研究所博士生，研究领域为养老政策与养老金融。

多元化的养老规划；农村居民开始逐渐接受社会化的养老方式，已有部分调查对象愿意接受机构养老的模式，并且有一定的支付意愿。未来要多层次、多渠道解决农村养老问题，提升农村养老生活水平，进一步推动农村养老观念的转变。

**关键词：** 农村居民 农村养老金融 养老保障制度 养老认知及参与

# 一 引言

## （一）调查背景

随着我国人口老龄化程度不断加深，老年人口抚养比连年上升，国民的养老负担日益沉重，养老问题得到了社会各界的广泛关注。和城镇地区相比，我国农村的养老问题更加迫切。2015 年的调查数据显示，全国乡村 65 岁及以上老龄人口占总人口的比重高达 12.0%，分别比城市和镇高 2.8 个和 2.6 个百分点。同时，城市化进程的加快和农村青壮年劳动力持续向城市迁移，使农村人口老龄化的问题更加突出，未来农村居民如何养老将成为无法回避的社会问题。因此，发展与完善农村社会养老保障制度是当前亟须解决的现实问题和重要任务。了解农民养老现状、农村养老保障制度运行情况，对于保障老年人基本生活需求、提升养老生活水平、改善社会公平都具有重要意义。

中国养老金融 50 人论坛和中国人民大学养老金融研究中心致力于推进我国养老金融事业发展、推进普惠养老金融建设，养老金融调查是论坛和中心一项长期的、系统的研究项目，拟通过各种调研渠道，形成并完善国民养老金融数据库。2017 年，中国养老金融 50 人论坛联合中国家庭金融调查与研究中心、人民网共同发起“中国养老金融调查”项目，收集了国民养老规划情况和养老金融需求的高质量微观数据，完成了主要针对城镇居民的养老金融调查报告。2018 年，我们将目光聚焦农村地区，依托中国人民大学“千人百村”社会调研活动的调查数据，梳理农村地区养老保障制度运行现状，为解决农村居民的养老问题提供研究支持。

本次调查通过认知情况、参与情况、养老储备情况以及养老相关活动的参与意愿等多个方面收集农村居民进行养老相关活动的信息，旨在分析我国当前农村居民的养老规划和养老现状。该调查从居民个体的视角出发，了解农村居民的生活现状和养老困境，能够为完善农村居民养老保障制度、提高农村居民生活水平提供现实依据。研究农村养老问题，也有助于寻找乡村发展的突破口，释放乡村的发展潜力，对于带动经济社会持续发展具有重要意义。

### （二）调查方法

本报告使用的数据来自中国人民大学“千人百村”社会调研活动。“千人百村”社会调研活动是中国人民大学在新的人才培养改革路线图框架下启动实施的人才培养、科学研究、社会服务有机融合的创新工程。该活动围绕当前中国农村经济社会与文化发展的重大现实问题，每年组织 1000 余名师生利用暑假时间，以田野调查和入户社会调查为主要形式，以 3～4 名学生为一个调研团队，深入全国范围内经科学抽样产生的 300 余个行政村开展系统、规范的社会调研活动。

2018 年“千人百村”社会调研活动在全国范围内（不含港澳台）展开，对全国 31 个省份农业人口比例高于 5% 的县级行政单位，城乡分类代码首位为 2 的行政村及农户进行抽样。本次调查目标样本 9600 个，共收集有效问卷 9596 份。根据养老专题回答情况，经数据处理和筛选后，本次报告使用有效样本 8366 个。

本次养老专题的问卷从三个方面调查了农村居民的养老保障情况，包括对社会养老保险政策的认知、社会养老保险的参与情况，以及养老准备及相关活动参与意愿。问卷具体的设计框架如图 1 所示。

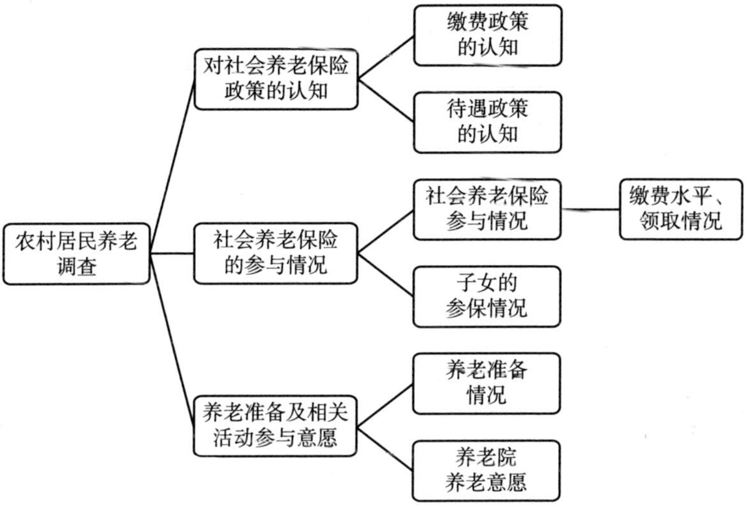


**图1　问卷设计框架**

## （三）调查对象的基本情况

梳理调查对象的基本信息，从年龄分布来看，本次调查对象的年龄主要集中在40岁及以上，其中60岁及以上的老人占36.53%，这可能是由于农村青壮年外出务工，老年人口比重相对较高。调查对象的性别上，95.11%的调查对象是男性，本次调查面向的是农村户主，性别偏差较大。文化程度上，超过八成的受访者文化水平在初中及以下，受教育程度普遍较低。子女数量上，超过70%的调查对象有2个及以上的子女。工作状态上，50.69%的受访者以务农为生，仅有4.44%的人已经退休，这可能是由于农村居民即使达到法定退休年龄，只要有劳动能力仍可以继续务农。95.31%的受访者拥有一套及以上的住房。个人年收入上，九成以上的受访者年收入在5万元以下，其中5000元以下的占34.79%，收入水平整体较低。从家庭生活水平来看，受访者对自身家庭的生活水平感知主要集中在中等水平。健康状况方面，仅有不到18%的农村居民认为自己比较不健康、非常不健康，自评健康状况整体较好（见表1）。

**表1　调查对象的基本信息分布**

单位：%

| 项目 | 分类 | 占比 |
|---|---|---|
| 年龄分布 | 29岁及以下 | 1.64 |
| | 30~39岁 | 9.25 |
| | 40~49岁 | 23.43 |
| | 50~59岁 | 29.15 |
| | 60岁及以上 | 36.53 |
| 性别 | 男 | 95.11 |
| | 女 | 4.89 |
| 文化水平 | 小学及以下 | 44.56 |
| | 初中 | 39.78 |
| | 高中/职高/技校/中专 | 13.15 |
| | 大专/本科及以上 | 2.51 |
| 子女数量 | 0个 | 2.95 |
| | 1个 | 25.53 |
| | 2个 | 46.95 |
| | 3个及以上 | 24.56 |
| 工作状态 | 上学/学前 | 0.06 |
| | 务农 | 50.69 |
| | 半农半工 | 18.48 |
| | 工作 | 18.41 |
| | 无业/失业 | 3.28 |
| | 无劳动能力 | 4.65 |
| | 退休 | 4.44 |
| 住房拥有情况 | 没有住房 | 4.69 |
| | 有住房 | 95.31 |
| 个人年收入 | 5000元以下 | 34.79 |
| | 5000~10000元 | 16.17 |
| | 1万~5万元 | 41.36 |
| | 5万元及以上 | 7.68 |
| 自评家庭生活水平 | 上等 | 2.93 |
| | 中上等 | 14.15 |
| | 中等 | 50.46 |
| | 中下等 | 22.75 |
| | 下等 | 9.71 |
| 自评健康状况 | 非常健康 | 23.83 |
| | 比较健康 | 37.23 |
| | 一般 | 21.15 |
| | 比较不健康 | 15.44 |
| | 非常不健康 | 2.34 |

## 二　农村居民社会养老保险的参与情况

我国农村的养老保障制度自20世纪80年代开始进行改革探索，21世纪以来，逐步建立起“保基本、广覆盖、有弹性、可持续”的新型农村社会养老保险制度。2014年，国务院颁布《关于建立统一的城乡居民基本养老保险制度的意见》，我国新型农村居民社会养老保险与城镇居民社会养老保险制度合并，建立了统一的城乡居民基本养老保险制度。城乡居民基本养老保险是我国政府为全体城乡居民设计的基本养老保险制度，旨在充分发挥社会保险对保障人民基本生活、调节社会收入分配、促进城乡经济社会协调发展的重要作用。城乡居民基本养老保险的参保范围包括年满16周岁（不含在校学生）、非国家机关和事业单位工作人员及不属于职工基本养老保险制度覆盖范围的城乡居民。因此，城乡居民养老保险是我国农村居民主要依赖的养老保险。此外，我国现行的社会养老保险还有城镇职工基本养老保险（包括城镇企业职工基本养老保险和机关事业单位基本养老保险），主要面向的是各类经济组织中的就业者。

### （一）农村居民对社会养老保险政策的基本认知

农村居民是社会养老保险的重要受众，他们是否了解养老保险政策、了解的程度如何，都对养老保险政策实践运行有着重要影响。本部分首先分析农村居民对养老保险政策的认知，其中，缴费和待遇领取是与个人联系最密切的两项参保活动，我们从这两个方面入手，通过调查农村居民的政策认知情况，全面考察养老保险政策在农村的推广情况，既可以在一定程度上反映国家养老政策的宣传成效，又可以体现农村居民对于养老保险政策的重视程度。

本次调查中，调查对象对政策的了解情况分为五个档次：非常了解、比较了解、一般了解、不了解但听过、不了解没听过。为了方便观察和理解，报告中一律将了解程度概括为“了解”和“不了解”两个维度进行分析，

“了解”包括“非常了解”、“一般了解”和“部分了解”，“不了解”包括“不了解但听过”和“不了解没听过”。

1. 调查对象对社会养老保险缴费政策的了解情况

从缴费政策来看，缴费政策包括缴费比例、缴费标准、缴费方式、缴费年限等要素，都与居民是否参与养老保险、参与养老保险政策的积极性以及缴纳金额的选择紧密相关。

调查数据显示，76.01%调查对象表示自己了解社会养老保险的缴费政策；仅有23.99%的农村居民表示不了解社会养老保险的缴费政策，如图2所示。

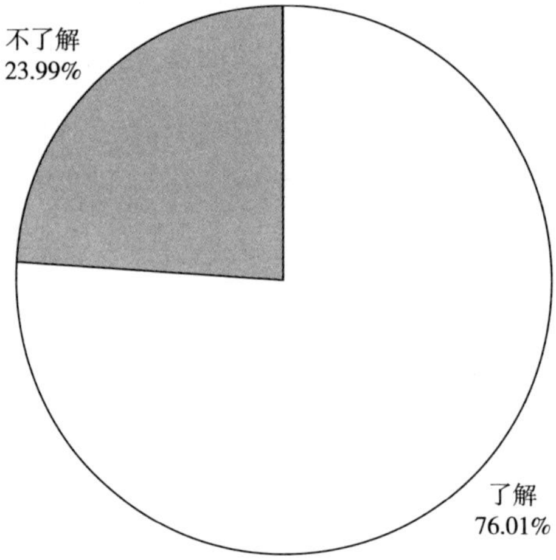


**图2　调查对象对社会养老保险缴费政策的了解情况**

总体来看，农村居民对于社会养老保险缴费政策的了解程度整体较好，超过七成的调查对象对社会养老保险有一定程度的了解，这可以反映出城乡居民养老保险在农村的宣传推广工作成效显著。

从不同年龄段人群对缴费政策的了解情况来看，随着年龄的不断增加，调查对象对于养老保险缴费政策的了解也呈现增长的趋势，如图3所示。

数据也显示不同收入水平的人群对缴费政策的了解情况有所差异。总体来看，随着收入的增加，了解缴费政策的人数占比呈现上升趋势。个人年收

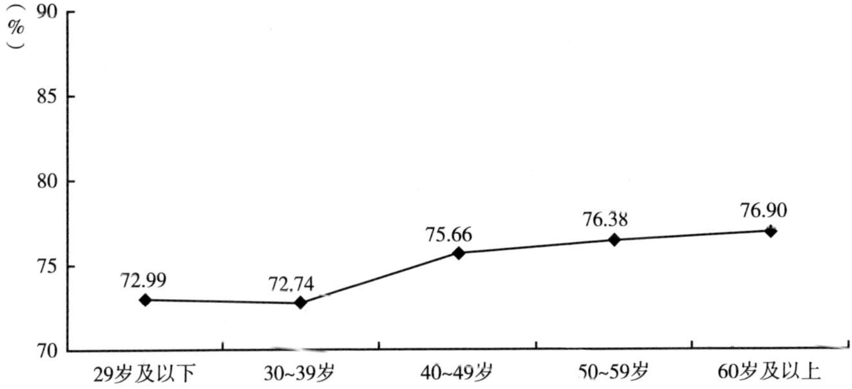


**图3　不同年龄段了解缴费政策人数分布**

入在5万元及以上的人群中，了解缴费政策的人数占比最高，达到83.36%（见图4）。

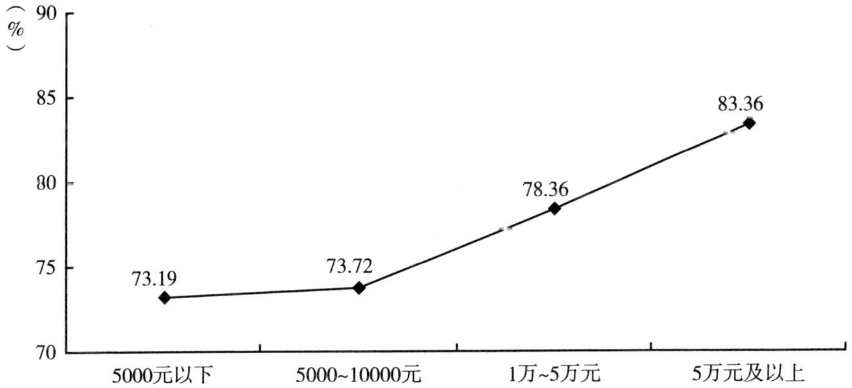


**图4　不同收入水平了解缴费政策的人数比例分布**

此外，受教育程度也对缴费政策的了解程度有一定影响，随着文化水平的上升，对缴费政策了解的人数占比呈上升趋势。其中，文化水平在小学及以下的调查对象中，有72.13%的人表示了解缴费政策；而文化水平在大专/本科及以上学历的调查对象中，了解缴费政策的人数占比达到86.67%（见图5）。

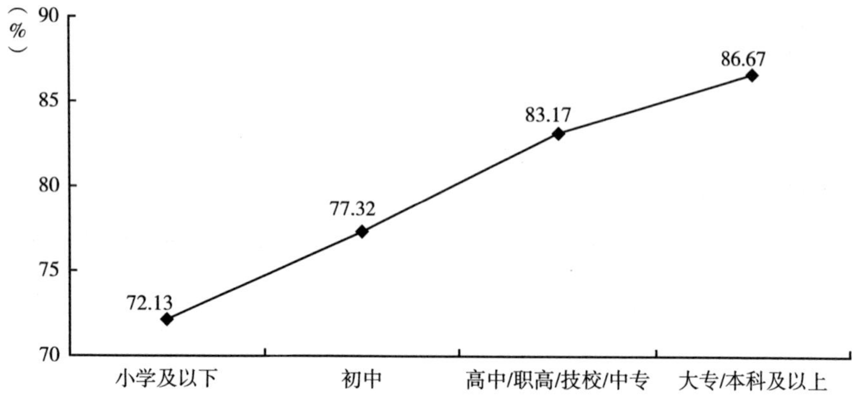


**图 5　不同文化水平了解缴费政策的人数比例分布**

2. 调查对象对社会养老保险待遇政策的了解情况

养老保险待遇政策，主要是养老保险的领取条件和领取水平，居民对于养老保险待遇政策的认知情况，既可以反映出居民对养老保险政策的关心程度，也可以体现居民对未来养老生活的计划意识。

数据显示，接近七成（68.78%）的调查对象表示了解社会养老保险的待遇政策，31.22%的调查对象不了解社会养老保险的待遇政策（见图 6）。

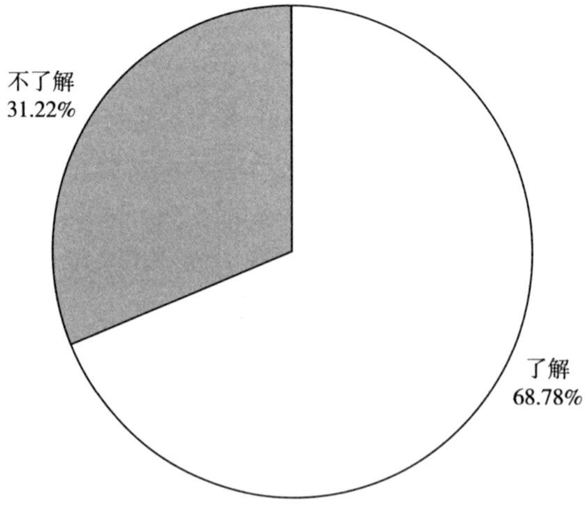


**图 6　调查对象对待遇政策的了解情况**

不同年龄的人群对待遇政策了解情况也不尽相同，随着年龄的增加，调查对象对养老保险待遇的了解情况总体呈现上升的趋势。60 岁及以上的调查对象中，有 73.99% 的人表示了解待遇政策，明显高于其他年龄段的人群（见图 7）。

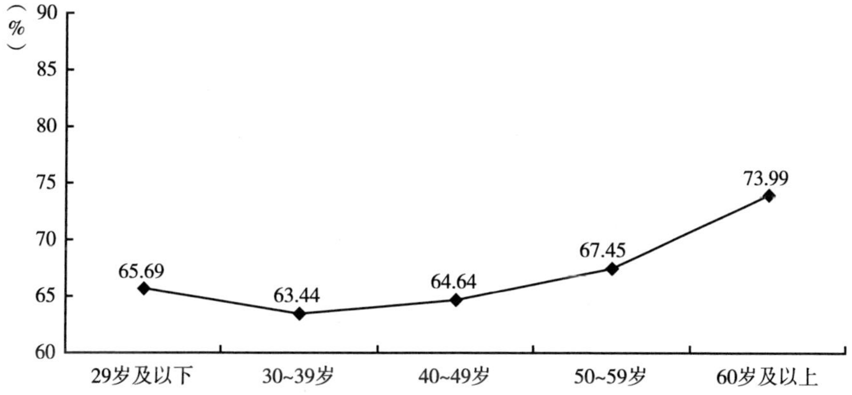


**图 7　不同年龄段了解待遇政策的人数比例分布**

不同收入水平的人对待遇政策的了解程度也呈现差异，随着收入水平的上升，了解待遇政策的人数比例也逐渐上升。收入在 5 万元及以上的人群中，了解待遇政策的占 75.37%，是各收入水平中占比最高的（见图 8）。

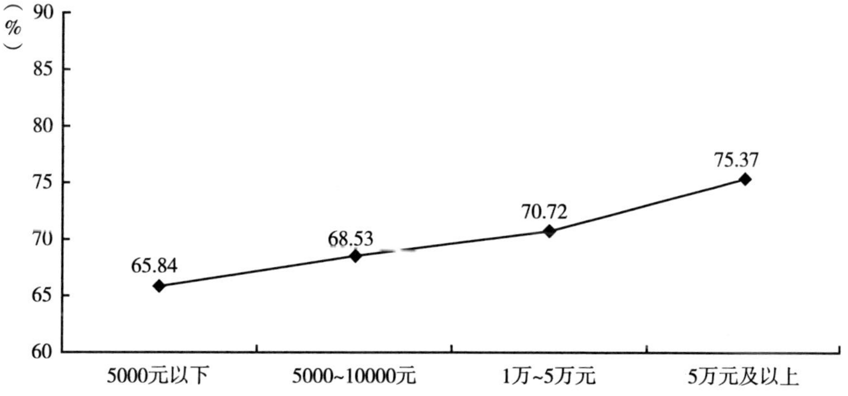


**图 8　不同收入水平了解待遇政策的人数比例分布**

从文化水平来看，随着文化水平的上升，对待遇政策了解的人数也呈上升趋势。学历在大专/本科及以上的人中，超过八成的人表示了解待遇政策，与其他文化水平的人群相比差距较为明显（见图9）。

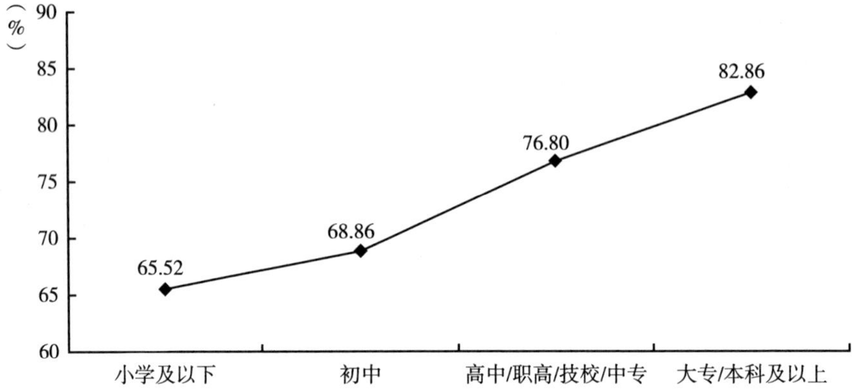


**图9　不同文化水平了解待遇政策的人数比例分布**

进一步比较两种政策的认知情况，调查对象对缴费政策的了解程度整体上比待遇政策的了解程度高，对缴费政策了解的调查对象占比达到76.01%，对待遇政策了解的调查对象占比相较少了7个百分点；相反，不了解待遇政策的人数比例为31.22%，不了解缴费政策的调查对象仅有23.99%（见图10）。

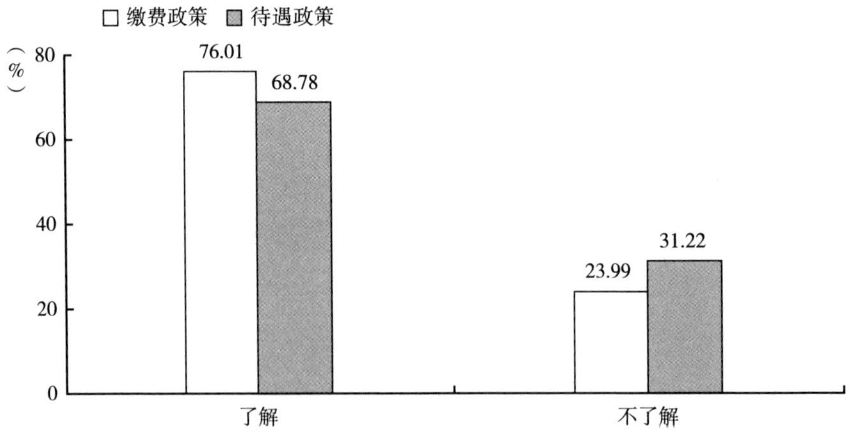


**图10　调查对象对缴费政策和待遇政策的了解情况比较**

3. 小结

整体来看，农村居民对于社会养老保险的缴费政策和待遇政策都有比较好的了解，两种类型的政策都有超过六成的居民表示一定程度的了解。进一步分析不同年龄、收入和文化水平调查对象的差异情况，对两种政策了解程度表现出基本一致的变化趋势。从年龄上看，年轻居民对两种政策的了解程度低，这可能是由于年轻的农村居民认为目前距离退休年龄较远，养老准备的意识不强烈。从不同收入水平来看，收入水平在最高档次的农村居民表现出的了解程度高于其他收入水平的居民，考虑到收入较高的居民更有能力为养老做储备，他们会更加关心养老政策。从文化水平来看，接受过高等教育的人群对两种政策均表现出更高的了解程度，这说明接受高等教育对提升政策认知有一定帮助。

## （二）农村居民社会养老保险的参与情况

本部分首先调查分析农村居民参与社会养老保险的情况，包括参与和没有参与各类型社会养老保险的人数比例；再进一步分析没有参与社会养老保险的人群特征；此外，也收集分析了农村居民的子女参保情况；同时，本部分还将具体分析调查对象城乡居民基本养老保险的参与情况，包括他们的缴费水平和领取水平；最后，对比调查对象在城乡居民基本养老保险中的待遇领取水平和其期望水平。通过以上步骤，可以较为全面地了解我国农村养老保险制度的实际运行情况，也可以观察到调查对象在参与社会养老保险时的选择偏好。

1. 农村居民社会养老保险的参与情况

数据显示，有 79. 52% 的调查对象参与了城乡居民基本养老保险；有 5. 92% 参加了职工基本养老保险；仍有 14. 56% 的人表示没有参加任何社会养老保险（见图 11）。

调查对象的参保类型主要集中在城乡居民基本养老保险，这符合我国城乡居民基本养老保险的设计初衷。但是，仍有 14. 56% 的调查对象表示没有参与任何社会养老保险。这一方面表明，要实现基本养老保险的人群全覆盖

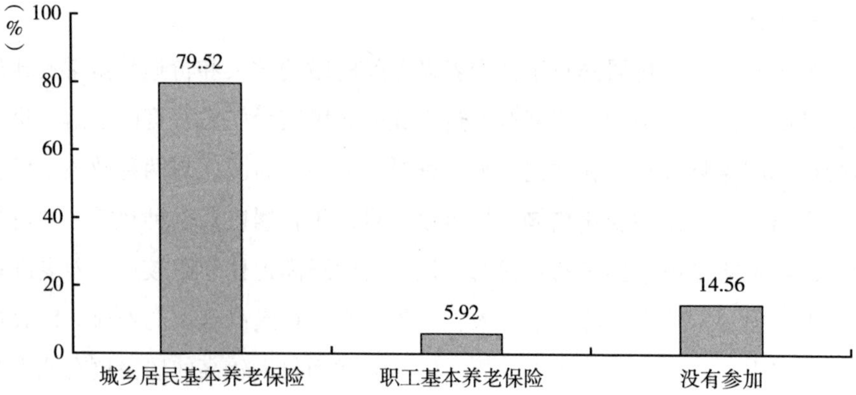


**图 11　调查对象的社会养老保险参与情况**

仍有一定差距；另一方面，也可能是由于部分农村居民依靠政府和集体补贴缴纳养老保险，并不了解自己已经参保等认识上的偏差。进一步了解没有参加社会养老保险的原因，36.4%的人表示支付不起，24.6%的人不知道如何参加，22.2%的人认为没有必要参加；此外，还有11.4%的人认为参加社会养老保险不合算（见图12）。

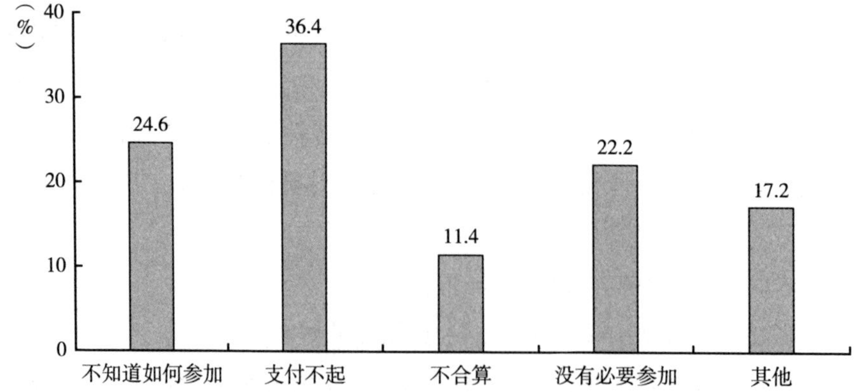


**图 12　调查对象没有参加社会养老保险的原因（多选）**

进一步分析参与社会养老保险的人群情况，数据显示，调查对象中有30.38%的人已经开始领取养老金，如图13所示。

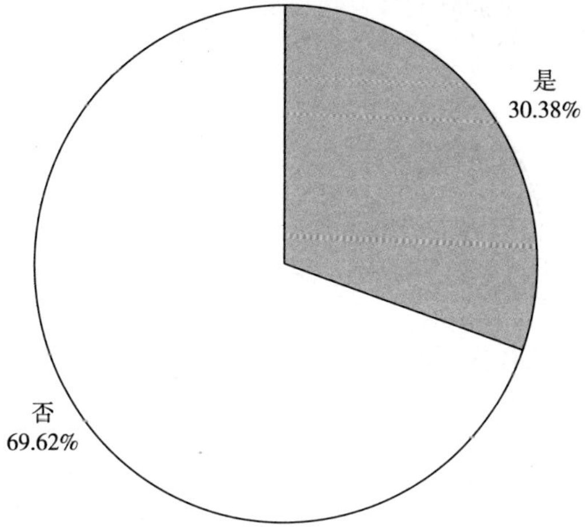


**图 13　调查对象是否开始领取养老金**

2. 农村居民的子女参保情况

调查对象的子女是社会的新生力量，他们参与社会养老保险的情况对于养老保险政策的持续发展具有重要意义，同时，他们的参保水平也可以反映年轻群体对未来养老活动的重视程度。

调查结果显示，农村居民的子女中有 67. 72% 参加了社会养老保险，没有参加社会养老保险的占 13. 77%，另外，有 18. 51% 的农村居民表示不知道子女的参与情况（见图 14）。

调查对象的子女没有参加社会养老保险的主要原因包括：38. 58% 的人表示子女年龄太小，25. 82% 的人表示没有钱缴费，19. 58% 的人表示子女在外地打工，15. 13% 的人表示子女不愿意参加社会养老保险（见图 15）。

3. 小结

总体来看，农村居民社会养老保险的参与度相对比较高，大部分调查对象选择参加城乡居民基本养老保险制度。农村居民子女的社会养老保险参与程度接近七成，没有参加的主要原因是子女年龄太小、没钱缴费、在外工作等。

需要注意的是，调查对象中超过 30% 的人已经开始领取养老金，随着

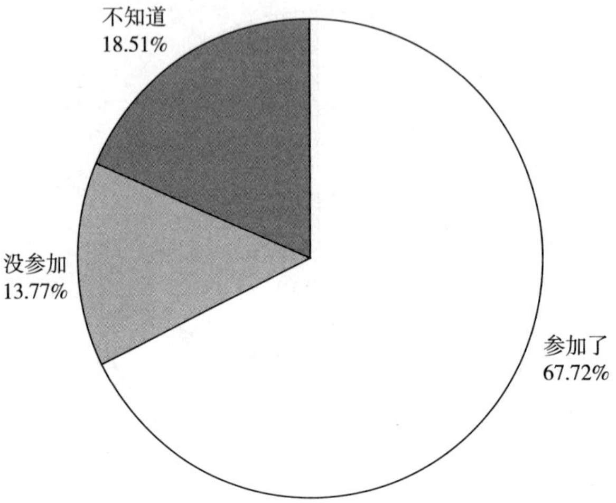


**图 14　调查对象子女的社会养老保险参与情况**

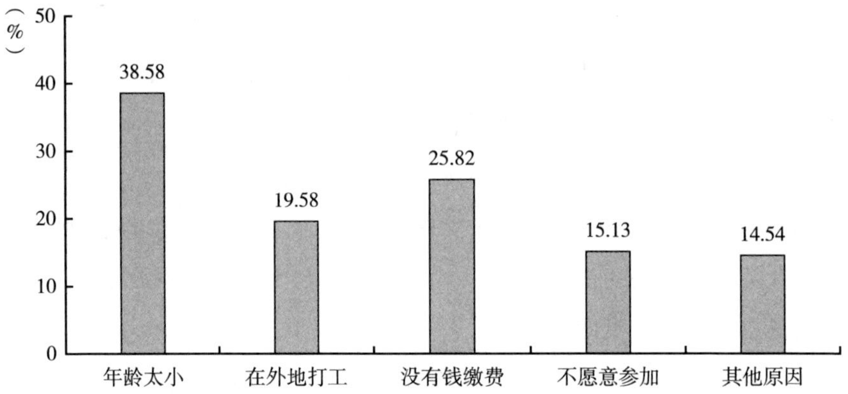


**图 15　调查对象子女没有参加社会养老保险的主要原因（多选）**

我国的人口老龄化程度不断加深，城乡居民基本养老保险制度的收支压力将日益沉重。大量农村居民集中依赖城乡居民基本养老保险，对制度的可持续性将造成巨大挑战。

## （三）城乡居民基本养老保险的运行情况

调查数据表明，接近八成的调查对象参与了城乡居民基本养老保险这一制度，城乡居民基本养老保险在保障农村居民老年收入方面发挥着重要的作用。但是，已有研究指出，农村的养老保险制度仍然存在着保障水平低、激励机制不健全、中青年人群参保积极性低等问题，因此，本部分我们将进一步分析农村居民参与城乡居民基本养老保险的缴费行为和领取情况，深入了解现阶段农村养老保障制度的运行情况。

1. 城乡居民基本养老保险的缴费情况

城乡居民养老保险由个人缴费、集体补助、政府补贴构成。根据国务院2014年的相关政策，城乡居民基本养老保险的个人缴费标准设为每年100元、200元、300元、400元、500元、600元、700元、800元、900元、1000元、1500元、2000元12个档次，各地区人民政府可以根据实际情况增设缴费档次，最高缴费档次标准原则上不超过当地灵活就业人员参加职工基本养老保险的年缴费额，并报人力资源和社会保障部备案。参保人自主选择档次缴费，多缴多得。

各地区设置的实际缴费档次在中央标准上进行调整。我们收集整理了2018年各省份的城居保缴费标准，最低缴费标准中，最高的是北京市（1000元/年），其次是天津市（600元/年）和上海市（500元/年），都属于发达地区；其余大部分省份的最低标准均为每年100元或200元，最高标准以每年2000元、3000元居多，最高的为北京，达到了9000元，如表2所示。

**表2　2018年各地区城乡居民基本养老保险缴费档次**

单位：元/年

| 经济区域 | 省份 | 最低缴费标准 | 最高缴费标准 |
| --- | --- | --- | --- |
| 东部 | 北京 | 1000 | 9000 |
| | 天津 | 600 | 3300 |
| | 河北 | 100 | 3000 |
| | 上海 | 500 | 5300 |
| | 江苏 | 300 | 2000 |
| | 浙江 | 100 | 2000 |
| | 福建 | 100 | 2000 |
| | 山东 | 300 | 5000 |
| | 广东 | 120 | 3600 |
| | 海南 | 200 | 5000 |

续表

| 经济区域 | 省份 | 最低缴费标准 | 最高缴费标准 |
|---|---|---|---|
| 中部 | 山西 | 100 | 2000 |
| | 安徽 | 200 | 3000 |
| | 江西 | 300 | 3000 |
| | 河南 | 200 | 5000 |
| | 湖北 | 100 | 2000 |
| | 湖南 | 100 | 3000 |
| 西部 | 内蒙古 | 100 | 3000 |
| | 广西 | 100 | 2000 |
| | 重庆 | 100 | 2000 |
| | 四川 | 100 | 3000 |
| | 贵州 | 100 | 2000 |
| | 云南 | 100 | 2000 |
| | 西藏 | 100 | 2000 |
| | 陕西 | 100 | 2000 |
| | 甘肃 | 200 | 2000 |
| | 青海 | 200 | 4000 |
| | 宁夏 | 100 | 3000 |
| | 新疆 | 100 | 3000 |
| 东北 | 辽宁 | 100 | 2000 |
| | 吉林 | 100 | 2000 |
| | 黑龙江 | 200 | 2000 |

注：江苏省未搜集到2018年最新的城乡居民基本养老保险最高缴费档次，以2014年国家标准（2000元/年）作为参考。

资料来源：各级政府网站公开信息。

调查数据显示，城乡居民基本养老保险全国年平均缴费金额是413.74元。[①] 从调查对象实际缴费档次来看，接近85%的调查对象选择在300元及以内的档次缴费，其中，在101～300元档缴费的占36.11%，在100元档进行缴费的占48.87%，如图16所示。各地的最低缴费档次基本在100～300

① 此处使用的城乡居民基本养老保险的领取数据经过各地区的最低缴费标准筛选，并以9000元/年为上限。由于城乡居民基本养老保险的统筹层次在县（市）一级，各地区可自行制定最高缴费档次，因此以北京市的最高标准（9000元/年）作为参照。

元不等，反映出大部分的调查对象选择最低标准缴费，与已有的研究结果相似。

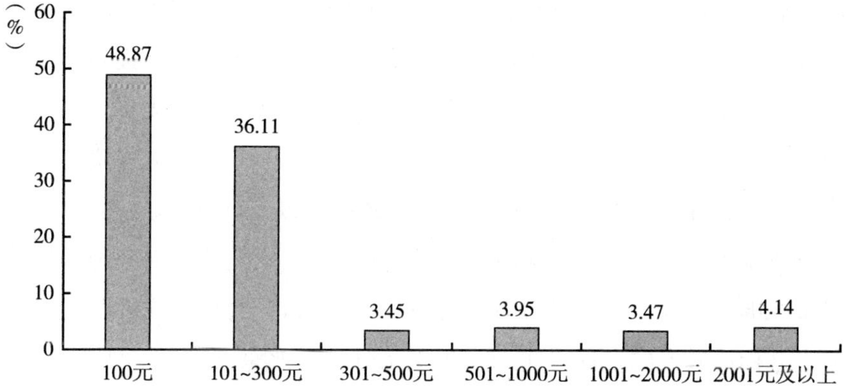


**图 16　选择各缴费档次的人数分布**

从不同的经济区域来看，东部地区的平均缴费最高，为每年 662.68 元；其次是中部地区，人均年缴费金额为 359.97 元；东北地区人均年缴费金额为 294.22 元；西部地区的人均缴费金额最低，为每年 255.26 元。东部地区的人均年缴费金额远远高于其他地区，是排在第二位的中部地区人均年缴费金额的近 2 倍，东北和西部地区的金额较为接近，这在一定程度上反映出城居保的缴费情况与各地区经济发展水平密切相关（见图 17）。

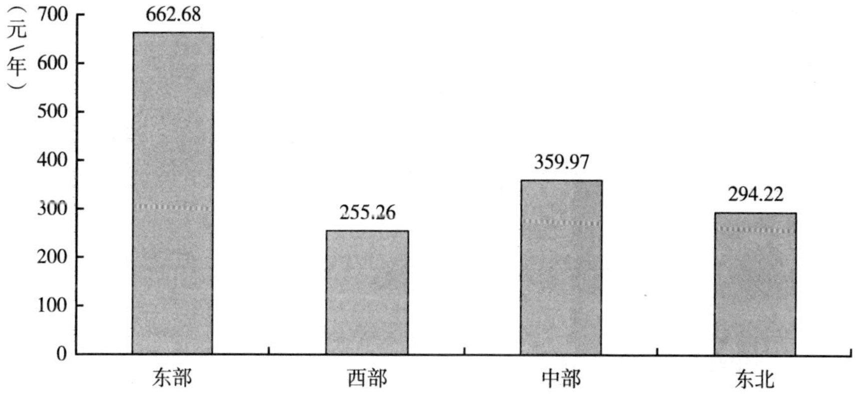


**图 17　各经济区域调查对象的城居保平均缴费金额**

2. 城乡居民基本养老保险的待遇情况

城乡居民养老保险的待遇由基础养老金和个人账户养老金两部分构成。基础养老金最低标准由中央确定，地方人民政府可以根据实际情况适当提高基础养老金标准；对于长期缴费的，可适当加发基础养老金，提高和加发部分的资金由地方人民政府支出，具体办法由各地区人民政府规定，并报人力资源和社会保障部备案。从以上政策规定可知，城乡居民养老保险的主要待遇来源是基础养老金部分，基础养老金由政府财政完全负担。

分析城乡居民基本养老保险的待遇领取情况，首先需要对各地区的基础养老金标准进行梳理。观察2018年各省份的基础养老金标准可以发现，基础养老金标准较高的地区是上海（930元/月）、北京（705元/月）和天津（295元/月），大部分省份的基础养老金标准集中在每月100~200元。其中，东部地区的基础养老金标准整体高于同期其他区域；其他地区的基础养老金标准大部分在100元上下浮动，仅有个别省份在150~200元，如表3所示。

**表3　2018年各地区城乡居民基本养老保险基础养老金标准**

单位：元/月

| 经济区域 | 省份 | 基础养老金标准 |
|---|---|---|
| 东部 | 北京 | 705 |
| | 天津 | 295 |
| | 河北 | 108 |
| | 上海 | 930 |
| | 江苏 | 135 |
| | 浙江 | 155 |
| | 福建 | 118 |
| | 山东 | 118 |
| | 广东 | 148 |
| | 海南 | 160 |
| 中部 | 山西 | 103 |
| | 安徽 | 87 |
| | 江西 | 98 |
| | 河南 | 98 |
| | 湖北 | 103 |
| | 湖南 | 103 |

续表

| 经济区域 | 省份 | 基础养老金标准 |
| --- | --- | --- |
| 西部 | 内蒙古 | 128 |
| | 广西 | 108 |
| | 重庆 | 115 |
| | 四川 | 93 |
| | 贵州 | 88 |
| | 云南 | 103 |
| | 西藏 | 170 |
| | 陕西 | 93 |
| | 甘肃 | 103 |
| | 青海 | 175 |
| | 宁夏 | 143 |
| | 新疆 | 140 |
| 东北 | 辽宁 | 108 |
| | 吉林 | 103 |
| | 黑龙江 | 90 |

注：部分省份在2018年进行了多次基础养老金调整，此处记录的是各省份2018第一次调整的基础养老金标准。

资料来源：各级政府网站公开信息。

调查数据显示[①]，全国平均养老金领取水平是每月244.45元，折合每年2933.4元。从各经济区域来看，最高的月平均养老金是东部地区（372.91元），然后是东北（251.91元）、中部（230.27元），西部的人均养老金仅为每月132.87元。东部地区的人均养老金也整体高于其他地区，东北和中部的养老金水平较为接近，西部地区的人均养老金与其他地区差距较大，与第三名中部地区相差100元左右（见图18）。

① 此处数据依据每人每月70元的基础养老金标准进行筛选，这里考虑到2018年人社部提高基础养老金的通知是5月发出的，“千人百村”社会调研活动进行时各地区可能尚未完成基础养老金的调整和补发。

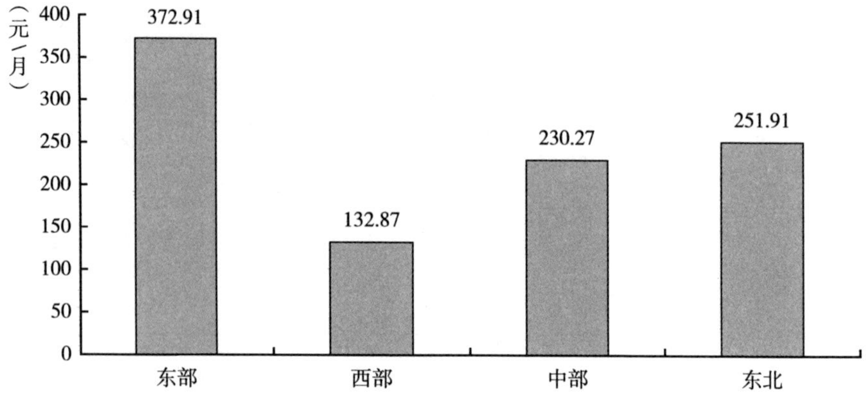


**图 18　各经济区域调查对象的平均养老金**

注：为了更精准地定位到调查对象的城乡居民养老保险的待遇领取水平，此处筛选了只参与城居保并且已开始领取养老金对象的数据进行统计。

3. 农村居民的养老金领取期望

调查对象对养老金的期望，可以反映出其领取的养老金对当前生活的满足程度，同时也表达了调查对象对养老金的预期水平。通过调查了解农村居民的养老金期望，能够为农村的养老保障制度设计和目标制定提供参考。

比较调查对象当前领取的养老金与其期望领取的养老金，仅有 8.10% 的人对自身目前的养老金水平表示认可，有 89.95% 的人希望获得比当前更多养老金（见图 19）。

分段统计调查对象期望提高的养老金金额，选择 101～300 元档的人数占比最高（31.16%）；其次是 301～500 元档，有 27.61% 的人希望提高的养老金金额在这一范围内；21.96% 的人希望提高 501～1000 元；希望养老金提高到 1000 元以上的占 8.35%。整体来看，接近 70% 的调查对象期望提高的养老金在 500 元以内，调查对象提高养老金水平的预期较为理性（见图 20）。

4. 小结

在基本养老保险缴费水平和基础养老金待遇水平中，东部地区的缴费水

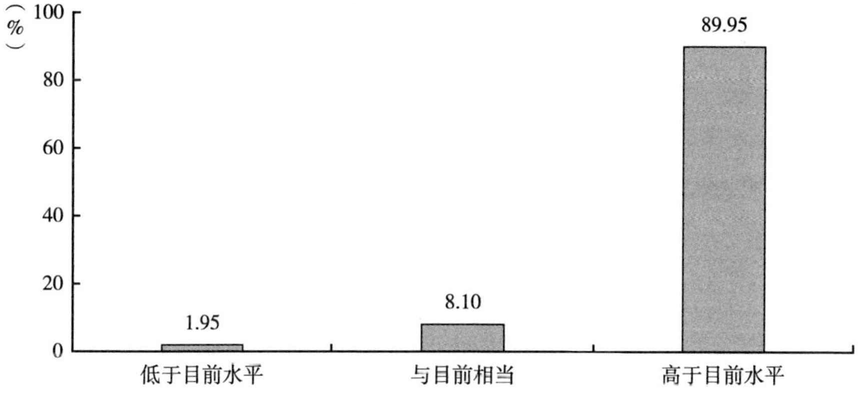


**图 19 调查对象的养老金领取期望**

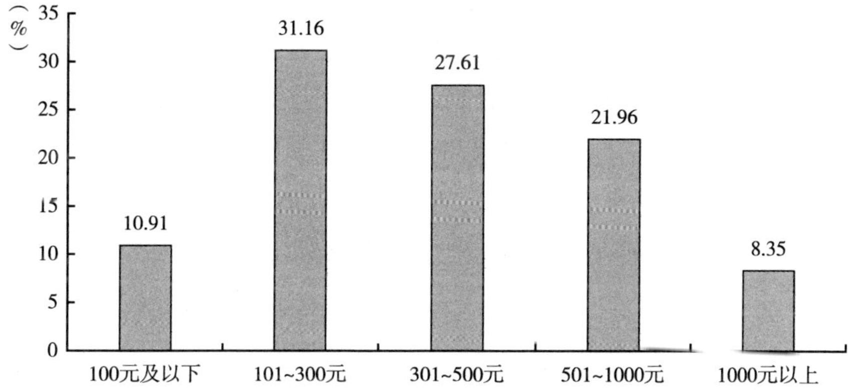


**图 20 希望提高养老金各金额梯度的人数比例分布**

平和待遇水平整体要高于中西部地区，这可能是受制于区域经济发展不平衡的影响，但各地区的人口年龄结构、养老保险覆盖范围和收支情况有所不同，其中的运作机制有待进一步研究。

当前农村居民可领取的养老金水平较低，大部分调查对象认为目前养老金水平不足以满足其期望值，希望进一步提高养老金水平。城乡居民基本养老保险制度以保基本为目标，目前制度保障水平较低，如果仅依赖这一制度难以满足农村居民的养老生活需要。

## 三　农村居民养老准备及相关活动参与意愿

### （一）农村居民的养老准备情况

调查对象的养老准备主要从经济活动的准备上进行考量，包括参加社会养老保险、进行理财投资以及其他途径。通过了解农村居民各类型养老准备的占比，可以反映其对于未来老年生活准备的具体实践，也可以说明农村居民未来的养老预期和养老偏好。

数据显示，农村居民的养老准备主要包括：64.24%的人选择了参加社会养老保险；48.36%的人指望未来由子女负担一定程度的养老责任；17.52%的人表示自己有一定的银行储蓄为养老做准备；9.31%的人购买不动产和其他财产作为养老准备；计划退休后继续工作、劳动的人占调查对象的14.95%；有11.27%的人认为未来养老需要政府救济。选择其他的养老准备方式包括参加企业或职业年金（1.03%）、证券投资（0.16%）、购买养老保险产品（2.73%）等。此外，没有任何养老准备的人占调查对象的14.06%（见图21）。

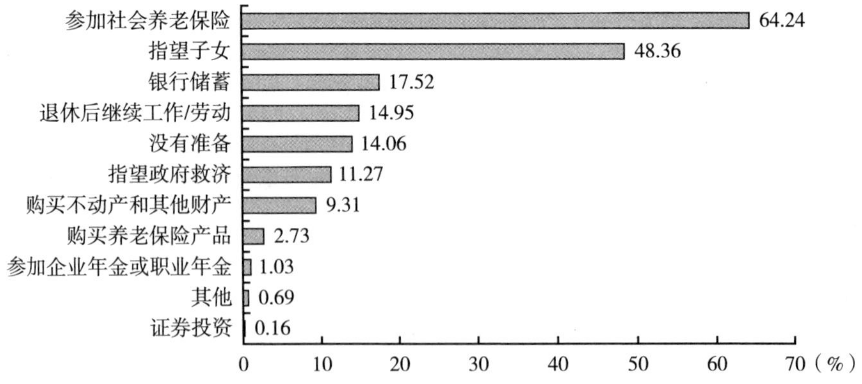


图21　各类型养老准备的调查对象人数占比（多选）

调查结果表明，农村居民对于社会养老保险的认可度很高，参与社会养老保险是他们为老年生活做的主要准备。除此之外，接近五成（48.36%）的调查对象选择了指望子女，反映出农村中对家庭养老高度依赖；同时，11.27%的调查对象指望政府救济，这体现了调查对象对政府承担一定养老责任的需求。在其他经济储备方面，调查对象主要选择银行储蓄（17.52%）、购买不动产和其他财产（9.31%）这两种方式，选择购买商业养老保险产品和进行其他投资方式的比例（2.73%）很低。另外，农村居民中退休后继续劳动的意愿（14.95%）也相对较高。

进一步分析尚未做养老准备的农村居民特征，从年龄上看，随着年龄的增加，未做养老准备的人数占比逐渐下降。其中，29岁及以下未做养老准备的人群比例最高，达到29.9%；60岁及以上的人中仅有10.8%未做养老准备（见图22）。

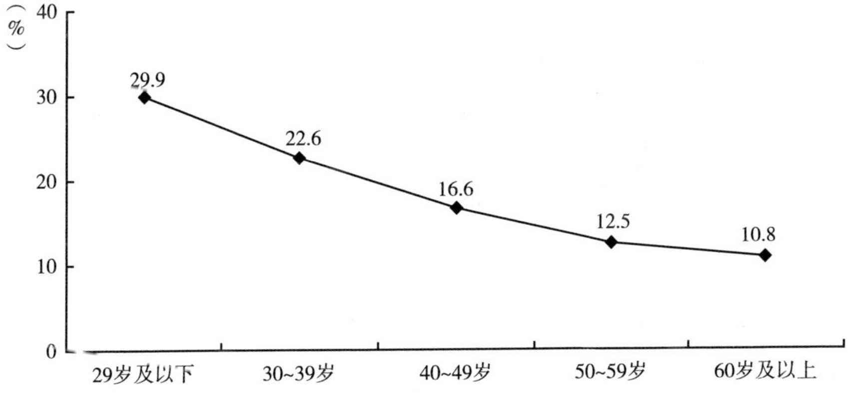


**图22　各年龄段没有养老准备的调查对象人数占比**

没有做养老准备的人数也由个人在本村的生活水平不同呈现一定差异。随着生活水平的提升，未做养老准备的人数占比下降。自评生活水平在上等的人群中，未做养老准备的人数占比最低，仅有6.9%的人未做养老准备（见图23）。

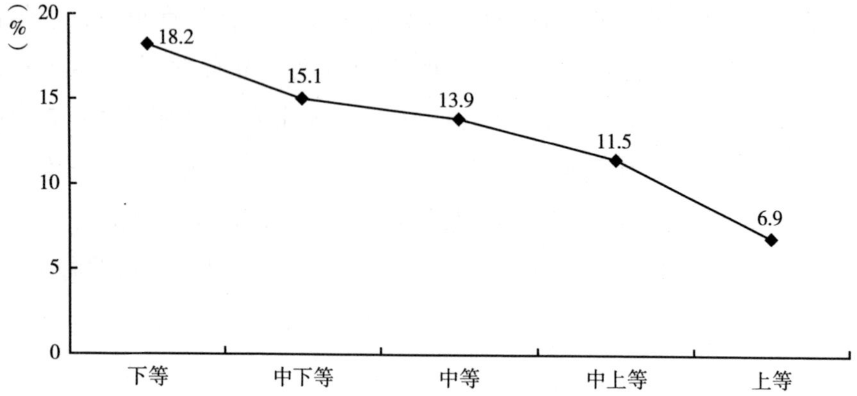


**图23　不同生活水平下没有养老准备的调查对象人数占比**

## （二）农村居民的养老院养老意愿

我国传统“养儿防老”观念影响深刻，尤其是农村地区这一思想更为普遍。但随着城镇化的不断发展，人们对于社会化的养老方式的接受度日渐提高，例如到养老院养老。当下大量的农村年轻人进城务工，农村留守老人的数量与日俱增，养老院养老作为一种补充养老方式，能够提供专业化的养老服务和完善的照护设施，可以有效地帮助不能独立生活的老人安度晚年。

调查显示，11.99%的调查对象表示愿意入住养老院养老（见图24），表明农村传统的“养儿防老”的观念已经有所转变，不少群体开始接受社会化的养老方式。但是，《中国养老金融调查报告2017》显示，城镇居民中有40%的人愿意到养老院养老，与城镇居民相比，农村居民的养老观念还是相对传统。

从健康状况来看，健康状况越好的调查对象，养老院养老的意愿越低，其中，非常不健康和比较不健康的人中均有15%以上愿意到养老院养老，如图25所示。这在可能是随着健康状况的提升，老年人的生活自理能力也相应提升，因此对机构养老的需求较少。

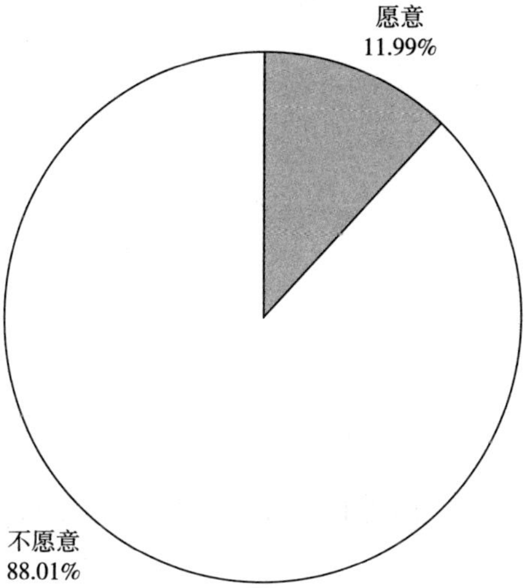


**图 24　调查对象的养老院养老意愿**

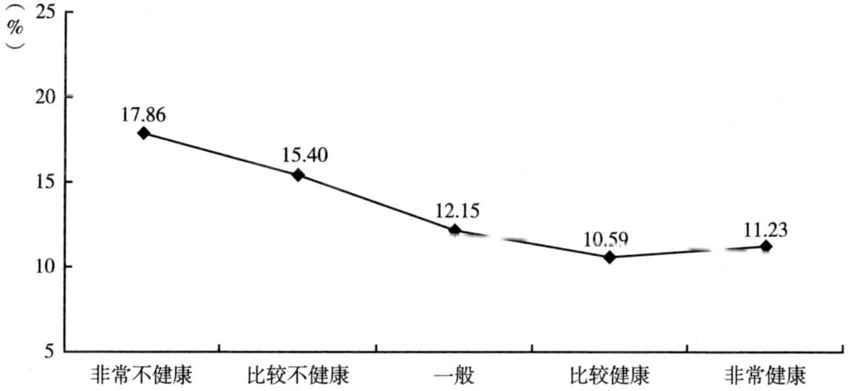


**图 25　不同健康水平下愿意到养老院养老的人数比例分布**

从不同文化水平来看，随着文化水平的提高，调查对象到养老院养老的意愿也呈增加的趋势，其中，大专/本科及以上的调查对象中有 20% 以上愿意到养老院养老。这在一定程度上反映出，受教育程度对于改善农村居民的养老观念有积极作用，可以使他们更加愿意接受社会化的养老方式（见图 26）。

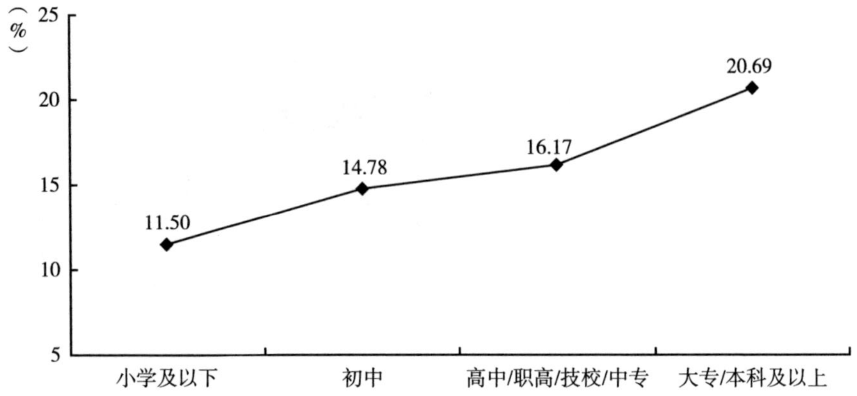


**图 26　不同文化水平下愿意到养老院养老的人数比例分布**

## （三）农村居民养老院养老的支付意愿

数据显示，大部分调查对象对于养老院的支付意愿集中在 100～1000 元，其中，每月愿意支付 101～300 元的人占 15.38%，愿意支付 301～500 元的人占 17.03%，愿意支付 501～1000 元的人占 29.56%；有 18.35% 的人愿意每月支付 1000 元及以上到养老院养老；同时，也有 11.98% 的调查对象倾向于不缴费，如图 27 所示。总体来看，有接近五成的居民愿意每月支付 500 元以上，与农村居民的消费水平相比，[①] 养老院支付意愿整体较好。

## （四）小结

从养老准备来看，农村居民对参与社会养老保险的养老准备方式认可度较高，但仍然比较依赖传统的家庭养老方式，仅有小部分人会做其他形式的养老准备。调查中年轻人未做养老准备的人数比例明显高于其他年龄，反映出农村的年轻居民尚不太重视养老事宜。总体来说，农村居民的养老规划意识需要进一步提高，要增强对人口老龄化风险的认知，尽早为老年生活做好准备。

① 根据国家统计局网站数据，2018 年我国农村居民的人均年消费为 13062 元，人均每月 1088.5 元。

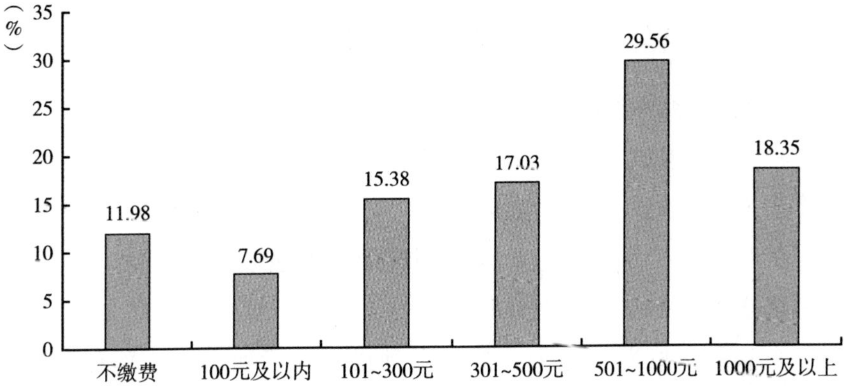


**图 27　调查对象养老院养老的支付意愿**

在养老院养老的意愿上，农村居民对于养老院的接受程度略好于预期水平，说明不少农村居民也开始认识到传统“养儿防老”面临的挑战，逐渐接受新型养老方式；在支付意愿上，农村居民也愿意付出经济代价换取较好的养老生活质量。

# 四　总结与建议

## （一）农村养老活动现状总结

从农村基本养老保险制度来看，农村老龄人口比例高，城乡居民基本养老保险的基金收支压力较大，制度可持续性面临挑战；在养老金水平上，农村的养老金相对较低，同农村居民的期望值还有一定距离。同时，各地区之间的缴费标准和待遇水平差异大，呈现制度发展的不均衡、不充分。

从农村居民的养老准备活动和认知情况上看，农村居民对于参加社会养老保险的认可度高，但缺乏个人多元化的养老规划；农村居民对于养老院的接受程度略高于预期水平，并且有一定的支付意愿，反映出农村居民开始逐渐接受社会化的养老方式。

## （二）完善农村养老保障的对策与建议

### 1. 坚持多层次、多渠道解决养老经济保障问题

完善农村居民的养老保障，提升农村居民老年生活质量，需要多层次、多渠道的方式来解决养老问题。一方面，基本养老保险要坚持“保基本”的目标，扩大制度的覆盖范围，加大养老政策的宣传力度，为全民提供坚实可靠的基本养老保障；从个人来看，要引导有条件的农村居民建立个人和家庭养老计划，通过多种投资途径实现资产的保值增值；对于进城务工的农民，可以鼓励其加入城镇职工基本养老保险，丰富自身养老储备。

另一方面，要推动农业的现代化和机械化，提高生产效率和农业收入，增加农村居民的经济来源。同时，土地不仅是重要的农业生产资料，也可以通过对其合理利用来拓宽农民收入渠道，使其成为丰富农民养老保障的重要手段。

### 2. 推进养老观念转变，提升养老服务供给

农村居民已经逐渐开始接受社会化的养老方式，要推动农村居民进一步转变养老观念，强调个人、社会和政府的责任相结合；要加大力度宣传普及养老知识，引导农村居民尽早进行养老规划，防范人口老龄化风险。在养老服务供给上，还可以支持社会资本进入农村投资，因地制宜发展农村养老产业，实现农村建设与养老产业的融合发展，不仅能够提升农村养老服务供给，也有助于促进乡村振兴和农村经济发展。

## 参考文献

邓大松、仙蜜花：《新的城乡居民基本养老保险制度实施面临的问题及对策》，《经济纵横》2015 年第 9 期。

魏后凯：《如何走好新时代乡村振兴之路》，《人民论坛 · 学术前沿》2018 年第 3 期。

李红岚：《完善城乡居保筹资机制的设想》，《中国人力资源社会保障》2015 年第 12 期。

乌日图：《社会保障顶层设计亟待明确的三大问题》，《社会保障研究》2018 年第 3 期。

董克用、姚余栋：《中国养老金融发展报告（2017）》，社会科学文献出版社，2017。

# 产 品 篇

**Product Reports**

# B.6
# 养老金产品：持续助力养老金投资产品化发展

闫化海*

**摘　要：** 本报告分析了2018年养老金产品市场情况，多维度梳理了养老金产品的市场特点，探讨了职业养老金投资中养老金产品面临的问题和挑战，指出经过多年长足发展，需要从支持产品化投资、扩大投资范围、完善信息披露规则、鼓励产品创新等方面推动养老金产品进一步发展。

**关键词：** 养老金产品　职业年金　资产配置　产品管理模式

* 闫化海，管理学博士，金融学博士后，中国养老金融50论坛特邀研究员，任职于建信养老金管理有限责任公司，研究领域为养老金计划管理和养老金资产管理。本文仅代表个人观点，与供职单位无关。

为促进企业年金市场健康发展，提高企业年金基金投资运营效率，人社部于2013年3月22日颁布了《关于扩大企业年金基金投资范围的通知》（人社部发〔2013〕23号，简称“23号文”）、《关于企业年金养老金产品有关问题的通知》（人社部发〔2013〕24号，简称“24号文”）。23号文将养老金产品纳入企业年金基金投资的范围；24号文对养老金产品的有关问题进行了明确规定。

2015年8月23日，国务院发布了《国务院关于印发基本养老保险基金投资管理办法的通知》（国发〔2015〕48号），文件第三十四条明确了养老金产品在基本养老保险基金的投资范围内。2017年12月28日，人社部出台了《关于基本养老保险基金投资养老金产品有关问题的通知》（人社厅发〔2017〕160号），就基本养老保险基金投资养老金产品问题进行规范，明确了养老金产品的主要类型是非标型养老金产品。

2016年10月9日，人社部、财政部《关于印发职业年金基金管理暂行办法的通知》（人社部发〔2016〕92号，简称“92号文”），92号文第二十五条明确规定养老金产品在职业年金的投资范围内。2017年11月28日，人社部在昆明召开了职业年金基金配置养老金产品的研讨会，就职业年金基金在受托计划层面配置养老金产品的可行性和必要性进行探讨。2019年是职业年金市场化投资运作的元年，2月28日，职业年金第一笔资金开始正式市场化投资运作，通过受托直投的形式配置了养老金产品。截至2019年6月底，已有20多个省份完成了职业年金的招标工作，多个省份职业年金资金到账并开始市场化投资运作。

24号文颁布实施的六年间，养老金产品取得了长足发展。截至2018年12月31日，投资管理人备案了571只养老金产品，实际运作了324只养老金产品。养老金产品的规模为4771亿元，占企业年金基金市场的32.9%。

企业年金和职业年金构成了我国养老金体系的第二支柱，称为职业养老金。本报告统计数据的截止时间为2018年12月31日，鉴于职业年金刚开始市场化投资，报告中所研究的养老金产品数据限于企业年金基金和部分基本养老保险基金范畴。①

## 一　2018年养老金产品发行情况

### （一）产品备案发行情况

1. 产品备案情况

截至2018年12月31日，22家投资管理人登记备案并获得确认函的养老金产品有571只。2017年获得确认函的有151只产品，2018年获得确认函的有22只产品。严监管和有未正式运作产品的投管人不能再备案同类型产品是备案数量减少的主要原因。

从投资管理人的角度来看，截至2018年12月31日，各家投管人备案和发行的养老金产品数量情况见表1。

**表1　投管人备案和发行的养老金产品数量情况**

单位：只

| 序号 | 投管人 | 产品备案情况 | | | 产品发行情况 | | |
|---|---|---|---|---|---|---|---|
| | | 2017年 | 2018年 | 增加数量 | 2017年 | 2018年 | 增减变化 |
| 1 | 海富通基金 | 14 | 14 | 0 | 4 | 6 | 2 |
| 2 | 华夏基金 | 43 | 46 | 3 | 16 | 19 | 3 |
| 3 | 南方基金 | 13 | 13 | 0 | 6 | 8 | 2 |

① 2018年6月，人社部公布了新一轮的企业年金管理人资格的情况，增加新华养老为企业年金基金投资管理人，至此，市场上共有22家企业年金投管人。需要说明的是，由于企业年金的年度统计数据是基于1月1日之前开始投资运作的组合数据，故2018年没有新华养老的投管人数据。此外，根据人社部公布的资格情况，建设银行的受托人和账户管理人资格有效期到2018年12月31日，其业务全部移交到建信养老，2019年1月1日起，不再具备企业年金管理人的资格，故在本报告中将建设银行和建信养老的数据合并计算，统一记在建信养老名下；人保资产的投管人资格保留到2018年底，2019年1月1日起，其业务转移至人民养老，故在本报告中，将人保资产的投管人数据与人民养老合并计算，统一记在人民养老名下。

续表

| 序号 | 投管人 | 产品备案情况 | | | 产品发行情况 | | |
|---|---|---|---|---|---|---|---|
| | | 2017 年 | 2018 年 | 增加数量 | 2017 年 | 2018 年 | 增减变化 |
| 4 | 易方达基金 | 26 | 26 | 0 | 8 | 10 | 2 |
| 5 | 嘉实基金 | 29 | 30 | 1 | 10 | 10 | 0 |
| 6 | 招商基金 | 32 | 33 | 1 | 6 | 9 | 3 |
| 7 | 富国基金 | 22 | 22 | 0 | 10 | 12 | 2 |
| 8 | 博时基金 | 24 | 24 | 0 | 11 | 13 | 2 |
| 9 | 银华基金 | 8 | 9 | 1 | 3 | 5 | 2 |
| 10 | 中金 | 24 | 24 | 0 | 10 | 13 | 3 |
| 11 | 中信证券 | 22 | 24 | 2 | 15 | 20 | 5 |
| 12 | 华泰资产 | 15 | 15 | 0 | 10 | 10 | 0 |
| 13 | 平安养老 | 58 | 62 | 4 | 35 | 39 | 4 |
| 14 | 太平养老 | 21 | 21 | 0 | 12 | 20 | 8 |
| 15 | 国泰基金 | 8 | 8 | 0 | 3 | 3 | 0 |
| 16 | 工银瑞信 | 38 | 39 | 1 | 15 | 15 | 0 |
| 17 | 泰康资产 | 43 | 47 | 4 | 36 | 42 | 6 |
| 18 | 人民养老 | 15 | 19 | 4 | 8 | 11 | 3 |
| 19 | 长江养老 | 23 | 23 | 0 | 11 | 12 | 1 |
| 20 | 国寿养老 | 62 | 62 | 0 | 35 | 43 | 8 |
| 21 | 建信养老 | 9 | 10 | 1 | 4 | 4 | 0 |
| 22 | 新华养老 | — | — | — | — | — | — |
| 小计 | | 549 | 571 | 22 | 268 | 324 | 56 |

在 22 家投资管理人中，2018 年备案数最多的是国寿养老和平安养老，同为 62 只，其次是泰康资产，备案了 47 只养老金产品，备案数排名第四的是华夏基金，有 46 只产品备案。前四家投管人备案了 217 只产品，占全部备案产品的 38%。同时，这四家投管人也是企业年金市场上投资管理规模最大的四家投管人。

2. 产品发行情况

截至 2018 年 12 月 31 日，在 22 家投管人中，发行养老金产品数量最多的是国寿养老，发行产品数达 43 只，其次是泰康资产，发行了 42 只产品，平安养老发行了 39 只，排名第三。前三名投管人发行的养老金产品合计 124 只，市场占比 38.3%。

在22家投管人中，有8家保险类投管人，包括养老保险公司和保险资产管理公司，共发行177只养老金产品，在已发行养老金产品数量中占比为55%。管理的养老金产品的规模达3492.49亿元，占全部养老金产品规模的73.2%。

截至2018年12月31日，市场上已发行的养老金产品有324只，备案的产品数量为571只，发行比例为56.7%，超过备案数量的一半。

3. 产品托管情况

从托管行养老金产品备案和发行的情况来看，2018年各托管行备案和发行的养老金产品数量情况如表2所示。

**表2 托管行养老金产品备案和发行数量情况**

单位：只

| 序号 | 托管行 | 备案产品数 | | | 发行产品数 | | |
|---|---|---|---|---|---|---|---|
| | | 2017年 | 2018年 | 增减变化 | 2017年 | 2018年 | 增减变化 |
| 1 | 工商银行 | 232 | 238 | 6 | 111 | 133 | 22 |
| 2 | 建设银行 | 139 | 141 | 2 | 80 | 89 | 9 |
| 3 | 中国银行 | 19 | 25 | 6 | 12 | 14 | 2 |
| 4 | 交通银行 | 32 | 33 | 1 | 14 | 18 | 4 |
| 5 | 招商银行 | 38 | 39 | 1 | 18 | 23 | 5 |
| 6 | 光大银行 | 7 | 8 | 1 | 4 | 5 | 1 |
| 7 | 中信银行 | 18 | 22 | 4 | 6 | 8 | 2 |
| 8 | 浦发银行 | 30 | 30 | 0 | 10 | 13 | 3 |
| 9 | 农业银行 | 17 | 18 | 1 | 7 | 12 | 5 |
| 10 | 民生银行 | 17 | 17 | 0 | 6 | 9 | 3 |
| 小计 | | 549 | 571 | 22 | 268 | 324 | 56 |

2018年工商银行在备案产品数和发行产品数量方面增加较多，并稳居备案数量和发行数量的市场第一，建设银行在上述两项指标方面稳居市场第二位。工商银行和建设银行作为市场排名前两名的托管行，共备案了379只养老金产品，市场占比66.4%。

## （二）产品类型情况

截至2018年底，实际发行数量前四位的养老金产品类型依次为股票型、普通固定收益型、混合型、信托产品型，实际发行的股票型养老金产品和普通固定收益型养老金产品分别增加了18只和11只，增长最为明显。这四种类型已发行的产品共有258只，占全部已发行产品总数量的80%（见表3）。

**表3　各类型养老金产品统计情况**

单位：只

| 资产类型 | 产品类型 | | 备案产品数 | | 发行产品数 | |
|---|---|---|---|---|---|---|
| | | | 2017年 | 2018年 | 2017年 | 2018年 |
| 权益类资产 | 股票型 | | 133 | 137 | 79 | 97 |
| | 股权型 | | 6 | 6 | 2 | 2 |
| | 优先股型 | | 11 | 11 | 3 | 3 |
| | 股票专项型 | | 7 | 8 | 3 | 4 |
| | 小计 | | 157 | 162 | 87 | 106 |
| 固定收益类资产 | 混合型 | | 117 | 119 | 55 | 62 |
| | 固定收益型 | 普通 | 87 | 93 | 61 | 72 |
| | | 存款 | 17 | 19 | 5 | 9 |
| | | 债券 | 18 | 19 | 7 | 9 |
| | | 债券基金 | 4 | 4 | — | — |
| | | 商业银行理财产品 | 7 | 7 | 2 | 1 |
| | | 信托产品 | 57 | 60 | 23 | 27 |
| | | 债权计划 | 33 | 35 | 9 | 14 |
| | | 特定资产管理计划 | 14 | 14 | 1 | — |
| | | 保险产品 | 2 | 2 | 1 | 1 |
| | | 其他 | — | — | — | — |
| | | 小计 | 239 | 253 | 109 | 133 |
| | 小计 | | 356 | 372 | 164 | 195 |
| 流动性资产 | 货币型 | | 36 | 37 | 17 | 23 |
| 其他投资资产 | 其他型 | | — | — | — | — |
| 合计 | | | 549 | 571 | 268 | 324 |

## （三）产品发行方式

截至2018年12月31日，有501只养老金产品是公开发行，70只养老金产品是非公开发行。2018年非公开发行产品在全部备案产品中的占比为

12.26%。

2018 年非公开发行的养老金产品涉及 16 个投管人、12 种类型的养老金产品。

非公开发行的产品类型多是另类产品，如信托型、基础设施债权计划型养老金产品，其数量分别为 19 只和 15 只，这两只产品的数量约占非公开发行产品的一半。

各年度非公开发行产品的类型分布情况见表 4。

**表 4　2018 年非公开发行产品类型情况**

单位：只

| 投管人 | 股票型 | 股权型 | 优先股型 | 基础设施债权计划 | 固收—信托型 | 固收—普通型 | 固收—存款型 | 货币型 | 混合型 | 固收—保险型 | 固收—特定资产计划 | 固收—银行理财型 | 小计 |
|---|---|---|---|---|---|---|---|---|---|---|---|---|---|
| 博时 | 1 | | | | | | | | | | | | 1 |
| 长江 | | 1 | 1 | 1 | 3 | | | | | | | | 6 |
| 富国 | | | | 1 | 1 | | | | | | | | 2 |
| 工银 | 1 | | | 1 | 1 | 3 | | | | | | | 6 |
| 国泰 | | | | | | 1 | | | | | | | 1 |
| 海富通 | 1 | | | | 1 | | | | | | | | 2 |
| 华泰 | | | | 1 | 1 | | | | | | | | 2 |
| 华夏 | 1 | | | 1 | 1 | | | | | | | | 3 |
| 嘉实 | | | | 1 | 1 | | | | | | | | 2 |
| 建信 | | | | | 2 | | | | | | | | 2 |
| 泰康 | | | | 1 | 1 | | | | | | | | 2 |
| 太平 | | | 1 | 2 | 1 | | 1 | 1 | | | | | 6 |
| 易方达 | 3 | | | 1 | 1 | | | | 1 | | | | 6 |
| 招商 | | 1 | | | | | | | | | | | 1 |
| 国寿 | 3 | | 1 | 5 | 4 | 3 | 1 | | 6 | 1 | 1 | 1 | 26 |
| 中信 | | | | | 1 | | | | 1 | | | | 2 |
| 小计 | 10 | 2 | 3 | 15 | 19 | 7 | 2 | 1 | 8 | 1 | 1 | 1 | |

资料来源：根据人社部的公开数据整理计算得到。

对于股票型和混合型养老金产品而言，非公开发行的原因更多考虑为客户定制或向部分重要客户定向开放；对于项目类的养老金产品，如信托型、债权计划型、股权型等，主要与投管人公司所掌握或合作的项目资源有关。

# 二 2018年养老金产品的投资运营情况

## （一）产品规模

1. 年度数据角度

养老金产品每年保持着非常高的增长率。2018 年养老金产品的总规模为4771 亿元，比上年3502 亿元增加了36%。平均每只养老金产品的投资运作规模为14.73 亿元，高于2018 年企业年金基金市场每个投资组合3.76 亿元的平均规模。2018 年，324 只养老金产品规模的中位数是5.5702 亿元，单只养老金产品的最大规模为247.88 亿元，最小规模为2.42 万元。

2. 资产类别角度

2018 年流动性产品和固定收益类产品增幅较大，增幅分别为67.74%和39.52%；受2018 年股票市场下跌的影响，权益类资产负增长。养老金产品各资产类别的规模情况如表5 所示。

**表5 不同资产类别养老金产品的规模情况**

单位：亿元，%

| 资产类型 | 2017 年 | 2018 年 | 增幅 |
| --- | --- | --- | --- |
| 权益类 | 372.07 | 307.54 | -17.34 |
| 固定收益类 | 2789.18 | 3891.41 | 39.52 |
| 流动性 | 341.2 | 572.32 | 67.74 |
| 合计 | 3502.44 | 4771.28 | 36.23 |

3. 产品类型角度

受2018 年股市单边行情的影响，股票型养老金产品的降幅高达25.8%，混合型养老金产品的增幅仅为1.94%。固定收益型和货币型养老金产品的增幅较大（见表6）。

**表6　不同类型养老金产品的规模情况**

单位：亿元，%

| 产品类型 | 2017年 | 2018年 | 增幅 |
|---|---|---|---|
| 股票型 | 235.17 | 174.5 | -25.8 |
| 混合型 | 791.75 | 807.08 | 1.94 |
| 固定收益型 | 1997.43 | 3084.33 | 54.41 |
| 货币型 | 341.2 | 572.32 | 67.74 |

4. 投管人的角度

截至2018年12月31日，管理养老金产品规模超过100亿元的投管人有9家，9家投管人的养老金产品规模合计4062.68亿元，全市场占比高达85.15%。

养老金产品市场规模占比超过10%的投管人有三家，分别是泰康资产、平安养老和国寿养老，三家投管人养老金产品的规模为2786.92亿元，市场占比为58.41%。同时，这三家投管人也是企业年金基金市场上市场份额超过10%的三家投管人（见表7）。

**表7　各投管人的养老金产品和企业年金基金规模情况**

单位：万元，%

| 序号 | 投管人 | 养老金产品 | | 企业年金基金 | |
|---|---|---|---|---|---|
| | | 养老金产品规模 | 市场占比 | 企业年金规模 | 市场占比 |
| 1 | 平安养老 | 10472179.87 | 21.95 | 20652756.71 | 14.51 |
| 2 | 泰康资产 | 9793648.29 | 20.53 | 21886541.27 | 15.38 |
| 3 | 国寿养老 | 7603373.31 | 15.94 | 16031287.58 | 11.27 |
| 4 | 太平养老 | 3560920.5 | 7.46 | 8380637.93 | 5.89 |
| 5 | 工银瑞信 | 3298115.95 | 6.91 | 9329635.7 | 6.56 |
| 6 | 人民养老 | 1711924.54 | 3.59 | 2634608.6 | 1.85 |
| 7 | 长江养老 | 1527390.31 | 3.20 | 7248599.37 | 5.09 |
| 8 | 中信证券 | 1392279.1 | 2.92 | 5822252.93 | 4.09 |
| 9 | 华夏基金 | 1266972.84 | 2.66 | 9437808.84 | 6.63 |
| 10 | 嘉实基金 | 983327.17 | 2.06 | 5247988.51 | 3.69 |
| 11 | 易方达基金 | 934143.33 | 1.96 | 6267982.62 | 4.40 |
| 12 | 海富通基金 | 861311.82 | 1.81 | 4099997.56 | 2.88 |

续表

| 序号 | 投管人 | 养老金产品 | | 企业年金基金 | |
|---|---|---|---|---|---|
| | | 养老金产品规模 | 市场占比 | 企业年金规模 | 市场占比 |
| 13 | 中金 | 702040.46 | 1.47 | 5760719.21 | 4.05 |
| 14 | 招商基金 | 698431.94 | 1.46 | 2141646.91 | 1.51 |
| 15 | 银华基金 | 694421.28 | 1.46 | 751303.56 | 0.53 |
| 16 | 富国基金 | 595429.59 | 1.25 | 3648543.76 | 2.56 |
| 17 | 建信养老 | 585758.23 | 1.23 | 801148.13 | 0.56 |
| 18 | 南方基金 | 431323.33 | 0.90 | 5675472.63 | 3.99 |
| 19 | 博时基金 | 266560.44 | 0.56 | 4072662.84 | 2.86 |
| 20 | 华泰资产 | 255470.65 | 0.54 | 1383457.37 | 0.97 |
| 21 | 国泰基金 | 77737.59 | 0.16 | 1023934.51 | 0.72 |
| 22 | 新华养老 | — | — | — | — |
| 小计 | | 47712760.54 | 100.00 | 142298986.5 | 100.00 |

5. 托管人的角度

10 家托管银行托管的养老金产品和企业年金基金规模如表 8 所示。

**表 8 各托管行托管的养老金产品和企业年金基金规模情况**

单位：万元，%

| 序号 | 托管行 | 养老金产品 | | 企业年金基金 | |
|---|---|---|---|---|---|
| | | 托管规模 | 市场占比 | 托管规模 | 市场占比 |
| 1 | 工商银行 | 20227839.33 | 42.40 | 52998483.55 | 35.88 |
| 2 | 建设银行 | 15040655.27 | 31.52 | 25459145.48 | 17.24 |
| 3 | 中国银行 | 1969798.87 | 4.13 | 19567840.35 | 13.25 |
| 4 | 交通银行 | 2977195.72 | 6.24 | 8024610.84 | 5.43 |
| 5 | 招商银行 | 776344.33 | 1.63 | 10574813.09 | 7.16 |
| 6 | 光大银行 | 167115.94 | 0.35 | 5738338.79 | 3.89 |
| 7 | 中信银行 | 1245209.02 | 2.61 | 7328034.90 | 4.96 |
| 8 | 浦发银行 | 2451010.18 | 5.14 | 5878916.83 | 3.98 |
| 9 | 农业银行 | 2139650.14 | 4.48 | 9625848.88 | 6.52 |
| 10 | 民生银行 | 717941.74 | 1.50 | 2507775.99 | 1.70 |
| 小计 | | 47712760.54 | 100.00 | 147703808.70 | 100.00 |

截至 2018 年 12 月 31 日，托管的养老金产品规模超过 100 亿元的托管行有 7 家，其市场份额为 96.5%。其中养老金产品市场份额超过 10% 的托

管行有 2 家，为工商银行和建设银行，两家银行的市场份额为 73. 92%。

6. 计划层投资养老金产品的角度

24 号文规定受托人可以从计划层面直接配置养老金产品，截至 2018 年底，市场上计划层直接投资养老金产品的规模为 272. 31 亿元，占养老金产品总规模的 5. 71%。

各受托人在计划层投资养老金产品的情况如表 9 所示。

**表 9　受托人在计划层投资养老金产品的规模情况**

单位：万元

| 管理机构 | 计划层直投养老金产品资产净值 |
|---|---|
| 国寿养老 | 1352639. 80 |
| 平安养老 | 803690. 46 |
| 泰康养老 | 203950. 67 |
| 工商银行 | 203869. 57 |
| 华宝信托 | 81866. 60 |
| 太平养老 | 41526. 92 |
| 长江养老 | 33043. 37 |
| 建信养老 | 2493. 39 |
| 合　计 | 2723080. 78 |

## （二）投资经理

根据公开披露数据，养老金产品备案的投资经理总人数从 2017 年的 189 人增加到 2018 年的 279 人，增加 90 人，增幅 48%。所有投管人备案养老金产品的投资经理人数在 2018 年都是增加的。

截至 2018 年 12 月 31 日，养老金产品备案的投资经理人数为 279 人。已投资运作的产品数为 324 只，可以计算得出市场上平均每个投资经理管理的养老金产品数为 1. 16 只。

## （三）产品持有人

截至 2018 年 12 月 31 日，市场上养老金产品的总持有人人数为 21305 人，比上年同期增加 5783 人，增长 37. 3%。平均每只养老金产品的持有人为65.76人，持有人数比上年同期增长13.54%。

2018年单一养老金产品的持有人统计情况：养老金产品持有人的最大值为1114人，比上年增加524人；最小值为1人；产品持有人的中位数为28人，比上年同期增加了8人。

本研究统计了持有人不少于100人的养老金产品有57只，在已运作产品中的占比为17.6%；57只产品持有人人数为14015人，占持有人总数的65.8%；57只产品的规模为2629.92亿元，占养老金产品总规模的55.12%。

### （四）投资业绩

截至2018年12月31日，有324只养老金产品投资运作，已投资运作的养老金产品规模为4771亿元，2018年养老金产品的总体投资收益率为3.25%（见表10）。本报告对比分析了养老金产品与企业年金市场平均收益的情况。除了2014年养老金产品的平均收益率低于企业年金外，其余年份养老金产品的收益率都高于企业年金行业平均值。

**表10　养老金产品市场平均业绩与企业年金市场平均业绩比较**

单位：%

| 年份 | 养老金产品市场平均 | 企业年金行业平均 |
|---|---|---|
| 2014 | 8.29 | 9.30 |
| 2015 | 10.48 | 9.88 |
| 2016 | 3.49 | 3.03 |
| 2017 | 5.44 | 5.00 |
| 2018 | 3.25 | 3.01 |

### （五）养老金投资的产品化指数

24号文颁布实施六年来，养老金产品的数量和规模都呈爆发式增长，养老金产品的规模已占企业年金基金的1/3左右。

养老金投资的产品化指数＝（当年养老金产品规模/当年企业年金基金

实际运作资金规模）×100%。

各年度企业养老金投资的产品化指数如表11所示。

**表11　各年度养老金投资的产品化指数**

单位：亿元，%

| 年份 | 养老金产品规模 | 企业年金基金实际运作资金规模 | 养老金投资的产品化指数 |
|---|---|---|---|
| 2013 | 149 | 5783. 60 | 2. 58 |
| 2014 | 513. 91 | 7402. 86 | 6. 94 |
| 2015 | 1195. 90 | 9260. 30 | 12. 92 |
| 2016 | 2214. 39 | 10756. 22 | 20. 59 |
| 2017 | 3502. 44 | 12537. 57 | 27. 94 |
| 2018 | 4771. 28 | 14502. 21 | 32. 90 |

## 三　职业养老金投资管理中面临的问题和挑战

### （一）养老金产品的信息披露问题

养老金产品面向企业年金、职业年金和基本养老保险基金销售，养老金产品在企业年金投资中面临的信息披露问题，也会在职业年金投资过程中存在。监管部门对养老金产品的信息披露有严格的规定和限制，但在实际信息披露过程中也存在应披露未披露，披露不完整、不及时，披露渠道查询不便捷等问题。

存在应披露未披露的情形：养老金产品的信息披露要求，发行养老金产品应在官网上披露养老金产品的合同，但在实际中，实际运作的养老金产品中披露产品合同的少。此外，法规中要求披露的临时公告等信息也存在未披露的情况。

存在披露信息不完整和不及时问题。有的投管人存在披露信息的事项不全或不规范的情形，有的临时性公告未及时披露，存在滞后现象。此外，投管人官网中的披露渠道存在不规范的地方，如路径烦琐不规范，经常找不到信息披露的路径；各投管人的披露路径名称不一致，披露格式也不统一（提供 PDF 版、Word/Excel、网页等不同版本）。

存在信息披露的公平性问题。投管人在向受托人或大客户提供养老金产品信息时，存在一定的不公平问题，如仅对部分重要或大客户披露，对其他产品持有人存在一定程度的不公平。

养老金产品信息披露的不完整、不及时等问题，增大了委托人、代理人、受托人和投管人对养老金产品相关信息收集工作的难度，增加了上述管理人对养老金产品分析和评价的难度，影响了上述管理人评估、配置和投资养老金产品工作的有效开展和进度安排。

### （二）投管人对养老金产品的认知和定位存在差异

投管人对养老金产品的认知和定位的不同，将影响公司养老金产品的发行规模及其配置比例。考虑到资格变动对业务的影响，本研究对涉及资格变动（近五年内）的 3 家投管人（人民养老、建信养老、新华养老），不纳入统计范围内。

证券基金类投管人有 13 家，这 13 家投管人管理的企业年金规模为 6329.99 亿元，市场占比 44.47%；保险类投管人有 6 家，6 家投管人管理的企业年金规模为 7558.33 亿元，市场占比 53.11%。

投管人对养老金产品的定位多为归集资金使用，提高投资效率。据统计，证券基金类投管人的养老金产品归集比例普遍不高，只有 1 家投管人的占比超过 1/3，其余 12 家的比例不到 1/3。13 家证券基金类投管人养老金产品占比的平均值为 16.75%；6 家保险类投管人的养老金产品归集比例中，有 4 家高过 1/3，有 2 家投管人的占比不到 1/3。6 家保险类投管人养老金产品占比的平均值为 37.46%，高于证券基金类投管人的比例（见表 12）。

**表 12 2018 年底不同投管人养老金产品规模占其企业年金规模的比例**

单位：%

| 序号 | 证券基金类投管人 | 养老金产品规模占其企业年金规模的比例 | 序号 | 保险类投管人 | 养老金产品规模占其企业年金规模的比例 |
|---|---|---|---|---|---|
| 1 | 工银瑞信 | 35.35 | 1 | 平安养老 | 50.55 |
| 2 | 招商基金 | 32.61 | 2 | 国寿养老 | 47.43 |
| 3 | 中信证券 | 23.91 | 3 | 泰康资产 | 44.75 |
| 4 | 海富通基金 | 21.01 | 4 | 太平养老 | 42.49 |
| 5 | 嘉实基金 | 18.74 | 5 | 长江养老 | 21.07 |
| 6 | 富国基金 | 16.32 | 6 | 华泰资产 | 18.47 |
| 7 | 易方达基金 | 14.90 | | | |
| 8 | 中金 | 12.19 | | | |
| 9 | 银华基金 | 10.96 | | | |
| 10 | 华夏基金 | 9.98 | | | |
| 11 | 南方基金 | 7.60 | | | |
| 12 | 国泰基金 | 7.59 | | | |
| 13 | 博时基金 | 6.55 | | | |

从养老金产品的总体来看，各投管人的养老金产品占其企业年金规模的比例不一，也反映了各投管人对养老金产品的认识和配置的差异。超过 1/3 比例的有 6 家，在 22 家投管人中的比例为 27.27%。企业年金市场规模前五的投管人中，有四家投管人的比例超过 1/3，这四家机构为泰康资产、平安养老、国寿养老和工银瑞信。

从养老金管理的规模来看，投管人管理的养老金规模越大，通过养老金产品进行配置的意愿越强。养老金的投资管理模式可以分为一对一的专户管理模式和一对多的产品管理模式。产品管理模式就是指受托人或投管人通过计划层或组合层配置、投资养老金产品的投资管理模式。养老金的投资是有规模效应的，例如，大家通常认为 300 亿 ~500 亿元是养老金投管人的盈亏点，此规模可以覆盖养老金投资的人力成本、IT 系统成本等。对养老金产品而言，投管人发行管理的养老金规模较小时，配置养老金产品的意愿就不强，更多表现为产品的归集作用；随着投管人管理养老金规模和计划数量的不断增加，养老金管理的难度会急剧增加，为了提高养老金的管理效率和投资效率，一对多产品管理模式的优势就会凸显出来，一对一专户管理模式逐步让位于一对多的产品管理模式，养老金产品配置的意愿就会高涨起来。

通过上述数据可以看出，证券基金类投管人的养老金产品占比低于保险类投管人的占比。造成证券基金类投管人养老金产品占比偏低的原因可能包括：一是各投管人对养老金产品的认知不一样，有的投管人仅认为其起归集作用，有的投管人认为其是归集作用和配置作用；二是各投管人的投资经理人数和相应的资源不一样，投资经理数量的多少和投资经理能力的强弱通常也会影响养老金产品的定位和发展，投资能力强或者投资经理人员较多的情形下，相对更喜欢直接配置底层资产而不是养老金产品；三是公司文化方面的影响，如养老金业务中养老金产品的配置数量是投资部门决定还是养老金业务部门确定？投资能力强的投资经理可能更倾向于直接投资，不同的公司文化氛围，也会影响养老金产品的投资比例情况；四是保险类投管人配置养老金产品的占比要高于证券基金类投管人，配置养老金产品的意愿也相对较高。

### （三）养老金产品的积极配置作用未充分发挥

养老金产品经过 6 年的发展，其数量和规模发展迅猛，其规模已占企业年金基金的 1/3，养老金产品已经成为养老金投资的有效资产配置工具，养老金投资已经进入产品化投资时代。

从产品化投资的层面来看，养老金的产品化投资可以分为两种形式：受托人在计划层面的投资和投管人在组合层面的投资。受托人在计划层面的投资是指受托人在养老金的计划层面投资和配置养老金产品的投资行为，也称“受托直投”；投管人在组合层面的投资是指投管人在计划下的投资组合层面投资和配置养老金产品的投资行为。2016 年 9 月颁布实施的《职业年金基金管理暂行办法》（人社部发〔2016〕92 号），明确规定了职业年金受托人的职责包括受托直投，第十五条第四款规定：受托人向投资管理人分配职业年金基金财产，也可根据职业年金计划受托管理合同约定将基金财产投资于一个或者多个养老金产品。92 号文明确规定了职业年金受托人开展受托直投工作的合法性。

在职业年金的实际投资过程中，养老金产品在受托人计划层面和在投管人组合层面中的发展情况和市场作用方面存在差异。投管人在组合层面的具体投资管理，是投管人独立的投资行为，受托人无权干预投管人的投资管理工作，对组合层面的投资业绩，受托人只能被动接受。从受托人进行资产配置的角度来看，投管人组合层面的资金投资，受托人只能被动接受投管人的组合投资业绩，可以称为“被动的资产配置”；与之相对应，受托直投是受托人在计划层面的主动投资和配置养老金产品，并对受托直投的投资业绩负责，称为“主动的资产配置”。

如果把职业年金受托人计划中的资金全部分配给投管人进行投资，受托人只能被动接受投管人的业绩，在受托人计划层面没有可以改变或回旋的余地。职业年金受托人职责中，受托人被要求对本受托人计划的投资业绩承担责任，受托人计划的投资业绩是代理人考核受托人的最主要指标。所以，从逻辑上来讲，受托人要完成代理人的考核指标，通常不会完全接受“被动的资产配置”，受托直投是受托人的主动资产配置行为，可以作为受托人完成业绩考核的有效抓手，通过受托直投可以实现主动资产配置、优化本受托人计划业绩，降低其业绩波动，进而达到受益人利益最大化的最终目标。

从养老金产品的发展情况来看，受托直投的养老金产品规模市场占比仅为5.70%，在组合层面投资的养老金产品规模占比高达94.30%（见表13）。从投资组合层面来看，养老金产品的占比很高，这与投管人对养老金产品的定位有关，一方面，对投管人管理的中小规模的投资组合的资金进行归集投资管理；另一方面，对较大规模的投资组合进行资产配置。从计划层面来看，受托直投的发展很不理想，受托人负责受托人计划内全部资金的战略资产配置，并对受托人计划的业绩负责，如果受托直投的空间较小，受托人管理计划业绩的能力就会受到限制。在职业年金投资的第一个合同期内，考虑到委托人和代理人对受托直投的接受程度，可以对受托直投的比例进行一定的限制和风险管控，但从职业年金的长期发展来看，受托直投对受托人计划业绩管理的积极作用将会凸显出来。

**表 13　历年受托直投的市场情况**

单位：亿元，%

| 年份 | 计划层配置养老金产品规模 | 市场占比 | 组合层配置养老金产品规模 | 市场占比 |
|---|---|---|---|---|
| 2015 | 60 | 5 | 1136 | 95 |
| 2016 | 83 | 3.80 | 2131 | 96.20 |
| 2017 | 146 | 4.20 | 3356 | 95.80 |
| 2018 | 272 | 5.70 | 4499 | 94.30 |

资料来源：2015 年数据，来自笔者 2016 年受托直投市场调研的数据；2016 年数据，根据人社部公开披露数据，笔者计算得到；2017 年和 2018 年数据，来自人社部公开披露数据。

# 四　促进养老金产品发展的政策建议

## （一）扩大养老金产品的投资范围

23 号文扩大了企业年金基金的投资范围，促进了企业年金市场的发展，但随着资本市场和监管政策的变化，目前的投资范围已不适应职业养老金投资所需的日益增加且多样化的产品选择需求和资产配置要求。社保基金的投资范围比企业（职业）年金宽泛，可以投资境外和股权，而企业（职业）年金基金只能投资境内资产，股权投资需要申报，监管部门一事一议。近两年随着资产证券化业务和房地产 REITs 等创新性业务不断出现，这类期限长且可获得稳定现金流或收益的项目，与养老金的长期投资需求也非常吻合，可以开发出相应的养老金产品，非常适合职业养老金这种长期资金进行配置。

基本养老保险基金的投资范围限于境内，这点与企业年金和职业年金相同，例如投资股票等权益资产的比例与企业年金和职业年金一致，上限不超过 30%。总体而言，基本养老保险基金的投资范围要比企业年金和职业年金投资范围要广一些。例如，基本养老保险基金可以投资股权，对于国家重大工程和重大项目建设，基本养老保险基金可以通过适当方式参与投资；国有重点企业改制、上市，基本养老保险基金可以进行股权投资（范围限定为中央企业及其一级子公司，以及地方具有核心竞争力的行业龙头企业，包括省级财政部门、国有资产管理部门出资的国有或国有控股企业）。此外，基本养老保险基金投资国家重大项目和重点企业股权的比例，合计不得高于基本养老保险基金资产净值的 20%。

随着基本养老保险基金、企业年金基金、职业年金基金的发展和完善，在养老金投资产品化的大趋势下，对养老金产品的多样化和开放性需求就显得尤为重要和紧迫。建议监管部门逐步拓宽企业年金和职业年金的投资范围，如针对国家重点工程和重大项目建设、国有重点企业改制、上市等进行股权投资，比例逐渐放宽至 20%；在条件成熟时逐步放开港股市场的投资，同时鼓励投资管理人开发出适合养老金配置的以资产证券化产品和 REITs 产品为基础的多类型不同风险偏好的养老金产品。

### （二）完善养老金产品信息披露规则，建立独立第三方产品评估选择机制

养老金产品市场经过六年的发展，养老金产品的信息披露工作取得了很大的进展，但随着养老金客户和养老金管理机构需求的不断增多，养老金产品的信息披露工作还有改进的空间。随着企业年金基金、职业年金基金的发展，养老金产品的信息披露工作也要不断完善和改进，逐步建立一整套面向企业年金和职业年金的信息披露规则，并逐渐统一完善起来，规范养老金产品信息披露的完整性、及时性、规范化，完善信息披露的渠道，确保查询信息的便捷。

2012 年以来，人社部不断完善职业养老金的信息披露机制，加强了公开信息披露的时效性和透明性。目前各家投资人在官网上每日公告养老金产品单位净值，人社部每季度公布各产品的收益和规模。为了满足管理人投资养老金产品的需求，建议进一步扩大公开信息披露的内容与标准，将养老金产品信息披露的时间频率缩短为月度披露。例如，借鉴公募基金的季报公开披露制度，每个月度将养老金产品的月度管理报告在网站上公告，提高产品投资的透明度；每日在公布单位净值的同时公布最近一个月、最近

三个月、最近一年及平均年收益率数据，便于客户直观了解养老金产品收益情况，更好地体现养老金产品可比可查的优势；同时，对于投资非标的养老金产品，应向购买客户定向披露产品投资的另类金融产品的基础资产情况，包括融资客户名称、项目名称、项目评级、剩余融资期限等。投资的另类金融产品发生变更或风险状况发生实质性变化的，应及时向客户披露。

与此同时，严格明确养老金产品信息披露不规范的处罚力度，通过官方渠道按季度定期通报各投管人信息披露的不合格和违规等情况，并将信息披露的处罚记录到年金管理机构的考核和资格延续审核中。

此外，养老金产品选择评价的基础是具备完整的养老金产品信息，为有效推动养老金产品市场的良性发展，建议监管部门建立完备的养老金产品数据库。

规范养老金产品的信息披露是为了有效地评价和选择养老金产品，完备的养老金产品信息是养老金产品评价、选择、配置的基础，为有效推动养老金产品市场的发展，不断满足委托人和代理人对产品评价、选择和配置的需求，建议监管部门牵头或组织发起养老金产品数据库建立工作。发展独立的第三方养老金评价机构对养老金产品市场的有序发展至关重要。建议由独立的第三方评价机构收集有关投资数据信息，通过对数据的深度定量分析、风险跟踪监测，对养老金产品进行客观有效的评价，并根据收益和风险的预期对产品进行排序，形成客观的养老金产品的评价结果，既有利于监管部门对养老金产品投资情况进行监督，又可以为职业养老金计划参与人提供公正有效的产品选择依据，促进养老金产品市场健康发展。

### （三）大力支持职业养老金的产品化投资，鼓励开展受托直投

产品化投资提高了职业养老金的投资效率和管理效率。专户管理模式的核心是“一对一”，即一个投资组合只能对一个企业（职业）年金计划中的一个投资管理人。随着我国职业养老金的发展，投资组合数迅速增

加，与之相匹配的投资经理人数会严重不足，不能适应专户管理模式的无限制增长；产品管理模式的最大优势在于产品模式可以实现“一对多”，即一个养老金产品可以同时对接多个企业（职业）年金计划和多个投资组合。相对于专户管理模式的“一对一”形式，养老金产品通过后端集合的形式，可有效减少投资经理人员的配备，大大提高养老金投资的投资效率和管理效率。

大力发展养老金的产品化投资。两种投资管理模式本身没有优劣之分，只是适应养老金不同发展阶段的要求而已。初期通过专户管理模式来实现企业年金基金投资的平稳起步，随着市场的发展，产品管理模式将逐步发展壮大起来。从提高养老金投资效率和管理效率的角度，应该大力发展养老金的产品化投资；从养老金业务的长期发展来看，产品管理模式将逐渐占据主导地位。此外，从国外的养老金投资管理实践来看，绝大多数是采取产品管理模式，例如美国的401（k）、英国的国家职业储蓄信托（NEST）等。

受托直投是受托人履行资产配置职责的有效工具和手段，优化计划层的资产配置是受托直投的目标和价值所在。受托直投是受托人履行资产配置职能的实现形式和有效措施。《企业年金基金管理办法》明确规定了受托人最重要的职责是资产配置。2013年24号文实施前，在专户管理模式下受托人的资产配置职责不能有效履行；24号文实施后，受托人可以在计划层面配置和管理企业年金基金，受托直投是受托人在计划层面配置养老金产品的主动投资行为，为受托人实现资产配置提供了有效的工具和手段。受托直投的优势是可在计划层有效实现优化资产配置、平滑计划业绩波动。在实际投资过程中，投管人在组合层面存在业绩同侧趋同的情况，极有可能造成受托计划业绩大幅偏离市场均值（如存在几家投管人业绩同时表现差的情形）状况，将与委托人的业绩预期出现较大的偏差，业绩的波动性非常大，不符合委托人的业绩预期。为规避这种情况的发生，须在年金计划层面进行主动资产配置（即受托直投）工作，可在较大程度上规避和减少上述情形的发生，起到在计划层优化资产配置、平滑计划业绩波动的作用。

### （四）鼓励养老金产品的创新

在中美贸易摩擦背景下，二级市场波动较大，大概率不能提供较好收益，使客户对创新性产品、另类型养老金产品或成本计价类产品情有独钟，对具有投资长期性、提供稳定收益的养老金产品配置需求不断增加。市场应该大力支持和鼓励符合养老金特性的养老金产品创新。

第一，做好养老金产品的市场细分。目前市场上的养老金产品基本上是标准化的，同质化严重，市场细分和创新不足。以混合型养老金产品为例，市场上绝大多数的混合型养老金产品的权益类投资比例非常宽泛，完全按照法律法规的上下限来报备，产品的风险属性和偏好不明显，不能满足委托人和代理人日益细化的产品需求。应根据职业年金客户的需求，不断细化混合型、股票型、固定收益型等养老金产品，逐渐形成丰富的细分养老金产品线，结合投管人自身的优势，逐渐形成不同投管人特色的优势产品。

第二，加大养老金产品的创新。近几年，随着资本市场的发展变化，出现了很多新的创新性的业务类型，如基础设施和房地产 REITs 等，如何将这些创新性的业务与养老金业务相结合，创新性地开发出适合养老金特性的养老金产品是关键。房地产和基础设施等 REITs 业务，经过合理设计和创新，可以研发成具有稳定的较高收益、期限长的养老金产品，也符合养老金基金的长期、安全和稳定收益等特性，两者非常匹配。

## 参考文献

闫化海：《“职业年金之谜”的破解之道——多目标决策下的职业年金投管人选择》,《当代金融家》2018 年第 10 期。

闫化海：《企业年金投资管理模式分析及前景展望》，《当代金融家》2018 年第 11 期。

闫化海：《受托直投：受托人的主动资产配置行为》，http：//www. caff50. net/c/32/1037. html。

# B.7
# 养老目标基金：个人养老金投资良好工具

刘 建　王建钦　胡俊英*

**摘　要：** 公募基金作为运作最规范的投资理财产品，一直是境外养老金投资管理中的主要产品，特别是在个人养老金第三支柱中发挥着极为重要的作用。我国过去十多年的养老金市场化运作实践表明，中国公募基金行业在全国社保基金和企业年金基金的保值增值中发挥了重要作用并做出了卓越贡献，能够为我国第三支柱体系建设贡献重要力量。本报告首先介绍养老目标基金的推出背景、产品定义及核心要点；其次，分别从发展现状、产品设计核心要素、投资收益及风险等角度详细分析了目标风险基金和目标日期基金；再次，在此基础上剖析了养老目标基金发展的机遇和挑战；最后，提出我国养老目标基金的发展建议。

**关键词：** 养老目标基金　目标风险　目标日期　资产配置

---

* 刘建，泰达宏利基金管理有限公司总经理，中国养老金融 50 人论坛核心成员，中国基金业协会养老金专业委员会委员，中国基金业协会公募基金专业委员会联席主席，研究领域为养老金资产管理；王建钦，泰达宏利基金管理有限公司投资副总监兼养老目标基金基金经理，研究领域为养老金资产管理及固定收益投资；胡俊英，泰达宏利基金管理有限公司资产配置部高级研究员，中国养老金融 50 人论坛联席研究员，研究领域为养老金融产品。本文仅代表个人观点，与供职单位无关。

# 一　养老目标基金概述

## （一）推出背景及意义

我国人口老龄化形势日益严峻，国家统计局数据显示，截至2018年底，中国60岁及以上老年人口已超过2.49亿，占总人口的17.9%，其中65岁及以上老年人口1.67亿，同比增长5.2%，占总人口的11.9%。同时，与世界上发达国家相比，中国人口老龄化存在以下几点特殊性：一是老年人口数量大；二是人口老龄化速度快；三是城乡和地区发展不平衡；四是"未富先老"问题严重，在人口老龄化比例不断提升的同时，中国人均GDP仍大幅低于发达国家。然而，在人口老龄化问题日益严重时，国民的养老储备与中国的养老金体系却逐渐难以支撑养老中国梦。一方面，养老金储备严重不足。2018年末中国养老金资产约为9.54万亿元，[①] 占GDP比重仅为11%，而美国、加拿大、澳大利亚、荷兰等国家的养老金资产占GDP的比例均超过100%。[②] 另一方面，养老金体系结构不合理。美国、加拿大等成熟国家二三支柱占80%以上，反观我国基本养老金"一支独大"，第二支柱覆盖面极小，第三支柱尚处于试点期，养老金体系结构严重失衡。经验表明，任何单一支柱都不足以应对人口老龄化危机，建立政府、单位、个人三方共担的三支柱养老金体系是实现养老金可持续性的关键。2018年4月2日财政部等五部门已联合印发《关于开展个人税收递延型商业养老保险试点的通知》，第三支柱试点正式启动，按规划一年试点期结束后公募基金也将纳入投资范围。中国养老金体系建设、资本市场和资管行业将迎来重要时刻。

公募基金作为运作最规范的投资理财产品，一直是境外个人养老金投资管理中的主要产品，在个人养老金第三支柱中发挥着极为重要的作用。我国

---

① 第一支柱基本养老金为5.82万亿元，第二支柱企业年金规模为1.48万亿元，社保基金规模2.24万亿元。

② 数据来源：OECD Pension Markets in Focus，2018。

过去十多年的养老金市场化运作实践表明，中国的公募基金行业在全国社保基金和企业年金基金的保值增值中发挥了重要作用并做出了卓越贡献，[①] 能够为我国三支柱体系建设贡献重要力量。2018 年 3 月 2 日发布的《养老目标证券投资基金指引（试行）》（简称《指引》），为基金行业服务个人养老金投资指明了方向，是公募基金行业服务个人投资者养老、推进多支柱养老金体系市场化改革的里程碑事件。《指引》的发布标志着我国养老公募基金产品开始进入规范化的运作阶段，意味着个人养老投资者将拥有更丰富的养老投资工具。当前，推出养老目标基金对公募基金行业服务个人投资者养老投资，推进养老金三支柱体系建设，促进公募基金行业健康长远发展，具有非常重要的积极意义和必要性。

## （二）产品定义及指引要点

养老目标基金是指以追求养老资产的长期稳健增值为目的，鼓励投资者长期持有，采用成熟的资产配置策略，合理控制投资组合波动风险的公开募集证券投资基金。《指引》规范了养老目标基金的设计和运作，从产品的定义、投资类型、投资策略、投资比例、运作方式、子基金标准、适当性安排等方面进行了明确规范，同时对基金公司以及基金经理的任职要求也达到了前所未有的高度，从制度上让养老目标基金追求收益稳健、风险可控（见表 1）。

**表 1　《养老目标证券投资基金指引（试行）》要点**

| 项目 | 主要内容 |
|---|---|
| 类型 | 基金中基金形式（FOF）或中国证监会认可的其他形式运作 |
| 投资策略 | 目标日期策略、目标风险策略以及中国证监会认可的其他策略 |
| 运作形式 | 定期开放的运作方式或设置投资人最短持有期限，最短持有期限应当不短于 1 年 |

① 截至 2017 年末，全国委托管理的企业年金、社保基金规模超过 2.57 万亿元，由基金公司管理的规模达 1.46 万亿元，占委托管理规模的比例约 60%。从投资管理资格上看，获得社保基金、企业年金、职业年金、基本养老金的委托投资管理人全牌照的机构中，公募基金管理人数量占比高达 91%。

续表

| 项目 | 主要内容 |
| --- | --- |
| 投资比例 | 定期开放的封闭运作期或投资人最短持有期限不短于1年、3年或5年的，基金投资于股票、股票型基金、混合型基金和商品基金（含商品期货基金和黄金ETF）等品种的比例合计原则上不超过30%、60%、80% |
| 子基金（含香港互认基金）条件 | 子基金运作期限应当不少于2年，最近2年平均季末基金净资产应当不低于2亿元；子基金为指数基金、ETF和商品基金等品种的，运作期限应当不少于1年，最近定期报告披露的季末基金净资产应当不低于1亿元 |
| 基金管理人条件 | ①公司成立满2年；②最近3年平均公募管理规模（不含货币）在200亿元以上；③公司具有较强的投资、研究能力，投资、研究团队不少于20人，其中符合养老目标基金基金经理条件的不少于3人；④成立以来或最近3年没有重大违法违规行为 |
| 基金经理条件 | ①具备5年以上金融行业从事证券投资、证券研究分析、证券投资基金研究评价或分析经验，其中至少2年为证券投资经验；或者具备5年以上养老金或保险资金资产配置经验；②最近3年没有违法违规记录 |

资料来源：《养老目标证券投资基金指引（试行）》，泰达宏利基金整理。

## （三）核心特点

《指引》的推出，意味着公募基金肩负起养老金第三支柱的护航重任，用专业的团队和丰富的经验切实地为老百姓的养老金服务，《指引》中长期性、强调资产配置和权益资产、适当性等核心原则贯穿始终。养老目标基金投资主要具有以下几个核心特点。①

第一是长期性。养老金从开始缴费到退休后领取，是一笔时间跨度大的长期资金，客观上要求管理人长期投资、投资者长期持有、基金经理长期考核，“三个长期”互为保障，是影响养老金投资业绩的重要影响因素。投资者长期持有是长期投资的前提，管理人长期投资、基金经理长期考核确保业

① 部分观点借鉴中国基金业协会副会长钟蓉萨在2017年5月8日“基金服务养老金第三支柱建设”专题研讨会的发言。

绩稳健才能鼓励长期持有，投资者才能获取稳健收益，享受时间的复利。基金经理的任职要求，定期开放或锁定投资者持有期限的运作方式，设置优惠的基金费率，并通过差异化费率安排等，凸显了监管部门培育长期投资的良苦用心，培育养老金长期资金长期投资的良好生态。

第二，资产配置是关键。养老金作为长期性资金，其长期投资能力主要体现在资产配置上，资产配置包括合理划分资产类别、确定各类资产长期投资比例以及确定各类资产的投资基准，是长期收益目标和风险政策的具体化。大量学术和机构研究表明，从长远看，约 90% 的投资收益都是来自成功的资产配置，只有大约 10% 是由证券选择和择时交易所确定的。因此，资产配置能力尤为关键，是养老金实现长期投资目标和控制风险的重要手段。

第三，投资不宜过于保守。过于保守的投资可能造成退休金积累不足，不能抵御长寿风险，要防止积累不足以致不能有效保障养老的尴尬发生。养老金投资期限长，对流动性要求不高，具有风险承受能力较高的特征，因而可以利用资金的长期性投资配置于更多的权益类资产，平滑周期性波动风险，从而获取更高的长期收益。我们也看到投资运作成功的养老金、慈善基金等很重视高风险权益资产的配置，美国私人养老金投资的 8.2 万亿美元的公募基金中有 81% 投向偏股型基金。① 从我国的情况来看，历经多轮牛熊转换，2001 ~2017 年偏股型公募基金平均年化收益率 16.5%，这一业绩也能佐证这一结论。

第四，注重适当性安排。应充分考虑投资者的年龄、预期寿命、风险承受能力等特征及养老基金的领取安排，包括生命周期等产品的特点，引导投资者做出更合理的养老金资产配置。

## （四）发展现状

从《指引》发布以来，至今②有 59 只养老目标基金分四次获批，其中

① 数据来源：美国投资公司协会（ICI），时间截至 2018 年。

② 数据截至 2019 年 6 月 30 日。

养老目标日期基金 33 只，养老目标风险基金 26 只。从管理人角度看，共有 37 家基金管理人获批养老目标基金，其中华夏基金和易方达基金各获批 4 只，汇添富基金、广发基金、嘉实基金和鹏华基金各获批 3 只，泰达宏利基金、工银瑞信基金、南方基金、中欧基金、景顺长城基金、万家基金、上投摩根基金、银华基金均获批 2 只，博时基金、富国基金等 23 家公司均获批 1 只（见图 1）。从托管人角度看，共涉及 10 家银行，其中建行托管 13 只，农行托管 11 只，工行和中行均托管 9 只，招行托管 7 只，交通银行托管 4 只，浦发银行和邮储银行均托管 2 只，民生银行和平安银行均托管 1 只（见图 2）。

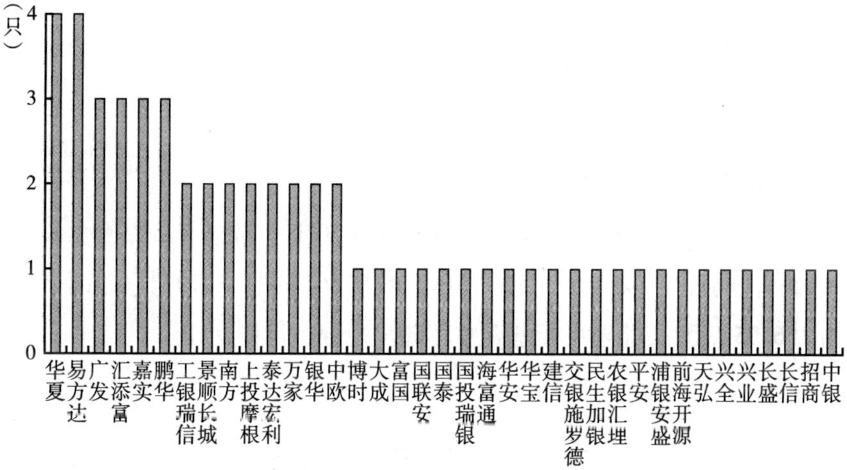


**图 1　基金管理人发行和储备养老目标基金的数量情况**

资料来源：天相投顾，泰达宏利基金整理。

另外，截至 2019 年 6 月 30 日，依然有 69 只养老目标基金处于审核期，其中 28 只为目标日期基金，41 只为目标风险基金。已获批和处于审核期暂未获批的 128 只基金分属 43 家基金公司，由于《指引》中对管理人有最近三年平均公募管理规模（不含货币）在 200 亿元以上的规定，目前有 57 家基金公司满足规模门槛，也就是说 75% 的满足条件的公司[①]均已着手养老产

① 这里仅指规模门槛。

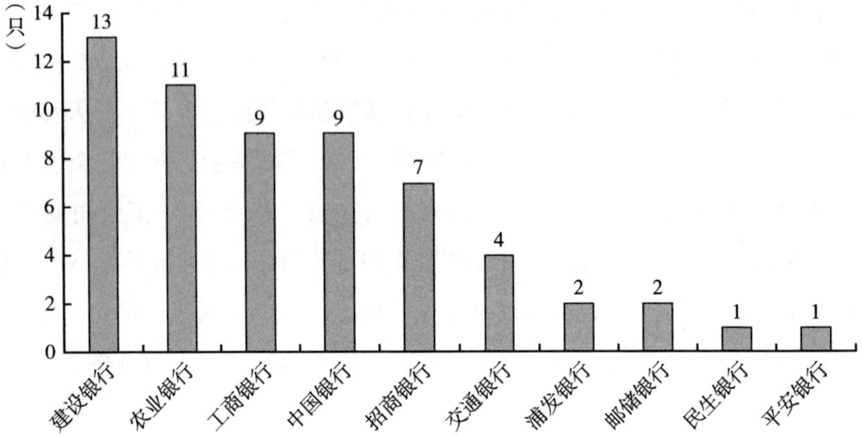


**图2　基金托管人托管养老目标基金的数量情况**

资料来源：天相投顾、泰达宏利基金整理。

品布局，基金行业整体高度重视。

从已设立的基金来看，截至2019年6月30日，养老目标基金共设立43只基金，认购规模143.16亿元，认购户数976611户，2019年第二季度末规模为156.35亿元，养老目标基金整体起步稳健、运作良好。

## 二　养老目标风险基金

### （一）产品定义及发展现状

目标风险基金（Target Risk Fund，TRF），也称生活方式基金（Lifestyle Fund），于20世纪90年代中期在美国兴起。顾名思义，目标风险基金旨在将基金的风险水平维持在某一恒定水平，主要通过改变权益和债券等资产在基金资产中的配置比例实现。根据风险等级不同，目标风险基金可分为进取型、稳健型和保守型等，风险依次递减。目标风险策略的风险收益特征清晰，能够帮助投资者直观地选择符合自身风险承受能力的基金产品，为相应风险偏好的投资者提供一站式的资产配置方案。

截至2019年6月30日，养老目标风险基金共设立18只基金，2只正在发行，18只基金共募集100.62亿元，认购户数合计427131户，户均规模为2.36万元。从户数来看，富国基金旗下富国稳健养老一年认购户数达到94895户，兴全基金、万家基金、广发基金和泰达宏利基金旗下均有养老目标风险基金认购户数超过4万户（见表2）。从运作方式上来看，20只产品中有6只是持有期锁定3年的产品，13只是持有期锁定1年的产品，1只是1年期定开产品。从20只产品的命名来看，20只养老目标风险基金的命名均体现特定的风险特征，持有期锁定或定开1年的产品均含“稳健”，持有期锁定3年的产品均含“均衡”或“平衡”。①

**表2　养老目标风险基金发行情况**

单位：亿份，户

| 基金名称 | 管理人 | 托管人 | 基金成立日 | 发行份额 | 认购户数 |
| --- | --- | --- | --- | --- | --- |
| 博时稳健养老一年 | 博时 | 工商银行 | 2019－03－20 | 7.72 | 5421 |
| 富国稳健养老一年 | 富国 | 建设银行 | 2018－12－13 | 8.83 | 94895 |
| 广发稳健养老目标一年 | 广发 | 工商银行 | 2018－12－25 | 5.20 | 58360 |
| 国联安稳健养老一年 | 国联安 | 建设银行 | 2019－04－26 | 3.47 | 1835 |
| 国投瑞银稳健养老一年 | 国投瑞银 | 农业银行 | 2019－03－25 | 6.10 | 6875 |
| 海富通稳健养老一年 | 海富通 | 中国银行 | 2019－04－25 | 0.91 | 18922 |
| 华宝稳健养老一年 | 华宝 | 交通银行 | 2019－04－25 | 0.13 | 311 |
| 建信稳健养老一年 | 建信 | 农业银行 | 2019－01－31 | 8.11 | 19521 |
| 交银稳健养老一年 | 交银施罗德 | 农业银行 | 2019－05－30 | 20.43 | 34102 |
| 民生加银稳健养老一年 | 民生加银 | 建设银行 | 2019－04－26 | 11.68 | 9010 |
| 南方稳健养老一年 | 南方 | 农业银行 | 2019－05－10 | 4.56 | 6638 |
| 鹏华稳健养老一年 | 鹏华 | 工商银行 | 2019－04－22 | 0.10 | 845 |
| 上投摩根均衡养老三年 | 上投摩根 | 建设银行 | — | — | — |
| 泰达宏利平衡养老三年 | 泰达宏利 | 农业银行 | 2018－10－25 | 2.30 | 40703 |

① 万家基金旗下的万家稳健养老三年目标风险基金其风险是用波动率定义的，控制投资组合最近一年内最大回撤在7.5%以内，控制投资组合下跌波动率在9.5%以内，名称中以“稳健”命名。

续表

| 基金名称 | 管理人 | 托管人 | 基金成立日 | 发行份额 | 认购户数 |
|---|---|---|---|---|---|
| 万家稳健养老三年 | 万家 | 建设银行 | 2018 - 12 - 13 | 2. 19 | 59331 |
| 万家平衡养老三年 | 万家 | 农业银行 | 2019 - 04 - 22 | 0. 10 | 127 |
| 兴全平衡养老三年 | 兴全 | 招商银行 | 2019 - 01 - 25 | 6. 29 | 59780 |
| 长信平衡养老三年 | 长信 | 民生银行 | — | — | — |
| 招商稳健养老一年 | 招商 | 中国银行 | 2019 - 04 - 26 | 8. 13 | 6360 |
| 中银稳健养老定开一年 | 中银 | 招商银行 | 2019 - 05 - 8 | 4. 38 | 4095 |

资料来源：Wind，按产品名称的拼音顺序排序，泰达宏利基金整理。

## （二）养老目标风险基金产品设计

1. 资产配置情况

目标风险基金的核心是制定目标风险和控制风险，主要是通过限制权益类、固定收益类资产的投资比例，进而确定基金的风险收益特征，或使用广泛认可的方法界定组合风险（如波动率等），并采取有效措施控制基金组合风险。20 只养老目标风险基金均在招募说明书中明确了股票、债券等大类资产的投资范围及配置比例。6 只持有期锁定 3 年的产品中泰达宏利基金、万家基金、上投摩根基金、长信基金和兴全基金权益比例范围是 40% ~55%，权益类资产投资比例中枢为 50%，其中万家基金旗下的稳健养老三年基金权益比例范围是 35% ~60%，除限定权益类资产、非权益类资产的基准配置比例外，万家稳健养老三年基金在招募说明书中定义风险的方法是控制投资组合最近一年内最大回撤在 7. 5% 以内和控制投资组合下跌波动率在 9. 5% 以内。14 只持有期锁定 1 年的产品中有 2 只招商基金和民生加银基金的一年期产品控制目标波动率均为 5%，6 只基金的权益比例范围是 10% ~25%，权益类资产投资比例中枢为 20%，6 只基金的权益比例范围是 15% ~30%，权益类资产投资比例中枢为 25%，风险敞口高一些。较窄的权益仓位限制一定程度上保证了基金风格的稳定性。

2. 投资范围

从投资范围上来看，20 只养老目标风险基金在招募说明书中规定除可以投资公募基金外（包括 QDII、商品基金、香港互认基金，但 FOF 除外），还可以投资股票、债券、存款、货币市场工具等，投资范围较广，因此可以最大限度地实现大类资产配置的作用，提高风险收益比。万家基金旗下的稳健养老三年基金所投资的权益资产仅为混合型基金和商品基金，不得投资于股票和股票型基金，其余 19 只基金投资范围一致（见表 3）。

**表 3　养老目标风险基金权益配置情况**

<table>
<tr><th>基金名称</th><th>权益比例</th><th>权益投资范围</th></tr>
<tr><td>博时稳健养老一年</td><td>10% ~25%，中枢为 20%</td><td rowspan="15">股票、股票型基金、混合型基金和商品基金（含商品期货基金和黄金 ETF）</td></tr>
<tr><td>富国稳健养老一年</td><td>15% ~30%，中枢为 25%</td></tr>
<tr><td>广发稳健养老目标一年</td><td>15% ~30%，中枢为 25%</td></tr>
<tr><td>国联安稳健养老一年</td><td>15% ~30%，中枢为 25%</td></tr>
<tr><td>国投瑞银稳健养老一年</td><td>15% ~30%，中枢为 25%</td></tr>
<tr><td>海富通稳健养老一年</td><td>10% ~25%，中枢为 20%</td></tr>
<tr><td>华宝稳健养老一年</td><td>10% ~25%，中枢为 20%</td></tr>
<tr><td>建信稳健养老一年</td><td>10% ~25%，中枢为 20%</td></tr>
<tr><td>交银稳健养老一年</td><td>15% ~30%，中枢为 25%</td></tr>
<tr><td>民生加银稳健养老一年</td><td>10% ~30%</td></tr>
<tr><td>南方稳健养老一年</td><td>10% ~25%，中枢为 20%</td></tr>
<tr><td>鹏华稳健养老一年</td><td>15% ~30%，中枢为 25%</td></tr>
<tr><td>上投摩根均衡养老三年</td><td>40% ~55%，中枢为 50%</td></tr>
<tr><td>泰达宏利平衡养老三年</td><td>40% ~55%，中枢为 50%</td></tr>
<tr><td>万家平衡养老三年</td><td>40% ~55%，中枢为 50%</td></tr>
<tr><td>万家稳健养老三年</td><td>35% ~60%</td><td>权益资产仅为混合型基金和商品基金，不得投资于股票和股票型基金</td></tr>
<tr><td>兴全平衡养老三年</td><td>40% ~55%，中枢为 50%</td><td rowspan="4">股票、股票型基金、混合型基金和商品基金（含商品期货基金和黄金 ETF）</td></tr>
<tr><td>长信平衡养老三年</td><td>40% ~55%，中枢为 50%</td></tr>
<tr><td>招商稳健养老一年</td><td>5% ~30%</td></tr>
<tr><td>中银稳健养老定开一年</td><td>10% ~25%，中枢为 20%</td></tr>
</table>

资料来源：Wind，按产品名称的拼音顺序排序，泰达宏利基金整理。

3. 费率情况

《指引》中规定养老目标基金可以设置优惠的基金费率，并通过差异化费率安排，鼓励投资人长期持有。从养老目标风险基金的费率来看，20只基金管理费率和托管费率合计平均为0.85%，而同类型的平衡混合和偏债混合费率合计平均为1.15%，整体费率较低，让利于投资者，长期持有更有利于降低投资成本。另外，总费用随风险等级的提高略有增长，主要是因为风险等级高的目标风险基金持有更多的权益类子基金，费用更高（见表4）。

**表4　养老目标风险基金费率情况**

单位：只，%

| 基金数量 | 管理费率 | 托管费率 | 合计 |
|---|---|---|---|
| 2 | 1.00 | 0.20 | 1.20 |
| 2 | 0.90 | 0.20 | 1.10 |
| 1 | 0.80 | 0.20 | 1.00 |
| 1 | 0.80 | 0.15 | 0.95 |
| 3 | 0.60 | 0.20 | 0.80 |
| 9 | 0.60 | 0.15 | 0.75 |
| 2 | 0.50 | 0.15 | 0.65 |
| 平均值 | 0.68 | 0.17 | 0.85 |

资料来源：Wind，泰达宏利基金整理。

## （三）投资收益情况

从投资收益上来看，截至2019年6月30日，兴全平衡养老三年和泰达宏利平衡养老三年成立以来收益率分别为10.27%和4.51%，表现较好，广发基金、富国基金、万家基金、民生加银基金、建信基金、南方基金和海富通基金旗下的8只基金收益率在1%～3%。从基金风险来看，除兴全平衡养老三年年化波动率超过10%，2019年以来最大回撤超过5%，其余产品年化波动率均低于7%，2019年以来最大回撤均不足5%，整体运作稳健，一定程度上体现了公募基金行业投研团队的资产配置能力和风险控制能力。当然，养老目标基金是资产配置产品，存续时间长，不应过于关注短期业绩及其波动，应该用时间换空间获取长期稳健收益（见表5）。

**表5　养老目标风险基金收益和风险情况**

单位：%

| 基金简称 | 基金成立日 | 成立以来收益率 | 2019年以来收益率 | 年化波动 | 2019年以来最大回撤 |
|---|---|---|---|---|---|
| 兴全平衡养老三年 | 2019-01-25 | 10.27 | — | 13.07 | -6.70 |
| 泰达宏利平衡养老三年 | 2018-10-25 | 4.51 | 5.61 | 6.00 | -4.02 |
| 广发稳健养老目标一年 | 2018-12-25 | 2.85 | 2.79 | 2.93 | -2.00 |
| 富国稳健养老一年 | 2018-12-13 | 2.69 | 2.67 | 0.87 | -0.31 |
| 万家稳健养老三年 | 2018-12-13 | 2.01 | 1.88 | 1.44 | -0.75 |
| 民生加银稳健养老一年 | 2019-04-26 | 1.70 | — | 2.03 | -0.24 |
| 建信稳健养老一年 | 2019-01-31 | 1.28 | — | 3.56 | -2.15 |
| 南方稳健养老一年A | 2019-05-10 | 1.27 | — | 3.61 | -0.31 |
| 海富通稳健养老一年 | 2019-04-25 | 1.26 | — | 6.23 | -1.95 |
| 南方稳健养老一年C | 2019-05-10 | 1.22 | — | 3.62 | -0.33 |
| 万家平衡养老三年 | 2019-04-22 | 0.99 | — | 1.58 | -0.26 |
| 国联安稳健养老一年 | 2019-04-26 | 0.92 | — | 0.76 | -0.04 |
| 招商稳健养老一年A | 2019-04-26 | 0.82 | — | 1.47 | -0.27 |
| 招商稳健养老一年C | 2019-04-26 | 0.73 | — | 1.45 | -0.29 |
| 华宝稳健养老一年 | 2019-04-25 | 0.55 | — | 0.69 | -0.08 |
| 中银安康稳健养老一年 | 2019-05-08 | 0.53 | — | 0.89 | 0.00 |
| 交银稳健养老一年 | 2019-05-30 | 0.41 | — | 0.75 | -0.10 |
| 鹏华稳健养老一年 | 2019-04-22 | 0.27 | — | 0.13 | -0.01 |
| 国投瑞银稳健养老一年 | 2019-03-25 | -0.30 | — | 1.70 | -1.04 |
| 博时稳健养老一年A | 2019-03-20 | -0.77 | — | 3.67 | -2.41 |
| 博时稳健养老一年C | 2019-03-20 | -0.91 | — | 3.67 | -2.50 |
| 上投摩根均衡养老三年 | — | — | — | — | — |
| 长信平衡养老三年A | — | — | — | — | — |
| 长信平衡养老三年C | — | — | — | — | — |

资料来源：Wind，泰达宏利基金整理，时间截至2019年6月30日。

## 三　养老目标日期基金

### （一）产品定义及发展现状

目标日期基金（Target Date Fund，TDF）是以不同投资者的退休年龄为时间节点，随着退休日期的逐渐临近动态调整组合的资产配置，组合中权益类资产占比逐步下降，固定收益类资产占比逐步增加，相应的基金风险等级也随之降低，有效契合投资者随着年龄增大风险承受能力和风险偏好逐步下降的趋势。目标日期策略在严格控制投资组合风险的前提下确定大类资产配置比例，以期达到风险收益的优化平衡，实现基金资产的长期增值。随着投资者生命周期的延续和目标日期的临近，基金的投资风格相应地从“进取”转变为“稳健”，再转变为“保守”，权益类资产比例逐步下降，而非权益类资产比例逐步上升。

目标日期基金均以日期来命名，是一个基金系列，其中各个基金多以5年为间隔，比如2030、2035、2040等，指的分别是针对2030年、2035年、2040年退休的投资者设立的基金，针对的目标人群的年龄非常明确。目标日期基金是养老金投资的一站式解决方案，投资者只需要根据自己的预期退休年龄选择适合自己的目标日期基金。

截至2019年6月30日，养老目标日期基金共设立25只基金，3只正在发行，25只基金共募集42.53亿元，认购户数合计549480户，户均规模为0.77万元。从户数来看，鹏华基金旗下鹏华养老2035三年认购户数达到111908户，汇添富基金、银华基金、南方基金、易方达基金和中欧基金旗下均有养老目标日期基金户数超过4万户，户数较多。从运作方式上来看，28只产品中有8只是持有期锁定5年的产品，其中7只为发起式产品；[①] 有20只是持有

① 发起式基金，指的是基金管理人及高管会作为基金发起人认购一定数量的基金份额，将基金管理人和投资者的利益捆绑在一起，这也体现了基金公司对养老目标基金的重视程度非常高，实现风险共担。

期锁定3年的产品，其中7只是发起式产品。从28只产品的命名来看，均以日期来命名，时间间隔为5年，目前产品以距离退休日期12～31年推出的目标日期基金，即针对的主要是投资者年龄在30多岁到40多岁的群体（见表6）。

**表6　养老目标日期基金发行情况**

单位：亿份，户

| 基金名称 | 管理人 | 托管人 | 基金成立日 | 发行份额 | 户数 |
|---|---|---|---|---|---|
| 大成养老2040三年 | 大成 | 农业银行 | 2019－06－27 | 2.22 | 4342 |
| 工银养老2035三年 | 工银瑞信 | 交通银行 | 2018－10－31 | 2.20 | 11701 |
| 工银养老2050五年发起式 | 工银瑞信 | 邮储银行 | 2019－03－28 | 0.75 | 14497 |
| 广发养老2050五年发起式 | 广发 | 工商银行 | 2019－04－26 | 0.11 | 129 |
| 国泰养老2040三年 | 国泰 | 中国银行 | — | — | — |
| 华安养老2030三年发起式 | 华安 | 建设银行 | 2019－04－26 | 2.43 | 16713 |
| 华夏养老2035三年发起式 | 华夏 | 招商银行 | 2019－04－24 | 2.76 | 3078 |
| 华夏养老2040三年 | 华夏 | 建设银行 | 2018－09－13 | 2.12 | 37585 |
| 华夏养老2045三年 | 华夏 | 农业银行 | 2019－04－09 | 4.21 | 32588 |
| 华夏养老2050五年发起式 | 华夏 | 招商银行 | 2019－03－26 | 0.17 | 11451 |
| 汇添富养老2030三年 | 汇添富 | 建设银行 | 2018－12－27 | 2.52 | 61993 |
| 汇添富养老2040五年 | 汇添富 | 农业银行 | 2019－04－29 | 4.72 | 16945 |
| 汇添富养老2050五年发起式 | 汇添富 | 工商银行 | 2019－05－17 | 0.14 | 234 |
| 嘉实养老2030三年 | 嘉实 | 农业银行 | — | — | — |
| 嘉实养老2040五年发起式 | 嘉实 | 中国银行 | 2019－03－06 | 0.26 | 2656 |
| 嘉实养老2050五年发起式 | 嘉实 | 中国银行 | 2019－04－25 | 0.10 | 45 |
| 南方养老2035三年 | 南方 | 工商银行 | 2018－11－06 | 3.80 | 52465 |
| 农银养老2035三年发起式 | 农银汇理 | 浦发银行 | — | — | — |
| 鹏华养老2035三年 | 鹏华 | 建设银行 | 2018－12－05 | 2.60 | 111908 |
| 鹏华养老2045三年发起式 | 鹏华 | 中国银行 | 2019－04－22 | 0.10 | 859 |
| 平安养老2035三年 | 平安 | 招商银行 | 2019－06－19 | 3.31 | 25429 |
| 兴业养老2035三年发起式 | 兴业 | 平安银行 | 2019－05－06 | 0.10 | 8 |
| 易方达养老2033三年发起式 | 易方达 | 工商银行 | 2019－04－30 | 0.10 | 1 |
| 易方达养老2038三年发起式 | 易方达 | 邮储银行 | 2019－04－30 | 0.10 | 1 |
| 易方达养老2033三年 | 易方达 | 建设银行 | 2018－12－26 | 2.28 | 44001 |
| 银华养老2035三年 | 银华 | 建设银行 | 2018－12－13 | 2.10 | 60390 |
| 中欧养老2035三年 | 中欧 | 招商银行 | 2018－10－10 | 3.22 | 40445 |
| 中欧养老2050五年发起式 | 中欧 | 工商银行 | 2019－05－10 | 0.10 | 16 |

资料来源：Wind，泰达宏利基金整理。

### （二）养老目标日期基金产品设计

1. 下滑曲线

目标日期的一个非常重要的产品要素就是下滑曲线的设计。随着目标日期（退休日）的临近，投资者风险厌恶程度逐渐增大，风险承受能力逐渐减小，所以权益类资产的配置比例呈现下降的趋势，这种权益类资产比例随着时间的变动路径称为下滑曲线（Glide Path）。根据目前披露的养老目标日期基金招募说明书，国内的下滑曲线主要有 2 种形态 4 种类型，即曲线型和阶梯型，由于《指引》中对投资比例、运作方式有限定，国内下滑曲线下滑速度整体比较平缓，具体见图 3 至图 6。

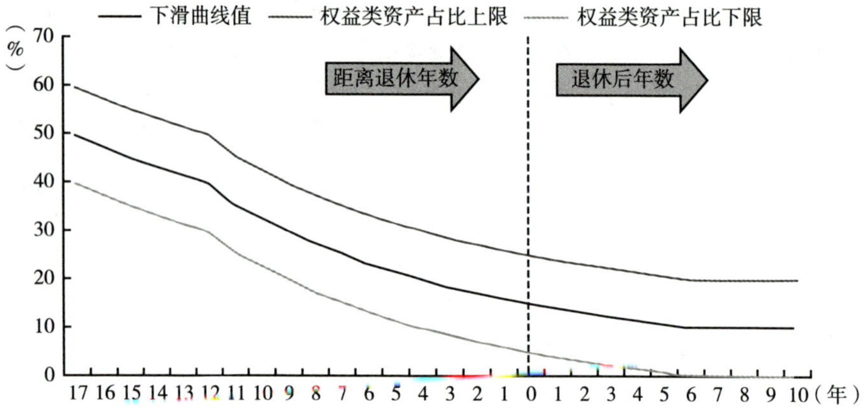


**图 3　中欧预见养老目标日期 2035 三年下滑曲线**

资料来源：中欧预见养老目标日期 2035 三年基金招募说明书。

28 只目标日期基金均在招募说明书中设定了各时间段的资产配置目标权重及其调整范围，在预先设定的下滑曲线基础上，基于对宏观经济与资本市场环境的审慎分析，结合定量和定性研究，在限定范围内适度主动调整，以求达到风险收益的最佳平衡。28 只产品中华夏基金、汇添富基金、鹏华基金和大成基金四家公司旗下的 8 只产品权益类资产比例下限超过 10%，其余 20 只产品权益类资产比例均低于 10%。而目标日期基金在到期日时的权益比例略有差异，28

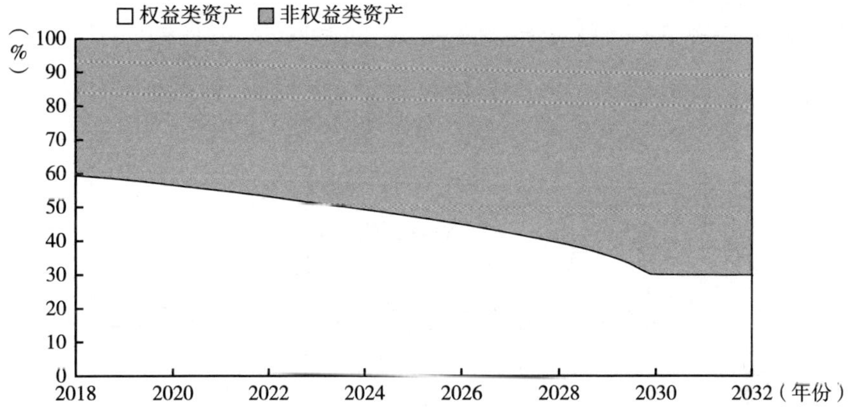


**图 4　汇添富养老目标日期 2030 三年下滑曲线**

资料来源：汇添富养老目标日期 2030 三年基金招募说明书。

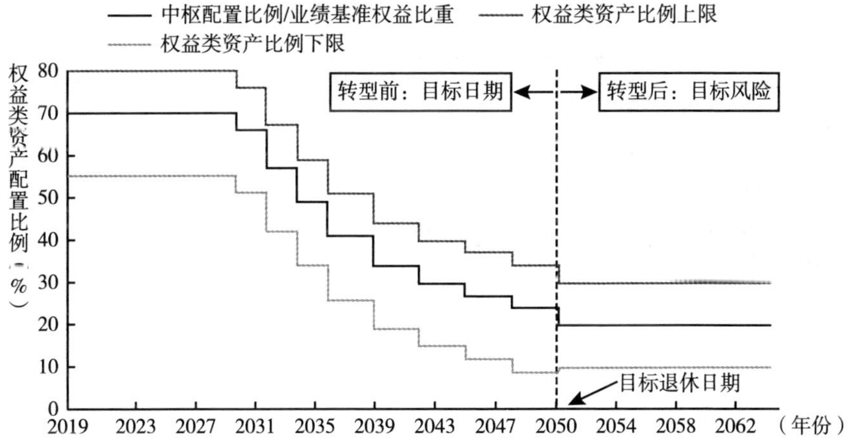


**图 5　工银瑞信养老目标日期 2050 五年下滑曲线**

资料来源：工银瑞信养老目标日期 2050 五年基金招募说明书。

只产品中有 21 只产品目标日期到期日时的权益中枢比例超过 20%，其中汇添富基金、鹏华基金和大成基金三家公司到期日的权益中枢比例超过 30%（含）。整体来看，目标日期基金在目标日期到期时也保持了一定比例的权益资产，重视权益投资对资产增值的作用，以平衡长寿风险和通胀风险（见表 7）。

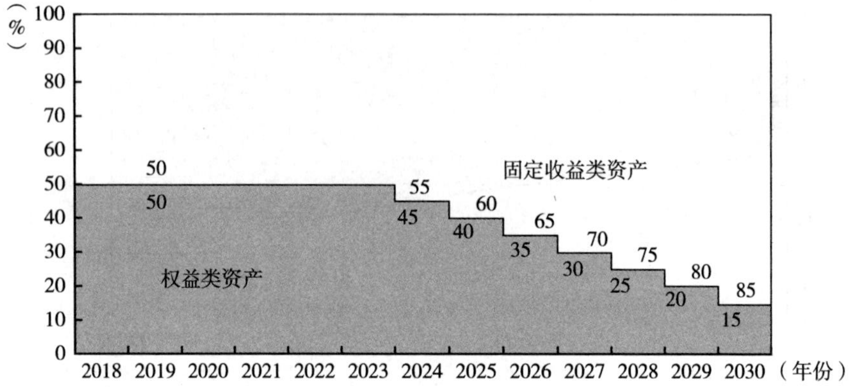


**图 6　华安养老目标日期 2030 三年下滑曲线**

资料来源：华安养老目标日期 2030 三年基金招募说明书。

**表 7　下滑曲线权益投资情况**

单位：%

| 基金名称 | 下滑曲线权益比例范围 | 目标日期到期日的权益中枢比例 |
|---|---|---|
| 大成养老 2040 三年 | 15～60 | 30 |
| 工银养老 2035 三年 | 8～55 | 23 |
| 工银养老 2050 五年发起式 | 9～80 | 24 |
| 广发养老 2050 五年发起式 | 5～80 | 20 |
| 国泰养老 2040 三年 | 5～60 | 20 |
| 华安养老 2030 三年发起式 | 5～60 | 15 |
| 华夏养老 2035 三年发起式 | 11～60 | 26 |
| 华夏养老 2040 三年 | 11～60 | 26 |
| 华夏养老 2045 三年 | 11～60 | 26 |
| 华夏养老 2050 五年发起式 | 4～80 | 19 |
| 汇添富养老 2030 三年 | 20～60 | 35 |
| 汇添富养老 2040 五年 | 20～80 | 35 |
| 汇添富养老 2050 五年发起式 | 20～80 | 35 |
| 嘉实养老 2030 三年 | 4～60 | 19.22 |
| 嘉实养老 2040 五年发起式 | 4～80 | 19 |
| 嘉实养老 2050 五年发起式 | 4～80 | 19 |
| 南方养老 2035 三年 | 5～60 | 20 |
| 农银养老 2035 三年发起式 | 5～60 | 20 |

续表

| 基金名称 | 下滑曲线权益比例范围 | 目标日期时的权益中枢比例 |
|---|---|---|
| 鹏华养老 2035 三年 | 17 ~ 60 | 32 |
| 鹏华养老 2045 三年发起式 | 6 ~ 60 | 21 |
| 平安养老 2035 三年 | 8.7 ~ 60 | 23.70 |
| 兴业养老 2035 三年发起式 | 5 ~ 60 | 20 |
| 易方达养老 2033 三年发起式 | 5 ~ 50 | 20 |
| 易方达养老 2038 三年发起式 | 5 ~ 55 | 20 |
| 易方达养老 2043 三年 | 5 ~ 60 | 20 |
| 银华养老 2035 三年 | 5 ~ 60 | 20 |
| 中欧养老 2035 三年 | 4.84 ~ 59.41 | 14.84 |
| 中欧养老 2050 五年发起式 | 0 ~ 80 | 14.84 |

资料来源：各基金招募说明书，泰达宏利基金整理。

2. 目标日期基金到期后安排

目标日期基金随着时间的推移，目标日期到期后将面临转型和清盘的问题。目前 28 只基金无须经基金份额持有人大会决议，到期后均直接转为 FOF 基金，其中 24 只转型为混合型 FOF 基金，4 只转型为债券型 FOF 基金。另外，汇添富基金旗下 3 只目标日期基金到期后由之前的锁定期 5 年和 3 年的产品转型为锁定期 1 年的养老目标风险基金，华夏基金旗下的 4 只目标日期基金，目标日期到期后继续下滑 25 年，25 年后下滑路径中枢的权益资产比例降为 0，然后自动进入清算程序，基金合同自动终止（见表 8）。

**表 8　目标日期基金到期后转型安排**

| 基金名称 | 到期后转型安排 |
|---|---|
| 大成养老 2040 三年 | 大成丰和混合型基金中基金(FOF) |
| 工银养老 2035 三年 | 工银瑞信安享稳健目标风险混合型基金中基金(FOF) |
| 工银养老 2050 五年发起式 | 工银瑞信安利稳健目标风险混合型基金中基金(FOF) |
| 广发养老 2050 五年发起式 | 广发锦瑞混合型基金中基金(FOF) |
| 国泰养老 2040 三年 | 国泰民安混合型基金中基金(FOF) |
| 华安养老 2030 三年发起式 | 华安颐享债券型基金中基金(FOF) |
| 华夏养老 2035 三年发起式 | 华夏兴旺混合型基金中基金(FOF) |
| 华夏养老 2040 三年 | 华夏兴泽混合型基金中基金(FOF) |

续表

| 基金名称 | 到期后转型安排 |
|---|---|
| 华夏养老 2045 三年 | 华夏兴源混合型基金中基金(FOF) |
| 华夏养老 2050 五年发起式 | 华夏兴盛混合型基金中基金(FOF) |
| 汇添富养老 2030 三年 | 汇添富颐康稳健养老目标一年持有期混合型基金中基金(FOF) |
| 汇添富养老 2040 五年 | 汇添富颐泰稳健养老目标一年持有期混合型基金中基金(FOF) |
| 汇添富养老 2050 五年发起式 | 汇添富颐乐稳健养老目标一年持有期混合型基金中基金(FOF) |
| 嘉实养老 2030 三年 | 嘉实福安混合型基金中基金(FOF) |
| 嘉实养老 2040 五年发起式 | 嘉实福康混合型基金中基金(FOF) |
| 嘉实养老 2050 五年发起式 | 嘉实福永混合型基金中基金(FOF) |
| 南方养老 2035 三年 | 南方安智混合型基金中基金(FOF) |
| 农银养老 2035 三年发起式 | 农银汇理永馨混合型基金中基金(FOF) |
| 鹏华养老 2035 三年 | 鹏华鼎弘混合型基金中基金(FOF) |
| 鹏华养老 2045 三年发起式 | 鹏华辉弘混合型基金中基金(FOF) |
| 平安养老 2035 三年 | 平安兴和混合型基金中基金(FOF) |
| 兴业养老 2035 三年发起式 | 兴业兴睿混合型基金中基金(FOF) |
| 易方达养老 2033 三年发起式 | 易方达安泰债券型基金中基金(FOF) |
| 易方达养老 2038 三年发起式 | 易方达安和债券型基金中基金(FOF) |
| 易方达养老 2043 三年 | 易方达安康债券型基金中基金(FOF) |
| 银华养老 2035 三年 | 银华尊和混合型基金中基金(FOF) |
| 中欧养老 2035 三年 | 中欧预见混合型基金中基金(FOF) |
| 中欧养老 2050 五年发起式 | 中欧预见 2050 混合型基金中基金(FOF) |

资料来源：各基金招募说明书，泰达宏利基金整理。

3. 费率情况

从养老目标日期基金的费率来看，28 只基金管理费率和托管费率合计平均为 0.99%，而同类型的平衡混合费率平均为 1.52%，整体费率较低，让利于投资者，鼓励其长期持有。另外，总费用随着距离目标日期的长短有所不同，设定的目标日期越近，下滑曲线设定时间越短，整体费率相对较低。而目标日期基金到期后基金转型为普通 FOF 基金，由于权益类资产投资比例下降较多，相应的管理费、托管费都会下降，且降幅较大（见表 9）。

**表 9　养老目标风险基金费率情况**

单位：%

| 基金数量 | 管理费率 | 托管费率 | 合计 |
|---|---|---|---|
| 1 | 1.00 | 0.20 | 1.20 |
| 1 | 1.00 | 0.15 | 1.15 |
| 9 | 0.90 | 0.20 | 1.10 |
| 7 | 0.90 | 0.15 | 1.05 |
| 1 | 0.80 | 0.20 | 1.00 |
| 3 | 0.80 | 0.15 | 0.95 |
| 1 | 0.80 | 0.12 | 0.92 |
| 1 | 0.60 | 0.20 | 0.80 |
| 4 | 0.60 | 0.15 | 0.75 |
| 平均值 | 0.82 | 0.17 | 0.99 |

资料来源：Wind，泰达宏利基金整理。

## （三）投资收益情况

从投资收益上来看，截至 2019 年 6 月 30 日，33 只（A/C 份额分开统计）有业绩的养老目标日期基金中，31 只设立以来实现正收益，其中中欧养老 2035 三年 A/C 和南方养老 2035 三年 A/C 成立以来收益率分别为 8.40%、8.09%和 4.66%、4.39%，表现较好，另有 13 只养老目标日期基金收益率在 1%~4%。从风险来看，29 只（A/C 份额分开统计）基金年化波动率均低于 10%，2019 年以来最大回撤均低于 10%，整体运作稳健（见表 10）。

**表 10　养老目标日期基金收益和风险情况**

单位：%

| 基金简称 | 基金成立日 | 成立以来收益率 | 2019 年以来收益率 | 年化波动率 | 2019 年以来最大回撤 |
|---|---|---|---|---|---|
| 中欧养老 2035 三年 A | 2018-10-10 | 8.40 | 7.49 | 9.91 | -6.55 |
| 中欧养老 2035 三年 C | 2018-10-10 | 8.09 | 7.27 | 9.90 | -6.61 |
| 南方养老 2035 三年 A | 2018-11-06 | 4.66 | 4.08 | 7.58 | -5.12 |
| 南方养老 2035 三年 C | 2018-11-06 | 4.39 | 3.87 | 7.58 | -5.18 |
| 鹏华养老 2035 三年 | 2018-12-05 | 3.90 | 3.88 | 3.01 | -0.99 |

续表

| 基金简称 | 基金成立日 | 成立以来收益率 | 2019年以来收益率 | 年化波动率 | 2019年以来最大回撤 |
|---|---|---|---|---|---|
| 易方达养老2043三年 | 2018-12-26 | 3.41 | 3.32 | 2.66 | -1.30 |
| 银华养老2035三年 | 2018-12-13 | 3.41 | 3.26 | 5.18 | -3.53 |
| 工银养老2035三年 | 2018-10-31 | 3.06 | 2.54 | 5.39 | -3.72 |
| 汇添富养老2040五年 | 2019-04-29 | 3.04 | — | 5.12 | -1.15 |
| 华夏养老2050五年 | 2019-03-26 | 2.85 | — | 11.33 | -4.73 |
| 汇添富养老2050五年 | 2019-05-17 | 2.63 | — | 9.11 | -0.45 |
| 华夏养老2040三年 | 2018-09-13 | 2.57 | 2.18 | 5.58 | -4.25 |
| 嘉实养老2050五年 | 2019-04-25 | 2.08 | — | 12.06 | -3.22 |
| 中欧养老2050五年C | 2019-05-10 | 2.01 | — | 5.60 | -1.41 |
| 汇添富养老2030三年 | 2018-12-27 | 1.61 | 1.59 | 9.95 | -7.10 |
| 中欧养老2050五年A | 2019-05-10 | 1.48 | — | 5.14 | -1.42 |
| 工银养老2050五年 | 2019-03-28 | 1.07 | — | 2.89 | -1.02 |
| 易方达养老2038三年 | 2019-04-30 | 0.93 | — | 1.44 | -0.39 |
| 广发养老2050五年 | 2019-04-26 | 0.70 | — | 3.18 | -0.57 |
| 华安养老2030三年 | 2019-04-26 | 0.53 | — | 0.97 | -0.18 |
| 易方达养老2033三年 | 2019-04-30 | 0.45 | — | 0.36 | -0.05 |
| 华夏养老2035三年A | 2019-04-24 | 0.40 | — | 0.26 | -0.05 |
| 华夏养老2045三年A | 2019-04-09 | 0.33 | — | 1.93 | -0.56 |
| 华夏养老2035三年C | 2019-04-24 | 0.33 | — | 0.26 | -0.06 |
| 鹏华养老2045三年 | 2019-04-22 | 0.31 | — | 0.84 | -0.11 |
| 华夏养老2045三年C | 2019-04-09 | 0.24 | — | 1.93 | -0.56 |
| 平安养老2035三年A | 2019-06-19 | 0.09 | — | 0.44 | -0.02 |
| 平安养老2035三年C | 2019-06-19 | 0.08 | — | 0.39 | -0.02 |
| 兴业养老2035三年A | 2019-05-06 | 0.02 | — | 0.14 | -0.02 |
| 大成养老2040三年A | 2019-06-27 | 0.01 | — | — | — |
| 大成养老2040三年C | 2019-06-27 | 0.01 | — | — | — |
| 兴业养老2035三年C | 2019-05-06 | -0.03 | — | 0.14 | -0.04 |
| 嘉实养老2040五年 | 2019-03-06 | -2.56 | — | 14.62 | -9.52 |
| 嘉实养老2030三年 | — | — | — | — | — |
| 国泰养老2040三年 | — | — | — | — | — |
| 农银养老2035三年 | — | — | — | — | — |

资料来源：Wind，按产品名称音序排序，泰达宏利基金整理，时间截至2019年6月30日。

## 四　养老目标基金发展的机遇和挑战

### （一）发展机遇

1. 第三支柱试点已启动，发展空间广阔

我国人口老龄化形势严峻，养老金资产积累不足，且结构发展不均衡，补充养老金中第二支柱覆盖范围小，在此背景下，政府已经高度重视养老问题并连续出台相关政策，① 一方面，2015 年以来，相关政府部门陆续对职业年金、基本养老金实行市场投资运营，注重养老金资产的积累；另一方面，相关政府部门对养老金体系进行结构性调整，意识到须大力发展补充养老金，在增强个人养老保障能力的同时减轻政府负担，2018 年 4 月 2 日五部门联合印发的《关于开展个人税收递延型商业养老保险试点的通知》表明中国第三支柱个人养老金已由理论研究走向政策实践，且第三支柱是最灵活和最有效率的部分，是提升居民养老保障水平的有力手段，是壮大养老金规模的重要一环，发展空间巨大。

通知指出，一年期试点结束后，根据试点情况，结合养老保险第三支柱制度建设的有关情况，有序扩大参与的金融机构和产品范围，将公募基金等产品纳入个人商业养老账户投资范围，养老目标基金是证监会为满足个人养老金投资需求推出的养老基金产品，证监会积极推动养老目标基金纳入第三支柱投资产品范围，打造个人养老金投资的一站式解决方案。

2. 养老投资产品需求大

中国是目前世界上唯一的老年人口过 2 亿的国家。根据全国老龄办预

① 2015 年国务院发布《机关事业单位职业年金办法》和《基本养老保险基金投资管理办法》，职业年金和基本养老金实行市场化投资运营；2016 年出台《职业年金基金管理暂行办法》，规范职业年金基金管理，2018 年很多省份已经开始启动施行；2017 年修订出台《企业年金办法》推动企业年金发展；2018 年五部门联合印发《关于开展个人税收递延型商业养老保险试点的通知》，第三支柱试点正式启动；2019 年政府工作报告中“养老”两字共出现了 15 次，国务院印发《关于推进养老服务发展的意见》，养老问题日益受到重视。

计，到2050年，中国老年人口将达到4.8亿，3个人中将有1个老人，约占届时亚洲老年人口的2/5。同时，中国私人财富市场保持高速增长。中国建设银行携手波士顿咨询公司（BCG）发布《中国私人银行2019：守正创新匠心致远》，报告认为，2018年国内居民可投资金融资产总额达到147万亿元。报告预计未来五年，克服了短期经济周期波动之后，2023年个人可投资金融资产有望达到243万亿元，2019～2023年复合增长率约11%。随着老龄人口的增多及个人财富的积累，人们对养老投资产品的需求也日益增加，为养老目标基金的发展提供了广阔的市场空间。宏利资产管理有限公司于2010年对超过20万投资人进行的“投资者情绪调查”显示，有20.5%的被调查对象将养老需求定为首要及第二投资目标（见图7）。

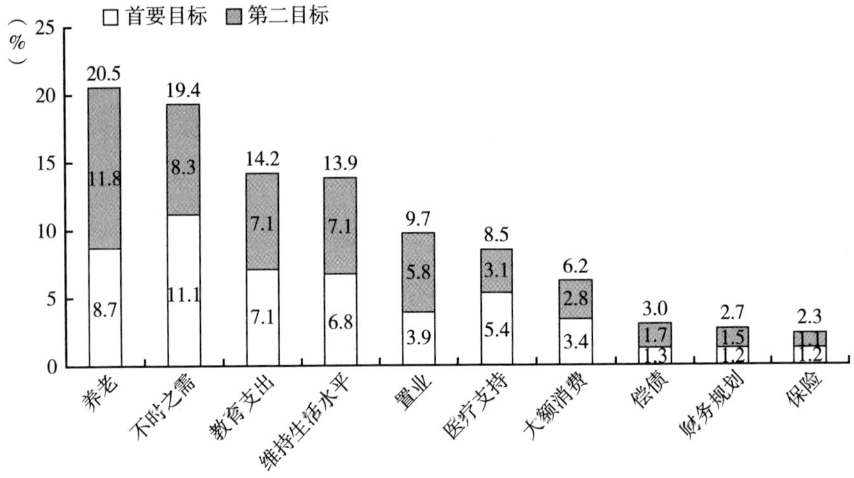


**图7　亚洲投资人的理财目标（首要及第二目标排序加总）**

资料来源：宏利资产（香港）管理有限公司。

3. 目标日期和目标风险策略基金是境外多个国家或地区个人养老金投资的默认投资选择

2006年美国劳工部出台的《养老金保护法案》中推出了养老金合格默认投资选择QDIA（Qualified Default Investment Alternative），QDIA有四类默认基金，其中目标日期基金、目标风险基金两类公募基金以及运用这两种策略的其他产品是主要选择，选择这些产品而没有选择保险等其他理财产品的原因是：长期表现比较稳健、有合理的收益前景，能够抵御通货膨胀。智利提供了5只目标风险基金供个人养老金投资者选择。中国台湾第三支柱私校储金自选投资平台中提供了3只目标风险基金和1只目标日期基金，[①] 英国国家职业储蓄信托（NEST）也提供了“1+5”的产品系列供投资者选择，其中“1”是指默认基金，[②] 由49只目标日期的系列基金构成，覆盖22~62岁的投资者，另外还有其他5只备选基金。[③]

### （二）面临的挑战

1. 个人投资者投资养老的意识普遍缺乏

我国目前投资养老的意识还很弱，养儿防老、储蓄养老的传统理念根深蒂固，[④] 从养儿防老、政府养老转为投资养老，从储蓄养老、买房养老转为投资养老等理念树立极为急迫。同时，很多个人认为养老金投资应该安全至上，不敢承受短期波动，将长期资金配置到风险很低的资产，导致收益很低，不足以为养老提供足够的资金储备。此外，须让投资者意识到养老需要长期投资，只有长期坚持养老投资，才能充分享受到复利的好处，为未来的退休生活做储备，当然新理念深入人心需要时日。

2. 国内资本市场波动较大

中国股票市场近20年来取得了令人瞩目的成就，但仍属于新兴市场，与成熟市场相比，中国股市呈现波动频繁、熊长牛短等鲜明特征。这样的市场环境不仅对投资者的心理及投资行为产生影响，对以资产配置为主的两类

---

① 2013年中国台湾私校自选投资平台根据投资者风险承受能力的不同提供三个组合基金（FOF形式）供投资者选择，包括低风险的保守型基金、中等风险的稳健型基金和高风险的积极型基金，2017年9月28日起提供目标日期基金供投资者选择。

② NEST于2011年推出了投资默认选择，如果投资者没有主动选择其他基金，则默认同意根据退休年龄相应地匹配到目标日期基金中。

③ 另外5只基金为道德基金、伊斯兰教法基金、低成长基金、高风险基金、临退休基金。

④ 富达国际与蚂蚁财富合作撰写的中国养老前景调查报告《未雨需绸缪——中国年轻一代的养老储备现状》显示，中国有将近2/3的年轻一代仍然希望依靠政府养老金和现金储蓄来养老。

养老基金也会造成较大的不利影响。如对于目标风险产品而言，由于波动大，需要根据设定的风险目标频繁调整资产配置比例，一是影响再平衡的频率；二是可能会影响再平衡的系列方针。太过频繁的调整（或不太频繁）对资产进行再平衡，资产配置的收益可能不及预期。对于目标日期类产品，前期权益类资产配置比例较高，如果市场波动很大，会导致高仓位权益资产初期表现不及预期甚至亏损，影响后续整体收益，导致投资者参与意愿不高。

3. 发展初期销售有一定难度

首先，养老目标基金是国内新推出的创新产品，投资者初期可能会观望一段时间，包括业绩是否稳健的考量、投资策略的有效性、养老目标基金与养老关系的理解等，部分投资者有一定认知后才会介入；其次，国内第三支柱刚刚起步，相关政策尚在陆续出台中，许多投资者也处于政策观望中；最后，养老目标基金有封闭期或锁定期的规定，在投顾业务没有建立之前，国内销售机构仍是卖方代销模式，销售机构更倾向于销售开放式产品或者佣金高的产品，养老目标基金发展初期销售有一定难度。

## 五　养老目标基金发展建议

### （一）尽快在全国建立第三支柱，并将公募基金纳入投资范围

2018 年 4 月 2 日五部门印发的《关于开展个人税收递延型商业养老保险试点的通知》中规定自 2018 年 5 月 1 日起，在上海市、福建省（含厦门市）和苏州工业园区实施个人税收递延型商业养老保险试点，试点期限暂定一年。同时通知中要求，银保监会、证监会做好相关准备工作，完善养老账户管理制度，制定银行、公募基金类产品指引等相关规定，指导相关金融机构产品开发。根据试点情况，结合养老保险第三支柱制度建设的有关情况，有序扩大参与的金融机构和产品范围，将公募基金等产品纳入个人商业

养老账户投资范围。现在试点已超过1年的期限，应给予个人更多的投资产品选择范围，鼓励保险、基金、银行等各类金融机构广泛参与，目前中国证券登记结算有限公司已和一些基金公司、银行和券商以及互联网平台做了系统测试，公募基金行业做好了账户封闭运营的基础设施平台。建议应该认真总结试点经验，调整和完善相关政策，尽快在全国范围内推出第三支柱个人养老金，并将公募基金纳入投资范围。

### （二）持续开展投资者教育

投资者教育任重而道远，一方面我国目前投资养老的意识还很弱，另一方面很多个人把养老金投资的安全性简单理解为绝对保本，认为应该将绝大多数资金配置到短期且收益稳定的产品中，导致长期回报很低，无法抵御通胀风险和长寿风险。因此，提高社会公众养老金融素养、唤醒民众的养老金规划和投资管理意识至关重要。养老金融教育可以关注以下几个方面，第一，投资理念由短期转换成长期，不要过度关注市场的短期波动；第二，打破保守的投资观念，把养老储蓄的概念转为养老增值的概念，投资者应该适度地放宽风险承受度，做一些积极的投资；第三，提早规划养老准备，结合自身的生命周期特征和风险偏好选择适合自己的养老产品。投资养老的理念转变需要时间，这也需要包括政府部门、基金公司、销售机构等凝聚共识、同心协力、持之以恒地共同做好投资者教育，认真研究境外经验，结合本国国情，形成多层次多主体参与的养老投资者教育体系。

### （三）不断提高资产配置能力

资产配置是养老金实现长期投资目标和控制风险的重要手段，可以平滑短期波动风险，用时间换空间来获取长期稳健收益。对于公募基金行业而言，有别于传统股债基金的投资思路，FOF组合更加强调大类资产配置的能力，由于在公募FOF领域并无积累，在大类资产配置理念和策略上普遍薄弱，资产配置部门大多新设，实践时间较短，能力也有待市场进一步检验。大类资产配置理论方法发源于国外成熟市场，其理论假设、市场环境与国内市场存在较大的差异。因此，提高养老目标基金的投资管理水平，需要建立一套科学的、系统的、符合中国资本市场具体情况的资产配置体系，在控制基金投资风险的同时，提高长期收益水平。可关注以下几个方面。第一，不断提高资产配置的理念与意识，资产配置方法和模型上注重可操作性和与国内市场的匹配性及有效性，自上而下增强资产配置流程的执行力。第二，资产配置核心有三个，一是明确可以投资的资产类别，在资产类别研究上，外延上增加大类资产类别及境外资产，同时对大类资产进行细分研究和管理，分散风险；二是既定约束条件下明确各类资产的最优投资比例；三是根据市场变化调整各类资产的投资比例，明确调整各类资产投资比例的原则和方法。第三，在操作上，根据投资目标先确定能够接受的最大风险水平即建立基金的战略资产配置，然后评估各类资产的风险收益特征，参照战略资产配置控制各类资产投资比例，管理波动风险，接着根据市场变化进行动态资产配置调整。

### （四）政策上逐步引入默认投资选项的安排

目标风险策略和目标日期策略基金是多个国家和地区养老金投资的默认投资选项。默认投资选项是为了帮助投资者克服选择困难、惰性及非理性决策而推出的制度安排，是引导投资者将养老资金投资于适合的、长期的退休储蓄产品，进而解决养老资金积累的问题。美国的目标日期基金和目标风险基金在被纳入合格默认投资选择（QDIA）后发展非常迅速，这一定程度上说明养老目标基金虽然是以养老为目标设计的产品，但也需要和政策制定形成合力，才能最大限度发挥产品的效力。当然美国等有默认投资选项机制的国家也并不是在政策实施的初期就引入，而是结合制度的运作实践，通过观察和总结投资者的实际投资行为，进而设计出有针对性的具体措施。每个国家经济社会环境不一致、投资者投资理念不一样等，可能在产品选择上表现出的特征也不尽相同，所以也可以借鉴境外成熟国家经验，让制度执行一段时间，其间通过研究参与人的投资行为数据来总结，再结合实际情况针对性地设计出符合我国投资者行为特征的默认投资选项，进而发挥产品的最大效力，帮助养老金投资者更合理地进行养老金积累。实施路径上，对于第二支柱而言，第二支柱放开个人选择权，雇主或受托人作为执行主体；对于第三支柱，可以探索通过建立投资顾问制度，让投资顾问机构履行受托人义务，作为默认投资安排的执行主体。

### （五）推动投资顾问业务的发展

一方面，我国个人投资者的投资理念尚不成熟，养老金强调要结合个人的生命周期特征进行长期投资，包括资产配置的安排、投资产品的选择、投资调整的依据和背后考虑的因素等，非专业的投资者很难对上述问题有清晰的认知，加上养老目标基金刚刚发展，投资者对产品本身认知度不高；另一方面，国内银行等销售渠道的盈利模式是收取佣金和销售手续费的模式，很容易引导客户频繁买卖，再加上很多销售机构有按照短期业绩销售基金的习惯，投资者很容易追涨杀跌，不利于养老金的积累，这就需要专业的养老金顾问进行专业指导。

境外成熟国家投顾团队对个人养老金投资等情况方面发挥了较大作用，IRA 投资者是美国投顾业务的重要服务对象。根据 ICI 的市场调查统计，制定退休资产的投资策略时，约有 68% 的个人或家庭会通过专业的金融机构获取投资咨询建议，据此估算，截至 2017 年底，享有投顾服务的 IRA 资产规模约有 6.3 万亿美元，占总规模的比例近 70%。[①] 加拿大投资基金协会（Investment Funds Institute of Canada，IFIC）*2011 Report on the Value of Advice* 显示，没有理财顾问帮助的个人和有理财顾问帮助的个人，在长期养老金储蓄累计的资产上有非常大的不同，例如对于 18～25 岁的投资者而言，有投资顾问的群体，进行退休储蓄的比例为 45%，而无投资顾问的群体，进行退休储蓄的比例仅为 23%。投顾业务的发展，会在一定程度上帮助投资者更加合理地规划个人养老投资。

① 张之、胡迪：《投顾服务在个人养老金中的作用与实践》，载中国证券投资基金业协会编著《个人养老金：理论基础、国际经验与中国探索》，中国金融出版社，2018。

## 参考文献

中国证券投资基金业协会：《个人养老金：理论基础、国际经验与中国探索》，中国金融出版社，2018。

董克用、姚余栋：《中国养老金融发展报告（2018）》，社会科学文献出版社，2018。

熊军：《养老基金投资管理》，经济科学出版社，2014。

# B.8

# 养老保障管理产品：十年演进后的转型与突破

宣　华*

**摘　要：** 为了积极响应国家普惠金融政策，养老保险公司及养老金公司加大养老保障管理产品创新力度，提升运营管理水平、投资管理水平，向大众推广养老保障管理产品，提高产品多元化服务水平，落实银保监会关于养老保障管理产品长期化、净值化发展政策导向。过去十年的发展过程中，市场参与方总结了一定的发展经验，在转型阶段也面临新的机遇和挑战。本报告系统回溯十年发展历程，并详细分析了业务的发展现状、产品特点、渠道情况。总体来看，各家机构结合自身资源禀赋和特点，利用直销、银行代销、“互联网+产品”等模式，取得了快速发展，提高了养老保障管理产品的市场认知程度，拉近了产品和客户之间的距离，用优质的产品覆盖普罗大众，助力普惠金融。2018年在《资管新规》的冲击下，市场受到了一定的影响，各家机构积极遵循新规，寻求新的合规发展路径，保证行业持续稳定发展。最后，报告对养老保障管理市场当前面临的形势及未来的机遇进行了分析和展望。

**关键词：** 养老保障管理产品　长期化　净值化　多元化

* 宣华，博士、高级经济师，中国人寿保险（集团）公司金融研究院青年研究员，研究方向为养老金融、产品管理、健康养老产业等。本文仅代表个人观点，与供职单位无关。

## 一 养老保障管理业务的历史沿革

养老保障管理业务发端于2009年，彼时各家养老保险机构都面临企业年金业务发展缓慢、“吃不饱”、业务类型单一、养老金融触点不多等问题，且对于纯经营表外业务的几家机构显得更为突出。有鉴于此，原保监会人身保险监管部审时度势，扩充养老保险公司业务范围，养老保障管理业务应运而生。由团体业务试水，过渡到个人业务，业务逐步走上规范发展的快车道，从此养老金融的一块崭新版图徐徐展开。时至今日，已十载光阴，过去的十年恰恰浓缩了行业探索前行的诸多尝试，站在当前时间节点，回溯过去，展望未来，更显得意义重大。在这十年中，以一系列标志性政策推出为节点，养老保障管理业务从起步，到发展规范，进而逐步成熟，业务管理更加科学，机构运营能力不断增强，市场对养老保障管理业务的认知程度也大幅提升。从2009年至今，总体可概括为四个发展阶段（见表1）。

**表1 养老保障管理业务的发展阶段及政策沿革**

| 发展阶段 | 时间 | 标志性政策 | 重要事项 | 市场影响 |
|---|---|---|---|---|
| 试点阶段 | 2009年12月至2013年5月 | 《关于试行养老保障委托管理业务有关事项的通知》(保监发〔2009〕129号) | ①明确养老保障委托管理(团体)业务定位；<br>②明确管理机构基本职责；<br>③账户独立,第三方托管 | 养老保障委托管理业务市场成功试水,满足了市场上团体客户潜在需求,特别是不具备建立年金条件的企业 |
| 起步阶段 | 2013年5月至2015年7月 | 《养老保障管理业务管理暂行办法》(保监发〔2013〕43号) | ①业务正名为养老保障管理业务；<br>②扩充了个人养老保障管理业务；<br>③细化了相应管理职责,强化了风险管理及信息披露要求；<br>④明确养老保障管理基金投资范围比照保险资金投资范围的有关规定执行 | 养老保障管理业务从团体业务拓展至个人业务,暂行办法为业务发展奠定了基础框架及制度依据,业务在各细分市场及类型上开始逐步探索尝试 |

续表

| 发展阶段 | 时间 | 标志性政策 | 重要事项 | 市场影响 |
| --- | --- | --- | --- | --- |
| 规范阶段 | 2015年7月至2018年3月 | 《养老保障业务管理办法》(保监发〔2015〕73号)、《关于强化〈养老保障管理业务管理办法〉执行有关问题的通知》(保监寿险〔2016〕99号)、《关于进一步加强养老保障管理业务监管有关问题的通知》(保监寿险〔2016〕230号) | ①对经营管理机构进一步提出要求；②明确养老保障管理产品申购门槛、细化产品投资类型；③建立短期产品资本约束机制；④新增投资管理章节，对养老保障管理业务投资及非标资产提出要求 | 行业按照新的管理细则规范运营管理，养老保障管理业务进入稳健发展快车道 |
| 成熟阶段 | 2018年3月至今 | 《关于规范金融机构资产管理业务的指导意见》(银发〔2018〕106号)、《关于进一步明确规范金融机构资产管理业务指导意见有关事项的通知》 | ①对表外资管业务进行私募、公募划分，并提出合格投资者要求，打破刚兑；②针对非标资产管理明确禁止期限错配等要求；③重新划定产品类型，规定嵌套层数，进一步强化估值方式和信息披露的管理 | 《资管新规》的出台对资管业务、资管产品给予了明确的界定，对于原三会监管体系下资管机构及产品进行统一监管，新规对银行理财等各类资管业务产生深远影响，在过渡期内养老保障管理产品发展方向也在不断探索中 |

## （一）试点阶段：契合市场需求，试水团体业务

2009年12月10日，原保监会下发了《关于试行养老保障委托管理业务有关事项的通知》（保监发〔2009〕129号，简称129号文），这是养老保险行业具有划时代意义的政策。129号文开宗明义“为促进保险业积极参与构建多层次养老保障体系，推动养老保险专业化发展，决定由养老保险公司试行养老保障委托管理业务”，给予养老保险公司一块新的业务牌照，推动各家机构积极满足市场潜在的养老金融需求。

129号文对养老保障委托管理业务进行了定义，是指“养老保险公司作

为受托人，接受政府部门、企事业单位等团体客户的委托，为其提供有关养老保障方案设计、账户管理、投资管理、待遇支付等服务”。从市场需求来看，企业年金业务拓展过程中，各家机构都嗅出新商机，如市场上一些潜在客户虽然不满足企业年金的建立条件，但又确有养老福利方面需求和资金实力；另一些则存在特殊人才激励、薪酬递延等方面的管理需求，这些客户主要集中在各地城商行、农商行、科技型企业、混改转型企业等特殊行业。这类企业在员工的养老保障服务及员工激励等方面有较大的需求。养老保险公司经过多年市场摸索，在方案测算、运营服务、投资运作等方面均积累了丰富的经验，能够较好契合这些潜在的金融需求，也能有效拓展公司的经营边界。这一阶段，各家机构以团体养老保障管理业务为突破口，结合公司自身资源特点拓展了一批团体客户。与企业年金类似，都是独立账户管理、第三方托管，通过在管理和运作中逐步摸索，养老保险公司满足了客户特定的服务需求，也进一步强化了养老资产管理的专业能力。

### （二）起步阶段：丰富产品线，覆盖团体及个人

经过试点阶段的摸索尝试，各家机构对团体业务的建账、运营、投资、服务已经有了全流程的管理积累。原保监会于 2013 年 5 月发布了《养老保障管理业务管理暂行办法》（保监发〔2013〕43 号，简称 43 号文），正式将“养老保障委托管理业务”正名为“养老保障管理业务”，将目标客户群体由团体扩展至个人客户，并细化了相关管理要求。

从机构客户到个人客户，对机构的管理能力要求大幅提升，对产品的管理细节、经营要求也更为具体。43 号文明确指出养老保障资产管理过程中要“专户管理、账户隔离、单独核算”，在业务风险管理、信息披露、客户风险揭示、风险承受能力管控等方面都进行了逐项细化。企业年金基金投资管理过程中，各家机构一直遵循人社部的相关管理规定，而养老保障管理业务一直有待明确，此次政策强调了“养老保障管理基金投资范围比照保险资金投资范围的有关规定执行”，保证了养老保障管理业务投资管理有规可依，为业务持续健康发展奠定了制度基础。在这一阶段，

市场密集报备了一批新的个人和团体养老保障管理产品，据不完全统计超过40款，生效组合数200余只，发展提速显著；个人业务的兴起也给市场上各家养老保险公司在信息系统、投资能力、销售渠道、客户服务等方面带来了挑战。

### （三）规范阶段：制度不断健全，业务水平提升

2015年7月，原保监会出台《养老保障业务管理办法》（保监发〔2015〕73号，简称73号文）。2016年5月和11月，原保监会又分别发布了《关于强化〈养老保障管理业务管理办法〉执行有关问题的通知》（保监寿险〔2016〕99号）和《关于进一步加强养老保障管理业务监管有关问题的通知》（保监寿险〔2016〕230号）等两项文件。73号文及后续一系列文件是在系统总结养老保障管理行业前期发展中各类经验的基础上出台的，对业务发展中的一些模糊地带、常见问题进行了梳理和明确，特别是在业务管理、投资管理和风险管理方面强化了监管要求。

在业务管理上，对经营管理机构提出了明确要求，并将养老金管理公司扩编入机构范畴。为强化该业务的养老保障属性，鼓励发展长期业务，将“短期”业务界定为产品期限在三年以内（含三年）的业务，要求养老保险公司合理控制短期个人养老保障管理业务规模，年度新增业务规模应与公司的资本实力相匹配；明确了个人封闭式、开放式产品申购门槛。新增了“投资管理”一章内容，要求投资账户的资产配置范围、分类和定义遵照保监会资金运用相关监管规定；明确了养老保险公司可以自行投资管理，也可委托给符合条件的投资管理人进行投资管理；要求封闭式投资组合要满足产品和资产配置的独立性要求以及期限结构匹配性要求；增加封闭式投资组合投资另类金融产品的信息披露要求；增加对开放式投资组合的流动性管理要求。在风险管理上，对个人业务计提风险准备金；要求养老保险公司对业务建立风控体系，纳入公司的全面风险管理体系中，覆盖到业务可能面临的市场风险、信用风险、流动性风险、操作风险、战略风险、声誉风险等各类风险，强化产品投资风险提示。上述政策出台

后，养老保障管理业务发展的制度基础得以夯实，业务发展中较易发生的风险点也都进行了事前的约束和防范，在落实政策过程中各家机构的管理水平上升到新的台阶。

### （四）成熟阶段：适应《资管新规》，发展前景可期

2018 年 4 月 27 日，中国人民银行、中国银行保险监督管理委员会、中国证券监督管理委员会和国家外汇局联合发布《关于规范金融机构资产管理业务的指导意见》（银发〔2018〕106 号，简称《资管新规》），深刻影响资产管理行业格局和未来发展，传递了在打破刚兑、净值化、规范资金池、严控影子银行、功能监管和穿透监管的整体方向和思路。《资管新规》的出台对资管业务、资管产品给予了明确的界定，对于原三会监管体系下资管机构及产品进行统一监管，也给养老保障管理业务带来了一定的外部冲击。《资管新规》颁布后，养老保障管理业务面临调整、适应和再出发，监管层也多次围绕业务发展召开研讨会议，凝聚行业力量，谋求长远发展。

总体来看，《资管新规》的冲击是全局性的，不局限于某一行业、某一监管序列，而是对所有金融机构都有约束的管理框架，需要客观公正评价《资管新规》带来的影响。从整个金融行业来看，养老保障管理产品相比银行理财等资管产品，体量相对要小很多，如果在过渡期内各类资管产品的监管口径趋于统一，对养老保险全行业可以说是回归大资管，与其他机构在大的财富管理领域同台竞技，对长远发展并非利空。与其他资管产品相比，养老保障管理产品在大资管新的监管框架和话语体系下，更应该突出以养老保障为目的的金融服务属性，形成自身特色，倒逼机构管理水平的提升，推动业务逐步走向成熟。

## 二　养老保障管理产品发展概况

2018 年，面对严监管的大趋势以及《资管新规》的外部冲击，养老保

障管理产品依然保持了良好的增长势头。一方面业务稳健快速发展，另一方面养老保险公司和养老金公司在自身渠道建设、互联网平台合作、新型产品开发等方面均有新的进展。

## （一）产品发展情况

当前，市场上各家机构多为经营企业年金起家，养老保障管理产品从发起之初就保留了鲜明的企业年金特色，比如产品层面下设组合，组合作为开立产品账户的基本单位。此外，银保监会作为业务的监管主体，养老保障管理业务的投资范围等又带有保险资金特性。

1. 产品发展整体情况

随着养老保险公司牌照的不断扩容，以及建信养老金管理有限责任公司的设立展业，市场上的经营主体不断增加。截至 2018 年底，行业中实际开展养老保障管理业务并具有一定存量规模的机构包括 6 家养老保险公司以及 1 家养老金管理公司。全行业 2018 年底业务管理规模达到 6483. 33 亿元，相较 2017 年增长约 42%。市场份额排在前四位的机构分别为：国寿养老、建信养老、平安养老、长江养老，上述机构的市场份额都超过了 10%，四家合计规模超过全行业总规模的 90%。养老保障管理业务市场的头部机构市场份额集中度较高（见表 2）。另外，包括太平养老、泰康养老、安邦养老等公司在内，大部分机构同比上年业务都有较快的发展。此外，从银保监会公布的养老保险机构历年养老保障及其他委托管理资产规模数据可以看出，养老保障管理业务资产占比逐年上升，截至 2018 年已超过 68%，已经成为养老保险公司非常重要的业务增长极。

**表 2　养老保障管理产品市场规模（截至 2018 年底）**

单位：亿元，%

| 公司 | 养老保障业务规模 | 市场份额 |
|---|---|---|
| 国寿养老 | 2173. 43 | 33. 52 |
| 平安养老 | 1139. 75 | 17. 58 |
| 长江养老 | 720. 08 | 11. 11 |

续表

| 公司 | 养老保障业务规模 | 市场份额 |
| --- | --- | --- |
| 太平养老 | 459.42 | 7.09 |
| 泰康养老 | 75.28 | 1.16 |
| 安邦养老 | 72.94 | 1.13 |
| 建信养老 | 1842.43 | 28.42 |
| 合计 | 6483.33 | 100.00 |

注：各家机构数据源自官网披露信息，泰康养老披露报告中个人养老保障管理产品规模信息未获得，采用同业交流数据；新华养老2018年已获得团体养老保障管理产品发行资格，但当年无资金到账，未在此表中列示。上述数据供参考。

2. 个人养老保障管理产品

个人养老保障管理产品面向个人投资者发售，封闭式产品起购门槛为1万元，开放式产品起购门槛为1000元，可以通过产品发行人官网直销或具有资质的银行、互联网平台等代销机构销售，能够较好满足公众普惠金融的投资需求。2018年个人养老保障管理产品规模占行业总规模接近95%，远超团体养老保障管理业务规模。市场份额排在前列的机构为国寿养老、建信养老、平安养老，合计规模占比达到82%，市场集中度较高（见表3和图1）。其中，开放式个人养老保障管理产品可以持续在渠道上发售，因其购买的便捷性，从同业交流数据来看，开放式产品近年来规模逐年攀升，2018年占比个人业务总规模超过90%，发展势头强劲。

**表3　个人养老保障管理产品市场规模（截至2018年底）**

单位：亿元，%

| 公司 | 个人养老保障管理业务规模 | 市场份额 |
| --- | --- | --- |
| 国寿养老 | 2128.25 | 34.70 |
| 平安养老 | 1117.50 | 18.22 |
| 长江养老 | 560.14 | 9.13 |
| 太平养老 | 403.04 | 6.57 |

续表

| 公司 | 个人养老保障管理业务规模 | 市场份额 |
|---|---|---|
| 泰康养老 | 65. 54 | 1. 07 |
| 安邦养老 | 72. 35 | 1. 18 |
| 建信养老 | 1786. 61 | 29. 13 |
| 合计 | 6133. 43 | 100. 00 |

注：各家机构数据来源自官网披露信息，泰康养老披露报告中个人养老保障管理产品规模信息未获得，采用同业交流数据。上述数据供参考。

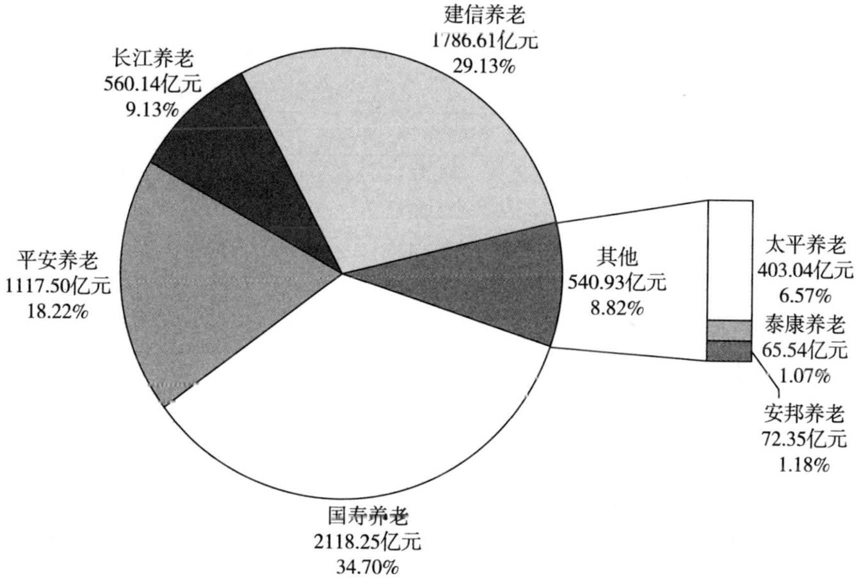


**图 1　个人养老保障管理产品市场规模及占比（截至 2018 年底）**

3. 团体养老保障管理产品

团体养老保障管理产品面向机构客户，提供养老方案、账户管理、投资管理等服务内容，业务类型包括职工安置、人才激励、员工持股、薪酬递延、福利计划等。2018 年，市场上长江养老、太平养老、建信养老、国寿养老四家的团体业务规模居领先地位，合计占比超过 90%。客观地说，团体养老保障管理产品发展之初，定位就是寻找细分市场，满足机构个性化的养老金融服务需求。企业年金的规范发展，特别是 2018 年《企业年金办法》修订和落地实施后，许多企业做福利激励时，选择团体养老保障管理产品的意愿并不突出，一些业务实质上仅仅是类似资管计划。从近两年发展来看，在个人业务持续高歌猛进的同时，团体养老保障管理产品市场总规模与上年底相比有17%左右的收缩，一方面是客户难求，市场拓展难度增加；另一方面与各家机构产品的特色不明显和个性化程度有限亦有不小关系。长江养老在团体业务上持续占据市场首位，与其深挖客户需求，积极尝试员工持股计划等一系列创新产品密切相关（见表4和图2）。

**表4 团体养老保障管理产品市场规模（截至2018年底）**

单位：亿元，%

| 公司 | 团体养老保障管理业务规模 | 市场份额 |
|---|---|---|
| 国寿养老 | 45.18 | 12.91 |
| 平安养老 | 22.25 | 6.36 |
| 长江养老 | 159.94 | 45.71 |
| 太平养老 | 56.38 | 16.11 |
| 泰康养老 | 9.74 | 2.78 |
| 安邦养老 | 0.59 | 0.17 |
| 建信养老 | 55.82 | 15.95 |
| 合计 | 349.90 | 100.00 |

注：各家机构数据来源自官网披露信息，新华养老2018年已获得团体养老保障管理产品发行资格，但当年无资金到账，未在此表中列示。上述数据供参考。

## （二）产品发展特点

养老保障管理业务经过十年的发展，特别是互联网金融平台兴起后，产品管理模式和销售方式都有一定的转型。目前市场上产品结构、期限分布、各家机构发展路径都呈现一定的发展特点。

1. 个人产品期限丰富，管理水平快速提升

个人养老保障管理产品申购起点较低，申购方式灵活，特别是开放式产品每日可以申购，以固定收益资产为主的投向，对于满足个人养老金融需求、提高产品市场认可度大有裨益。从同业交流情况来看，个人养老保障管

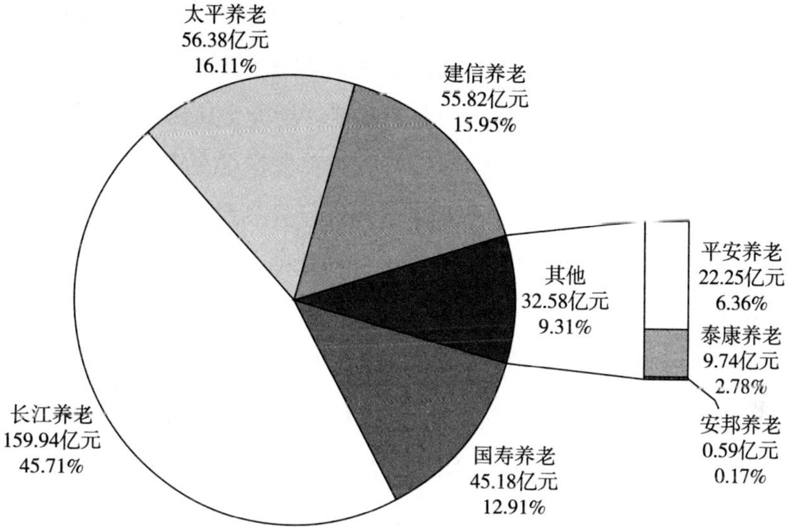


**图 2　团体养老保障管理产品市场规模及占比（截至 2018 年底）**

理产品触达的客户已计亿人次，特别是近两年通过互联网金融平台代销产品，依靠互联网平台海量的客户基础以及高频的触达能力，快速推动个人产品发展。目前，大部分机构在长、中、短各期限都形成了初步的产品布局，较好地满足了个人客户的投资需要。从近两年市场情况看，中短期产品因为期限的灵活性，客户接受度更高，市场存量也较大。《资管新规》出台后各类公募型资管产品投资范围趋于统一，同类型产品投资收益也有归拢趋势。以市场上面市较早的一款 T＋30 定开产品为例，其投资范围以固定收益资产为主，随着主力配置的存款、存单等成本类资产收益一路走低，产品近七日年化收益已经从 2018 年初 5.1% 左右，随行就市到了 2019 年中的 3.3% 左右（同期余额宝收益亦从 4.1% 一路下行至 2.2% 左右）。2018 年初监管长期化导向明确后，行业头部管理机构已经开始尝试将存量客户的产品期限偏好向长期迁移，客户对一年期以上产品接受度逐步提升，长期产品推广和管理也取得一定进展。且《资管新规》要求严格禁止非标期限错配，带有一年期以上锁定期的产品在非标资产上仍有配置的可能性，一定程度上有利于增厚收益。运营管理上，开放式个人养老保障管理产品要求 T＋0 估值清算，每日实现客户账户余额及收益查询，每个交易日都有资金交收和投资操作，对机构的信息系统、账户管理、投资能力都提出了较高的要求。高频的操作、海量的客户数据结算，给注册登记系统、投资交易能力的处理效率带来极大挑战，各家机构都积极优化系统功能，为产品的平稳运行提供有力保障。

2. 团体产品个性化发展，市场潜力尚待开发

相较于个人产品，团体养老保障管理产品因为面对机构客户，其发展很大程度上取决于各家机构自身的资源禀赋。与企业年金相比，团体养老保障管理业务客群范围更广，服务更加灵活，能够适配机构客户薪酬递延、员工持股、定制方案等个性化需求。团体产品市场规模的收缩，一方面因为团体业务推广依靠点对点服务，无法像个人业务那样通过互联网平台迅速打开局面，市场认知程度需要长期培育；另一方面，团体业务客群差异化程度大且受宏观政策影响。团体产品在投资管理上因为受委托人投资个性化诉求影响，投资收益一般与大类资产投资范围设定息息相关。近两年，企业经营压力持续增大，社会广泛呼吁降低社保缴费。社保费率下调相当于降低了用工成本，给企业的长期发展提供了坚实保障。目前，各省份正在抓紧制定降低社保费率的具体措施，这将带来中小企业盈利的改善，给以养老为目标的金融管理腾挪资源，一定程度上利好团体业务发展。

## （三）销售渠道情况

1. 自身渠道销售情况

从同业交流来看，团体养老保障管理业务各家主要依靠直拓力量，或借力集团核心业务资源。个人养老保障管理业务虽然也有自身官网或 App、集团内渠道等出单途径，但近两年互联网平台因其流量优势，代销势头不容小觑。究其原因，自身渠道虽然销售成本可控，管理更有效，但要在短时间内积攒大量客户流量，并保持客户黏性，依然存在一定难度。

2. 主流互金平台情况

目前，个人养老保障管理产品登陆的主流互联网金融平台包括：蚂蚁金

服（支付宝）、腾讯理财通、京东金融等。通过对上述三家平台已上线产品的分析，大致可以了解个人产品在互金代销渠道的基本情况。如表 5 所示，各家管理人均有产品选择上述互金平台开展合作。平安养老、国寿养老、建信养老与三家平台均有合作，其中平安养老对接互金平台的次数最多。为了提高管理效率、扩充资金来源，实际业务开展过程中，存在单只产品对接多个渠道的情况。三家平台中以腾讯理财通代销的产品数量最多，达到 22 只。

**表 5　互金平台个人产品管理人概况**

单位：只

| 互金平台 | 国寿养老 | 平安养老 | 长江养老 | 太平养老 | 泰康养老 | 安邦养老 | 建信养老 |
|---|---|---|---|---|---|---|---|
| 蚂蚁金服 | 4 | 4 | 4 | 1 | 2 | 1 | 1 |
| 腾讯理财通 | 4 | 6 | 1 | 7 | 3 | 0 | 1 |
| 京东金融 | 1 | 8 | 0 | 0 | 0 | 1 | 1 |

资料来源：各互联网金融平台，截至 2019 年 6 月。

从开放式个人养老保障管理产品在互金平台的期限来看，因为期限较为灵活，发展初期 30 天以内、30 天（含）到 180 天两个区段的产品需求度最高。蚂蚁金服、腾讯理财通平台的期限分布较为均匀。值得注意的是，自监管提出长期化发展导向后，各平台都积极引入了 360 天（含）以上的长期产品，目前各主流互金平台上长期产品布局明显加快（见表 6）。

**表 6　互金平台个人产品期限概况**

单位：只

| 互金平台 | 30 天以内 | 30 天（含）到 180 天 | 180 天（含）到 360 天 | 360 天（含）以上 |
|---|---|---|---|---|
| 蚂蚁金服 | 3 | 7 | 2 | 5 |
| 腾讯理财通 | 6 | 8 | 3 | 5 |
| 京东金融 | 2 | 6 | 1 | 2 |

资料来源：各互联网金融平台，截至 2019 年 6 月。

《资管新规》出台后，摊余成本法的使用场景被明确限定。净值化发展成为公募型开放式产品的发力方向。目前，虽然摊余成本法产品依然是三大平台的主力军，但是一些新型净值化开放式产品已经悄然登陆（见表7）。泰康养老、国寿养老、平安养老都较早地进行了探索。市场上，泰康养老较早在腾讯理财通平台推出了汇选悦泰净值型个人养老保障管理产品，因为发行时点得当、投资管理到位，上市以来取得了较好的市场表现。

**表7　互金平台个人产品估值方法概况**

单位：只

| 互金平台 | 市值法 | 摊余成本法 |
|---|---|---|
| 蚂蚁金服 | 6 | 11 |
| 腾讯理财通 | 9 | 13 |
| 京东金融 | 2 | 9 |

资料来源：各互联网金融平台，截至2019年6月。

## 三　市场形势及发展导向

2018年作为《资管新规》元年，表外资管产品都受到一定程度的影响。具体表现在《资管新规》政策本身以及大资管行业变革带来的外部冲击。

### （一）《资管新规》的主要影响点

《资管新规》的影响主要集中在产品规则上，对展现方式、估值方法、投资要求都进行了更统一的约束，最终实现将不同风险的资管产品提供给对应的适格投资者。金融机构应当加强投资者教育，通过前端的充分风险提示及信息披露，不断提高投资者的金融知识水平和风险意识，向投资者传递“卖者尽责、买者自负”的理念，打破刚性兑付。对养老保障管理产品，主要影响点包括以下几方面。一是产品规则方面，封闭式产品不得公布预期收益率，封闭期限不得低于90天，封闭式个人养老保障管理产品可能进一步从严至180天。二是估值方式方面，满足条件的封闭式产品可以采取摊余成本法估值，产品终止时兑付偏离度不得达到或超过5%。开放式产品应当采取公允价值计量，每日展示产品净值。三是投资账户方面，封闭式产品和开放式产品均不得开展滚动发行、集合运作、分离定价资产池业务。四是投资范围方面，面向普通大众公募产品可以投资标准化债权、股票、商品及金融衍生品，不得投资未上市股权，对非标债权投资各行业尚未统一。面向合格投资者的私募产品可以投资各类债权、股票、未上市股权和收益权等其他资产。五是期限错配方面，封闭式产品期限不得短于最后一笔非标债权终止日，不得变更底层非标债权。开放式产品最后一笔非标债权终止日不得晚于产品最近一次开放日。上述这些方面也是养老保障管理产品在后续发展中需要着力解决的问题，《资管新规》的影响是全方位的，只有在过渡期内尽早着手，不断升级，才能持续优化产品内核，在大资管竞争中常改常新，保持产品活力。

### （二）大资管行业的外部冲击

伴随《资管新规》落地，作为行业规模最大的资管产品，银行理财受到业界的广泛关注。《商业银行理财业务监督管理办法》和《商业银行理财子公司管理办法》相继发布，理财新规进一步明确了理财产品的非标资产投资、起售门槛、代销渠道等方面内容。非标资产投资方面，维持了原有理财产品投资非标资产的比例，即占全部理财产品余额不高于35%；起售门槛方面，金额较原先大幅下降，商业银行理财产品起售门槛由现行的5万元降至1万元，理财子公司的理财产品更是不设起售门槛；代销渠道方面，现行理财产品只能在银行业金融机构代销，并实行首次购买柜台录音录像，而理财子公司的理财产品拓宽了代销渠道，将监管部门认可的非银行业金融机构纳入范畴，并且可通过电子渠道进行客户首次购买产品的风险能力评估，意味着银行理财进军互联网代销渠道的最后障碍也已清除。银行理财产品在投资范围上也较养老保障管理产品宽泛，既可以投资交易所ABS，又可以投资银行间、银登中心ABS、ABN，保险资金目前仅可以投资交易所ABS。非标资产获得上较养老保障管理产品更加灵活丰富，产品收益率更具优势。如果理财产品登陆互金平台，目前存量较大的互联网代销个人开放式产品将不可避免地受到冲击。同时，随着大资管行业日趋统一的导向，对标类资产的资源获得、交易融资等能力要求更高。个人养老保障管理产品标类资产中存款、存单居多，对投资机构的市场询价能力有很高要求。杠杆套息策略是固定收益投资普遍采用的投资策略，可获得较为稳定的利差收益，进而增厚产品投资收益率。养老保障管理产品规模的增大，对公司交易融资能力亦有较大考验。

## 四　养老保障管理产品的市场机遇及展望

2019 年 4 月 16 日，国务院办公厅印发《关于推进养老服务发展的意见》（简称《意见》）。《意见》指出党中央、国务院高度重视养老服务，要打通“堵点”，消除“痛点”，破除发展障碍，健全市场机制，确保到 2022 年在保障人人享有基本养老服务的基础上，有效满足老年人多样化、多层次养老服务需求，提出了六个方面共 28 条具体政策措施。《意见》第十五条专门强调，发展养老普惠金融，鼓励商业养老保险机构发展满足长期养老需求的养老保障管理业务，并责成银保监会、证监会、中国人民银行等监管机构按职责分工负责。应该说，养老保障管理业务发展的又一个战略窗口期即将到来。

### （一）未来的机遇

当前，我国正加速进入人口老龄化社会，2010 年第六次全国人口普查显示，我国 60 岁及以上人口占 13.26%，比 2000 年第五次全国人口普查上升了 2.93 个百分点，其中 65 岁及以上人口占 8.87%，比 2000 年上升了 1.91 个百分点。人口老龄化数量大、程度高、速度快，形势异常严峻。“人口老龄化问题”已成为全社会共同关注的焦点。随着现代化和工业化程度的提高，农业人口逐渐脱离第一产业涌入城市，这是世界各国城镇化的发展趋势。与欧美等发达国家及日本“先富后老”不同，中国是“未富先老”，城镇化与老龄化并存，支撑老年人需求的经济和物质基础还十分薄弱。人口老龄化的同时伴随着家庭小型化、空巢化等社会现象，“养儿防老”等传统模式难以为继，养老金管理、老年社区等社会化养老模式将是大趋势，以养老资产管理、养老服务金融、养老产业金融为主的养老金融市场发展潜力巨大。

1. 投资者教育的不断深化

目前，国寿养老等行业内大型综合性养老保险公司一直聚焦于养老金融管理，专心专营，深耕养老事业。无论是第一支柱基本养老资金管理，还是第二支柱企业年金、职业年金管理，抑或是以自愿为特点的第三支柱养老保障管理业务，都已经成为养老保险公司持续发展的业务着力点。对于养老保障管理业务，从发端开始即定位以养老为目的，行业在经营管理上也一直将其归为第三支柱条线。从国外的经验来看，解决当前第三支柱发展缓慢的重要抓手是投资者教育。美国花了十多年的时间，通过投资者教育才慢慢提高了第三支柱社会认知度。我国也应该尽早着手，形成一套政府、金融机构、研究机构、社会组织等多方参与的投资者教育体系，提高公众的养老金融素养和全生命周期财富管理意识，培育良好可持续的市场环境。投资者教育的核心内容包括行业教育、产品教育、风险教育，完成这样一项工程不仅仅是养老保障一个行业的事。养老金融投资者教育中除了基本的金融知识和常识外，还要特别重视培育大家养老储备不足的风险意识、养老投资波动与长周期的风险意识，引导大众理性规划养老，科学投资管理。只有大家都认可了第三支柱养老，这块业务的配套政策才能尽快跟上，市场才能蓬勃发展起来。目前，养老保障管理产品中绝大部分投资集中在固定收益品种上，加强投资者教育，提升专业认知，能够促进投资者风险偏好的适度抬升，丰富股票等权益类资产投资比例，让投资者充分分享社会进步带来的红利。改革开放 40 年，取得了丰硕的成果，居民的财富和养老意识都有了巨大提升。在大力推动投资者教育，以及科学合理契合国民需求的养老保障管理产品等养老金融产品蓬勃发展的助力下，第三支柱发展的道路一定能走得更快、更稳。

2. 移动互联网技术的普及与升级

2009 年以来，以大数据、云计算、人工智能等技术为代表的 Fintech 正在飞速发展，它改变了金融市场传统的商业模式。Fintech 企业与金融机构的合作大大推动了金融创新，同时降低了金融活动的成本，提高了金融服务效率，为实现普惠金融注入了新动力。过去，养老保障管理业务利用线下宣传很难大规模推广，现在利用“互联网 + 产品”的模式，个人养老保障产品迅速地在全国范围内传播，扩大影响力。无论身处何处，只要有手机、有支付宝、微信就可以购买到个人产品，而且操作便捷，流程简单，大大拉近了产品和客户之间的距离，服务了普罗大众，助力了普惠金融。

此外，随着各家机构开始在主流互金平台布局长周期个人养老保障管理产品，市场在培养用户养老资产中长期投资的习惯，引导投资者做好生命周期财富的管理。互联网平台通过大数据应用，已经越来越精准地掌握风险分层、千人千面、定向推送等技术，大大提高了产品的转化率。长周期的投资管理不仅有利于客户获取长期稳健的投资回报，同时也有利于资本市场的稳定。待养老保障管理产品权益类投资规模进一步扩大后，也能够在一定程度上发挥金融市场“稳定器”的作用。

3. 第三支柱税延产品政策的逐步放开

与第二支柱相比，第三支柱的发展脚步迟缓，目前个人商业养老保险规模和覆盖人群非常有限。2018 年 4 月 2 日，财政部、国家税务总局协同人社部、银保监会、证监会联合发布《关于开展个人税收递延型商业养老保险试点的通知》（财税〔2018〕22 号），明确自 2018 年 5 月 1 日起，在上海、福建省（含厦门市）和苏州工业园区实施个人税收递延型商业养老保险试点，试点期限暂定一年。在业界看来，个人税延型商业养老保险正式进入启动阶段，将逐步推动养老保险三支柱均衡发展。

第一批税延产品选择寿险产品，有其合理性。养老金需要提供长期保障，跨度有几十年，跨越数轮市场牛熊，因此产品的精算平衡至关重要，我国市场上如人寿保险的长期金融产品屈指可数，而保险业最大的优势就是精算能力，能够较为科学地化解长寿风险。养老金融管的都是长期资金，保险产品能够满足一部分投资者的诉求，但也存在产品类型比较单一，同质化现象明显等问题。第三支柱养老保障有别于第一、二支柱，属于自愿型养老储备，在较长的管理周期中，多样化的投资选择是基本要求。从西方发达国家经验来看，无论是从客户的需求，还是从金融体系的发展来说，都应该有更加多元化的金融产品。个人养老保障管理产品投资管理上秉承保险资管机构长期稳健的资产配置特点，同时作为公募表外资管产品，又兼具基金的便携性及估值管理透明性，将与其他资管产品一起充实第三支柱养老金融的产品线。养老目前已不仅事关老年人，民众从年轻时代就要培育养老意识。50岁和30岁的投资习惯、风险偏好肯定存在差异，因此只有丰富的产品体系，才能满足多样化的投资需求。相信在政策试点到期后，监管层将有序推进地区扩面、产品扩容，进一步激发民众的养老金融需求。

## （二）思考及展望

### 1. 产品的长期化、净值化、多元化探索

随着业务不断走向成熟，产品朝向长期化、净值化、多元化等方面发展是大势所趋。《资管新规》出台后，净值型产品将是资产管理产品未来发展的方向，近期，已有多家机构试水了几款净值型个人养老保障管理产品。净值型产品相对目前存量的摊余成本法估值产品，在投资范围上差异不大，但在产品收益展示上有较大差异。这就要求投资端在资产配置时，要充分考虑净值回撤带来的负债端流动性风险。在没有机构资金作为底仓的情况下，负债端完全是个人投资者的净值型产品投资管理难度较大。下一阶段，需要在产品设计、锁定期限制、策略制定、资产储备和渠道布控等方面做好投资准备工作。具体包括以下几方面。

一是加快研发净值型产品。新规明确要求打破刚兑，未来浮动收益型产品将成为市场主力，研发重点将是净值型产品。应充分发挥机构投资管理优势，以固定收益类资产为主要投资标的，并适时引入含权益类产品。二是逐步拉长产品锁定期。根据期限匹配原则，以非标资产为部分标的的产品期限将拉长，体现产品养老属性，培养投资者长期资产管理的习惯，为纳入第三支柱个人税延产品做好充分准备。三是不断丰富产品类型。迈出净值化这一步后，就可以加快权益类投资探索步伐，加快开发以二级市场交易品种为主

要投向的固定收益型产品、权益型产品、混合型产品、打新产品及 FOF 型产品等，向客户提供更为丰富的投资选择。

2. Fintech 助力养老金融发展

在养老金融现代化发展的进程中，我们应该充分利用云计算、移动互联网和大数据技术等 Fintech 手段，完善养老金融的信息系统、创新商业模式、优化业务流程、提升产品设计能力，持续迭代改进从线下到线上的养老金融平台，构建更加透明、高效和多元的养老金融生态链。以大数据分析为基础，推动养老金资产管理创新。要激活企业年金、职业年金以及第三支柱税延型产品等养老金市场的活力。

面对新形势和技术浪潮，投资者的第一问题即为：该如何根据自身需求确立合适的投资策略、选择合适的养老金融产品？养老金融产品不同于一般产品，有其自身特点。首先，产品管理是长期的。如果今天买，明天就卖，那不是养老金融产品。第二，突出安全性。养老金融产品不同于一般产品，在风险控制上要远高于其他其他产品，对于管理机构的信任度要求也更高。在此前提下，考虑到互联网金融和 Fintech 快速发展的大趋势，在一位客户漫长的养老资金投资管理过程中，作为养老保障管理行业参与者，要努力提供定制化的“一站式”养老金融产品及服务。大数据和人工智能技术，可以帮助我们更全面地认知和刻画个人客户的需求，加快养老金融产品创新，由单一的投资产品向一揽子解决方案发展。根据客户的年龄、收入、风险偏好及风险承受能力等特征，为其提供包含家庭资产配置、养老储备规划、退休资金理财等全生命周期的综合金融服务方案，推动养老金资产管理朝着定制化的方向发展。

3. 个人税延型养老保障管理产品的发展路径

第三支柱税延业务需要国家提供制度设计和配套政策安排，将其真正纳入国家养老保障体系建设，特别是在税收激励上要保证到位。个人养老保障管理产品肩负着参与市场竞争、丰富税延产品品类的重要责任。第三支柱的激励依靠个人税优，因此是以“个人”为核心的补充养老制度，第三支柱监管模式建议也要围绕个人，充分保护个人合法权益，严格控制可能出现的各类风险，通过充分市场竞争鼓励更多主体积极参与第三支柱建设。

如第三支柱个人税延账户信息统一归集，在底层信息账户设计上，应鼓励各类专业机构参与，营造统一化、标准化、开放化的创新包容氛围。在税延型产品投资范围方面，考虑其长周期属性，建议适时扩大非标债权资产等投资范围。因为监管历史原因，银行理财产品、养老保障管理产品、公募基金分属原银监会、原保监会、证监会监管，各条线下投资范围存在一定差异，《资管新规》仅就统一监管提供了方向，但实际上各类产品的监管细则仍然存在特异性。有鉴于此，应尊重不同行业资管产品的投资特点和优势，不搞投资政策一刀切，将一些合适的产品逐步纳入第三支柱税延体系。以养老为目的的金融产品大体分两类，一类是能够提供部分保险功能，由保险公司来管理，属表内业务；另一类属于表外的资产管理产品，养老保险公司的税延型个人养老保障管理产品、公募基金的养老目标基金等产品，都具有各领域特色及差异化优势。随着产品品类的充实，投资者养老金融的选择将更加丰富，更多的金融机构也能加入第三支柱的建设行列，进一步强化投资者教育和养老认知。

养老保障管理业务的发展深化，特别是从团体业务，向个人业务的迁移过程中，个人养老保障管理产品累计触达的客户已达上亿人次，对机构固有的管理模式产生较大挑战。原先以机构业务见长的养老保险机构，都面临信息系统、客户服务、投资管理、风险控制、应急机制等方方面面的基础建设升级，在人员配备、资金投向、资源投入等方面都迫切需要进行顶层设计，根据未来个人业务发展实际对公司架构和流程进行梳理重构。在这条升级之路上，养老保障管理业务快速发展与机构能力的持续提升是相伴始终的。

## 参考文献

董克用、姚余栋：《中国养老金融发展报告（2018）》，社会科学文献出版社，2018。

宣华：《企业年金与老年健康产业良性互动的可行性分析》，《中国卫生政策研究》2016 年第 10 期。

# B.9
# 个人税收递延型商业养老保险：试点成效与未来展望

王增强　孙　瑜*

**摘　要：** 2018年4月2日，财政部等五部门印发《关于开展个人税收递延型商业养老保险试点的通知》，标志着酝酿十年之久的第三支柱个人税延型商业养老保险正式进入政策实践阶段。试点一年来，个人税延型商业养老保险总体运行平稳，但是保单总量和保费收入与市场预期还有一定差距，主要存在税优力度较小、受惠群体较少、抵扣流程复杂、投资者教育不足、保险公司营销投入不足等问题。2019年以来，监管部门积极组织行业机构研究论证第三支柱全国试点扩面工作，公募基金、银行理财等金融产品也将纳入个人商业养老账户投资范围。在此背景下，个人税延型商业养老保险要发挥试点先机和保险产品独特优势，加快优化税优制度，扩大覆盖群体，改善税优体验，丰富产品供给，加强营销推广和投资者教育，强化监管与信息披露，把握全国扩面历史发展机遇，推进第三支柱个人养老金提速发展、做大做强。

**关键词：** 个人税延型商业养老保险　试点　第三支柱个人养老金

* 王增强，供职于中国人寿养老保险股份有限公司发展规划部，主要从事规划研究与经营分析工作；孙瑜，广发基金管理有限公司养老金部研究员，研究领域为养老金制度与资产管理。本文仅代表个人观点，与供职单位无关。

## 一　个人税延型商业养老保险试点背景与意义

人口老龄化问题已成为日益严重的全球性问题，建立多层次养老保障体系已经成为全球应对人口老龄化挑战的普遍做法。目前，我国基本形成了三支柱的养老保障制度体系，但是三支柱发展严重失衡，其中第一支柱独大、第二支柱覆盖面小且发展滞缓、第三支柱严重缺位。为推动多层次养老保障体系均衡发展，形成政府、企业、个人共担养老责任的良性机制，加快推动第三支柱建设势在必行。

2018 年 4 月，财政部等五部门联合印发《关于开展个人税收递延型商业养老保险试点的通知》（以下简称《通知》），标志着酝酿十年之久的第三支柱个人税延型商业养老保险正式进入政策实践阶段。随即，监管部门陆续出台了《个人税收递延型商业养老保险产品开发指引》（以下简称《产品开发指引》）、《个人税收递延型商业养老保险业务管理暂行办法》（以下简称《业务管理暂行办法》）和《个人税收递延型商业养老保险资金运用管理暂行办法》等配套制度，对个人税延型商业养老保险产品开发、税延抵扣、经营管理、产品管理、资金运用等内容进行了规定（见表 1）。

**表 1　个人税延型商业养老保险试点制度情况**

| | 试点制度 | 规定内容 |
|---|---|---|
| 1 | 《关于开展个人税收递延型商业养老保险试点的通知》(财税〔2018〕22 号) | 明确了试点地区、时间、产品、信息平台以及税优政策等 |
| 2 | 《个人税收递延型商业养老保险产品开发指引》(银保监发〔2018〕20 号) | 明确了产品设计原则、产品要素、产品管理等规范要求 |
| 3 | 《关于开展个人税收递延型商业养老保险试点有关征管问题的公告》(国家税务总局公告 2018 年第 21 号) | 明确了试点产品缴费税前扣除环节和领取征税环节流程 |
| 4 | 《个人税收递延型商业养老保险业务管理暂行办法》(银保监发〔2018〕23 号) | 明确了产品经营管理的规范要求 |
| 5 | 《个人税收递延型商业养老保险资金运用管理暂行办法》(银保监发〔2018〕32 号) | 明确了养老保险资金运用在投资范围和比例、投资能力、投资管理、风险管理方面的规范要求 |

资料来源：根据监管机构公开信息整理。

作为第三支柱个人养老金建设的重要部分，个人税延型商业养老保险试点有助于缓解养老金收支压力。由于基本养老保险实行政府兜底，在收不抵支时需要进行财政补贴，随着人口老龄化趋势不断加深，我国政府财政养老负担不断加重。新一轮减税降费改革已经开始，城镇职工基本养老保险缴费基数的下降，意味着政府补贴压力将进一步加大。推动第三支柱商业养老保险建设，加快建立健全多层次养老保障体系，将有效减轻养老金收支压力、弥补养老资金缺口，进一步保障和改善民生，促进社会和谐稳定。

作为保险业服务个人养老的重要工具，个人税延型商业养老保险为保险业发展提供刚性支撑。根据国际经验，运用税收优惠政策，积极引导和鼓励居民购买商业养老保险，将直接推动商业养老保险保费扩张，为保险行业发展带来长期资金，提供刚性支撑。根据《中国养老金融发展报告（2018）》测算，按照70%的参与度，第三支柱全面落地后每年规模增量在1500亿~2000亿元。这一测算规模，与2018年企业年金积累基金规模增量1891亿元基本持平，约占2018年我国寿险业务原保费收入20722.86亿元的7.2%~9.7%，规模较为可观。

作为个人自主养老的产品载体，个人税延型商业养老保险的推广能有效提高个人未来的养老保障水平。个人税延型商业养老保险是指可以将保费进行税前列支，在领取养老保险金时再缴纳个税，实质上是国家给予商业养老保险投保人的税收优惠政策，能够在有效缓解个人当下税收负担的同时，进行养老金储备，对第一、二支柱养老金形成有效补充，可以帮助投保人有效抵御长寿风险，避免陷入养老金无法满足晚年养老资金需要的困境。

## 二　个人税延型商业养老保险试点政策简析

### （一）试点地区与覆盖群体

1. 试点地区

《通知》决定，自2018年5月1日起，在上海市、福建省（含厦门市）

和苏州工业园区实施个人税收递延型商业养老保险试点工作，试点期限暂定一年。

2. 覆盖群体

在试点地区，年满 16 周岁并且尚未达到国家规定退休年龄的以下两类人群可以进行投保。

（1）取得工资薪金、连续性劳务报酬所得的个人，其个人所得税扣缴义务人位于试点地区。

（2）取得个体工商户生产经营所得、对企事业单位的承包承租经营所得的个体工商户业主、个人独资企业投资者、合作企业自然人合伙人和承包承租经营者，其工资薪金、连续性劳务报酬的个人所得税扣缴单位，或者个体工商户、承包承租单位、个人独资企业、合伙企业的实际经营地均位于试点地区内。

其中，取得连续性劳务报酬是指连续 6 个月及以上为同一单位提供劳务而取得的所得。

## （二）EET 税优模式

个人税延型商业养老保险试点采取的是 EET 模式，即对个人参加商业养老保险时的缴费环节可以按照一定标准税前列支保费，投资环节暂不征收个人所得税，领取环节再按照规定税率征收个人所得税。

1. 缴费环节

缴费环节保费可以税前扣除，如果个人在试点范围内两处或两处以上取得所得时，只能选择在其中一处进行保费税前扣除。投保人可选按月或按年交费。

（1）扣除限额。取得工资薪金、连续性劳务报酬所得的个人，其缴纳保费扣除限额为当月工资薪金、连续性劳务报酬收入的 6% 和 1000 元孰低办法确定。

取得个体工商户生产经营所得、对企事业单位的承包承租经营所得的个体工商户业主、个人独资企业投资者、合作企业自然人合伙人和承包承租经营者，其保费扣除限额为当年应税收入的6%和12000元之间孰低办法确定。

经测算，月收入在16667元及以上的个人可以享受1000元的最高税延金额，年收入在20万元及以上的个人经营者可以享受12000元的最高税延金额（见表2）。

**表2　不同收入扣除标准**

| 适用人群 | 收入情况 | 扣除标准 |
|---|---|---|
| 取得工资薪金、连续性劳务报酬所得的个人 | 月收入在0～16667元 | 月收入×6% |
| | 月收入≥16667元 | 1000元/月 |
| 个体工商户业主等个人经营者 | 年收入在0～200000元 | 年应税收入×6% |
| | 年收入≥200000元 | 12000元/年 |

（2）扣除流程。取得工资薪金、连续性劳务报酬所得的个人，购买个人税延型商业养老保险，需在中保信平台进行注册登记。个人购买时需自行下载扣除凭证并交由企业经办人员协助办理，企业团体购买时由企业经办人员批量下载扣除凭证并统一办理报税。

取得个体工商户生产经营所得、对企事业单位的承包承租经营所得的个体工商户业主、个人独资企业投资者、合作企业自然人合伙人和承包承租经营者，购买个人税延型商业养老保险，需在中保信平台进行注册登记，自行办理报税。

2. 投资环节

投资环节中计入个人商业养老保险账户内的投资收益，暂不征收个人所得税。

3. 领取环节

（1）领取条件。到投保时约定的开始领取日，并且达到国家规定的退休年龄时即可领取养老年金。

（2）领取方式。可以选择“保证返还账户价值终身领取月领（年领）”或“固定期限15年或20年领取月领（年领）”领取养老年金。

此外，个人税延型商业养老保险包括养老年金、身故保险金和身体全残保险金等保险责任。除到期领取养老年金外，当个人身故、发生保险合同约定的全残或罹患重大疾病时，可以一次性领取商业养老金（见表3）。

**表3　领取方式和给付方式**

| 领取方式 | 给付方式 |
| --- | --- |
| 保证返还账户价值终身领取 | 1. 若参保人在领取日后生存，则按固定标准给付养老年金，直至身故；<br>2. 若参保人在领取日后身故，且已给付养老年金小于首次领取时账户价值，则按照差额一次性给付 |
| 固定期限15年或20年领取 | 1. 若参保人在领取日后生存，则按固定标准给予养老年金，直至领取期限届满；<br>2. 若参保人在固定领取期届满前身故，则按照固定领取期内尚未给付的养老年金之和一次性给付 |

资料来源：根据《产品开发指引》内容整理。

（3）领取缴税。领取养老年金、身故保险金或身体全残保险金等个人税延型商业养老保险金时，其中25%部分予以免税，其余75%部分按照10%的比例税率计算缴纳个人所得税。也就是说，领取需要实际缴纳7.5%的个人所得税，并由保险公司负责代扣代缴领取人应缴的个人所得税。

（4）节税与领取测算。这里以上海市一位30周岁男性投保人进行测算。

节税测算：按照上海地区社保和公积金共计扣除工资收入17.5%，并且没有专项抵扣等其他税前扣除项测算。当月均收入为10000元时，每月可税前扣除保费600元，少缴个税35.5元，缴费30年共计节税12780元。当月均收入为20000元时，每月可税前扣除保费1000元，少缴个税100元，缴费30年共计节税36000元。数据表明，收入越高，节税效果越好。

领取测算：按照连续缴费30年，全部购买中国人寿B1类产品（初始费用为1%，保证年利率为2.5%，最高演示年利率为4.5%）测算。如表4所示，月交保费600元时，按照年复利4.5%计算，选择终身领取，则每月可领取1949元。月交保费1000元时，每月可领取3248元。

**表4　领取方式和给付水平**

单位：元，%

| 月交保费 | 利率（年复利） | 缴费30年 | | 领取方式(月领) | |
|---|---|---|---|---|---|
| | | 累计保费 | 账户价值 | 终身领取 | 15年领取 |
| 600 | 2.5 | 216000 | 317160 | 1388 | 2027 |
| | 4.5 | | 445387 | 1949 | 2847 |
| 1000 | 2.5 | 360000 | 528600 | 2313 | 3379 |
| | 4.5 | | 742311 | 3248 | 4745 |

## （三）产品类型与特点

### 1. 产品类型

保险期间包括积累期和领取期两个阶段。根据积累期收益类型不同，个人商业养老保险产品主要确定为三类，包括A类收益确定型、B类收益保底型、C类收益浮动型（见表5）。

**表5　产品类型与说明**

| 产品类型 | 产品说明 |
|---|---|
| A类收益确定型 | 积累期提供确定收益率(年复利)的产品,每月结算一次收益 |
| B类收益保底型 | 积累期提供保底收益率,同时根据投资情况提供额外收益的产品。其中,按月结算收益,为B1类产品;按季度结算收益,为B2类产品 |
| C类收益浮动型 | 积累期按照实际投资情况进行结算的产品,至少每周结算一次 |

资料来源：根据《产品开发指引》整理。

### 2. 设计原则

《通知》规定，个人税延型商业养老保险产品按稳健型产品为主、风险型产品为辅的原则选择，产品开发设计应符合“收益稳健、长期锁定、终身领取、精算平衡”原则，满足参保人对养老资金安全性、收益性和长期性管理要求。

其中，“收益稳健原则”强调风险控制，确保养老金保值增值；“长期锁定原则”强调账户资金长期锁定直至退休才可领取，确保用于养老需求；“终身领取原则”强调采用终身领取或不少于15年的领取方式，确保应对长寿风险；“精算平衡原则”强调科学确定保障领取水平，确保提供有效保障。

3. 产品转换

《产品开发指引》规定，投保人在开始领取养老年金前，可以向保险公司申请并通过中保信平台进行产品转换。产品转换是指将产品账户价值进行转移，可以在同一保险公司进行，也可以跨保险公司进行。投保人可以灵活选择、组合和转换产品，既可以满足不同投资偏好的投保需求，也有利于市场良性竞争。

此外，《产品开发指引》指出，在试点结束后，投保人向保险公司提出转换为其他金融产品的要求，保险公司应给予支持，为后续公募基金等其他产品纳入个人商业养老账户投资范围留出了政策空间。但是，对于试点结束后，保险产品与其他金融产品之间如何转化等相关问题暂无明确规定。

4. 产品费用

个人税延型商业养老保险产品收取初始费、产品转换费和资产管理费等三类费用。其中，A类、B1类、B2类产品收取初始费、产品转换费，C类产品收取初始费、资产管理费、产品转换费。费率上限如表6所示。

**表6　产品费用说明及上限**

| 费用项目 | | 费用说明 | 适用产品 | 费率上限 |
|---|---|---|---|---|
| 初始费 | | 按照参保人每笔缴纳保险费的一定比例收取 | A、B1、B2 | 2% |
| | | | C | 1% |
| 资产管理费 | | 按照产品账户价值的一定比例收取 | C | 1% |
| 产品转换费 | 同一保险公司 | 同一保险公司内产品转换时收取 | A、B1、B2、C | 0.5% |
| | 跨保险公司 | 跨保险公司产品转换时收取 | A、B1、B2、C | 前3年按3%、2%、1%递降，第4年起为0 |

个人税延型商业养老保险产品作为准公众产品，在产品费用上充分体现了让利于民原则。根据精算规定，万能险收取初始费、保单管理费、手续

费、退保费，投连险收取初始费用、买入卖出差价、保单管理费、资产管理费、手续费、退保费，分红险同样收取一定的附加费用。比较而言，个人税延型商业养老保险产品仅收取初始费、资产管理费和产品转换费，费用项目少，并且费用水平低。以初始费为例，万能险、投连险的基本保险费初始费首个保单年度费用上限是50%，第五个保单年度后费用上限为5%。此外，个人分红型年金保险附加费用上限为16%（分期交费），团体分红险年金保险上限为10%（分期交费），均明显高于个人税延型商业养老保险产品费用水平。

值得注意的是，《业务管理暂行办法》规定，在销售过程中C类产品不得进行利益演示。并且，制度规定年龄大于55周岁的人无法购买C类产品。参保人每次缴费时，购买C类产品不得超过其当次缴费的50%；进行产品转换时，C类产品账户价值不得超过其全部产品账户价值的50%。

### （四）资金运用管理

账户管理方面，保险公司应当根据个人税延型商业养老保险业务和资金特点，按照“普通账户”和“独立账户”管理要求，实行分账户的资产配置管理和资产负债管理。其中，A类、B类产品设立普通账户，C类产品设立独立账户。

投资范围方面，个人税延型商业养老保险资金投资资产划分为流动性资产、固定收益类资产、权益类资产、不动产类资产和其他金融资产等五大类资产，适用于现行保险资金运用监管政策。

投资比例方面，个人税延型商业养老保险普通账户与其他保险产品普通账户的投资比例应遵守保险资金运用的比例监管规定，同时单独计算的个人税延型商业养老保险普通账户的投资比例应当不高于大类资产监管比例上限和集中度风险监管比例上限。

委托规则方面，保险公司优先选择具有长期资金管理经验、资产配置体系完善、投资经验丰富、风险管控机制健全的投资管理人。投资管理人应当切实履行主动管理职责，不得进行转委托。

估值管理方面，保险公司及投资管理人应当制定个人税延型商业养老保险投资账户和投资资产的估值管理制度，明确估值程序和技术，健全估值决策体系。C类产品投资账户的估值，应坚持公允价值原则，鼓励使用市值计量，并应当使参保人在产品转换时能够以反映公允价值的产品账户价值进行转换，保障参保人的合法权益。

信息披露方面，投资管理人应当向保险公司主动、真实、准确、完整、及时披露个人税延型商业养老保险投资账户的信息，主要包括资金投向、杠杆水平、收益分配、托管安排及主要投资风险等内容。

## 三　个人税延型商业养老保险试点情况简析

### （一）机构与产品情况

1. 经营机构

保险公司积极参与个人税延型养老保险试点，截至2019年6月30日，先后5批个人税延型商业养老保险经营机构获得银保监会批准，共计23家保险公司（见表7）。

**表7　个人税延型商业养老保险经营机构情况**

| 批次 | 数量 | 机构简称 |
|---|---|---|
| 第一批 | 12家 | 中国人寿、太平洋寿险、平安养老、新华保险、太平养老、太平人寿、泰康养老、泰康人寿、阳光人寿、中信保诚、中意人寿、英大人寿 |
| 第二批 | 4家 | 人保寿险、民生人寿、工银安盛人寿、东吴人寿 |
| 第三批 | 3家 | 建信人寿、恒安标准人寿、交银康联人寿 |
| 第四批 | 1家 | 光大永明人寿 |
| 第五批 | 3家 | 利安人寿、复星保德信人寿、合众人寿 |

资料来源：根据银保监会公开信息整理，截至2019年6月30日。

2. 试点产品

截至2019年6月30日，银保监会批准的23家个人税延型商业养老保险经营机构中，已有前四批的20家机构开发的66款产品获准销售。其中，四类产品全部在售的包括中国人寿、太平洋保险、泰康养老等9家保险公司。20家保险公司全部在售A类和B1类产品，B2类有14家机构在售，C类产品仅有12家保险公司在售（见表8）。

**表8 个人税延型商业养老保险在售产品情况**

| 保险公司 | A类 | B1类 | B2类 | C类 |
|---|---|---|---|---|
| 中国人寿 | √ | √ | √ | √ |
| 太平洋寿险 | √ | √ | √ | √ |
| 平安养老 | √ | √ |  | √ |
| 新华保险 | √ | √ | √ |  |
| 太平养老 | √ | √ |  |  |
| 太平人寿 | √ | √ |  | √ |
| 泰康养老 | √ | √ | √ | √ |
| 泰康人寿 | √ | √ | √ | √ |
| 阳光人寿 | √ | √ |  | √ |
| 中信保诚 | √ | √ | √ | √ |
| 中意人寿 | √ | √ | √ |  |
| 英大人寿 | √ | √ | √ | √ |
| 人保寿险 | √ | √ | √ |  |
| 民生人寿 | √ | √ |  |  |
| 工银安盛人寿 | √ | √ | √ | √ |
| 东吴人寿 | √ | √ | √ |  |
| 建信人寿 | √ | √ | √ |  |
| 恒安标准人寿 | √ | √ | √ | √ |
| 交银康联人寿 | √ | √ |  |  |
| 光大永明 | √ | √ | √ | √ |

资料来源：根据银保监会网站批复信息整理，截至2019年6月30日。

3. 竞争态势

各家保险公司的产品形态基本一致，仅在保证收益、产品费用、额外给付等方面存在一定差异，对市场竞争影响不明显。例如，在保证收益方面，A类产品保证年利率多为3.5%，中信保诚等为3.8%；B类产品保证年利率多为2.5%，太平人寿B1类产品为2.0%，中意人寿B2类产品为2.25%。在费用收取方面，A类产品初始费用多为1%，中信保诚等为1.5%；多数保险公司内部产品转换不收取费用，中意人寿等收取0.5%。在额外给付方面，制度规定对60周岁之前领取身故保险金和身体全残保险金的投保人额外给付5.0%的产品账户价值，中国人寿等则额外给付7.5%，相当于为投保人缴纳了个税。

根据行业交流数据（以下分析部分均基于交流数据），截至6月30日，中国人寿、太平洋保险、平安养老、泰康养老等4家保险公司保费收入市场份额合计达到84%。这一方面说明头部保险公司凭借良好的品牌形象、强大的营销渠道和较强的投资能力，在税延试点"跑马圈地"中抢得了市场先机，同时也反映出市场集中度过高，良性的市场生态尚未形成。

## （二）地区承保比较

### 1. 地区特点

上海市、福建省（含厦门市）、苏州工业园区等试点地区集中位于我国东部，具有经济发展水平较高、城市化水平较高、金融保险市场较为成熟、养老金融需求较强、人均收入较高等特点，有利于个人税延型商业养老保险试点推广。

其中，上海市如今已跃升全国甚至世界经济重要中枢，拥有发达的金融行业；苏州市是江苏省第一经济城市，特别是现代工业非常亮眼；而福建省的民营经济是中国的典型代表。三地发展水平存在一定梯度，又各具特色，分别集中了金融白领、工业蓝领和个人经营者等人群，作为先行试点具有典型意义，也为在全国推广积累了不同经验。

### 2. 保费收入与保单件数比较

截至2019年6月30日，试点地区共计保费收入1.55亿元，承保保单4.45万件，地区差距明显。其中，上海市累计保费收入1.20亿元，累计承保保单2.92万件，市场份额分别达到78%和66%，保费收入和保单件数均大幅领先其他试点地区，市场份额占主导地位；福建省（除厦门市）累计保费和保单数量市场份额分别为13%和21%；苏州工业园区、厦门市保费收入合计仅千万元左右，分别累计承保0.23万件和0.38万件（见图1、图2）。

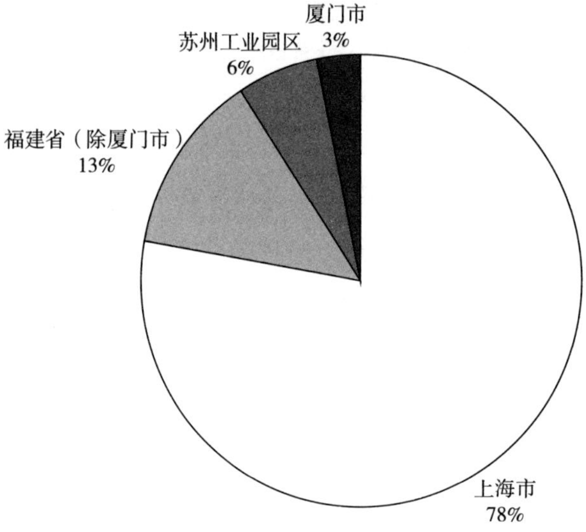


**图1　试点地区保费收入情况**

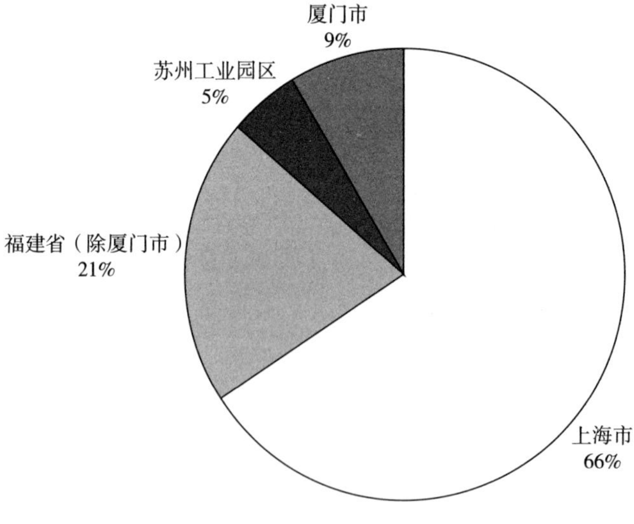


**图2　试点地区承保单数情况**

3. 件均保费收入比较

截至2019年6月30日，上海市、苏州工业园区、福建省（除厦门市）件均保费收入分别为4118元、4006元、2201元（见图3）。根据试点地区2018年国民经济和社会发展统计公报数据，三地城镇居民人均可支配收入分别为68034元、71191元、42121元，可见地区居民收入水平与件均保费收入基本呈正相关：经济发展程度较高、居民收入水平越高的地区，个人税延型商业养老保险市场潜力越大，特别是一、二线城市正在逐渐形成的新兴中产阶层，他们有更多的财富管理和养老金管理需求，在未来或可形成制度推广的“蓝海”，也理应成为营销的潜在重点。

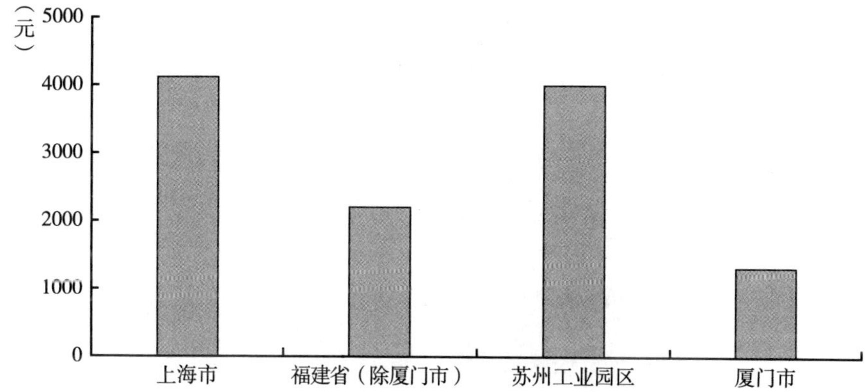


**图3　试点地区件均保费收入情况**

## （三）产品承保比较

1. 保费收入与保单件数比较

截至2019年3月18日，A类和B1类产品占市场主导地位，保费收入和保单件数市场份额占比合计均达到84%；C类产品保费收入和保单件数市场份额均为12%；B2类产品保费收入市场份额仅为4%（见图4、图5）。这诚然与政策对C类产品的购买比例限制有一定关系，还体现出大众一直习惯储蓄理财等具有绝对收益保障、低波动特定金融产品，因此在参与第三支柱过程中仍然对“保本”属性情有独钟。

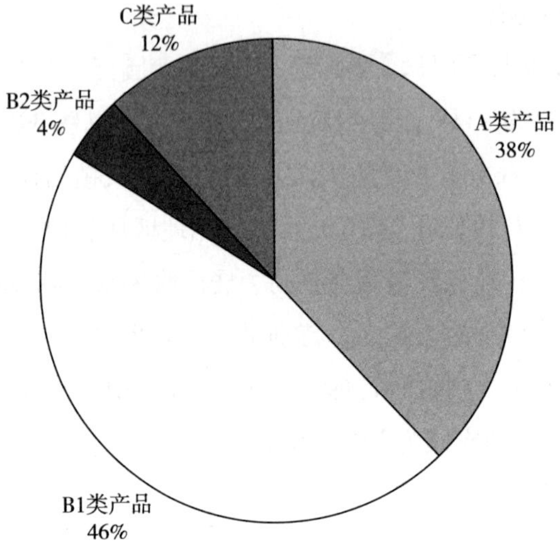


**图 4　产品保费收入情况**

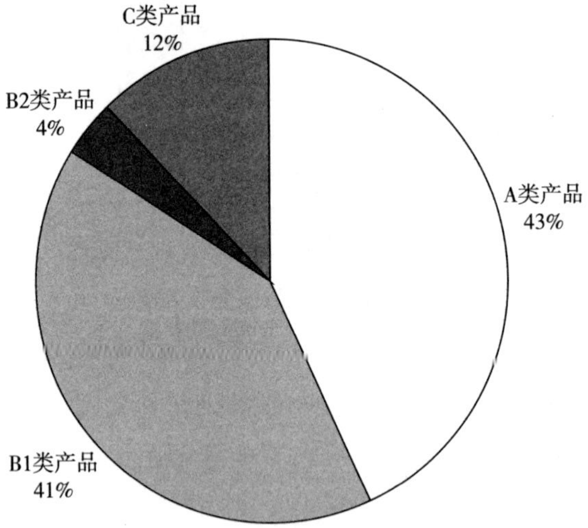


**图 5　产品保单件数情况**

2. 件均保费收入比较

截至 2019 年 3 月 18 日，B 类产品件均保费收入明显高于其他产品，表明消费者将较多税延保费分配到 B 类产品。如图 6 所示，B2 类产品和 B1 类产品件均保费为 2026 元和 2009 元，明显高于 C 类产品的 1757 元和 A 类产品的 1578 元。

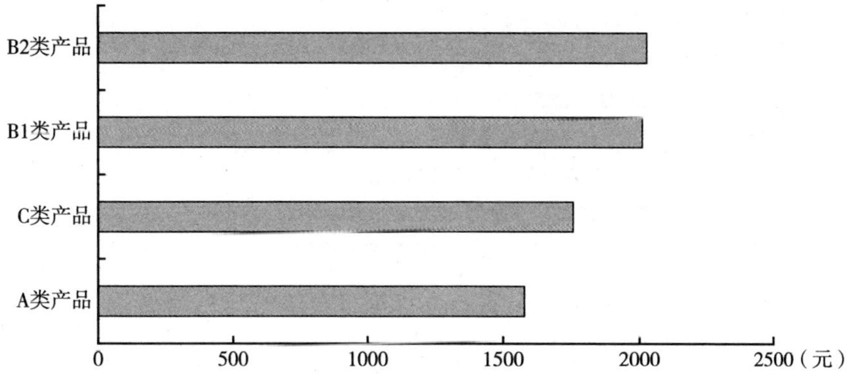


**图 6　产品件均保费收入情况**

## （四）投保年龄分布特点

1. 保单年龄分布情况

截至 2019 年 3 月 18 日，16～25 岁区间人群收入较低，个税人群占比小，缺乏养老紧迫感，养老金融知识匮乏，导致投保意愿不强；25 岁以上的参保人次迎来快速增长：26～50 岁投保人相对集中，占比达到 87%，这部分人群家庭责任重、保险意识强、养老需求大，同时较高的收入可以享受较多税延保费，因此投保意愿强，其中 31～35 岁投保人达到峰值；50 岁之后增长开始明显下滑，这部分人群虽然养老需求最大，但因为临近退休，缴费年限较少，税延激励不明显，或其他养老资产充足，税优吸引力不足，导致投保意愿偏弱（见图 7）。

2. 人均保费收入年龄差异

投保能力与居民收入水平呈正相关，一般而言年龄越大，收入越高，人均保费收入越高。截至 2019 年 3 月 18 日，16～25 岁区间，投保人收入较低，人均保费较少；26～30 岁区间，收入开始增多，人均保费超过 1000 元；31 岁之后人均保费收入开始快速增长，41 岁之后人均保费收入逐步稳定，并趋向峰值，大致稳定在 4000 元（见图 8）。

综合考虑投保人次分布、人均保费水平以及投保缴费年限等方面，推测

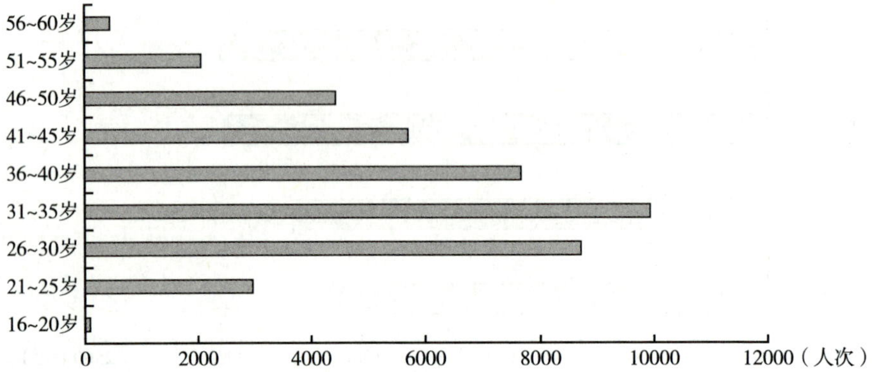


**图7　年龄阶段与参保人次**

年龄在26～40岁区间的80后、90后消费者，是个人税延型商业养老保险产品的重点客户。

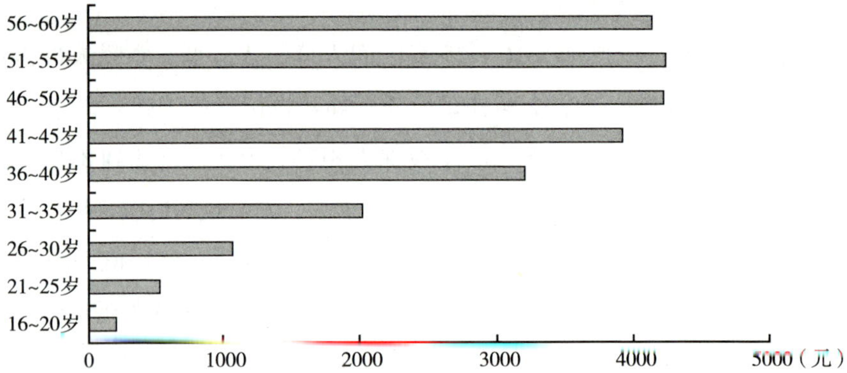


**图8　年龄阶段与人均保费**

## 四　个人税延型商业养老保险试点存在的问题

试点以来，个人税延型商业养老保险总体实现了平稳运行，保单覆盖了所有试点地区、试点产品以及各年龄阶段，保费收入过亿元，但是与市场预期仍存在明显差距，主要原因在于制度覆盖面窄、税优力度较小、抵扣流程烦琐、产品相对单一、营销推广不足等问题。

## （一）制度覆盖面窄，制约第三支柱作用发挥

目前，个人税延型商业养老保险试点制度的实际覆盖群体主要是企业职工，由于我国工资、薪金所得的纳税人规模较小，个人税延型商业养老保险相对于第二支柱企业年金，对参与群体的养老保障水平有所提升，但养老金的覆盖面难有扩大，无法充分覆盖城乡居民、自由职业者以及低收入群体，有违广泛参与的初衷。

特别是试点期间，个人税延型商业养老保险产品缴费扣除少、领取缴税高，这也是影响个人税延型商业养老保险试点成效的最主要原因。在缴费环节，按照月收入的 6% 或 1000 元较低者确定税延金额，在领取环节按照 7.5% 缴纳个税，达不到个税起征点或者对应税率低于 7.5% 的个人购买没有意义，对于边际税率为 10% 的人群，吸引力也相当有限；而对于中高收入群体税优额度太小，同样造成吸引力不足。并且，在个税起征点提高至 5000 元、加入税前专项附加抵扣政策之后，税优吸引力进一步下降，出现了较多的断缴情况，潜在目标客户数量也大幅减少。有关机构测算，个税改革后有购买潜力的人群，可能由 8000 万人下降到不足 2000 万人。

## （二）抵扣流程复杂，节税体验大打折扣

个人税延型商业养老保险产品保费抵扣需要保险公司、投保人、投保人所在单位以及税务机关多方相互配合，抵扣流程较长且十分烦琐，降低了个人购买意愿和企业推广积极性。对于投保人而言，既要在中保信平台进行激活，每月还要自行在中保信平台下载凭证并提交给所在企业经办，月收入浮动较大的投保人还需要每月变更缴费金额。对于企业经办而言，汇总全部投保员工抵扣凭证进行报税的工作量很大，在实践中有些经办人员存在抵触情绪。

## （三）产品相对单一，难以满足多样化需求

由于监管部门统一出台了《产品开发指引》和《业务管理暂行办法》，

保险公司只能在产品保证收益、产品费用等方面有一定的自主权，并且产品保证收益必须满足下限要求、产品演示和产品费用不能突破上限要求，因此试点期间的个人税延型商业养老保险产品同质化问题较为突出，税延试点可供选择购买的商业养老保险产品品种相对单一，尚不能满足消费者多样化的养老保险需求。

### （四）产品费用较低，导致营销推广动力不足

我国发展商业养老保险时间还比较短，居民主动购买商业养老保险意识还不强，特别是个人税延型商业养老保险仍处于试点阶段，必须通过强有力的营销推广，才能打开税延市场发展局面。但是，目前行业整体推广效果并不理想，主要原因在于：一方面，由于个人税延型商业养老保险产品费用水平较低，缺乏针对保险公司的税优激励政策，保险公司为平衡成本与效益，一定程度上存在营销投入不足等问题；另一方面，由于产品销售端佣金费用较低，业务员营销推广动力普遍不足，加之产品演示复杂，个单牵扯精力很大，即便保险公司采用一定的奖励措施，也难以激发业务员队伍的营销热情。

## 五　展望与建议

2019 年“两会”期间，养老问题备受关注，相关议案密集提出，税延试点扩面的呼声很高，试点运行平稳也为扩面打下了良好基础，在减税降费大环境下，税延养老的减税成本低、社会效果好，监管部门积极召集行业机构研究扩面工作，税延养老业务有望在全国范围实现扩面。据人社部有关负责人介绍，第三支柱拟考虑采取账户制，并建立统一的信息管理服务平台，符合规定的银行理财、商业养老保险、基金等金融产品，通过市场长期投资运营，实现个人养老金的保值增值。由此可见，保险、银行、基金公司等金融机构将在个人养老金市场建立长久的竞合关系，共同推动第三支柱建设驶入快车道。

在第三支柱个人养老金市场竞争中，保险、银行、基金公司各有优势与

不足。一方面，相较于保险公司，基金公司有出色专业的投资能力和FOF产品，银行有遍布全国的服务网点以及账户管理和托管经验，并拥有可以大量二次开发的储蓄客户。基金公司不足之处在于缺少强有力的自营渠道，而银行的投资能力相对不足。另一方面，保险公司的优势在于具有出色的产品营销能力，并且商业养老保险产品的终身领取和精算平衡特点，使保险产品在抵抗长寿风险方面具备独特竞争优势，这也是目前个人税延型商业养老保险产品的最大卖点。一般而言，个人养老金在积累期和领取期等不同阶段，对养老金的保值增值和风险管理各有侧重。在积累期，更加强调保值增值，实现长期投资收益；在领取期，更加强调风险管理，特别是长寿风险管理，因此在领取期的保险产品优势明显。此外，中国人寿、中国平安、泰康保险等头部保险公司均在全方位、集团化布局养老金融与养老产业，在全生命周期保险保障服务提供和养老产业链整合方面的能力也不容小觑。

下一步，个人税延型商业养老保险要发挥试点先机和保险产品独特优势，建议加快优化税优制度，扩大覆盖群体，改善税优体验，丰富产品供给，加强营销推广和投资者教育，强化监管与信息披露，把握全国扩面历史发展机遇，推进第三支柱个人养老金提速发展、做大做强。

### （一）研究双重税优模式，扩大受惠覆盖面

虽然英美等海外发达养老金市场第三支柱多存在EET模式，但以美国为例与中国做比较可以发现，中国2018年个税改革后，纳税人口大约有6000多万，占工作总人口（约4.2亿[①]）的比重较小；美国纳税人口达到1.4亿人，[②] 工作人口几乎人人纳税。因此，美国个人养老金制度几乎让所有人受惠，但中国如果采用EET模式，真正能够享受税收优惠的是少数人，与个人养老金的全民参与目的有所违背。

为解决个人税延型商业养老保险试点覆盖面窄的问题，建议研究建立

① https：//finance. ifeng. com/a/20180901/16481610_ 0. shtml，截至2017年末。

② https：//taxfoundation. org/summary – latest – federal – income – tax – data – 2018 – update/.

EET 和 EEE 相结合的税优制度，收入达到个税起征点的个人采取 EET 模式，收入未达到个税起征点或城乡居民等低收入群体可以选择参与 EEE 模式。

## （二）提高税优力度，改善节税体验

### 1. 纳入个税专项扣除进行定额扣除

建议直接将个人税延型商业养老保险扣除纳入个税专项附加扣除项，通过“个人所得税” App 平台，与其他六项专项附加扣除项目一并实现税前扣除，可以有效简化扣除流程，改善节税体验。建议取消比例规定，直接采用 1000 元的税延额度，既可以一定程度上提高税优额度，扩大潜在目标客户数量，又可以避免“累退效应”，体现制度公平性。

### 2. 降低领取环节的个税税率

对于领取养老年金，建议将目前 7.5% 的领取税率降低到 3%，可以有效提高养老金领取时待遇水平，激发消费者购买热情；对于一次性领取身故保险金和身体全残保险金的，建议推广中国人寿等保险公司做法，将额外给付 5.0% 上调至 7.5%，或者对于一次性领取身故保险金和身体全残保险金的，直接予以免征个税，同时减轻投保人和保险公司税负。同时，建议针对领取阶段出台差异化税优政策，鼓励参保人选择终生领取，最大化发挥长寿风险保障作用。

### 3. 引入税优扣除标准动态调整机制和追加缴纳额度

建议借鉴 IRA 等外国成熟经验①，建立税延保费标准动态调整机制，根据经济发展、通货膨胀以及生活水平的提高，动态调整税优标准，满足未来更高的居民养老需求，确保激励人们广泛参与个人养老金储备。税优标准也可以考虑与个税改革或其他个税专项扣除项标准同步研究和调整，调整周期

---

① 以美国 IRA 为例，起初，传统 IRA 将年缴费限额设定为 1500 美元与收入的 15% 中的较低者。2002 年开始实施的《经济增长与税收减免调整法》（*The Economic Growth and Tax Relief Reconciliation Act*）鼓励增加退休储蓄，首次提出逐步提高 IRA 的年缴费限额。2002 ~ 2004 年，传统 IRA 和罗斯 IRA 的年缴费限额为 3000 美元，2005 ~ 2007 年，年缴费限额增加到 4000 美元，2008 ~ 2012 年为 5000 美元，2013 年提高至 5500 美元，这一限额一直保持到 2018 年。

和具体调整幅度应符合经济社会发展实际。此外，建议对于达到一定年龄（如 50 岁）的参与者，可以在 1000 元定额的基础之上每年再给予一定的追加缴纳额度（如 10000 元），鼓励临近退休的参与者（特别是临近退休的初次参与者）积极参与进来，通过更多积累为退休生活做好准备。

## （三）丰富产品供给，引导资金分配

### 1. 放宽养老金融产品供给

建议考虑将养老年金和终身寿险等保险产品纳入个人税延型商业养老保险产品名录，丰富个人税延型商业养老保险产品选择。加快将公募基金、银行理财以及养老保障产品等多种养老金融产品纳入个人税延投资范围，共同带动第三支柱个人养老金市场实现快速发展。

### 2. 引导税延养老金分配

试点期间，个人税延型商业养老保险产品按稳健型产品为主、风险型产品为辅的原则进行选择，明确规定 C 类收益浮动型产品缴费和账户价值不能超过 50%，这是由养老金特点决定的。建议在个人税延养老金可投资的多种产品中，对风险较高的浮动收益产品的缴费和账户价值进行一定比例的限定，确保个人客户将较多份额的资金购入稳健型产品，以发挥养老保障作用。

## （四）瞄准目标客户，加强营销推广

### 1. 加大重点区域、重点客户营销力度

地区经济发展水平和居民收入水平，直接关系着个人税延型商业养老保险的投保意愿和投保能力。保险公司应将营销资源向经济发达地区倾斜，重点瞄准 80 后、90 后以及中高收入客户群体，不断强化线上、线下自营渠道优势，同时加强与获客能力较强的第三方平台合作。

### 2. 重视和加强投资者教育

个人税延型商业养老保险作为准公众产品，产品属性相对复杂。保险公司要加强面对消费者的养老金融教育，帮助居民认清个人税延型商业养老保险在资产保值增值和风险管理方面的重要作用与独特优势。要加快培育专业

养老保险营销队伍，发挥投资顾问作用，引导不同年龄阶段的消费者提高对个人税延型商业养老保险产品的认同感和投保意愿。

3. 出台保险公司税优激励制度

建议针对保险公司研究出台税优激励制度，在保持较低产品费用的同时，引导保险公司加强营销投入，激发业务员营销积极性，初期可以加强团险的开发，先打造市场口碑。

### （五）强化监管与信息披露

对于个人税延型商业养老保险，监管部门要实行更高质量的专业监管，加强个人税延型商业养老保险产品风险管理工作，充分掌握保险公司在负债管理和资产配置等方面的投资能力和业务开展情况，切实保护参保人的合法权益。同时，进一步加强个人税延型商业养老保险产品信息披露机制建设，明确和规范信息披露的具体内容。此外，在税优吸引力不足、税延政策走向不明晰的背景下，多数消费者目前持观望态度，因此尽快加大税优力度，明确试点结束后的税延政策显得至关重要。对于试点制度中提出的跨金融产品转换等问题也要抓紧研究出台相关政策。

## 参考文献

孙博：《个人税延养老金对资产管理行业的影响及其应对》，载董克用、姚余栋主编《中国养老金融发展报告（2018）》，社会科学文献出版社，2018。

危素玉：《我国个人商业养老保险的税优政策研究》，《金融理论与实践》2018 年第 8 期。

刘敬元：《税延养老一年试点将满，推广遇难题业界开九大处方》，证券时报网，2019 年 4 月 25 日。

程竹：《试点“温吞水”，税延养老保险政策框架待完善》，《中国证券报》2019 年 4 月 26 日。

# B.10

# 商业银行布局个人养老金融产品的思考

杨　董*

**摘　要：** 作为国家经济金融体系的重要组成部分，商业银行参与养老金融产品市场的建设，不仅有助于提升制度的公平性和覆盖面，丰富产品体系，为保险和基金产品形成有效的补充，而且对银行自身负债端成本控制、结构调整以及缓解资金来源与运用周期不匹配的情况都有重大的意义和价值。本报告通过分析银行与保险、基金在管理机制、投资运作等方面的资源禀赋，发掘商业银行发展养老金融产品的优势，指出目前银行在推动养老金融产品发展时，在外部环境和内在实力等方面的问题，并给出未来银行养老金融产品的市场定位、发展路径和策略选择的思路和建议。

**关键词：** 商业银行　个人养老金融　产品创新

## 一　银行个人养老金融产品概述

### （一）银行在个人养老金融产品方面的实践

商业银行不但长期在全国社保基金和企业年金的管理中承担受托、托管、账管人的重要责任，多角度为养老金融、养老产业提供金融支持，而且

---

* 杨董，供职于招商银行股份有限公司资产管理部。本文仅代表个人观点，与供职单位无关。

在《关于个人税收递延型商业养老保险试点的通知》（财税〔2018〕22号）印发前，各家商业银行就有发行养老类题材产品的实践。

2009年4月，交通银行推出国内首款养老理财产品“得利宝·久久添利”。产品主要投资于固定收益类资产和权益类资产，每月开放申购、每季开放赎回，并伴随现金分红。产品的收益由基础收益和浮动收益两部分组成，在保障投资人本金和基础收益的同时提升浮动收益的部分。随后浦发、招商、兴业等银行亦有“夕阳红”“金颐养老”“心愉”等养老题材的产品系列推出。但整体上看，银行个人养老金融产品的规模和数量有限，且具有明显的理财产品特征。

（1）从投资范围来看，主要以债券、债权等固定收益类资产为主，很少甚至完全不涉及权益、衍生或另类资产。

（2）从产品形态来看，业绩比较基准较明确，开放式产品的封闭期至多六个月，产品起售金额较低，定期分红的特性明显。

（3）从客群定位方面来看，产品主要面向50岁以上的老年客户或者年金类客户发行，不涉及其他年龄段或其他特征属性的客户群体。

2018年5月，应银保监会要求，银行业协会牵头各家商业银行着手银行个人养老金融产品的课题研究，结合《关于规范金融机构资产管理业务的指导意见》（简称《资管新规》）和《商业银行理财业务监督管理办法》（简称《理财新规》）提出的新的监管要求，完成并向银保监会呈送《商业银行个人商业养老账户管理指引》、《个人商业养老银行产品管理指引》、《商业银行个人商业养老技术规范指引》[①] 初稿，将银行个人养老金融产品分为养老储蓄型产品和养老理财型产品两大类型。养老储蓄型产品为个人养老金账户的默认产品选项，养老理财型产品为可选产品选项。

此后，中国银行在原有“中银平稳—智荟系列”和“中银策略—稳富系列”的基础上开辟养老专属“福”“禄”“寿”三个系列的产品（见表1）。其中“福”系列产品期限1年半，“禄”系列2年，“寿”系列3年。产品

① 文件的名称以最终银行保险业监督管理委员会发文为准。

风险评级均为 2 级，即属于较为稳健安全的产品。在产品起售额方面，“福”“寿”系列产品 5 万元起售，而“禄”系列 1 万元起售。

**表 1　中国银行养老理财产品要素**

| 产品名称 | 产品系列 | 产品代码 | 投资起日 | 到期日 | 期限（天） | 业绩比较基准(年率,%) | 风险级别 | 起售金额（万元） |
|---|---|---|---|---|---|---|---|---|
| 中银平稳—智荟系列 | 养老专属—“福” | AMZYPWHQ 192058 | 2019/3/15 | 2020/9/10 | 545 | 4. 10 | 2 | 5 |
| 中银策略—稳富系列 | 养老专属—“禄” | AMZYCLWF 2019003 | 2019/3/28 | 2021/3/29 | 732 | 3. 95 ~4. 45 | 2 | 1 |
| 中银平稳—智荟系列 | 养老专属—“寿” | AMZYPWHQ 192136 | 2019/4/9 | 2022/4/14 | 1101 | 4. 30 | 2 | 5 |

在费用收取方面，养老专属“福”“禄”“寿”三个系列的产品均不收取固定管理费、认/申购费，并对超过业绩比较基准的部分，收取浮动投资管理费。

在产品投资范围方面，三个系列的产品较为类似，其中，货币和固定收益类投资工具占比 0 ~80%；非标准化资产占比 0 ~30%；其他金融投资工具占比 0 ~50%。

2019 年 5 月，浦发银行也推出“启臻逐月”系列养老产品，产品主要投资于固定收益类资产（包括带有回购条款的股权类资产）。产品业绩比较基准 4. 75%，每季分红，期限 3 年，期间封闭，每年偿还部分本金。

### （二）银行个人养老金融产品的市场定位

商业银行参与养老金融产品市场的建设，不仅有助于提升制度的公平性和覆盖面，丰富产品体系，为保险和基金产品形成有效的补充，而且对银行自身负债端成本控制、结构调整以及缓解资金来源与运用周期不匹配的情况都有重大的意义和价值。

对于表内存贷业务来说，养老储蓄产品是商业银行新的存款和客户来源。商业银行通过养老储蓄产品以相对低的价格锁定较长期的负债端成本，便于行内的成本控制。同时，个人养老储蓄产品拉长了银行负债端久期，缓释期限错配的问题，克服银行资金来源短期化、资金运用长期化的情况，对行内流动性管理起到正向作用。而从更长远的角度看，负债端期限结构的改善，也有利于资产端资金更合理地运用，对国家产业结构的调整亦有帮助。

就表外理财业务而言，养老理财产品同样可以缓解并改善期限错配的问题，使理财在转型中进一步优化投资者结构。事实上，经历了 15 年发展，银行理财规模逾 22 万亿元，商业银行在资产管理业务领域不仅积累了丰富的经验和资源，而且在投资管理、风险控制、系统建设、产品销售、投资者教育等方面已形成自身独特风格和范式。2018 年《关于规范金融机构资产管理业务的指导意见》《商业银行理财业务监督管理办法》相继出台，银行理财子公司陆续成立。从业务范围看，理财子公司除可发行公、私募产品外，还可以提供顾问、咨询等服务，比公募基金、信托拥有更广阔的市场；从投资范围来看，放开了公募理财产品直接投资股票，并取缔非标资产余额不得超过本行上一年度审计报告披露总资产的 4% 要求；从产品销售来看，大幅降低了销售起点，并放开了代销渠道。银行理财子公司即将拥有更广阔的业务空间，将使银行养老产品更具竞争实力。

从银行个人养老金融产品的特性来说，首先应该满足安全性的要求，然后才是收益性、多样性和流动性。

（1）保险公司的产品在安全性方面有比较好的体验，保险公司在个人养老金融产品方面的优势主要有两点，一是不受《资管新规》的约束，非标、权益类资产投资的自由度相对较大；二是养老保险产品可以终身领取，使投保人终身享用。但不得不承认，保险产品在收益性方面略有欠缺。

（2）基金公司最大的卖点是收益。基金公司长期以来在权益类资产二级市场积累的投资管理、风险管控的经验和资源，确实使其有通过增加权益资产配置为产品带来优于保险、银行的收益回报的能力。据中欧基金对我国股票基金进行的业绩归因，放长持有期限（10 年），我国主动股票型基金的平均年化收益高达 7.5%。因此，养老基金产品在收益性方面的体验更好。但是，由于公募基金关注自身行业排名，追求相对收益，在市场表现好的时候可能获得丰厚收益回报，在市场不好的时候产品也可能出现较大的回撤。

### （三）银行是可以兼顾养老产品安全性、收益性、多样性和流动性的金融机构

（1）在既有产品类型方面，银行同时有养老储蓄型产品和养老理财型产品，可以从表内保本保收益的产品覆盖到非保本浮动收益的产品，能较好满足不同风险偏好的客户的需求。目前 5 年期个人储蓄存款的利率为 2.75%，在收益回报上比保险 B 类产品更具竞争优势。

（2）在投资管理方面，商业银行长期积累的对信用风险的管理经验以及银行间市场的做市商地位使其拥有更大获取优质高收益资产的可能；银行良好的信用以及庞大的资金使其在流动性管理方面较其他金融机构更具优势；通过前期对 FOF、MOM 组合的管理，银行不但积累了管理经验，更积累了大量优秀的管理人和合作机构资源。

（3）在客户基础方面，银行在公司、零售、同业等渠道业务的开展中，同时拥有资产和负债两端的客户，使其较基金、保险、信托，拥有更广泛、更多层次的客户群体，而现有企业客户、储蓄客户、理财客群都将是银行养老客群的腹地。

（4）在服务场景方面，银行在个人养老金融产品的账户管理、产品销售、投资者教育等方面，更具有场景优势（如银行可直接通过代发工资业务对接个人养老金融产品，提供一站式的金融服务）。

银行产品一贯以绝对收益为投资目标，不追求业绩排名，注重长期稳健增长的投资回报。因此，从收益定位来看，银行个人养老金融产品的业绩不必像基金那么显著，产品收益率曲线应该相对平滑，风险收益水平适中。

如果说个人税收递延型商业养老保险 B 款产品 2.5% 的保底收益率即为养老产品市场的无风险收益率，以我国主动股票型基金平均年化 7.0% ~ 7.5% 的收益率为上限，那么 2.5% ~7.5% 区间，即为银行个人养老金融产品的收益市场定位区间（见图 1）。

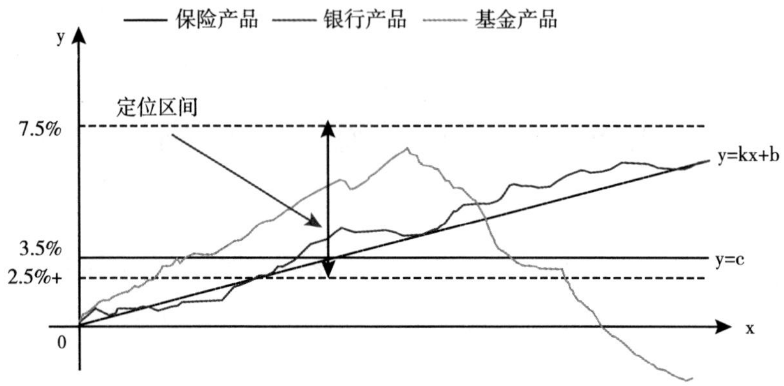


**图1　银行个人养老金融产品收益市场定位**

从“竞品”来看，能与银行个人养老金融产品形成竞争的是保险公司的C款浮动收益型产品和基金公司的目标风险型基金。

C款产品类似股债混合型的银行理财产品。就管理经验来说，银行发行股债混合类产品的时间更长久，经验更丰富，客户的市场认知度也相对高，而保险公司不论在产品形态、资产配置、风险管理还是在客户接受度等方面都还在探索中。但是保险公司的C款养老产品不受《资管新规》制约，不管产品以何种频率开放，其债券部分资产仍然可以摊余成本法估值，对产品净值的波动起到较好的平滑作用，客户体验相对较好。

对于目标风险型的养老基金来说，基金和银行都具备发行实力。区别在于银行在策略方面更擅长资产配置而基金更擅长二级市场交易。在投资范围方面，银行可以投资非标债权类资产，对于平滑产品收益具有更积极的作用。

综上，银行需要充分利用好自身表内外资源，不断提升自身的投资研究和风险管理能力，寻找差异化的竞争优势，在高风险高收益的基金养老产品和低风险低收益的保险养老产品的中间地带寻找突破点，成为个人养老金融产品市场中保险公司和基金公司的有效补充。

伴随人口老龄化趋势的加剧，社会整体的风险偏好也将随之下降，从长远角度来看，银行稳健的投资风格和丰富的产品体系应更契合社会对个人养老金融产品的要求。

## 二 银行个人养老金融产品的策略选择

根据现有《个人商业养老银行产品管理指引》对银行个人养老金融产品的类型划分，分别对养老理财型产品和养老储蓄型产品的未来发展提供可选策略。

### （一）养老理财型产品

1. 传统策略

传统策略即前文所述现有银行代客理财产品市场中占比最高的固定收益类产品所采用的策略。该种策略不考虑生命周期、风险恒定、择时等因素，以主动投资为主，追求绝对收益，主要投资于固定收益类资产或辅助少量其他类资产。传统策略下的银行个人养老金融产品的投资管理和风险控制模式较成熟。产品结构简单、易理解，净值波动较小，费率低廉，因此，市场接受程度较高，口碑也较好，非常适合作为银行个人养老金融产品的起点，引导客户由“储蓄”养老行为，向“投资”养老行为转化。

传统策略的投资模式相对固化，因此建议未来在发展方向上更加凸显养老概念的特征，提供两条可选思路如下。

（1）“抵御通胀”概念：养老的基本诉求就是保证当前资金在未来的购买力，因此以抵御通货膨胀作为产品的投资目标具有合理性。引入抗通胀的概念还需要考虑两点，第一，选择能够合理代表通货膨胀的指标，如“CPI +”“商品指数”等作为产品业绩比较基准。第二，在产品的投资管理过程中，探求合理抵御、对标通胀的资产。

（2）“他益”型养老概念：即投资人与受益人相分离的养老产品，比起普通养老产品的区别在于“他益”型养老产品在投资期由委托人进行养老资金积累，而在进入领取期时由指定受益人领取投资回报。产品适合向中青年群体宣扬“敬老”“爱老”的传统理念。但由于个人养老金融产品非法律主体，在受益权转让方面可能会存在法律瑕疵。

2. 目标风险策略

目标风险策略在早期欧美养老产品市场中比较常见，它是一种试图通过恒定的资产比例来保持投资组合风险水平恒定的一种策略（如通过将股、债两类资产的投资比例恒定地控制在20%和80%来对产品整体风险形成约束和控制）。根据不同的风险水平，目标风险策略又可划分为“激进型”“成长型”“稳健型”“平衡型”“保守型”等多个类型。在产品设计方面，遵循“确定风险水平”—“构建投资组合”—“管理与再平衡”的路径或步骤。目标风险策略中可用来表达风险水平的指标非常多，常用的包括Standard Deviation、Value At Risk、E-Shortfall① 几种，不同的风险指标各有优点和不足，因此风险指标合理性论证和选择成为该策略在实践中的核心。

目标风险策略可以较好地约束投资人不够理性的投资行为，防止根据市场波动进出市场的非理性行为，但目标风险策略相对被动，对于超额收益的获取能力也较弱。

2018年10月，泰达宏利成立了国内首只养老目标基金“泰和养老（FOF）基金”，权益类资产和非权益类资产采用50%：50%的恒定配置比例。基金以“中证全指指数收益率×50%＋中证全债指数收益率×50%”作为业绩比较基准。不过从业绩情况看，基金未能跑赢自身业绩基准，整体表现低于同类平均水平，且进入2019年后，基金实际业绩和业绩比较基准间出现较大偏离（见图2、表2）。

---

① Standard Deviation：用于衡量组合收益序列相对于其均值的分散程度，反映收益率序列的波动。以标准差作为风险测度的衡量方法，即为均值方差模型的应用。假设组合收益服从正态分布，在波动率小于某个值的所有组合中，期望收益率最大的组合即为最优组合。Value At Risk：在给定置信区间水平下，某一投资组合未来的最大可能损失。Value At Risk突破了单一以波动率作为风险唯一度量的假定，通过投资组合顺势的控制来控制组合风险。而事实上，投资者更为关心的也应该是投资组合的损失。E-Shortfall也是通过控制损失来控制风险，与Value At Risk不同的是，E-Shortfall是将超过在险值所代表的最大损失的所有可能损失的均值作为风险的度量。在预期损失的计算中，也都需要假定收益率服从正态分布。

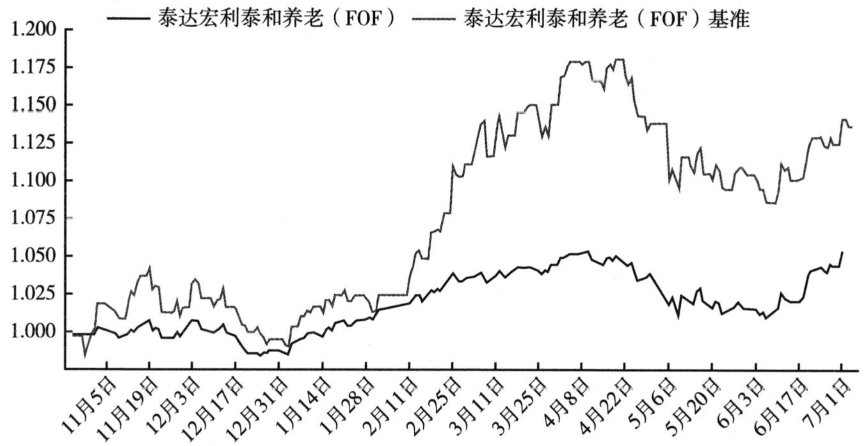


**图 2　泰达宏利“泰和养老（FOF）基金”（006306. OF）业绩回报**

注：数据截至 2019 年 6 月 30 日。

**表 2　泰达宏利“泰和养老（FOF）基金”（006306. OF）收益/风险指标**

单位：%

| 基金 | 成立来收益率 | 2019 年来收益率 | 年化波动率 | 最大回撤 | ALPHA | BETA | Information Ratio | Sharp | Calmar |
|---|---|---|---|---|---|---|---|---|---|
| 泰达宏利泰和养老 | 5. 45 | 6. 56 | 6. 22 | 4. 02 | -3. 16 | 3. 12 | 0. 56 | 0. 86 | 1. 67 |

就自身实力而言，商业银行也具备目标风险策略的开发和管理能力，甚至部分商业银行已开始先行先试，例如，招商银行 2018 年发行的“睿远平衡”产品（股票、债券比例为 40%∶60%）就尝试采用均值方差模型进行风险管理和监测。但整体来说，银行在对该策略下的模型合理性的论证、投资纪律遵守以及细化产品风险分层方面的工作还很不充分。未来银行还需要结合客户市场的体验，建立健全该策略下的管理和决策体系，并根据客户的风险偏好对产品做进一步的风险分层。

3. 多资产策略

多资产策略推出的初衷是希望能够应对多变的市场环境，提高组合应对系统性风险的能力，它相对侧重中长期回报，弱化年度收益。一个成熟的多资产策略组合中，除了股票、债券之外，还包括商品、不动产、股权、债券等资产。

多资产策略通常遵循“确定投资目标”—“建立目标组合”—“执行资产配置方案并对资产权重进行调整”—“回检和调整”原则（见图3）。

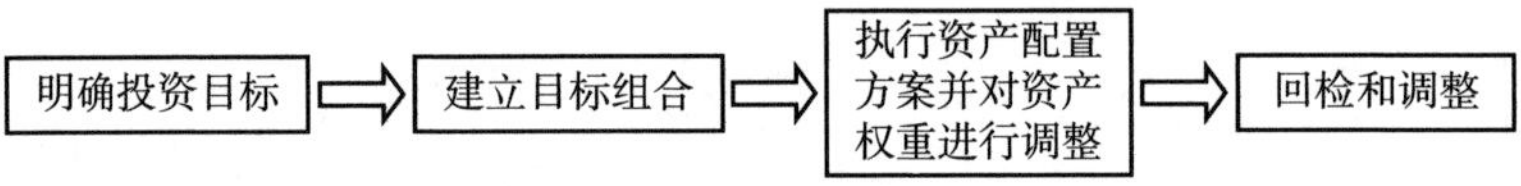


**图3　多资产策略执行路径**

最典型的多资产策略投资组合就是全国社保基金。全国社保基金是政府为完善社会保障体系在2000年筹资设立的，以应对未来人口老龄化高峰期可能的社会保障支出。根据《全国社会保障基金投资管理暂行办法》规定，全国社保基金可投境内和境外包括银行存款、各类债券、股权、掉期、远期等的多种资产。

从平安证券对全国社保基金进行的资产配置调研情况来看，2010年后，社保基金在固定收益、权益和实物资产方面的配置比例日益均衡（见图4）。

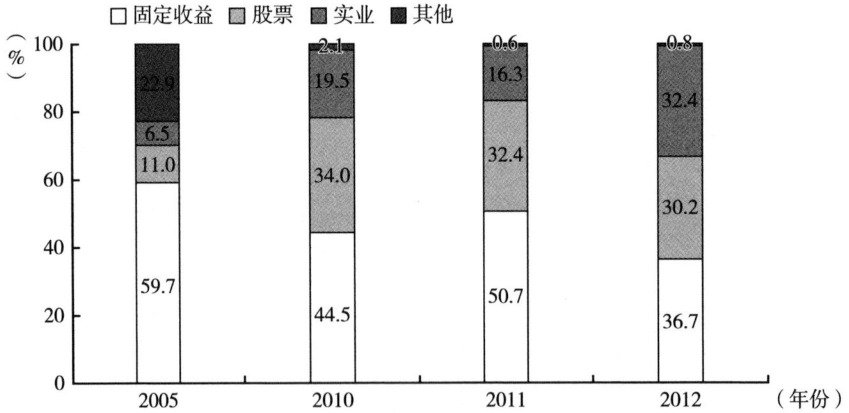


**图4　全国社保基金进行的资产配置（2005～2012年）**

资料来源：平安证券。

在投资目标方面，社保基金中长期目标是年平均投资收益率超过“通货膨胀率+2%”，短期目标为战胜复合投资基准。

在投资流程方面包括战略资产配置计划、年度战术资产配置计划和季度资产配置执行计划。

战略资产配置的期限是五年，每年重新审视一次，分析未来五年影响战略资产配置的重要参数是否仍然合理，如果认为重要参数即将发生变化，则需要对战略资产配置进行调整。

战术资产配置年度调整，主要分析宏观经济状态、国家的宏观经济调控政策、股票和债券市场走势等重要因素，在参考战略资产配置比例的基础上，结合对市场走势的判断，提出未来一年的投资策略，明确未来一年大类资产的配置比例。

资产配置执行季度调整，主要审视上一个季度资产配置的执行情况，分析当前资产配置比例是否合理及下一个季度的资本市场走势，提出相应的投资决策。

全国社保基金的整体业绩表现可圈可点，从2001年至2017年末，年均收益率高达8.44%，与美国代表性的公共养老金加州退休基金相比，在长期收益和风险控制能力上都胜出一筹（见图5）。

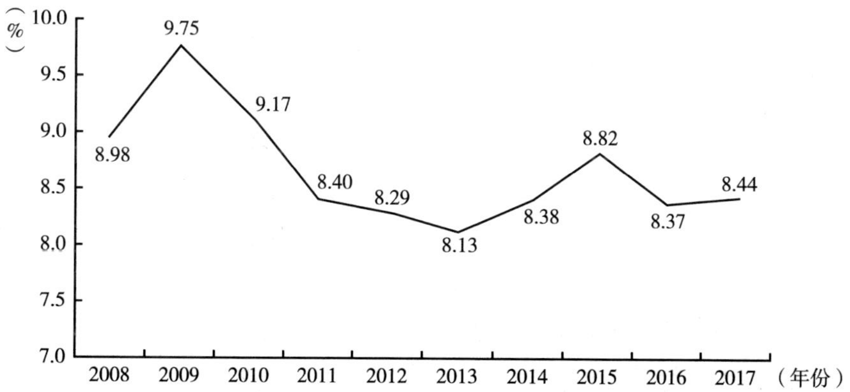


**图5　全国社保基金年均投资收益率（2008～2017年）**

资产配置的模型也有很多，因此，资产配置模型的选择①、合理性论证、实践以及单一策略的开发能力，是该策略实践中的难点。商业银行在宏观政策解读、流动性管理、资产配置、MOM 组合管理以及同业机构合作等方面的优势和积累使其对该种策略的开发和应用成为可能。事实上，招商银行卓远系列股债混合产品已经在采用资产配置的理念，构建“战略性资产配置（SAA）+战术性资产配置（TAA）+单资产择时（MT）”的模型框架进行管理。未来可以大类资产配置型的 FOF 型产品为该策略下产品应用的实践，视客户市场的成熟情况推出。

4. 目标日期策略

目标日期型产品是目前欧美养老市场的主流产品类型。经历 20 多年的发展后，到 2017 年末，美国目标日期基金规模已至 1.1 万亿美元。

目标日期型的产品根据投资者的退休日期而创设，投资者只要根据自己退休的年份，选择相应的产品（如“2035”为适合 2035 年退休的人）。

目标日期基金的核心是下滑曲线（Glide Path）的构建。下滑曲线即为投资管理人对大类资产长期配置比例随时间调整的路径。目标日期基金遵循下滑曲线的指导在整个生命周期跨度下进行战略资产配置，为养老金投资者在各个年龄段平衡风险承受能力和预期收益，使基金的投资效果能符合长期的养老投资目标。

① 均值方差模型：该模型为大多数养老基金使用，其在资产回报和风险之间进行最优化，从而在不同回报下最小化组合风险。其优点在于可根据投资者投资范围、风险偏好的不同给出不同的组合，也可基于某段时间的历史数据求解一些资产的最优配置比例。BL 模型：该模型是均值方差模型的衍生，开创性地提出了在投资者主观观点与客观的历史均衡之间进行权衡的量化框架。风险评价模型：该模型放弃了对回报率的预测，将重点放在对风险编制预算的环节，它使每个风险因子对组合整体的风险贡献权重相等，从而实现真正意义上的风险分散。桥水全天候策略即对该模型的实践 MRS 模型，捕捉资产轮动的机会，它将资产市场界定为由几种隐含状态构成，通过各资产历史的回报率、波动率等指标来识别市场由哪些隐含状态构成，各状态之间有什么样的转换规律，并由此预测各资产回报率的分布，再结合均值方差模型，确定最优的配置权重。

下滑曲线以时间为横轴，以大类资产配置比例为纵轴。有的机构在下滑曲线的构建时只将资产划分为权益和固定收益两大类（如 Vanguard 和 T. Rowe Price）。但也有将下滑曲线的资产类别进行更细致划分的机构，例如，Fidelity 将权益资产又细分为美国国内权益资产和海外权益资产，将固定收益资产又细分为债券资产和短期现金资产等。

商业银行在目标日期的策略方面是没有实践经验的。

2018 年 9 月起，我国华夏、中欧、南方等基金公司先后发行了 FOF 型的养老目标日期基金。从几只目标日期型基金的收益走势图上可以明显看到，基金业绩的同向性变动较显著，且基金业绩受到权益市场的影响较大。从目前基金的收益/风险指标情况来看，收益波动和回撤情况控制较好，但由于目标日期型基金的周期较长，且伴随三年后的开放期，基金收益获取、风险控制以及客户市场的认可度等都还有待观察（见图 6、表 3）。

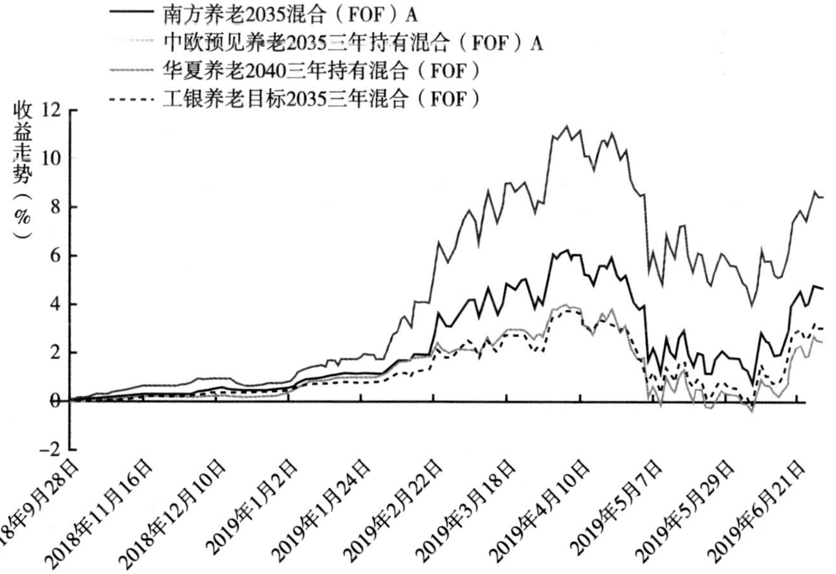


a.收益走势

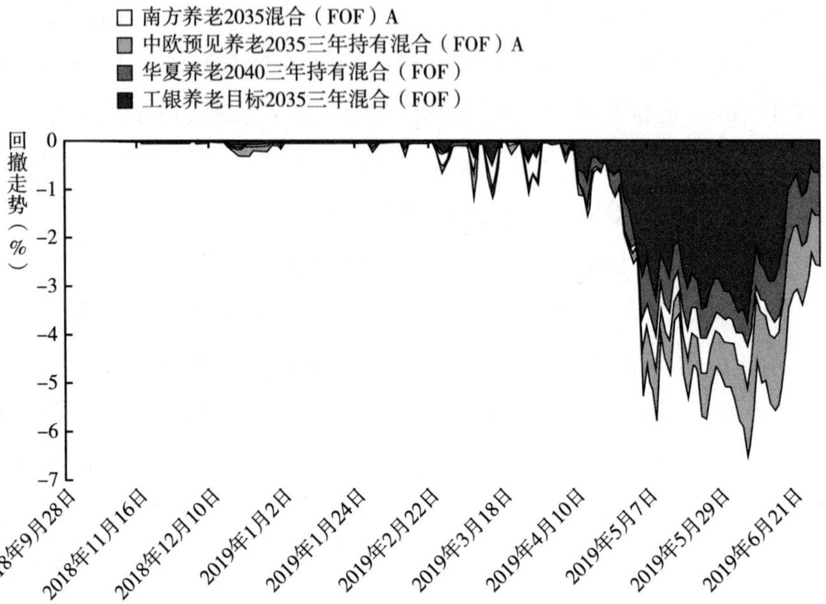


b.回撤走势

**图6 南方基金、中欧基金、华夏基金、工银基金目标日期养老基金“收益/回撤”走势**

**表3 南方基金、中欧基金、华夏基金、工银基金目标日期养老基金“收益/风险”指标**

| 产品名称 | 南方养老2035混合(FOF)A | 中欧预见养老2035三年持有混合(FOF)A | 华夏养老2040三年持有混合(FOF) | 工银养老目标2035三年混合(FOF) |
|---|---|---|---|---|
| 收益率(%) | 6.10 | 9.99 | 3.99 | 3.06 |
| 年化收益率(%) | 9.55 | 14.07 | 5.03 | 4.65 |
| 年化波动率(%) | 6.97 | 9.01 | 5.39 | 4.32 |
| 最大回撤(%) | 5.12 | 6.55 | 4.24 | 3.72 |
| Sharpe 比率 | 1.29 | 1.66 | 0.85 | 0.74 |
| Calmar 比率 | 1.86 | 2.15 | 1.19 | 1.25 |

注：数据自基金成立至2019年7月3日。

目标日期策略对投资者的要求最低而对投资管理的人的要求最高。制定出合理并有实际成效的权益资产下滑路径是目标日期产品的研发关键和难点。由于产品期初的权益类资产占比较大，产品整体风险较高，一方面我国资本市场的有效性不足，且市场参与主体多为个人；另一方面，从银行养老产品的市场定位，以及银行客户群体的风险偏好情况来看，目标日期策略在短期内适宜以研究和关注为主。

## （二）养老储蓄型产品

储蓄型产品相对小众，不过商业银行在养老储蓄型产品方面也有所实践，建设银行向有养老需求的客户推出过专属储蓄产品“月月享”。产品分1号、2号两款，其中，1号起存金额为5万元，2号起存金额为20万元。产品存期分3年和5年两种，每张银行卡只可购买1笔。在收益方面，客户最高可获得中国人民银行基准利率上浮40%的收益。客户在存入时，可设定首次领取的时间及每月领取金额，此后按月领取。到期后剩余本金和余额结息自动转成活期。

2016年，兴业银行也推出“安愉”系列两款5年期的养老储蓄产品——“安愉分期付息”和“安愉智能定期”。两款产品都是5万元起存，“安愉分期付息”按起存额的不同获得不同的收益率，起存金额越高，利率越高。产品每月付息，利息自动转入活期账户；“安愉智能定期”则可以支持无限次的提前支取，并根据实际存期按对应的定期利率，靠档计息。这两款产品在老年客户中也具有较好的口碑。

养老储蓄型产品以“整存零取”的形式居多，即期初存入既定金额、既定期限的本金，随后逐月领取，对于提前支取采用“靠档计息”的办法。从合理性来说，“整存零取”适合“已老”群体，而“零存整取”则相对来说和“未老”群体想要“谋老”的意图更契合，更符合“养老”行为由前期积累到后期领取的过程要求。

养老储蓄型产品的优势在于资金的安全性很高，对于中国这样一个高储蓄率的国家来说，养老储蓄型产品在个人养老产品市场发展初期客户价值认同高。因此，可以考虑将养老储蓄型产品作为个人养老账户的默认养老产品，以便为不具备养老产品选择能力的人群，以及风险厌恶程度极高的人群提供基础的养老选择。

然而，从养老金替代率①的角度出发，要实现国际公认的，能较好保障退休后生活水平70%～85%的养老金替代率，单纯依靠“储蓄”产品是远远不够的。因此，银行养老储蓄型的产品或者作为风险厌恶程度极高的人群的养老启蒙类产品，可以作为养老金融产品更换间隙的过渡产品，以及养老金融产品的补充，但不宜作为长期、单一养老投资的全部选择。

储蓄型产品受到商业银行经营范围以及央行对个人储蓄存款利率的限制，产品创新相对有限。建议可在如下几个方面探索尝试。

（1）以“人”为单位的总额上限的做法，即在个人总额上限内的养老储蓄型产品可获得较目前普通储蓄产品更高的收益。

（2）在养老储蓄型产品的收益方面，建议与通货膨胀指数或者与物价指数相挂钩，采用“浮动收益”或者“固定+浮动的收益”形式。

（3）对于养老储蓄型产品建议产品提前支取方式，对于提前支取情况下的收益计算能够较目前普通储蓄型产品更优厚。

## 三　银行个人养老金融产品发展面临的问题

### （一）新的监管要求降低了银行个人养老金融产品的竞争力

《关于规范金融机构资产管理业务的指导意见》和《商业银行理财业务监督管理办法》的出台在防范和化解行业目前存在的“跨监管套利”“刚性兑付”“资金池流动性”等方面的问题确实起到了积极的作用，但同时也弱化了银行原有优势，降低了银行个人养老金融产品的市场竞争力，这主要体现在以下几方面。

① 养老金替代率，即人们在退休后所能获得的养老金收入与退休前薪酬的比值。

1. 产品净值波动加大，收益摊薄

公募产品投资非标资产比例的限制，封闭期或开放周期在半年以内的产品采用市价法估值的要求，都加大了产品存续期的净值波动；“非标资产的终止日不得晚于封闭式产品的到期日或者开放式产品的最近一次开放日”，“采用摊余成本法估值的，久期又必须控制在1.5倍以内”等的要求，增加了投资组合配置期限长、收益相对优厚的资产的难度；140%的杠杆比例限制也在一定程度上限制了产品获取更高收益的可能。

2. 可发行的养老产品类型有限

这主要是指过渡期内，商业银行公募理财产品不得投资权益类资产的限制，所以理财子公司成立之前，银行养老产品只能投资债券和非标资产，受到信用评级、集中度以及非标资产总额的限制，差异化的投资策略较难开发，养老产品与普通银行理财产品间的差异性也较难体现。而如果发行私募的养老产品，又受到200人的人数限制和较高的产品起售金额的要求约束，与养老产品“公益”“普惠”的宗旨不契合。

3. 管理效率降低、成本上升

在原有管理模式下，资产入池和产品发行是相对独立的两个过程，对于资产投放来说，只要资金池里有富余充足的资金，就可以为融资客户放款；对于产品发行来说，银行可以较灵活地根据客户的需求来安排产品期限和发行节奏。而资产负债一一匹配的监管要求，使投资了长期限非标资产或股权类资产的养老产品，只能采取以募定投的管理方式。对于融资人来说，等待放款的时间较之前要多20～40个工作日，而且一旦产品募集失败，即相当于融资失败。对于购买养老产品的客户来说，可选择的产品期限变短，只有流动性较低的长期限产品。因此两端客户的体验都是下降的。

## （二）相关的制度和办法有待完善

新近出台的《关于规范金融机构资产管理业务的指导意见》和《商业银行理财业务监督管理办法》都未能对养老产品的特性给予充分考虑，为业务开展带来诸多困难。

（1）在产品类型方面，《关于规范金融机构资产管理业务的指导意见》第四条“在产品成立后至到期前，不得擅自改变产品类型”的要求，未充分考虑目标日期型产品的情况。目标日期产品随着所设定目标日期的临近，逐步降低权益类资产的配置比例，增加非权益类资产的配置比例。因此，产品必定先由股票型基金过渡到混合型基金再过渡到固定收益型基金。

（2）在产品适合度评估方面，现有监管制度亦未能对基于生命周期考虑而创设的目标日期型养老产品给予充分考虑。该类产品在成立初期大量配置的是权益类资产，初发时产品风险评级至少在 R4 – R5。按照现有监管制度对于产品销售时的适合度评估的要求，只有高风险偏好的客户才能购买该类产品，而事实上，该类产品很可能是最适合所有客户类型的一种产品。

（3）在管理人资格方面，四大行的理财子公司已相继挂牌成立，母行与子公司已是两个独立的法人，银行个人养老金融产品的投资管理人（产品管理人）资格却一直没有明确。究竟母行是管理人，还是子公司是管理人？抑或母行与子公司据各自职能分工，都可以是银行个人养老金融产品的投管人？

## （三）国民“投资”养老意识薄弱，观念局限

2018 年，我国国内生产总值（GDP）为 90.03 万亿元，公募基金规模为 13.03 亿元，基金深度（基金规模/同期 GDP）14.47%，而美国的基金深度为 114%。考虑到美国没有银行理财这样的金融投资品，因此，再加上我国特有的 22 万亿元的银行表外理财，“基金 + 理财”的占比也只有同期 GDP 规模的 38.9%。金融产品的深度不足反映了我国国民整体缺乏金融投资意识。

在我国，国民认知度最高的养老方式是“储蓄”和“保险”。有意识地通过投资金融产品使当前财富长期稳定增长，实现未来养老目的人少之又少。这种观念使除“储蓄”外的银行其他金融产品很难被用作“养老”的目的来向客户进行推广。

除“投资”养老的意识薄弱外，国民对于“养老”的理解也相对局限。认为“养老”是只有65岁以上人群才需要考虑和面对的问题。甚至许多金融从业人员也存在这样的理解误区。由于这个年龄段的客户风险承受能力较低，只适合买储蓄、保险或者纯固定收益类的金融产品，这使银行很难将个人养老金融产品的投资范围向权益、衍生等更广阔的资产市场延伸。

## （四）银行自身实力有待提升

除上述客观原因之外，商业银行自身实力也仍有待进一步提升。主要包括以下几方面。

1. 策略开发与产品管理能力

银行个人养老金融产品发展速度缓慢，很大程度上也受限于自身的策略开发能力和产品管理能力。一方面，受惠于政策红利，银行的优势主要体现在一级市场，而对于二级市场交易策略开发能力较薄弱，对于恒定风险和生命周期等真正契合“养老”逻辑的产品策略都未进行过深入研究，可提供给客户的产品策略相对较少，客户可选择的产品种类也相对较少。另外，前期规模为导向的粗放式的业务经营模式使银行较少地关注后期的产品精细化管理。包括持续的业绩表现跟踪、归因分析、策略回检、调整等都未形成体系化的管理机制。

未来，银行在提升多元化的策略开发能力的同时还需要健全产品管理的流程和制度，不断提升自身的产品管理能力。

2. IT 系统建设

目前，辅助银行金融产品发行和管理的系统功能主要以操作性的功能为主，甚至就操作系统而言，许多银行还不具备“定投”“定赎”“分红”“浮动管理费计提”等最基础、最能直观地体现养老产品特点的功能。

未来，银行不但要进一步优化现有系统功能，为配合大类资产配置和生命周期型养老产品策略的开发，还需要开发投资决策系统，并统筹各类资产实现“研究—投资—业绩监控”的信息共享。用信息化手段提高投研和决策支持的工作效率。

## 四　银行个人养老金融产品的建议与思考

### （一）尽快出台银行个人养老金融产品的专项政策

一方面，各家银行根据自己对于养老产品的理解和认知进行产品创设和投资管理，散乱的产品标准大大弱化了养老产品的特性；另一方面，现行《关于规范金融机构资产管理业务的指导意见》和《商业银行理财业务监督管理办法》都未给予银行个人养老金融产品充分的考虑，不宜作为未来银行个人养老金融产品发行的制度依据。建议尽快针对银行个人养老金融产品出台专项管理制度

在管理人资格方面，建议将商业银行作为银行养老储蓄产品的产品管理人（投资管理人），银行理财子公司作为银行养老理财产品的投资管理人（产品管理人）。

在投资限制方面，建议能够基于养老产品特性出发，在产品投资非标资产的比例、开放式养老产品的估值方法、资产与负债相错配容忍等方面能够与现有《关于规范金融机构资产管理业务的指导意见》有所区别，充分体现出商业银行的自身优势，便于银行个人养老金融产品在与基金、保险的产品竞争中体现出差异化的优势。

在产品适合度评估方面，建议为基于生命周期考虑而创设的养老产品留出余地。

在税收征收方面，建议银行个人养老金融产品能够与公募基金享有同样的税收待遇，对资产端投资收益部分的增值税以及产品端的个人所得税都能够予以免除。

### （二）加快创新，布局银行个人养老金融产品

根据目前的监管环境，结合商业银行自身的实力，银行个人养老金融产品可做如下几点考虑。

1. 养老理财产品创设和策略选择

基于我国金融体系特点及国民的传统观念，未来购买养老产品的客群将首先从现有银行储蓄、理财客户中来。因此，银行个人养老理财产品在发展初期适合以追求绝对收益的投资策略为主，从稳健、简单、低风险的产品开始，逐步向复杂、多样化、多层次的产品过渡。根据银行理财客户对各类投资策略的认知，并结合前文介绍的五类策略，未来银行养老理财产品体系可划分为已具备客户基础的产品和待培育客户基础的产品两大类。

已具备客户基础的产品包括前文传统策略和简单的单一策略产品。例如交通银行的“久久添利”、招商银行的“金颐养老”等。该类产品的管理模式已相对成熟，市场接受程度较高，适合作为银行个人养老金融产品的起点，引导客户由“储蓄”养老行为，向“投资”养老行为转化。

待培育客户基础的产品相对前一类型的产品来说产品策略要相对复杂，主要包括前文提及的目标风险策略、大类资产配置策略、目标日期策略以及较复杂的单一策略下的产品。该类产品收益波动的可能性相对较大，现有客户市场的保有率也相对较低。因此，建议该类产品提前布局。而在此三类策略中，建议商业银行优先尝试目标风险策略和大类资产配置策略产品的研发，对于目标日期型产品保持持续的关注和研究，并加强对较复杂的单一策略产品的开发。

2. 养老理财产品形态

养老理财产品需要更加注重在产品形态中体现出“养老”特性。不同于现有理财产品期初“一次性投资”，期末“一次性给付”的产品形态，养老类理财产品分为投资期和领取期（或给付期）两个阶段。在投资期仅开放产品申购，以资金积累和投资为主。除去首次认购，产品的申购以“定投”形式实现。产品到期后进入客户资金领取的阶段，领取期以给付为主，原产品自动转换为低风险每日开放申购赎回的产品。客户通过多次、分散的赎回行为实现养老资金的领取。同时，辅助产品形态体现，商业银行还需要在系统功能方面提前进行安排。

3. 具体资产投向

整体上说，银行个人养老金融产品应以稳健的投资风格为主，因此在信用风险方面，宜主要承担中高信用评级主体的信用风险。在市场风险方面，宜适度承担股票、债券等资产价格波动的市场风险。在投向方面，建议能够切实服务国家实体经济建设，符合国家战略和产业政策要求，符合国家供给侧结构性改革政策，侧重国家重大民生工程、绿色环保等的优质资产。

对冲基金、大宗商品、艺术品、实物资产、商品期货、权证这些资产收益随市场变化程度较大，或资产收益不确定性较高的资产，不建议作为银行个人养老金融产品的投资资产范畴。涉及衍生类投资工具的，建议以避险为主。

### （三）培育国民"投资"养老及早养老意识

国民"养老"观念会直接影响未来个人养老金融产品走向何方。"投资"养老观念的形成需要长期的引导和教育，也需要社会方方面面共同的努力。对于银行来说，发行个人养金融老产品并不断完善个人养老产品体系，就是不断向客户进行"投资"养老理念宣导的践行。银行不应只对老年的客户群体灌输"投资"养老的理念，更要通过不同产品，引导年轻人树立"投资"养老意识。此外，"养老"是一件政策性特征较强的事业，因此呼吁决策层在政策层面能够出台更直接、更优惠的政策，例如，在个人总额限制条件下，变个人税收递延为个人税收减免等，以鼓励国民"投资"养老意识和行为的养成。

## 参考文献

董克用、姚余栋：《中国养老金融发展报告（2017）》，社会科学文献出版社，2017。

董克用、姚余栋：《中国养老金融发展报告（2018）》，社会科学文献出版社，2018。

钟伟等：《养老体系改革路在市场，多箭齐发方能老有所养》，《证券导报》2015年4月30日。

王武蕾、任瞳：《美国养老金体系梳理及其投资管理经验借鉴》，兴业证券，2018。

蔡梦苑、杨思奇：《配置型 FOF 之目标风险 FOF 研究》，华宝证券，2017。

## 专 题 篇

Special Subject Reports

# B.11
# 三支柱养老金对接模式探索

苏 罡*

**摘 要：** 随着我国第三支柱养老金制度正式建立，未来三大支柱的养老金发展和建设需要进行系统性的考虑。目前，许多发达国家已经打通三支柱间的资金流动，如美国 IRA 承接了大量401（k）计划资金转入，实际是第二、三支柱的混合体，英国允许参保人以“协议退出”方式退出第一支柱，将第一支柱部分缴费返至第二、三支柱。我国也有必要探索打通三支柱的养老金账户，进一步提高养老资金的运行效率，真正提升国民的养老保障水平。本报告从养老金三支柱发展的难点

* 苏罡，金融学博士，高级经济师，中国注册会计师协会非执业会员。现任长江养老保险股份有限公司党委书记、董事长、执行董事，中国保险资产管理业协会副会长和养老金管理专业委员会主任委员，华夏新供给经济学研究院副理事长，中国养老金融50人论坛核心成员，长期从事金融领域工作，在保险资产管理、养老金管理、债务融资、IPO融资、收购兼并、养老金机构公司治理、合规与风险管理等多个领域具有丰富经验。

出发，借鉴海外养老金对接的实践经验，对推动我国三支柱养老金账户对接的意义及实施路径进行了分析，并为三支柱养老金的可持续发展提出了建议。

**关键词：** 三支柱　对接模式　可持续发展

## 一　我国三支柱养老金体系发展的现状及未来难点

### （一）三支柱养老金基金储备情况及存在的问题

当前，我国初步搭建了一个由政府、企业和个人共同参与的养老保障体系的基本框架，但与十九大报告提出的“全面建成覆盖全民、城乡统筹、权责清晰、保障适度、可持续的多层次社会保障体系”仍有不小差距，从制度性的养老金储备来看：一是发展不平衡，我国三支柱养老金体系第一支柱独大，第一支柱基本养老保险基金规模的占比高达85%；二是储备不充分，截至2018年末，我国养老金储备余额约为10.1万亿元,[①] 占GDP的11.2%，而同期美国养老金储备的GDP占比为146%；三是覆盖不全面，第一支柱起步较早，基本达到了全覆盖的程度，但第二、三支柱由于制度发展、市场培育等情况，总体参与程度还不够。其中第二支柱企业年金为自愿参与，截至2018年底覆盖2388万名职工，参与率仅为3.0%左右（相对于全部劳动人口基数，如果相对于城镇职工基本养老保险参保人口基数则为6%左右），而美国则在60%以上（相对于全部劳动人口基数）。尽管具备强制性的职业年金覆盖了近3700万名机关事业单位人员，迅速充实了第二支

① 数据来源于中国人力资源和社会保障事业发展统计公报、社保基金年度报告、企业年金基金业务数据摘要，包含第一支柱基本养老保险基金结余5.8万亿元，社保基金2.24万亿元，第二支柱企业年金基金1.48万亿元，职业年金约6000亿元，第三支柱税延型商业养老保险规模很小，约7000万元，总体来看养老金储备余额占GDP比重仍较小。

柱，但从未来发展来看，更多的增量机会仍在职工数量庞大的企业。第三支柱个人税延型商业养老保险在 2018 年 5 月开展试点，尚未在全国范围内进行扩面，规模效应仍不明显。总体而言，我国养老金市场尚处于起步阶段，具有广阔的市场空间。当前，基本养老保险基金已正式启动市场化投资运营，面向机关事业单位的职业年金已陆续启动招标工作，第三支柱的个人税延型商业养老保险、养老目标基金也正积极进行试点与推广，这些都为养老金三支柱的长远发展带来了机遇。

## （二）三支柱养老金账户基本情况

1. 第一支柱基本养老保险基金账户

基本养老保险基金实行社会统筹与个人账户相结合。其中，城镇职工基本养老保险，职工所在单位按照国家规定的本单位职工工资总额的比例缴纳基本养老保险费，[①] 全部划入社会统筹部分；以本人缴费工资计算，个人缴纳的 8% 划入个人账户。城乡居民基本养老保险，同样为参保人员设立了个人账户，个人缴费、政府补贴、集体补助等部分，全部计入个人账户。[②]

2. 第二支柱年金基金账户

企业年金基金采用个人账户方式管理，企业缴费每年不超过本企业职工工资总额的 8%。企业和职工个人缴费合计不超过本企业职工工资总额的 12%。个人账户由企业年金方案规定比例的企业缴费、职工个人缴费以及投资收益组成，由于企业缴费存在账户归属期等情况，部分资金会暂时在企业账户中，但最终都会归集到个人账户。[③]

职业年金基金同样采用个人账户方式管理。单位缴纳职业年金费用的比例为本单位工资总额的 8%，个人缴费比例为本人缴费工资的 4%，由单位

① 根据《降低社会保险费率综合方案》（国办发〔2019〕13 号），自 2019 年 5 月 1 日起，全国各地企业部分缴费费率统一调至 16%。

② 详见《国务院关于建立统一的城乡居民基本养老保险制度的意见》（国办发〔2014〕8 号）等。

③ 详见《企业年金办法》（人社部第 36 号令）第十五条、第十七条、第二十一条。

代扣。个人缴费实行实账积累，单位缴费部分根据是否财政全额供款分别进行记账和实账积累。个人账户由按照个人缴费基数的8%计算的单位缴费、个人缴费及基金投资运营收益组成。①

3. 第三支柱个人商业养老账户

以个人税延型商业养老保险为起点，第三支柱提出了个人商业养老账户的概念。② 试点结束后，将根据实际情况，有序扩大参与的金融机构和产品范围，将更多产品纳入个人商业养老账户投资范围，奠定了第三支柱建立账户制的基本方向。

## （三）三支柱养老金体系未来发展的难点

1. 三支柱养老金账户灵活性不足

因管理主体不同，养老金个人账户分设在不同的渠道之下，处于完全独立的状态。基本养老保险个人账户由各地的社保经办机构负责，职工劳动关系所在单位到当地社保经办机构办理其个人账户，后续由职工劳动关系所在单位代扣代缴职工基本养老保险费，并交至当地社保经办机构，基本养老个人账户具有国家保障属性，具有普遍性。企业年金作为补充养老保障的一种形式，由职工劳动关系所在单位选择的受托人负责建立，受托人均为商业养老金管理机构，由受托机构选择托管行，完成个人账户积累基金的统计、缴费、支付等环节的处理。职业年金则由各地人社部门作为代理人，选择受托机构，其余流程与企业年金一致。第三支柱个人养老金尚未建立账户概念，这部分养老金资产目前主要以产品的形式呈现，分布于不同产品发行公司。

由于这三类账户的完全独立，养老金在缴费和领取阶段都会出现一定程度的资金沉淀。

一是第二支柱年金过渡账户问题。在职员工个人因工作变动，流动至未建立年金计划的单位时，仅能将其已缴纳的年金账户中的资金封存在原单位

① 详见《机关事业单位职业年金办法》（国办发〔2015〕18号）第四条、第六条、第七条。

② 详见《关于开展个人税收递延型商业养老保险试点的通知》（财税〔2018〕22号）。

企业年金计划中，账户内资金既不能领取也无法转移，投资管理人对于此类账户，从客观来说只能维持最低收益，无法实现年金个人账户内沉淀基金的有效保值增值，有必要在制度上进行设计，将这部分资金转移到合适的账户以实现更高的养老金投资收益。

二是第一、二支柱养老金领取阶段保值增值问题。由于养老金的领取期较长，人们领取的养老金很有可能会暂时闲置在银行账户中，若能够形成账户对接的机制，将第一、二支柱可以进行领取的资金引导至第三支柱，进行更加灵活和长期的资产配置，通过合适的产品提供稳健的投资收益，将有利于养老金更好地保值增值。目前，《企业年金办法》中已有引导企业年金领取阶段一次性购买商业养老保险的方式，随着第三支柱的建立和完善，将提供更多资金对接渠道和产品的选择。

2. 个人对养老金资产没有整体规划能力

因目前个人不同的养老金账户分散在不同的系统平台上，一方面，职工个人无法清晰地了解当期个人养老金资产情况，不能及时查询不同养老金账户的资产余额等信息；另一方面，因不能及时准确地了解个人养老金资产信息，没有合适的工具可以帮助个人预估在满足一定目标前提下，现阶段需投入的养老金资源，更不能对个人养老资金配置做出合理规划，无法快速便捷地对个人退休后的经济情况做出规划和调整。这对市场和机构在投资工具设计、产品创新开发、专业咨询服务和投资者教育等方面都提出了更高的要求。

## 二　海外三支柱养老金对接转换实践经验

### （一）美国经验：第二支柱向第三支柱转换

美国建立了“三支柱养老保障体系”，第一支柱是由国家主办并强制推行的社会养老保险，主要功能是底线保障。第二支柱是由雇主自愿设立并运行的私人养老金计划，其中最有代表性的是401（k）计划，体现了雇主责任，也是一种雇员福利，成为一种“补充养老”形式。第三支柱是指个人或家庭自愿自发的退休储蓄行为，包括以养老为目的存款、投资、购买商业人寿保险等。

1974年，一方面，考虑到私人养老金计划覆盖面较窄，无法兼顾大量非正规就业者和低收入者，亟须开展个人退休储蓄工作，以税收优惠激励这部分群体进行退休储蓄，另一方面，由于企业雇员流动性大，为确保雇员跳槽或计划终止时不改变养老金计划的税收待遇，每个雇员有必要开设一个万能的“个人退休账户”，以便随时接收各类雇主养老金计划的“转账”资产，美国个人退休账户（IRA）应运而生。在发展的过程中，IRA中传统IRA和罗斯IRA计划适用于个人行为的退休储蓄，雇主支持型的SEP-IRA和SIMPLE IRA两类计划则适用于各类中小企业，尤其是小企业和自雇者。传统IRA和罗斯IRA所形成的资产已成为美国第三支柱制度性养老金储备的重要组成部分。

1. IRA“转账”功能持续壮大第三支柱

截至2018年底，IRA资产中，传统IRA占比为85%。最新可获取的数据显示，2015年传统IRA转账流入资产近4600亿美元，而个人缴费的资产仅为177亿美元。① IRA计划被赋予的“转账”功能，雇员在转换工作或者退休时，可将401（k）等雇主退休金计划中的资金转存到IRA账户中，而且不会改变其税收优惠地位，这使IRA资产规模从根本上得到快速扩张（见表1）。

**表1　1996～2015年美国传统IRA缴费及转账情况**

单位：10亿美元

| 年份 | 缴费 | 转账 |
|---|---|---|
| 1996 | 14.1 | 114.0 |
| 1997 | 15.0 | 121.5 |
| 1998 | 11.9 | 160.0 |

① 根据2019年美国基金业投资报告，未获取2016～2018年账户流动情况，因此最新数据统计至2015年底。

续表

| 年份 | 缴费 | 转账 |
| --- | --- | --- |
| 1999 | 10.3 | 199.9 |
| 2000 | 10.0 | 225.6 |
| 2001 | 9.2 | 187.8 |
| 2002 | 12.4 | 204.4 |
| 2003 | 12.3 | 205.0 |
| 2004 | 12.6 | 214.9 |
| 2005 | 13.4 | 228.5 |
| 2006 | 14.3 | 282.0 |
| 2007 | 14.4 | 316.6 |
| 2008 | 13.4 | 272.1 |
| 2009 | 12.8 | 257.3 |
| 2010 | 12.8 | 288.4 |
| 2011 | 12.3 | 297.5 |
| 2012 | 15.5 | 334.6 |
| 2013 | 16.8 | 393.4 |
| 2014 | 17.5 | 423.9 |
| 2015 | 17.7 | 459.9 |

资料来源：美国投资公司协会（ICI）。

2. 雇主退休金计划转存至 IRA 的具体方式

美国设置了转存 IRA 账户，允许个人将账户资金从雇主退休金计划转移到个人退休账户。这一过程中，以 401（k）计划为例，传统 401（k）转移到传统 IRA，可以保留税收递延优惠状态，罗斯 401（k）转移到罗斯 IRA，收益部分仍然免税，传统 401（k）转移至罗斯 IRA，由于原雇主退休金计划缴款为税前缴纳，而罗斯 IRA 只能持有税收缴款，因此需要缴税。

大多数 IRA 计划允许每年进行一次转存，分为直接和间接两种方式。通过直接转存，即雇主退休金计划管理人直接将资金转移至滚存 IRA 账户，雇员可以避免 20% 的转移资产被美国国税局（IRS）扣留。通过间接转存，即雇员首先拥有原雇主退休金计划资产，然后在 60 天内将资金放入另一个符合条件的退休计划中，这种情况下账户资产的 20% 可能会被扣缴，在员工提交年度纳税申报表之前无法追回。如果雇员没有正确处置资产转移，将需要按照综合所得缴纳税收，同时如果没有达到59.5岁的退休年龄，还将面临提前支取的惩罚税。此外，如果IRA账户在一年内收到来自其他合格退休计划资金大于150000美元，超过的收入将需要缴纳15%的收入税。

3. 二三支柱税收优惠关联促进社会公平发展

以享受税延优惠的传统IRA为例，其目前年缴费限额为5500美元，并以家庭为单位进行纳税申报，其免税额度与家庭中是否有人纳入雇主补充养老计划而发生很大变化。如表2、表3所示，如果家庭中没有人加入雇主退休金计划，那么将享受全部抵税额度；反之随着加入雇主退休金以及具体加入人员的情况不同，根据不同的收入标准，将会有全部抵税额度、部分抵税额度、没有抵税额度三种情况。这一规则，将二三支柱的税收优惠额度进行了综合考虑，同时对中低收入人群给予了更多的税收优惠，实现了社会再分配。

**表2　2018年传统IRA税前扣除限额（参与人纳入雇主退休金计划）**

| 纳税申报身份 | 调整后的总收入 | IRA税前扣除情况 |
|---|---|---|
| 单身、一家之主或已婚单独申报者（不与配偶一起生活） | 不超过63000美元 | 全部扣除 |
| | 超过63000美元但低于73000美元 | 部分扣除 |
| | 73000美元及以上 | 不能扣除 |
| 符合条件的丧偶者或已婚联合申报者 | 不超过101000美元 | 全部扣除 |
| | 超过101000美元但低于121000美元 | 部分扣除 |
| | 121000美元及以上 | 不能扣除 |
| 已婚单独申报者（与配偶一起生活） | 低于10000美元 | 部分扣除 |
| | 10000美元及以上 | 不能扣除 |

**表3　2018年传统IRA税前扣除限额（参与人未纳入雇主退休金计划）**

| 纳税申报身份 | 调整后的总收入 | IRA税前扣除情况 |
|---|---|---|
| 单身或符合条件的丧偶者 | — | 全部扣除 |
| 已婚且配偶也没有纳入雇主补充养老计划的联合申报者和单独申报者 | — | 全部扣除 |

续表

| 纳税申报身份 | 调整后的总收入 | IRA 税前扣除情况 |
| --- | --- | --- |
| 已婚但配偶纳入雇主补充养老计划的联合申报者 | 不超过 189000 美元 | 全部扣除 |
| | 超过 189000 美元但低于 199000 美元 | 部分扣除 |
| | 199000 美元及以上 | 不能扣除 |
| 已婚但配偶纳入雇主补充养老计划的单独申报者 | 低于 10000 美元 | 部分扣除 |
| | 10000 美元及以上 | 不能扣除 |

### （二）英国经验：第一支柱向第二、三支柱转移

经过几十年持续不断的变革和发展，现行的英国养老金体系主要由“三支柱”构成。第一支柱为国家养老金计划，主要包括对全体符合条件的纳税人提供的国家基本养老金和对雇员提供的与收入相关联的国家第二养老金，[①] 两者都采取现收现付制。

国家第二养老金是国家提供的与收入相关联的一项国家基本养老金附加额，任何已缴纳了国家基本养老金保费同时又没有参加职业养老金或个人养老金计划的雇员将自动具备享受资格。该计划设定了“协议退出”机制，明确规定，如果雇员在私人养老金计划中获得的养老金等于他们能够在国家第二养老金计划中可能获得的最低保证养老金时，雇员可以“协议退出”国家第二养老金计划，并享受到国家基本养老保险费缴纳的折扣与优惠，将国民保险费中的一部分返还私人养老金账户中。同时，专门针对“协议退出”的雇员，设置了由国家财政补贴的2%的特别奖励金，该笔补偿资金必须用于参加其他养老金制度，激励其转入私人养老金。英国协议退出的情况包括以下几种。

1. 职业养老金计划(Occupational Pensions Schemes, OPS)

职业养老金计划是由雇主为其雇员提供的私人养老金计划，包括两类。①收益确定型（DB 型）职业养老金计划：1975 年的《社会保障养老金法》

① 1975 年英国社会保险法案推出国家收入关联计划（通称 SERPS），2002 年开始实施国家第二养老金计划（通称 S2P）作为 SERPS 的替代政策。

中规定，DB 型职业养老金计划可作为协议退出后的养老金计划选择，只要其能保障提供与国家附加养老金一样的最低养老金保障（guaranteed minimum pension）。个人协议退出国家第二养老金计划后，2017～2018 年，雇主和雇员可享受到 4.8% 的缴费优惠（雇主 3.4%，雇员 1.4%），但这部分缴费优惠必须进入 DB 计划中。②缴费确定型（DC 型）职业养老金计划：1988 年以后，个人协议退出到这一计划，2011～2012 年享受 3% 左右的国民保险费缴费优惠（雇主 1.6%，雇员 1.4%），同样这部分优惠必须进入 DC 计划中。

2. 经政府许可的个人养老金计划（Appropriate Personal Pensions Schemes,APP）

从 1987 年起，个人可协议退出至这一计划中，并可以享受政府税收优惠。由于这一计划并不能保证退休者至少可得到与国家附加养老金相同的退休金，政府会直接将其缴纳的部分国民保险费直接转入个人积累的基金中。

3. 经政府许可的存托养老金计划（Appropriate Stakeholder Pensions Schemes）

为了鼓励公众储蓄，政府简化财税相关手续，于 2001 年 4 月出台这一计划，作为协议退出后可供选择的养老金计划之一。政府要求拥有 5 个以上（含）雇员的雇主，应该为其雇员提供加入存托养老金计划或职业养老金计划的机会。对于没有职业养老金计划的雇主，这一计划成为其重要的选择。这一制度极大地鼓励了私人储蓄，并降低了储蓄的成本。这一计划的运行与个人养老金计划类似，只是经营者所收取的手续费受到国家的控制。

在发展的过程中，英国政府重新审视了 DC 型职业养老金计划、个人养老金计划以及存托养老金计划，认为这三种计划的养老金发放取决于投资回报率和年金利率，但不能准确预测养老金发放的金额，使人们很难做出是应该留在国家第二养老金计划还是协议退出到这三种计划的判断。为简化养老金体系，《2008 养老金法案》中规定不再允许协议退出至这三种计划。2012 年之后，不再给予相应的国民保险费折扣优惠。英国政府的这一改革是为了完全确保协议退出后待遇不降低。尽管如此，还是可以看到英国允许参保人协议退出至 DB、DC 型计划以及个人养老金的做法，能够极大促进私人养老金的迅速发展，从而推动整个养老基金的壮大，并在资本市场中占据重要地位。

## 三　推动我国三支柱养老金对接转换的意义

### （一）切实提升个人退休后生活水平

在养老金三支柱体系基本建立的背景下，因账户完全独立或资金沉淀等问题，无法实现更加灵活的整体筹划及资金保值增值。有效打通三支柱养老金账户的资金流动，将有利于进一步提升个人长期可持续的养老金储备，保证更高水平的养老金替代率。从趋势来看，我国未来第三支柱基本将从现有的产品制转向账户制，若能够建立起和美国 IRA 类似的账户体系，并同样通过转账功能将第一支柱个人账户资金，以及第二支柱的资金在一定条件下转移至第三支柱，将有利于实现第三支柱个人商业养老账户转账归集功能，持续实现个人养老金的保值增值。

一是更好地衔接和应对劳动力频繁流动背景下的沉淀资金。随着产业结构的调整和各类新兴业态的出现，灵活就业人员和自雇人员的数量越来越多，且存在部分企业雇员向其转移的现象。第三支柱个人商业养老账户不受职业状态的限制，通过转账功能能够有效地承接因劳动力流动导致第二支柱计划终止而形成的沉淀资金，持续提供有效的资金保值增值服务。

二是为退休后的领取期提供更加灵活的投资选择。由于养老金的领取期较长，当人们领取到相应的养老金但暂时闲置时，可以通过合适的产品进一步实现资金的保值增值。IRA 账户的优势之一就是可以将多个退休计划中的资金整合到一个账户中进行投资。相较于第一支柱、第二支柱，第三支柱有更加灵活的养老金投资选择，也有能力提供较好的养老金领取期的过渡产品，既能够保障退休后的养老保障水平，也能够较好地将第一、二支柱的资金过渡到第三支柱。

三是充分体现三支柱养老金体系中的个人责任和专业机构价值。不同账户养老金的归集，能够使个人直观了解到自身养老金储备的真实情况，从而主动并且系统地去考虑自身养老金储备充足性的问题。同时，个人养老投资意识的不断加深，将会促进其主动了解养老金资产的构成及投资情况，并更有动力去学习更多养老金融知识，推动整个社会养老金融教育的拓宽和普及。当然，在个人意识提升的同时，只有通过专业机构提供更加便捷的渠道，提供多元化、定制化的产品，才能够更好地实现个人资产的保值增值。

## （二）促进养老金计划与产品的融合创新

养老金对接转移的渠道一旦打通，意味着在一定条件下，养老金的资产配置有了更加灵活的选择，市场的竞争也将更加激烈。对于市场规模的良好预期，将会推动养老金管理机构根据自身的行业特征和专业优势，推出更加全面和多样化的养老金融产品选择。

同时，从目前的制度设计来看，仅第三支柱能够赋予参加者完全个人投资选择权，实现灵活且多样化的产品选择，由于第二支柱企业年金计划的非强制性，结合美国经验对于未来资金可能会更多向第三支柱转移的预设，将倒逼企业年金在制度设计上进一步调整，以吸引更多的人群参与到计划中。例如，推动引入个人投资选择权，允许员工根据自身风险偏好和承受能力选择不同的投资组合，避免出现企业年金规模因资金的灵活对接而出现断崖式下滑。

## （三）形成养老金和资本市场的有效互动

我国城镇居民家庭可支配收入已从 2000 年底 6280 元快速上升至 2018 年底 39251 元的水平。根据《贝恩咨询—招商银行：2019 年私人财富报告》：截至 2018 年末，我国个人持有的可投资资产总体规模达 190 万亿元，高净值人群（可投资资产超过 1000 万元）数量达到 197 万人。在财富积累快速增长的同时，居民的金融意识也不断增强。养老金是能够为更多的个人客户提供全生命周期服务的优质载体，因此养老金在制度上实现资金的有效对接，账户的灵活，以及产品的创新将进一步引导更多的居民储蓄转化为长期资金，成为资本市场的压舱石，进一步带动养老金市场的发展。并且将催生大量专业化机构的出现和发展，带动养老金融市场的快速发展。同时，养老金融产品为不断实现其收益率与安全性的匹配，必然进一步完善资产配置模型，提升资产配置效率，给资本市场带来更多的资源。

## 四　我国三支柱养老金对接模式与路径探索

### （一）三支柱养老金对接模式探索

1. 第一支柱向二三支柱转移

从账户属性来看，第一支柱社会统筹账户具有共济性，第一支柱个人账户具有私有产权属性，与第二、三支柱养老金账户的属性一致。从理论上来说，第一支柱个人账户资金具备向第二、三支柱转移的条件。第一支柱采取的社会统筹和个人账户相结合的结构，初衷是将两者的优势充分发挥出来，实现预期稳定和多缴多得。但在制度实行过程中，由于政府没有承担从现收现付制向部分积累制的转制成本，个人缴费不得不用于保障当期养老金的发放，形成“空账”。目前基本养老保险空账问题严重，过去十多年多个省份启动了做实个人账户试点工作，十八大报告中提出要逐步做实养老保险个人账户，十九大报告中则未重申这一举措。因此，未来是否要在全国范围内真正做实养老保险个人账户的问题上，目前尚未有定论。

若不做实第一支柱个人账户，采取名义账户制将个人账户虚拟化，则个人账户就没有实际的资金可转移至第二、三支柱。那么仅可能通过制度性下调第一支柱缴费费率等方式，以进一步释放用人单位和个人的缴费压力，对第二、三支柱形成制度性的转移，而非账户的实质性对接和转移。若推动做实个人账户，根据业内专家的一些观点，将有可能逐步与第一支柱统筹账户分离，更加强调第一支柱保基本的功能。那么就有必要探索第一支柱个人账户与第二、三支柱养老金账户之间有效融合的方式及可行性。因此，本报告对于第一支柱个人账户向第二、三支柱转移的探索仅建立在个人账户做实的前提之下。

一是考虑与第二支柱年金计划相融合。目前第二支柱包括企业年金和职业年金，职业年金为强制建立，但企业年金为企业自主建立，若要实现基本养老保险个人账户与第二支柱养老金账户的融合，政策上逐步要求企业建立企业年金计划，引入自动加入机制，将第二支柱转变为一种国家强制建立的补充养老保险制度。从目前来看，由于企业年金建立的门槛较高，大量中小微企业没有能力和意愿建立企业年金计划。

二是考虑与第三支柱个人商业养老账户相融合。因第三支柱个人商业养老账户无须企业建立，由个人自主参加，基本养老保险个人账户转移至第三支柱不存在体制性障碍。此外，如果将基本养老保险个人账户独立出来划入第三支柱，相当于一次性使第三支柱覆盖 9.42 亿多名基本养老保险参保人员，将促进第三支柱规模迅速增长，在短时期内有效调整和均衡养老金三支柱的结构占比。

比较以上两种方式，从当前制度建设和可行性来看，在个人账户做实的情况下，第一支柱个人账户转移至第三支柱将更为可行。此外，参照智利由现收现付制转向完全积累制的经验，可以通过由国家发行“认可债券”，在雇员退休时进行兑付并转入选择的养老金管理公司下设的个人账户的方式延迟做实账户，在适当的阶段将个人账户资金转移至第二、三支柱，而不是一刀划断全部做实，可以将财政压力分摊至几十年时间中。

2. 第二支柱向第三支柱转移

借鉴美国 IRA 账户的管理经验，当雇员因个人原因在企业间、企业与机关事业单位流动时，当新的就职单位并未建立年金计划，或者因为转向灵活就业导致没有条件再继续参与年金计划时，以及退休后一次性领取出现资金闲置等情况，可以将其已缴纳的第二支柱年金账户内的积累资金转移到第三支柱个人商业养老账户中，第三支柱个人商业养老账户充当补充养老账户的归集账户，通过第三支柱个人账户选择适合自身风险偏好或需求的养老投资产品或工具，有效地提升资金的效率，提高补充养老资金的收益率，增加终生收入，同时也可以提高补充养老账户的灵活性，有利于劳动力资源的合理流动和配置。

## （二）税收优惠政策的调整协同

三支柱养老金顺利对接的前提，是能够保证参保人的养老金在转入另一支柱时待遇至少不降低。是否能够享受同样水平的税收优惠政策，对于参保人的资金转移流动的意愿产生重要影响（见表4）。

**表4　三支柱养老金税收政策对比（仅针对个人）**

| 环节 | 第一支柱 | 第二支柱 | | 第三支柱 | |
|---|---|---|---|---|---|
| | 基本养老保险 | 企业年金 | 职业年金 | 个人税收递延型商业养老保险 | 养老目标证券投资基金 |
| 缴费环节 | 免税 | 单位缴费部分不征税；个人缴费部分在计税工资4%以内不征税 | 单位缴纳8%，个人缴纳4%。不明确，预计不征税 | 缴纳保费在当月薪酬6%和1000元孰低限额内据实扣除 | 征税 |
| 领取环节 | 免税 | 征税，领取时全额按照“工资、薪金所得”计征 | 不明确，预计需征税 | 领取的商业养老金收入25%部分予以免税，其余75%按10%的比例税率计算缴纳 | 买卖基金价差收入免税；基金分红收益除从基金分配中获得的企业债券差价收入征收个人所得税，其他免税 |

资料来源：《个人所得税法实施条例》、《关于基本养老保险费基本医疗保险费住房公积金有关个人所得税政策的通知》（财税〔2016〕10号）、《关于企业年金、职业年金个人所得税有关问题的通知》（财税〔2013〕103号）、《关于开展个人税收递延型商业养老保险试点的通知》（财税〔2018〕22号）。

从缴费阶段来看，企业年金个人缴费部分免税额度为计税工资4%，职业年金个人缴费部分免税额度相当于4%，个人税延型商业养老保险在当月薪酬6%和1000元孰低限额内据实扣除。目前来看，基本养老保险个人账户做实并剥离的难度较大，而税收优惠是推动私人养老金发展的重要手段，因此如果仅考虑打通第二、三支柱养老金对接，建议结合美国IRA的经验，实现第二、三支柱个人享受的税优比例或者额度共享。对于所在单位未建立企业年金的，允许将企业年金中给予个人的税收政策转移叠加到个人养老金，即没有参加企业年金的个人，其购买个人养老金的税优上限提高到18%。

从领取阶段来看，第一支柱个人账户部分建议无论转移与否，都采取单独记账的形式，在领取阶段仍旧采取免税的形式。而目前第二、三支柱的税优形式采取的均为税收递延，若二、三支柱资金实现对接转换，在领取阶段的征税形式和比例建议予以统一，如均按照当年综合所得进行计税，鼓励分期领取。

## （三）养老金账户信息管理平台的有效衔接

随着三支柱养老金体系的建立和完善，第一、二、三支柱已分别建立起或准备建立不同层次的账户信息管理系统。第一支柱已在加快建设全国统一的社会保险公共服务平台，对相关社保信息进行有效集成管理。第二支柱企业年金账户信息可通过企业年金账管人所设立的平台进行查询，职业年金账户信息可通过当地社保部门的相关平台进行查询。第三支柱个人商业养老账户，人社部也正在考虑采取账户制，并建立统一的信息管理服务平台（见表5）。

**表5　三支柱养老金账户信息管理平台建设情况**

| 第一支柱 | 第二支柱 | | 第三支柱 |
|---|---|---|---|
| 基本养老保险账户 | 企业年金账户 | 职业年金账户 | 个人商业养老账户 |
| 个人可在各地社保经办机构业务办理大厅及人社网站查询社保信息。人社部正在加快推动建立统一的社会保险公共服务平台 | 参加企业年金的人员和企业可通过账户管理人（以银行为主）查询所属账户中金额变化及相关其他服务 | 参加职业年金的机关事业单位人员可在各地社保经办机构业务办理大厅及人社网站查询职业年金信息 | 目前拟考虑账户制，并建设统一的信息管理服务平台（该平台管理人暂不明确） |

三支柱养老金账户资金对接的过程中，要同时保证账户信息的有效对接，允许在资金发生转移时，及时将转移的养老金账户相关信息，包括资金余额、税收信息等传输到新的账户信息管理平台，实现更加有效的衔接和管理。

## （四）养老金管理机构的专业优势发挥

依照中国的实际情况，养老金管理涵盖企业年金基金、职业年金基金、基本养老保险基金、全国社保基金、个人养老金等资产管理及相关业务。目前，银行、保险、基金和信托等同业机构都积极参与到养老金的管理中，在产品创新、投资管理、运营管理等多样化的服务方面，极大地推动了养老金市场的发展。根据人社部拟将符合规定的银行理财、商业养老保险、基金等金融产品都纳入第三支柱产品的规划，参与养老金管理的相关金融机构将在一个更加开放和公平的平台上进行直接竞争。这样的市场环境也将为三支柱养老金对接打下更加良好的基础。

在三支柱养老金归集投资的过程当中，养老金的多元化投资是必然的方向，但首先应当保证有一笔稳定且可持续的终身收入以应对长寿风险。在这一前提下，保险业基于精算技术和长寿风险管理手段所提供的产品，比如年金化的产品，相较于其他行业更加凸显安全稳健的特征。2019 年 5 月，美国众议院讨论并通过的《安全退休储蓄法案》（*Secure Act*）中就开始考虑在 401（k）计划中提供保险年金选择，并提供相应的保护条款，协助退休人员将养老储蓄变成稳定的终身收入。

同时，中国的专业养老金管理机构已经逐步形成了养老金投资管理、产品开发以及定制化解决方案等方面的经验，也将进一步推动三支柱养老金的有效对接。未来可持续探索提供养老金管理的增值服务，根据不同的偏好和选择，还可提供包括资金保值增值、养老金方案筹划、产品选择等多元化的服务，包括如何在三支柱的养老金体系内规划个人养老方案，不同类型养老产品的比较和评估，同类型不同公司养老产品的比较和评估等方面，便于个人对养老金进行全面的管理和规划。同时，提供退休计算工具，通过订立个人退休目标和期望，如基本开销、医疗、其他等消费预期，参考个人的历史储蓄、投资等情况，预估退休后个人养老金需求。

## 参考文献


肖汉平：《美国 401（k）计划与 IRA 运作机制研究》，《证券市场导报》2005 年第 11 期。

彼得·约翰·布莱迪：《美国如何支持养老》，中国金融出版社，2018。

董登新：《正确理解美国个人退休账户的双重功能》，《中国社会保障》2016 年第 9 期。

董登新：《美国第二、三支柱养老金交融发展的启示》，《中国劳动保障报》，2018 年 8 月 28 日。

张维义：《智利养老金市场对中国的启示》，http：//pl. sinoins. com/2018 - 12/13/content_ 278949. htm。

张建霞、李彦俊、夏磊：《英国私人养老保险制度的比较分析与启示》，《理论学习》2012 年第 8 期。

岳磊、曾海军：《养老金管理公司的机遇、困境与出路》，《清华金融评论》2017 年 7 期。

# B.12
# 养老目标日期基金下滑曲线设计及建议

李宏纲　沈艳芬*

**摘　要：** 目标日期基金是美国近年来发展最快的公募基金品种。截至2017年底，美国目标日期基金的总规模已经超过1.1万亿美元，占美国FOF基金资产规模的50%左右。而美国目标日期基金最主要的资金来源是养老金，其中DC型计划和个人养老金账户的资金占目标日期基金总规模的90%左右。近年来，我国养老金制度改革持续推进，2018年国内养老目标日期基金的推出更是助力养老金“第三支柱”的建设发展。目标日期基金的核心是下滑曲线的设计，这关系到产品在投资者整个生命周期内的资产配置策略。由于国内相关产品的发展还刚刚起步，借鉴海外的成熟发展经验十分必要。本报告介绍了海外主流设计理论，详细分析了国内目标日期基金下滑曲线的设计情况及海外对比，并基于下滑曲线的改进设计提出了国内养老目标日期基金发展的相关建议。

**关键词：** 养老投资　目标日期基金　下滑曲线　人力资本　效用优化

## 一　目标日期基金下滑曲线设计理论及海外经验

目标日期基金是一种根据投资者退休日期来构建投资策略的养老理财工

---

* 李宏纲，汇添富基金管理股份有限公司资产配置中心资深产品专家，中国养老金融50人论坛联席研究员，统计学博士，研究领域为养老金金融、基金研究、产品创新；沈艳芬，汇添富基金管理股份有限公司产品创新服务中心高级经理。本文仅代表个人观点，与供职单位无关。

具，主要特点是将基金产品的资产配置结构与投资者的生命周期有机结合起来。随着投资者目标日期（退休日）的临近，产品权益类资产的投资比例会逐渐降低，而非权益类资产的比例则会逐渐增加。目标日期基金中权益类资产配置比例逐渐下降所形成的“下滑曲线”是产品资产配置策略的直接体现，是目标日期产品设计中的核心要素，也决定了产品的竞争力。

对人力资本的反映是下滑曲线设计过程中最基础的理论，以美国伊博森公司（Ibbotson Associates）为代表所提出的基于对人力资本特征考虑下的设计方法是一类典型的结合现代投资理论的人力资本模型。此外，海外相关文献中下滑曲线的基本设计理论还包含投资者效用优化理论和相对期限风险理论。从海外实践经验来看，国外较多基金公司的下滑曲线设计方法以人力资本理论为基础，同时进一步强调优化投资者效用的效用最大化模型，比如美国目标日期基金“三巨头”先锋基金（Vanguard）、富达基金（Fidelity）和普信基金（T. Rowe Price）的下滑曲线设计方法均可归为结合人力资本的效用最大化模型。美国北方信托公司（Northern Trust）则是以相对期限风险理论为基础，提出了考虑股票和债券在不同持有时间下风险变化差异的相对期限风险模型，但该类模型在实际产品设计中较少运用。

### （一）人力资本在下滑曲线设计中的作用

人力资本可以简单看作投资者未来劳动收入的现值之和，在生命周期投资理论下，理性消费者应以其一生效用最大化为原则，从整个生命周期的角度出发进行最优资产配置。因此，站在全生命周期的角度进行投资时，除金融资产外，人力资本也是影响投资者选择的重要部分，即在设计长期资产配置策略时，需明确投资者的总财富 = 人力资本 + 金融资产。

在下滑曲线的设计过程中，对人力资本的反映主要有两种方法。第一种方法是通过估计人力资本的股债属性和相对大小来确定人力资本对资产配置策略的影响。根据美国伊博森公司（Ibbotson Associates）的估算，一个典型投资者的人力资本债券属性较强，平均约有 70% 的人力资本相当于债券，30% 的人力资本相当于股票，而美国市场组合中包含约 54% 的债性资产和

46% 的股性资产，同时根据现代资产组合理论，市场组合即为最优的资产组合，得出投资者最优的总财富资产配置组合包含 54% 的债性资产和 46% 的股性资产，最后结合投资者在其一生中金融资产和人力资本的相对占比变化情况，就可以确定在不同阶段投资者的最优金融资产组合，具体设计逻辑如图 1 所示。第二种方法是通过估计投资者在未来各期所拥有的人力资本对其所能承受的金融资产投资损失程度的影响来反映人力资本在资产配置策略设计中所产生的作用。如国内中证指数公司推出的三个目标日期指数系列中证平安退休宝指数系列、中证目标日期指数系列和中证南方养老目标日期指数系列，就是通过设定一个反映投资者人力资本变化情况的风险限制值来控制投资者在不同年龄阶段所面临的投资风险，进而得以在长周期的资产配置策略中反映出投资者在不同年龄阶段的风险承受能力变化情况（见图 2）。

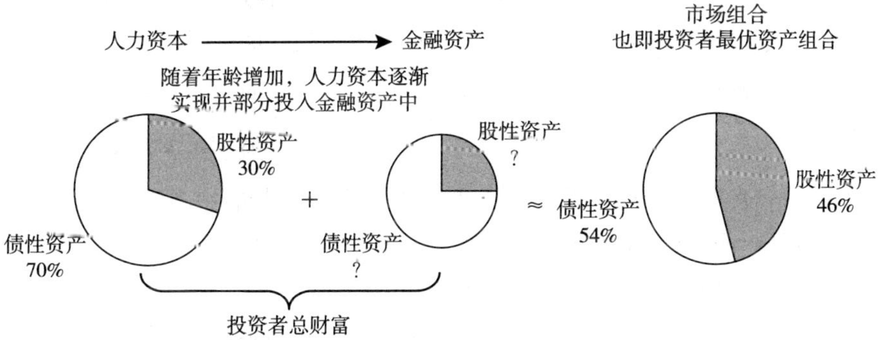


**图 1　伊博森公司基于人力资本的下滑曲线设计逻辑**

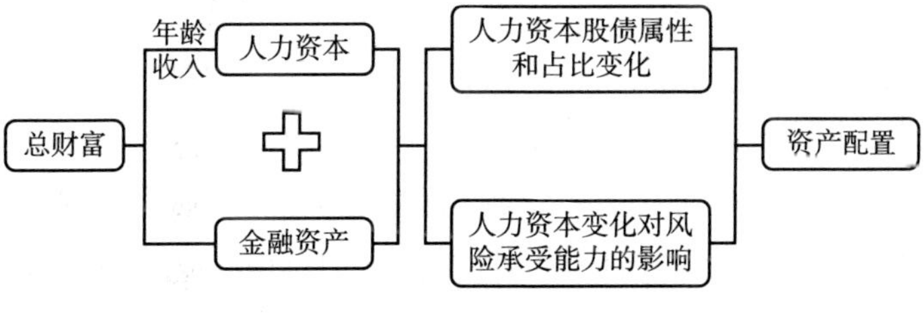


**图 2　人力资本对资产配置的影响途径**

### （二）效用最大化在下滑曲线设计中的考虑

基于效用最大化理论设计下滑曲线，同样需要对人力资本进行估计和考虑，一方面人力资本的多少将直接影响投资者在退休前定期向目标日期组合进行缴费的金额大小；另一方面由于人力资本的债券属性较强，投资者人力资本相对量的变化将会对最优权益配置比例产生影响。法国领先资产管理公司（Lyxor Asset Management）所提出的效用最大化下滑曲线设计模型是基于对前者的考虑，而太平洋投资管理公司（PIMCO）所提出的效用最大化下滑曲线设计模型则是基于对后者的考虑。此外，这类方法的另一个重点是需要确定效用函数。在投资领域，效用函数是对投资者所能获得回报（收益或净值）和投资者风险厌恶程度的综合反映指标。该类方法主要是通过假设或情景模拟出未来组合财富或预期现金流的运动情况，来最大化投资者终生效用，进而计算出各期的最优权益资产配置比例。

先锋、富达和普信的下滑曲线设计方法均是基于对资本市场和投资者行为特点的假设，最大化投资者效用。但是在实际运用效用最大化模型设计下滑曲线时，不同基金公司所采用的资本市场和投资者参数的假设，以及投资目标的选取和效用函数的优化均存在一定差异。

先锋所提出的下滑曲线设计模型中最关键的是基于对投资者自身特性的考虑，在组合的收益与风险之间取得平衡。其选择了常相对风险厌恶系数效用函数（CRRA）来权衡收益和风险，而在效用函数中风险厌恶系数的确定又较为重要。根据先锋的分析，投资者风险厌恶程度的变化对下滑曲线设计的影响最大。

相比先锋基金的下滑曲线设计模型，富达更强调对风险的控制。富达强调在所有潜在的下滑曲线中选取在股市最大的 20 次回撤区间上投资者平均效用最高的方案。同样，富达的设计模型也十分强调对投资者风险厌恶程度的刻画，其认为相较于获得收益，投资者对于损失更为敏感，相同金额的损失给投资者带来的效用减少是相同金额收益能给投资者带来效用增加的 2 倍。

普信在设计下滑曲线时有两个优化目标，一是确保资产配置策略能为投资者退休后的消费提供持续和足够的资金；二是希望通过控制组合波动以保障退休账户的稳定性。普信认为尽管两个目标都很重要，但不同的投资者对于两者的权衡可能并不相同，因此需要在这两个分项效用之间进行取舍。

### （三）相对期限风险对下滑曲线设计的影响

根据美国北方信托公司（Northern Trust）的研究，随着持有期的增加，各类金融资产的风险趋于下降，但股票的风险相对于债券的风险会下降得更快，即投资者的资产持有时间越长，其所面临的股债相对风险（股票风险/债券风险）越小。由于股票的长期预期收益更高，在投资者年轻时期应配置更多的权益类资产，其后，随着退休日的临近逐渐降低权益类资产的配置比例，形成“下滑”的权益资产配置策略。该理论从另一个角度验证了“下滑”曲线的合理性，但实践中少有目标日期产品直接以该理论为基础进行下滑曲线的设计。

## 二　我国养老目标日期基金下滑曲线设计情况及海外对比

2018 年我国正式推出养老目标日期基金，即采用目标日期策略的养老目标基金。截至 2019 年 4 月，我国获批成立的养老目标日期基金共计 12 只，除发起式基金外首募规模均在 2 亿 ~4 亿元。从认购户数来看，除嘉实养老目标日期 2040 以发起式基金募集外，其余目标日期基金的有效认购总户数均超万户，每只产品平均户数规模达到 40140 户，远高于全市场平均的 17918 户。养老目标产品较高的认购户数意味着越来越多的投资者参与养老投资，而中国证监会和基金业协会也一直在呼吁国民积极参与个人养老金计划，选择适合自己的养老产品，同时享受国家养老制度带来的实惠。

从管理费率来看，最短持有期为 3 年的产品中，鹏华基金和中欧基金的养老目标日期产品管理费率较低，为 0.6%；华夏基金、工银瑞信基金、南方基金、银华基金和易方达基金较高，管理费为 0.9%，其余产品管理费水平适中，为 0.8%（见表 1）。

表1　国内养老目标日期基金募集情况（截至2019年4月12日）

| 基金名称 | 成立日期 | 最短持有期 | 权益投资比例(%) | 首募规模(亿元) | 首募有效认购总户数(户) | 管理费率(%) |
|---|---|---|---|---|---|---|
| 华夏养老目标日期2040 | 2018－09－13 | 3年 | 不超过60 | 2.11 | 37585 | 0.90 |
| 中欧预见养老目标日期2035 | 2018－10－10 | 3年 | 不超过60 | 3.22 | 40445 | 0.60 |
| 工银瑞信养老目标日期2035 | 2018－10－31 | 3年 | 8～60 | 2.2 | 11701 | 0.90 |
| 南方养老目标日期2035 | 2018－11－06 | 3年 | 不超过60 | 3.8 | 52465 | 0.90 |
| 鹏华养老目标日期2035 | 2018－12－05 | 3年 | 不超过60 | 2.6 | 111908 | 0.60 |
| 银华尊和养老目标日期2035 | 2018－12－13 | 3年 | 不超过20 | 2.1 | 60390 | 0.90 |
| 易方达汇诚养老目标日期2043 | 2018－12－26 | 3年 | 不超过60 | 2.28 | 44001 | 0.90 |
| 汇添富养老目标日期2030 | 2018－12－27 | 3年 | 不超过60 | 2.52 | 61993 | 0.80 |
| 嘉实养老目标日期2040 | 2019－03－06 | 5年 | 不超过80 | 0.26 | 2656 | 0.80 |
| 华夏养老目标日期2050 | 2019－03－26 | 5年 | 不超过80 | 0.17 | 11451 | 0.90 |
| 工银瑞信养老目标日期2050 | 2019－03－28 | 5年 | 不超过80 | 0.75 | 14497 | 0.90 |
| 华夏养老目标日期2045 | 2019－04－09 | 3年 | 不超过60 | 4.21 | 32588 | 0.90 |

资料来源：各产品成立公告。

本部分将对目前国内养老目标日期基金下滑曲线的设计理念、形状等进行归纳分析，并与海外下滑曲线进行比较。

## （一）国内养老目标日期基金下滑曲线的基本设计原则

通过对基金招募说明书的分析发现，国内养老目标日期基金下滑曲线的基本设计原则主要包含以下两类。

一是考虑对投资者人力资本变化的反映。如前文所述，在生命周期投资理论下，除金融资产外人力资本也是影响投资者资产配置的重要财富组成。根据美国伊博森公司（Ibbotson Associates）的估算，人力资本的债券属性较强，因此对于生命周期投资者而言，即使在其风险承受能力不变的情况下，当其总财富中人力资本占比越高时，其最优的金融资产配置方案中权益类资产比例也应该越高。对应到投资者生命周期的各个阶段，亦即在投资者年轻时期，其人力资本占比较大，就应该在其金融资产中配置较高比例的权益类资产，以弥补其在偏债型人力资本上所拥有的大量头寸。而随着投资者年龄的逐渐增加，其人力资本在投资者总财富中的比例逐渐降低，便需要减少其金融资产中对权益类资产的配置比例来平衡整个投资组合的风险。

二是考虑对投资者风险态度变化的反映。随着投资者年龄的增加，一方面投资者未来的潜在收入总量将逐渐减少，使其投资态度变得更加谨慎；另一方面随着投资者退休日的临近，权益市场的短期波动给投资者所造成的损失有可能难以有足够的时间恢复，因此越临近退休投资者的收益稳健性要求越高，对权益类资产的配置比例也将越来越低。

除了基于对以上两个最主要原则的考虑以外，鹏华基金还提到，权益类资产在长期维度下将会表现出稳定的风险溢价。正如美国北方信托公司（Northern Trust）提出的相对期限风险理论，在投资者年轻时，其未来的基金持有时间较长，为了获得权益类资产中稳定的风险溢价，应在早期高配权益类资产。

目前国内基金公司在招募说明书中对下滑曲线设计方法的阐述相对简单且具有一定的一致性，在下滑曲线的设计过程中所有基金均是基于对人力资本变化或风险态度变化影响的考虑，大量基金还强调通过效用优化来获得最优的下滑曲线。可见国内下滑曲线在设计时所采用的基本设计理论与国外所提出的基本理论是一致的，侧重于对人力资本的反映和对效用的优化。

## （二）国内下滑曲线的设计要点及海外对比

根据目前市场上已经成立的养老目标日期基金招募说明书中所披露的信息，本报告总结了表 2 中 9 家基金公司相应产品的下滑曲线形态。

**表 2　国内养老目标日期基金下滑曲线形态**

| 基金公司 | 目标日期 | 目标日期基金下滑曲线 |
| --- | --- | --- |
| 华夏基金 | 2040 | 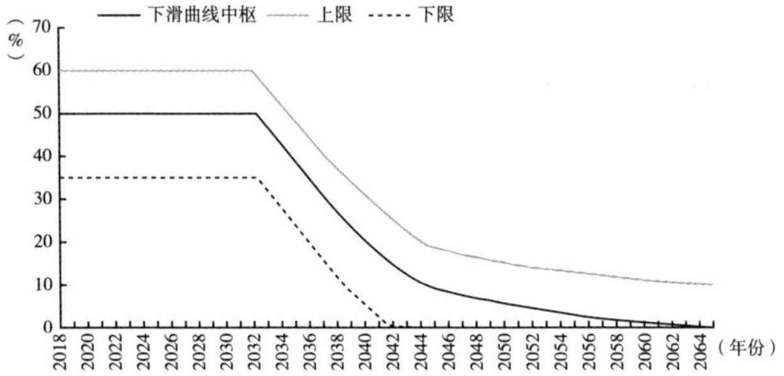  |
| 华夏基金 | 2045 | 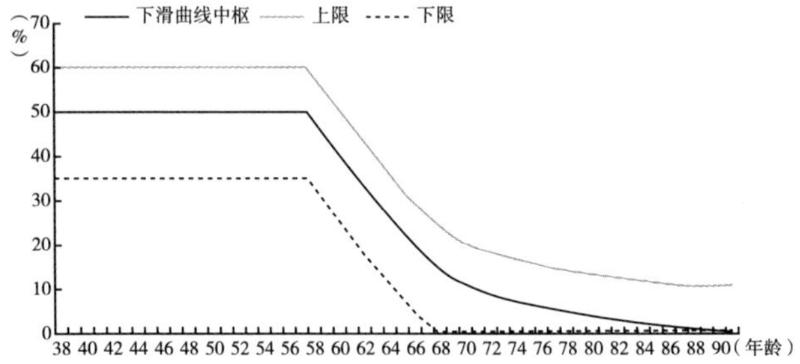  |
| 华夏基金 | 2050 | 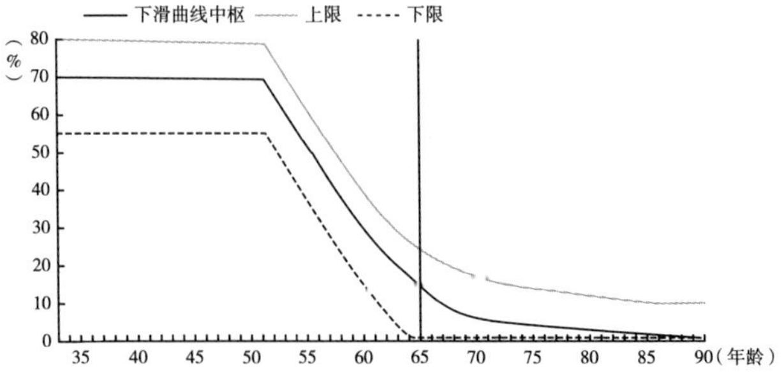  |

续表

<table>
<tr><th>基金公司</th><th>目标日期</th><th>目标日期基金下滑曲线</th></tr>
<tr><td>中欧基金</td><td>2035</td><td>
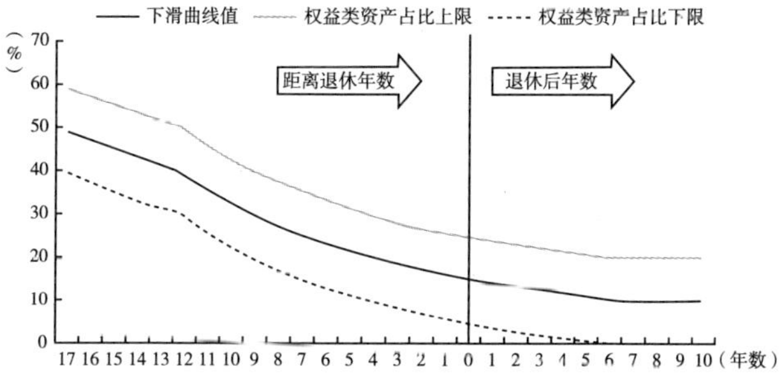

</td></tr>
<tr><td>工银瑞信</td><td>2035</td><td>
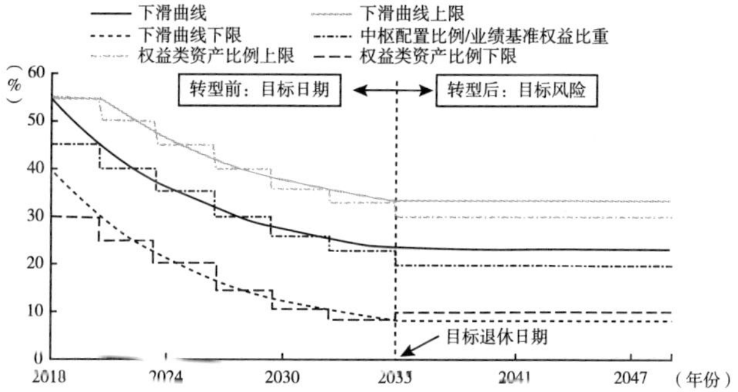

</td></tr>
<tr><td>工银瑞信</td><td>2050</td><td>
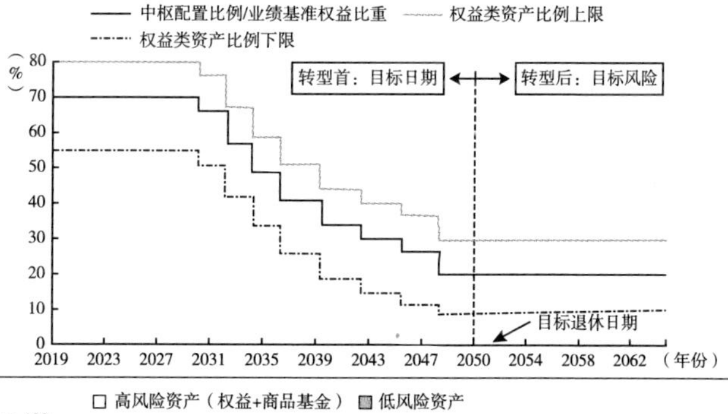

</td></tr>
<tr><td>南方基金</td><td>2035</td><td>
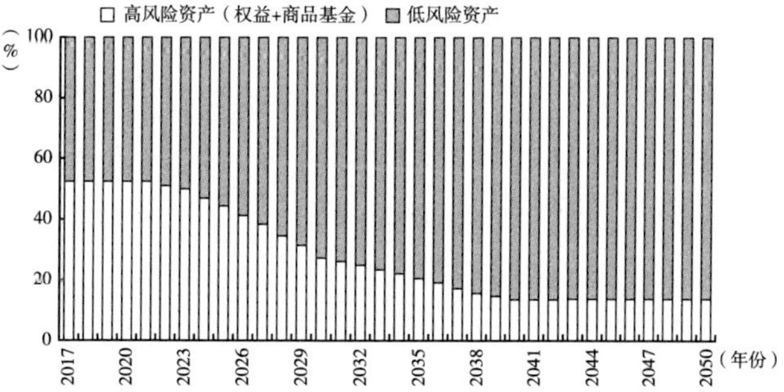

</td></tr>
</table>

**续表**

| 基金公司 | 目标日期 | 目标日期基金下滑曲线 |
| --- | --- | --- |
| 鹏华基金 | 2035 | 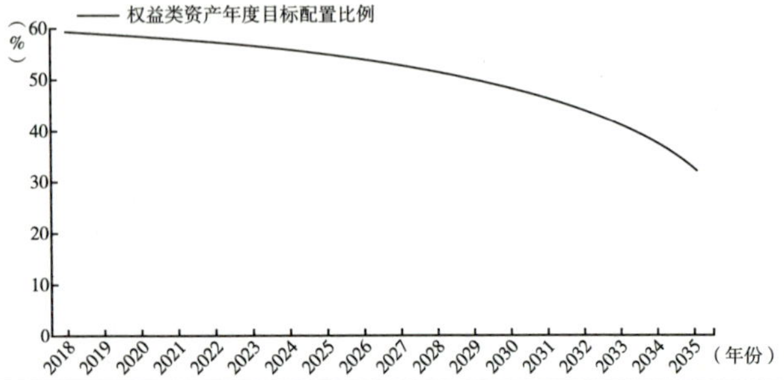 |
| 银华基金 | 2035 | 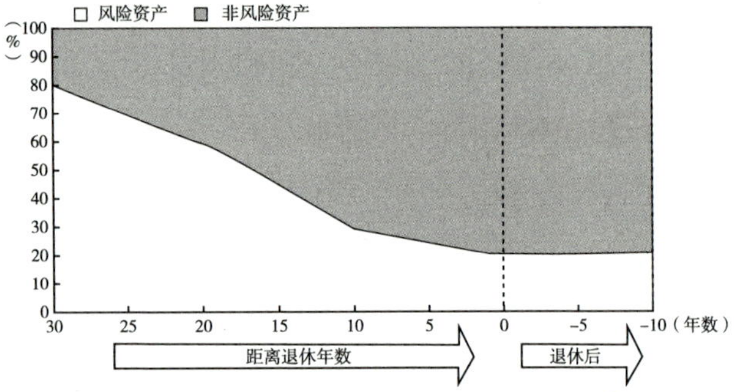 |
| 易方达基金 | 2043 | 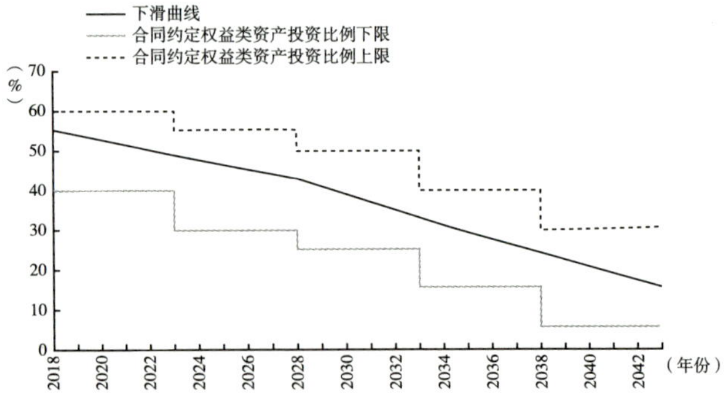 |
| 汇添富基金 | 2030 | 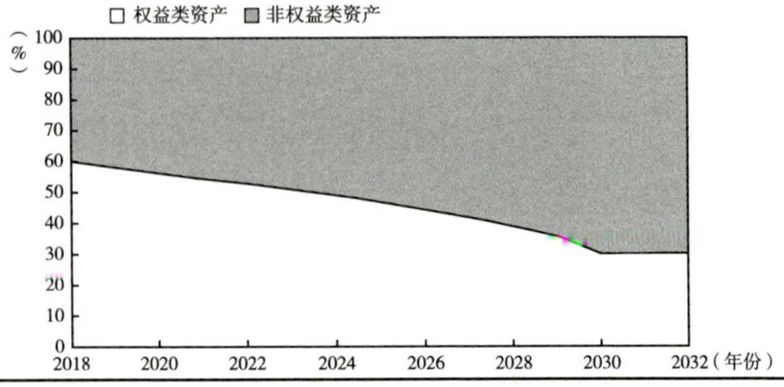 |

续表

| 基金公司 | 目标日期 | 目标日期基金下滑曲线 |
| --- | --- | --- |
| 嘉实基金 | 2040 | 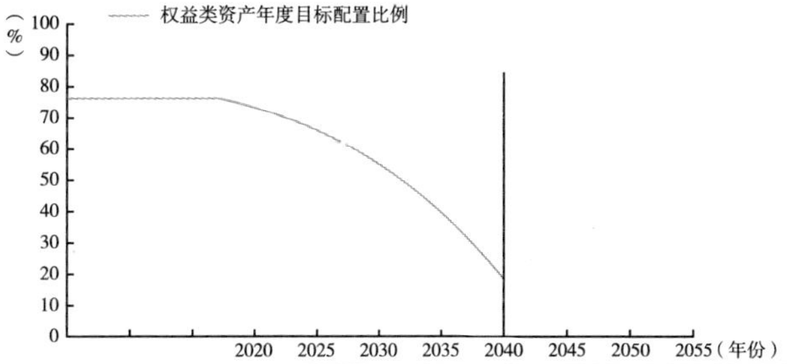 |

资料来源：各产品招募说明书。

上述9家基金公司的养老目标日期基金下滑曲线，横轴均表示时间，纵轴则均表示资产配置比例，下滑曲线将资产划分为权益和非权益两类。此外，表3还展示了美国目标日期基金“三巨头”以及市场份额第四大的美洲基金（American Funds）的下滑曲线设计情况。通过对比可以发现，中美下滑曲线的形状具有一定的相似性，曲线所代表的权益类资产配置比例均随着目标日期的临近而逐渐下降，这种下降趋势也是对前文相关设计理论的一种反映；同时国内相关政策也要求权益比例应逐渐下降，证监会发布的《养老目标证券投资基金指引（试行）》中明确规定“采用目标日期策略的基金，应当随着所设定目标日期的临近，逐步降低权益类资产的配置比例，增加非权益类资产的配置比例”。

**表3　美国养老目标日期基金下滑曲线形态**

| 基金公司 | 系列 | 目标日期基金下滑曲线 |
| --- | --- | --- |
| 先锋（Vanguard） | Target Retirement Funds 系列 | 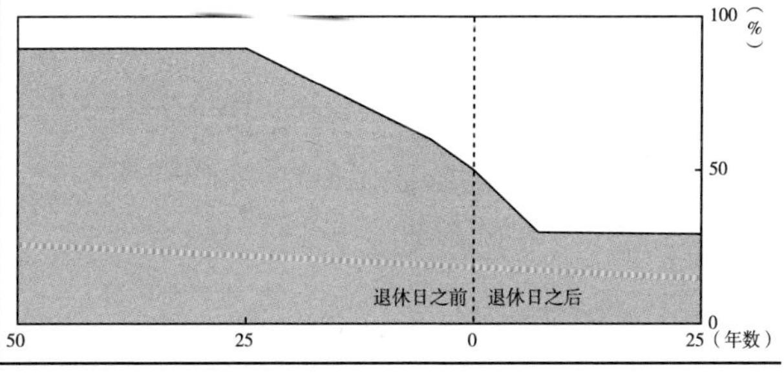 |

续表

| 基金公司 | 系列 | 目标日期基金下滑曲线 |
| --- | --- | --- |
| 富达（Fidelity） | Freedom Funds 系列 | 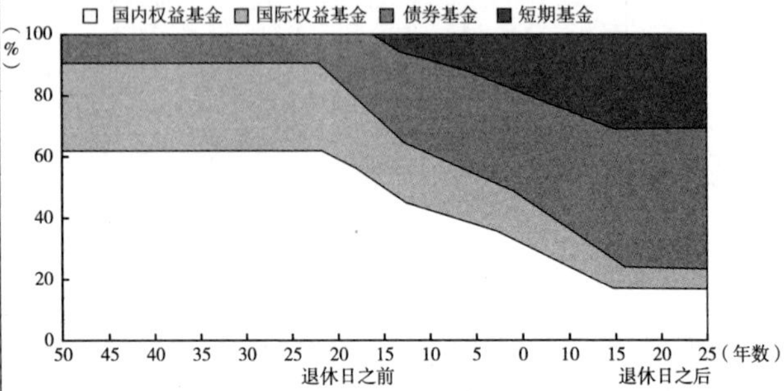 |
| 普信（T. Rowe Price） | Retirement Fund 系列 | 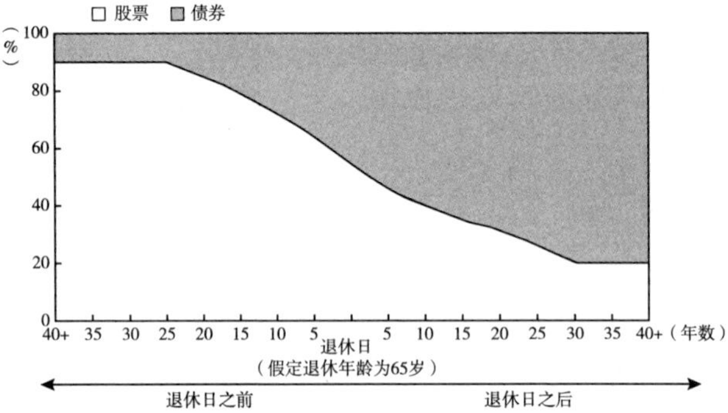 |
| 美洲基金（American Funds） | Target Date Retirement Fund 系列 | 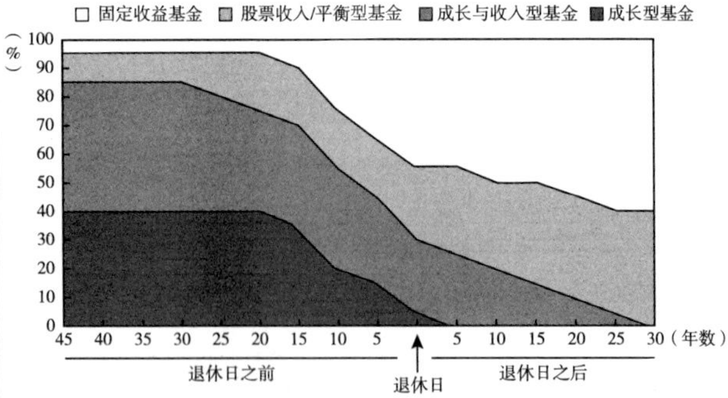 |

资料来源：各产品招募说明书。

对比表2和表3中各家基金公司下滑曲线的情况可以发现，各产品之间的差异主要体现在以下几个方面：初始时期、退休日期和最终稳定时的权益比例，退休日期后下滑曲线变化情况，下滑曲线期限长度和下滑曲线形态变化情况。下文将基于以上这几个设计要点进行详细分析。

1. 各阶段权益比例情况

从下滑曲线的初始权益比例、退休日期时的权益比例和最终稳定时的权益比例来看，国内各目标日期基金之间存在较大差异。一是不同目标日期产品中，部分目标日期较早的产品，初始权益比例可能更高。比如汇添富养老2030初始权益比例为57%，明显高于大部分目标日期为2035年的产品，甚至高于部分2040年及以后到期的养老目标日期产品。二是同一目标日期的产品，不同产品的权益比例也可能存在较大差异。比如目标日期为2035年的5只产品，最高与最低初始权益比例的差距高达15%，退休日期时的权益比例的差距也高达17.16%（见表4）。

国内市场上不同产品权益比例的差距，一方面受相关政策要求的影响，即《养老目标证券投资基金指引（试行）》中明确规定，对最短持有期限不短于1年、3年、5年的目标日期基金，投资于权益类资产的比例原则上不能超过30%、60%、80%。另外，这也反映出国内各基金公司的目标日期基金核心资产配置策略存在较大的差异。

**表4　国内养老目标日期基金下滑曲线权益比例比较**

单位：%

| 基金产品 | 初始权益比例 | 退休日期时的权益比例 | 最终稳定的权益比例 |
|---|---|---|---|
| 汇添富养老2030 | 57.00 | 35.00 | — |
| 中欧养老2035 | 49.41 | 14.84 | 退休5年后下降至10.00并保持 |
| 工银养老2035 | 45.00 | 23.00 | — |
| 南方养老2035 | 50.00 | 20.00 | 15.00 |
| 鹏华养老2035 | 60.00 | 32.00 | — |
| 银华养老2035 | 51.00 | 20.00 | — |
| 嘉实养老2040 | 75.00 | 19.00 | — |
| 华夏养老2040 | 50.00 | 26.00 | 退休后20年下降至0 |
| 易方达养老2043 | 55.00 | 20.00 | — |

续表

| 基金产品 | 初始权益比例 | 退休日期时的权益比例 | 最终稳定的权益比例 |
|---|---|---|---|
| 华夏养老 2045 | 50.00 | 26.00 | 退休后 20 年下降至 0 |
| 工银养老 2050 | 70.00 | 24.00 | — |
| 华夏养老 2050 | 70.00 | 19.00 | 退休后 20 年下降至 0 |

资料来源：各产品招募说明书。

与国内权益比例相比，国外目标日期基金投资策略更为激进。美国目标日期基金“三巨头”的下滑曲线在初始权益比例上均采取 90% 的高配置比例，而在退休日期时及之后的权益比例变化情况则存在较大差异。先锋的目标日期基金系列在退休时权益比例为 50%，经过 7 年下降到 30% 并维持稳定；富达的目标日期基金系列在退休时权益比例为 50% ~60%，经过 10 ~19 年的下降最终稳定在 24%；普信基金旗下有两类形态差异较大的下滑曲线，T. Rowe Price Retirement Fund 系列（2002 年成立）在退休时权益比例为 55%，经过 30 年的下降最终稳定在 20%；T. Rowe Price Target Fund 系列（2013 年成立）在退休时权益比例为 42.5%，经过 30 年逐渐下降并最终稳定在 20%，普信基金这两类下滑曲线的比例变化也在一定程度上反映出其下滑曲线设计趋于保守。但尽管如此，美国“三巨头”目标日期产品在各阶段的权益比例仍明显高于国内的目标日期基金，特别是在退休时的权益比例。本报告认为这主要是由两方面的原因造成：其一，国内相关政策对目标日期基金的初始权益比例有上限要求，而起点的限制又将在一定的程度上限制后续的权益比例；其二，国内的下滑曲线多在目标日期后不再调整，而国外的下滑曲线则会持续调整，继续下降，这也使国外目标日期基金在退休日期时的权益比例相对更高。

2. 退休日期后下滑曲线变化情况

根据不同的目标日期到期后配置理念，区分退休日后下滑曲线是否继续下滑，可将目标日期基金分为“穿点型（Through）”和“到点型（To）”。

穿点型（Through）：指下滑曲线在目标日期后继续下滑，即股债比例仍会进行持续调整。“穿点型（Through）”目标日期基金在设计时假设投资者在退休后是逐步从基金账户中赎回资金作为其养老金的，而非在退休时一次性提取。因此，为降低长寿风险，需要在投资者退休后继续进行资产配置并提供收入，追求更长生命周期的资产增值。

到点型（To）：是指到达退休日后，股债资产配置比例保持稳定，不再进行调整。根据 ICI 的定义，“到点型（To）”目标日期基金主要是面向退休后追求当期收益最大化和有限的资本增值的投资者，并假设投资者会在退休时将基金全部赎回。

从国内 9 家基金公司的目标日期基金下滑曲线设计情况来看，“到点型（To）”下滑曲线占据主流，工银瑞信基金、鹏华基金、汇添富基金、南方基金、嘉实基金、易方达基金和银华基金的目标日期产品均采用“到点型（To）”策略。目前国内市场上仅华夏基金和中欧基金所设计的下滑曲线为“穿点型（Through）”。

而美国目标日期基金则以“穿点型（Through）”下滑曲线为主流。根据统计，除美国目标日期基金三巨头以外，American Funds、TIAA-CREF、Principal 等基金公司也均采用“穿点型（Through）”下滑曲线；而仅有少数基金公司采用“到点型（To）”下滑曲线，如 J. P. Morgan。

3. 下滑曲线期限长度

国外目标日期基金的下滑曲线假定的投资期限要显著长于国内。目前国内大部分下滑曲线的目标日期设定在 2035 年和 2040 年，仅 2 只产品的目标日期为 2050 年。并且大部分产品的下滑曲线为“到点型（To）”，在目标日期后权益比例将不再下滑，所以下滑曲线的期限长度仅为 15～30 年。即使是“穿点型（Through）”产品，国内的下滑曲线期限长度也仍较短，中欧基金的养老目标 2035 在退休后 5 年内就会下降至 10.00% 的稳定比例，而华夏基金的目标日期产品虽然会在退休后 20 年内逐渐下降至 0，但仅有华夏养老 2050 产品的下滑曲线设计期限长度超 50 年。相比而言，国外目标日期基金产品的投资期限则要长得多，其一般假定投资者从 25 岁开始投资，90 岁去世；且在达到目标日期后，大部分下滑曲线仍会继续下滑，整个投资期限普遍在50年以上。

4. 下滑曲线形态变化情况

从目前国内目标日期基金下滑曲线的具体形态来看，可根据下滑曲线的下降速度，将其分为前快后慢的“上凹”型，前慢后快的“上凸”型，以及前慢中快后慢的“倒S”型。

“上凹”型下滑曲线的权益比例在前期下降较快，随着时间的推移，下降速度会逐渐减缓，华夏基金和工银瑞信基金目前采用这种设计方法。“上凸”型下滑曲线在前期保持较高水平的权益资产配置比例，且下降趋势较慢，但在接近退休日期时，权益资产的配置比例会急剧下降，目前鹏华基金、汇添富基金、易方达基金和嘉实基金所推出的目标日期基金采用的是这种方法。“倒S”型下滑曲线的权益比例在前期和后期均保持较慢的减少速度，而在中期的下降速度将较快，目前中欧基金、南方基金和银华基金所设计的下滑曲线可归为此类。

国内目标日期基金在招募说明书中并未公布下滑曲线图形中的详细数据，我们仅可获知下滑曲线的中枢数据。根据中枢数据本报告作出了图3，通过分析下滑曲线中枢可知，目前国内大部分目标日期产品采用了阶梯式下滑曲线中枢，而银华基金、中欧基金和嘉实基金则采用了渐变式下滑曲线中枢。其中，中欧基金采用的是曲线型下滑曲线中枢，银华基金采用的是折线型下滑曲线中枢，虽然嘉实基金也采用的曲线型下滑曲线中枢，但其权益比例上下限的设计仍呈阶梯式下降。对于折线型下滑曲线，权益资产的权重一般线性下降，除初始和结尾阶段外，每一年的权益比重都在变化。而阶梯型下滑曲线的权益资产比例则呈现跳跃性下降趋势，一般跳跃间隔在2~5年，其间权益仓位基准基本维持不变，但下一阶段可能需要一次性做较大调整，这种剧烈的调整可能对组合的影响更大。

国外下滑曲线在形状上相比更加多样。比如富达基金（Fidelity）的Freedom Funds系列目标日期基金和美洲基金（American Funds）的Target Date Retirement Fund系列目标日期基金，从它们的下滑曲线形状来看，二者的权益比例在下降的过程中均存在一定的波动，在变动上明显异于相较更为

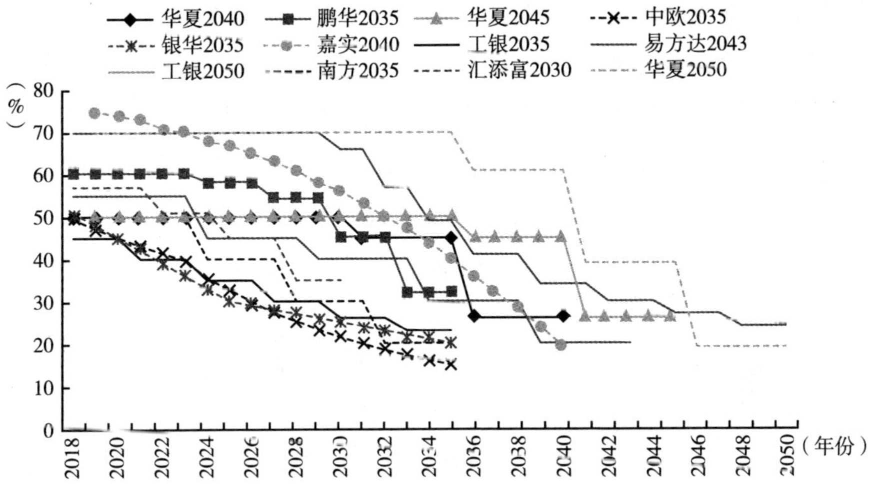


**图3　中国目标日期基金下滑曲线中枢变化情况**

资料来源：各产品招募说明书，汇添富基金。

光滑的国内下滑曲线。此外，国外的下滑曲线本身并非一成不变，它们一般会随着基金公司对大类资产未来收益率的预测及时进行调整。

## 三　国内养老目标日期基金下滑曲线开发建议

我国养老目标日期基金才刚刚起步，与美国成熟市场相比，还有很大的发展空间。一方面，我国FOF市场本身还在发展初期，资产配置理念还没有得到广泛接受；另一方面，我国养老体系还在不断完善发展过程中，基金公司对于投资者的养老需求等数据积累较少，无法合理刻画投资者的养老投资行为。此外，国内金融市场，尤其是股票市场，投资者结构与国外存在显著区别，短期波动性较大，如何合理控制养老目标日期基金的组合风险也是一大考验。本报告围绕下滑曲线的改进设计，提出国内养老目标日期基金发展的相关建议。

### （一）重视资产配置在下滑曲线设计中的作用

养老目标日期基金的核心在于下滑曲线的资产配置，即在生命周期不同阶段根据风险承受能力不同进行资产配置，一般情况下，随着年龄的增长风险承受能力减弱，权益资产比例逐步减少。资产配置涉及多元化的资产、资产本身的风险收益特征、资产之间的相关性、各类资产当前的基本面与估值以及资产配置模型等，养老目标日期基金下滑曲线的资产配置还受到社会环境、人口结构和投资者偏好等多方面因素影响。当前，国内养老目标日期基金下滑曲线资产配置的优化需要重视两个基础前提。

一是注重多资产和多策略的合理分配和动态调整。资产配置的关键在于寻找相关性较低的资产，并根据不同产品的风险、收益特征，采用不同的投资策略进行分散化投资，下滑曲线资产配置则是要将资产配置的比例与投资者生命周期各个阶段的风险承受能力进行匹配。目前，国内养老目标日期基金投资主要集中在债券和股票等传统资产，相比之下，商品期货、期权、非上市股权、对冲基金及其他金融衍生品已经成为全球养老基金普遍使用的投资工具。基金管理人应不断探索具有良好风险收益特征的投资标的和基础资产，拓宽养老目标日期基金的投资范围，以使下滑曲线资产配置作用最大化。此外，参考海外经验，在投资大类资产的深度上，基金管理人可对大类资产进行细分，将同属一个大类，但具有不同收益和风险特征的细分类别资产独立出来，在进行资产配置时作为独立的一类资产进行考虑。以股票资产为例，可以进一步细分为国内股票、外国股票、全球股票、成长型股票、价值型股票、小公司股票、大公司股票等多种子类别。

现阶段，国内的养老基金都采用 FOF 形式，发展刚刚起步，如何在既定约束条件下确定下滑曲线最优的资产大类投资比例，并科学合理在子类别资产进行分配非常关键。

二是强调培养专门的资产配置团队负责下滑曲线设计。从海外经验来看，基金管理人在设计下滑曲线时，都十分注重资本市场假设，即通过专业的团队、专门的模型对主要大类资产未来长期的收益和风险特征进行预测，从而指导下滑曲线的设计。例如，先锋基金的全球投资委员会和资本市场模型（Vanguard Capital Market Model，VCMM）、富达基金的资产配置研究团队（Asset Allocation Research Team，AART）和普信基金的经济情景模型（Economic Scenario Model，ESM）等。晨星（Morningstar）统计显示，美国目标日期基金的下滑曲线相比过去配置了更多的权益类资产，尤其对于普信、富达和先锋这三家市场份额最高的基金公司来说，旗下目标日期产品的下滑曲线在过去的10多年间上调了近10%，而近10年来美国股市也一路走强（见图4和图5）。可见，专业的资产配置团队有能力及时更新对未来市场的预测，以优化下滑曲线资产配置方案，获得更高的收益。

相比之下，国内基金公司在过去对资产配置的重视程度不高，一般缺乏较为专业的团队来指导公司产品的资产配置。近年来，随着公募FOF的问世，国内基金公司相继组建了专门的资产配置团队，养老目标日期基金也都表明未来下滑曲线资产配置会随市场环境变化进行调整。实际各基金管理人能否根据中国证券市场的长期趋势调整下滑曲线的路径，还有待观察。

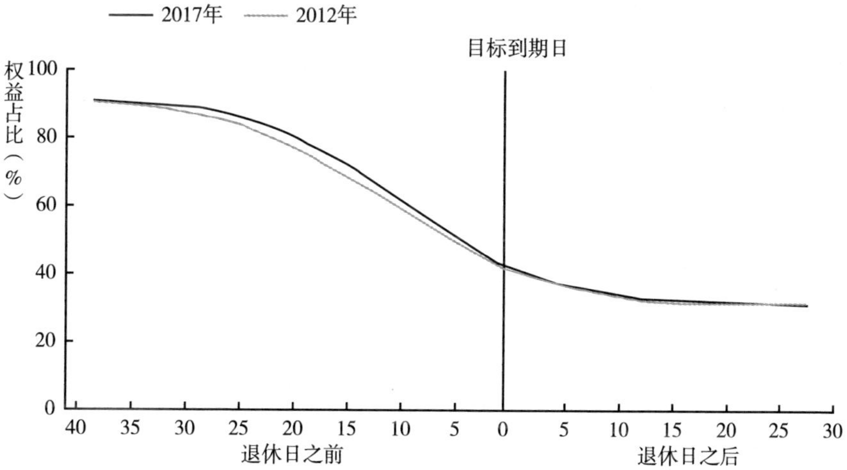


**图4　美国目标日期基金平均下滑曲线变化**

资料来源：Morningstar。

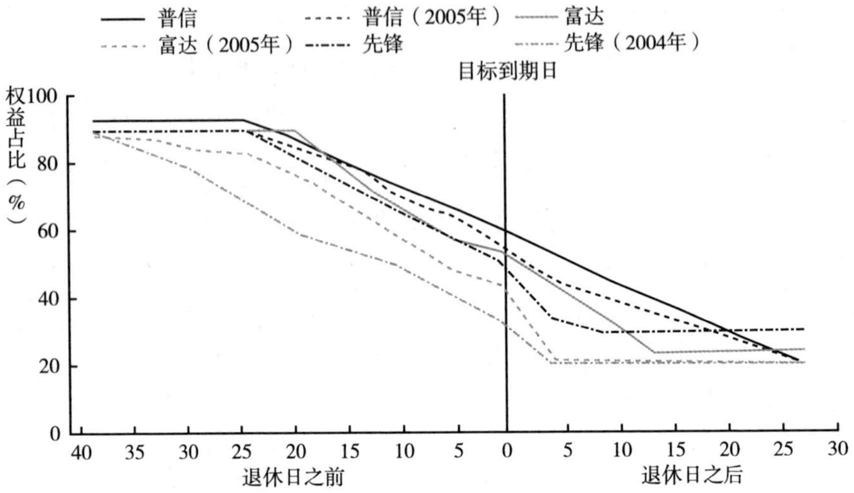


**图 5　美国目标日期基金三巨头下滑曲线变化**

资料来源：Morningstar。

## （二）基于动态风险约束的多策略目标日期资产配置

相比美国这样的成熟市场，国内资本市场尚在不断完善发展，市场波动更大，风险更高。表 5 显示，无论是从 2002 年还是从 2008 年金融危机后算起，沪深 300 指数的波动率和最大回撤都要明显高于标普 500 指数。

**表 5　中美股市风险特征对比**

单位：%

| 时间区间 | 风险 | 沪深 300 指数 | 标普 500 指数 |
| --- | --- | --- | --- |
| 2002. 1 ~ 2019. 3 | 年化波动率 | 26. 21 | 18. 74 |
| | 最大回撤 | 69. 07 | 52. 11 |
| 2009. 1 ~ 2019. 3 | 年化波动率 | 24. 08 | 16. 58 |
| | 最大回撤 | 43. 00 | 26. 68 |

资料来源：Wind。

加之当前国内公募基金投资者成熟度还不高，个人投资者的投资行为还是偏向短期化，投资者持有公募基金期限较短。中国证券投资基金业协会

《2017 年度基金个人投资者投资情况调查问卷分析报告》的数据显示，在基金持有时间上，持有基金半年到 1 年的投资者比例最高，为 33.0%，3～5 年和 5 年以上的投资者占比仅为 9.6% 和 7.1%，另有 22.0% 的投资者平均持有单只基金的时间甚至少于半年。由于国内尚未实施类似美国个人养老金账户的资金提前取出惩罚机制，以及投资者缺乏长期投资理念，一旦日标口期基金在封闭期过后出现较大的波动，很容易引起投资者争相赎回的情形。

因此，我国目标日期基金在进行下滑曲线设计和投资管理时，更加需要注意控制组合风险，避免组合出现大幅波动。具体来说，控制目标日期基金风险的方式主要有两种。第一种是在设计下滑曲线时，将风险限制作为约束条件加入模型优化的过程，限制组合在给定资本市场假设下的波动率或回撤。同时，参考国外经验，养老目标基金在设计下滑曲线时均会对潜在的设计方案进行多次模拟，评估每个方案未来可能的损失和波动。在选取最终方案时可以剔除超过目标波动率的方案。但这种做法也有缺点，目标波动率等风险约束作为限制条件加入优化过程，十分依赖于资本市场假设对组合内资产未来表现的预测，一旦预测出了较大的偏差，那么组合风险就很容易超出预设的限制。

第二种则是在既定下滑曲线的基础上，对组合的实际管理做出风险约束，包括限制目标波动率、制定止损制度等。养老目标基金的投资是一个动态的过程，资产配置并不等同于刚性的投资计划，基金公司在设计下滑曲线时应强调资产配置的动态调整性。例如，一旦组合波动超过目标波动率或者回撤过大，就下调权益资产权重。不过这种做法也有限制，一方面相对于下滑曲线中枢权重的偏离是有限制的，最多下调 15%，在下调后很可能仍无法将组合风险控制在目标波动率左右。此外，这种做法属于事后补救措施，如果要事前管理，则要求基金经理有较强的择时能力，同时也依赖于资本市场的短期预测。

综上，国内基金公司在设计养老目标基金时可综合采用上述两种方案，合理控制目标日期组合风险，在下滑曲线优化过程中加入风险约束的同时，也制定投资实践中的风险管理措施。

### （三）合理设置下滑曲线初始权益比例，重视权益资产长期回报

个人养老金具有投资期限长、对流动性要求不高、风险承受能力较高的特征，因此可以利用资金的长期性配置于更多的权益类资产而获取更高的长期收益，各基金公司在设计下滑曲线时，应结合自身产品定位和经济市场环境，合理设定初始权益比例，并充分重视权益资产在提高基金长期回报中的作用。

虽然我国证券市场短期波动较大，但拉长投资期限，无论是中国还是美国市场，权益资产都是收益率最高的资产，战胜债券、房价等其他资产；而完全无风险的存款类资产是跑输长期通胀的，随着时间推移，购买力显著下降。从美国市场近百年历史来看，每个十年周期，基本都是股票战胜债券。以标普500为例，1936～2015年中的8个十年周期之内平均十年年化收益率达到6.5%，十年年化收益率中位数达到7.3%，显著高于债券、房地产、货币等其他资产类别。

中国证券市场历史较短，假设投资于中证股票型基金指数（Wind. H11021）和中证债券型基金指数（Wind. H11023）并坚持持有5年，只要不是买在2007年股票市场高点，持有股票基金5年均能获得正收益。买入股票基金持有1年、5年、8年的平均收益分别为21.78%、106.31%、138.82%，显著高于持有债券基金的平均收益。持有股票基金1年获得正收益的概率为61%，而持有5年获得正收益的概率达到90%左右，持有8年获得正收益的概率达到100%，拉长持有期限后，股票型基金的“安全性”明显提升。由此可见，权益资产在提高基金长期回报中起到关键作用。

养老目标日期基金作为针对个人投资者的养老理财产品，与基本养老金、企业年金等定位不同，需要通过承担适当的风险获取较好的投资回报。目前从国内的实践来看，养老金资产的整体权益投资比例均较低。养老目标日期基金因受限于《养老目标证券投资基金指引（试行）》规定，投资权益类资产的比例最高为80%，同时因其采用FOF的方式运作，现有股票基金、混合基金均维持在80%或70%的仓位，养老目标基金实际权益投资比例最

高可能仅有60%左右。因此，国内养老目标日期基金在设计下滑曲线时应更加重视初始权益比例的设置。未来在法规层面可考虑逐步放宽权益比例的限制。

## （四）秉承精细化管理理念，注重下滑曲线设计相关数据的积累

海外经验表明，成熟市场养老目标日期产品对于下滑曲线的设计，还依赖于资本市场假设和投资者本身的相关参数。一方面，美国养老金市场的发展已较为成熟，第二支柱、第三支柱占比很高，且其中超过50%的资产都由公募基金管理，便于基金公司描绘个人投资者画像；另一方面，海外的目标日期巨头均深耕于养老金市场，有着多年的养老账户管理经验。在投资管理过程中，这些基金公司也得以积累大量的养老金投资数据。

以401（k）计划为例，美国的企业养老金计划在投资时，是每个月从雇员薪资中直接扣除一定比例，雇主也会进行配比缴费，共同存入雇员的企业养老金计划交由基金公司管理。在美国，基金公司、银行等金融机构均可以作为养老账户的开户机构，便于基金公司积累大量跟投资者相关的一手数据，对员工的薪资水平、员工每个月对养老金账户的储蓄或者缴费率、雇主的配比缴费率等情况都有着非常直观的了解。同时，基金公司在设计下滑曲线时，也会充分依据收集的数据刻画目标投资者特点，以最大化投资者效用。这样，基金公司对于投资者的养老需求了解更全面，在下滑曲线设计时也更有针对性。

目前，国内基金公司对于个人投资者的特征刻画还在不断探索中。一方面，公募行业整体发展仅有二十年，基金公司对投资者的认知历史较短；另一方面，养老目标日期基金刚刚起航，无论是基金公司还是投资者都还处在不断探索、总结经验的过程中。养老目标日期基金作为满足投资者养老理财需求的产品，需要综合投资者的生命全周期特征，并反映到下滑曲线的设计中。因此，基金公司需要尽快去了解和记录并分析投资者的养老投资行为，包括投资者初始投资的年龄、投资者每年新增的产品投资或赎回、投资者在市场出现大幅回撤时的风险偏好等。只有积累了足够的

数据，才能对目标投资者做出更准确的刻画，从而基于此设计更符合我国投资者的下滑曲线。

## 参考文献


Benjamin Bruder, Léo Culerier and Thierry Roncalli, "How to Design Target-Date Funds?", *Social Science Electronic Publishing*, 2013.

Niels Pedersen, Sean Klein, "Rethinking Retirement Risk", *PIMCO Quantitative Research*, 2014.

Mladina and Peter, "Dynamic Asset Allocation with Horizon Risk: Revisiting Glide Path Construction", *The Journal of Wealth Management*, 2014.

Tom Idzorek, "Lifetime Asset Allocations: Methodologies for Target Maturity Funds", Ibbotson Associates Research Paper, 2008.

Roger Aliaga-Díaz, Harshdeep Ahluwalia, Kevin DiCiurcio, Matthew C. Brancato, Scott Donaldson, David Pakula, "Vanguard Life-Cycle Investing Model: A Framework for Building Target-date Portfolios", *Vanguard*, 2016.

Joseph Davis, Roger Aliaga-Díaz, Harshdeep Ahluwalia, Frank Polanco and Christos Tasopoulos, "Vanguard Global Capital Markets Model", *Vanguard*, 2014.

Emil Iantchev, Andrew Dierdorf and Mathew R. Jensen, "Target Date Evolution: How Risk-Capacity Analysis Differentiates Fidelity's Glide Path", Fidelity Leadership Series, 2014.

Andrew Dierdorf, Brett Sumsion and Finola McGuire Foley, "Fidelity's Target Date Glide Path: A Research-Driven Approach to Helping Investors Maintain Their Standard of Living in Retirement", Fidelity Leadership Series, 2018.

Richard K. Fullmer, James A. Tzitzouris and Wyatt A. LeeTarget, "Date Investing: T. Rowe Price's Glide-path Design Framework", T. Rowe Price, 2017.

Jerome A. Clark and Wyatt A. Lee, "T. Rowe Price's Approach to Target Date Portfolio Design", T. Rowe Price, 2016.

Morningstar Manager Research, "Target-Date Fund Landscape Sizing Up the Trillion-Dollar, Increasingly Passive Giant", Morningstar, 2018.

《中证南方养老目标日期指数系列编制方案》，中证指数有限公司，2016。

《中证目标日期指数系列编制方案》，中证指数有限公司，2016。

《中证平安退休宝指数系列编制方案》，中证指数有限公司，2016。

黄奥博：《目标日期基金介绍与分析》，中国证券投资基金业协会，2018。

# B.13 个人养老金账户制的实施路径

李志淦　崔文华*

**摘　要：** 经过近30年探索，我国第三支柱个人养老金于2018年正式破冰，根据《关于开展个人税收递延型商业养老保险试点的通知》（财税〔2018〕22号），我国第三支柱养老金建设工作从产品制起步，并逐步由产品制向账户制模式转变。试点期间，虽然在税收优惠政策、产品方案等设计上已经比较系统、科学，但是基于产品制的试点工作并没有达到市场所预期的热度。在这之中，除了税收优惠政策力度、税收征管流程等原因外，产品制所表现出来的税延手续冗长、个人投资选择受限、宏观政策监管不便等局限性，也是试点工作推进不及预期的重要影响因素。而基于个人商业养老资金账户的账户制模式的实施，能够在基于现有市场格局、监管体系、行业生态等的前提下，为税收征管提供便利、实现个人自由投资选择权、支持各行业共同繁荣发展、便于国家层面实施对业务运行的整体监管、促进第三支柱业务的长远健康发展。

**关键词：** 账户制　产品制　个人养老金账户

* 李志淦，兴业银行股份有限公司养老金融中心副总经理，中国养老金融50人论坛联席研究员，研究领域为养老金融；崔文华，供职于兴业银行股份有限公司养老金融中心，研究领域为养老金融。本文仅代表个人观点，与供职单位无关。

2018年4月12日，财政部、国家税务总局、人力资源和社会保障部、银保监会、证监会联合印发了《关于开展个人税收递延型商业养老保险试点的通知》（财税〔2018〕22号，简称“22号文”），开启了我国个人养老金第三支柱的破冰之旅。根据文件精神，试点期间仅有保险产品享受国家税收优惠，而在试点期过后，基金、理财、储蓄等金融产品将陆续纳入个人商业养老资金账户①的投资范围，意味着试点期过后，我国个人养老金的实施模式将逐步由产品制向账户制模式转变。

关于账户制的实施路径，业内有多种讨论，但在账户的类别、架构、规则等方面还没有形成统一、准确和明晰的观点。本报告旨在从试点工作出发，通过对个人养老金体系产品制和账户制的对比分析，明确个人养老金体系实行账户制模式的必要性与可行性，在此基础上，对账户制个人养老金体系的整体架构、业务运作流程进行说明，并就账户制模式如何更好地实施给出建议。

## 一　账户制个人养老金体系概述

### （一）产品制与账户制的基本概念

#### 1. 产品制

产品制是指个人参加第三支柱养老金，购买第三支柱合格金融产品，个人所购买的各类金融产品是其参加第三支柱养老金的载体，购买产品的支出在国家规定的额度内享受税收优惠，在领取养老待遇时个人向各产品管理人提出申请。

产品制下，国家的税收优惠政策赋予到产品层面，个人只有购买了相应的产品，才可以享受税收优惠政策；个人若购买多产品的，需要合理地规划

① 根据22号文，个人商业养老资金账户是指“由纳税人指定的、用于归集税收递延型商业养老保险缴费、收益以及资金领取等的商业银行个人专用账户。该账户封闭运行，与居民身份证件绑定，具有唯一性”。

税收优惠额度在各产品购买支出间的分配。

产品制下，个人通过各产品管理人渠道查询其参加第三支柱养老金的情况，国家层面建立宏观管理平台，对各产品管理人上报的个人的参保信息进行汇总整合，并依此对第三支柱业务运行情况进行宏观监控和监督管理。

2. 账户制

账户制是指个人参加第三支柱养老金，开立专门的个人商业养老资金账户（简称“个人养老金账户”），以此账户作为个人参加第三支柱养老金的载体，个人通过该账户进行缴费、购买第三支柱合格金融产品、领取养老待遇、查询参保权益信息等。

账户制下，国家的税收优惠政策赋予到账户层面，个人的缴费在国家规定的额度内可以享受税优，账户层面对税优额度内缴费和超出部分缴费进行区分。

账户制下，个人养老金账户汇集了个人参加第三支柱养老金的资金信息、产品权益信息，该账户定期向国家人社部门报送个人参加第三支柱养老金的全量信息，为国家实施对第三支柱养老金业务的整体运行情况的监控和宏观监管提供数据支撑。

### （二）产品制和账户制的对比分析

产品制的特征是国家税收优惠政策指向具体的产品类型，各类形态金融产品的产品管理人直接面向个人提供税收代扣缴、待遇发放等服务。从个人层面来看，个人在购买各种类型的合格金融产品时，需要计算税收优惠额度在其所投资的产品上的分配比例，产品的选择受限；个人是否可以进行产品转换取决于不同类型金融产品间是否已经建立转换机制，产品的流动性受限；个人在领取待遇时，需要分别向不同的产品管理人提出领取申请，手续繁多流程复杂。从国家宏观管理和监管层面来看，税收的征管要依赖于各金融产品管理人，统筹管理难度很大；国家要实现对业务运行情况的宏观管理，需要从各产品管理人处收集个人参保的资金和产品投资信息，进行汇总整理，时效很低且技术难度很大。因此，长远来看，产品制对第三支柱养老金的发展是不利的。

而账户制模式的特征是由个人养老金账户承载个人参加第三支柱养老金各个环节的运转，产品制下分散的资金、产品、信息服务得以在账户层面集中，有利于业务的长远健康发展。从个人层面来看，由于税收优惠政策赋予账户层面，账户在缴费时进行税延登记，因此，个人可以通过账户自由进行产品申赎、转换等，真正实现产品自由选择权；在领取待遇时，个人仅需要在账户管理机构办理一次领取申请即可，手续简便。从国家宏观监管层面来看，个人养老金账户对税延情况进行登记，为国家的税收优惠政策的落地监管提供了便利；个人参加第三支柱养老金所有相关的资金、税务、产品等信息由个人养老金账户有效汇集并向人社部门报送，便于人社与金融监管部门及时高效地对业务运行整体情况进行把控和监督管理；个人养老金账户实现了资金流与信息流的统一，有助于今后第二、第三支柱间的转移、打通，有助于三大支柱的协调发展。

## （三）个人税收递延型商业养老保险试点回顾

### 1. 试点工作整体情况概述

个人税收递延型商业养老保险试点开启了我国第三支柱养老金建设工作的破冰之旅，其重要意义不言而喻，国家有关部门在顶层设计上进行了周到部署、科学统筹，试点成效被业内寄予厚望。

根据 22 号文，试点地区个人购买税延型商业养老保险产品的支出，允许在税前扣除，具体标准为当月工资薪金、连续性劳动报酬收入的 6% 和 1000 元孰低确定，或者当年应税收入的 6% 和 12000 元孰低确定。产品投资收益在缴费期间暂不征税，但在领取时，个人需按照 7.5% 的综合税率缴纳个人所得税。

根据《个人税收递延型商业养老保险业务管理暂行办法》（银保监发〔2018〕23 号），税延保险产品根据收益类型的不同可以分为 A 类（收益确定型）、B 类（收益保底型）、C 类（收益浮动型）；除身故、全残、重疾等情况外，参保人不可退保。

一年的试点期下来，虽然保险行业在产品设计、营销推广上下了不小的功夫，但整体情况并不尽如人意：试点期间，截至 2019 年 4 月，共有中国人寿、太平洋人寿、泰康人寿等 23 家[①]保险公司获得个人税延型商业养老保险业务经营资格。统计数据显示，全行业共承保 4 万余件，累计实收保费不足 1 亿元。从销售情况来看，大大低于试点开始时的市场预期。

2. 试点工作的局限性分析

个人税收递延型商业养老保险试点工作基于产品制框架进行，从整个试点情况来看，产品制的局限性比较突出。

第一，个人的投资选择权受到限制。

由于税收优惠政策仅指向保险这一种单一的产品形式，只有购买税延型商业养老保险产品的支出才可以享受税延优惠，老百姓无法选购基金、储蓄、理财等其他产品形态。

第二，不便于税收征管工作的开展。

根据 22 号文，在前端税延环节的具体的税延操作流程类似于“退税”流程，即参保人需在购买税延产品，取得中保信平台出具的税延凭证后，交由所在单位办理抵税手续。

一方面，由于存在 6% 和月度 1000 元（年度 12000 元）这一比较标准，当期个人购买产品具体多少额度可以抵税难以确定，可能会让个人面临重复缴税的情况。[②]

另一方面，由于税收优惠额度是在产品层面控制，如果个人购买多个产品的，那么如何在各个产品上控制税延额度比例十分困难。

第三，为国民提供养老保障的效果有限。

试点期间的税延政策只针对保险行业和保险产品，只有保险公司参与到

① 数据来源于中国银保监会网站。

② 由于是先购买产品后退税的操作模式，参保人的月收入只有其所属单位清楚，有可能参保人购买了产品后，在抵扣时发现其当月可抵扣额度小于其产品购买额度，这种情况税务机关是无法提前知晓的，因此会出现重复扣税的情况，即参保人多缴费（购买产品）的部分无法享受税收抵扣，并且在领取时还要进行纳税，导致参保人重复纳税。

政策试点中，个人即使想进行产品转换，也只能在保险行业里选择。因此，产品制会导致个人投资者一旦选择了某一类产品就难以选择其他的产品，更无法实现投资转换。相当于把客户与某个行业产品强制绑定。结果是造成行业的割裂，个人投资转换困难，不能进行有效的资产配置，个人参与的便利性会大打折扣，也限制了制度的可扩展性、灵活性，无法有效实现第三支柱养老金的养老保障目标。

以上产品制的局限性，在账户制模式下都可以得到很好的解决。首先，在账户制下，产品交易与税务处理无关。在长达数十年的缴费期间里，老百姓可以自由使用账户内的资金，购买、赎回、定投经监管部门批准的基金、保险、银行等产品，自主办理撤销、冲正等交易，甚至包括账户转换均不涉及税务处理。从而解决了“产品制”模式下税收规则与金融产品规则相绑定的问题，可以大大简化税务处理流程。产品交易与涉税事务相隔离，涉税处理得以简化。

再者，银行作为唯一的账户管理人和扣缴义务人，有利于税务机关开展业务监管。个人养老金账户在缴费阶段，是办理税延手续的唯一入口；在持有阶段，账户只允许办理税延金融产品交易；在待遇领取阶段，是资金与税金的唯一出口。税务机构只要面对一个行业监管对象（商业银行账户），通过掌握账户的资金变化，就能够有效监督第三支柱整体涉税政策的执行情况。从而解决在“产品制”模式下出现多个行业主体（银行、保险、基金）、多种金融产品规则（税延保险、银行理财、养老储蓄、目标基金等）、多个扣缴义务人（百余家保险、基金、银行等金融机构并行）的复杂问题。

## 二　第三支柱个人养老金账户制模式的架构体系

### （一）账户的构成

账户制模式下，个人通过个人养老金账户享受国家税收优惠政策、进行缴费、投资合格金融产品、领取待遇、查询权益，个人养老金账户是个人参加第三支柱养老金的唯一载体，该账户既是个人连续几十年投资的工具，也是终生纳税的依据；既是享受税收优惠政策的载体，也是国民基本权利的象征。同时，该账户与人社部门为个人开立的个人权益信息账户一一对应和绑定，为第三支柱业务的总体运行情况的监督管理提供信息数据支撑和保障。

因此，第三支柱养老金账户制是一个基于我国多层次社会保障体系视角下的居民个人养老账户体系的概念，包括个人权益信息账户、个人养老金账户。

1. 个人权益信息账户

个人参加第三支柱养老金，人社部第三支柱信息管理平台会为个人开立一个个人权益信息账户，是人社部端登记和管理个人参加第三支柱养老金有关信息的专用账户。个人权益信息账户具有唯一性，账户一旦开立，就终身不变，账户下登记和管理的个人参加第三支柱养老金的信息种类包括：个人信息、产品投资信息、资金信息、税务信息等。

2. 个人养老金账户

个人参加第三支柱养老金，需要指定一个专门用于归集个人税延型养老金融产品的缴费、收益以及资金领取等的专用商业银行资金账户——个人养老金账户。个人养老金账户提供缴存资金、登记税收优惠额度、投资个人税延型养老金融产品、领取养老金待遇、查询资金与权益信息等服务功能，是个人参加第三支柱养老金、享受税收优惠政策的载体。

从账户功能来看，个人养老金账户具有“产品权益账户”与“资金账户”的双重功能，不仅兼容权益账户的主要功能，支持“全视角”权益信息管理，而且还能提供资金管理服务。

### （二）账户规则

个人养老金账户具有唯一性，并封闭运行。唯一性是指：个人在同一时段只能选择一家商业银行开立一个个人养老金账户，一家商业银行只能为同一个客户开立一个个人养老金账户，但个人可以选择进行账户变更、注销等操作。

个人养老金账户封闭运行，账户下税延额度内的缴费，除退休、身故或国家有关部门规定的其他情况外，不得提前支取，在产品转换等场景下，需要以该账户为基础，完成相关的资金进出操作。

个人权益信息账户与个人养老金账户是一一对应的，在个人养老金账户发生变动时，需要由开户银行将变动信息报送至人社部第三支柱信息管理平台，重新建立一一对应的绑定关系；个人参加第三支柱养老金的相关信息，由个人养老金账户报送至人社部第三支柱信息管理平台，并由个人权益信息账户进行登记管理。

## （三）账户定位

为进一步维护我国的金融结算秩序与支付安全，中国人民银行自 2015 年起开始推行人民币结算账户分类管理，并先后出台了《关于改进个人银行账户服务加强账户管理的通知》（银发〔2015〕392 号）、《关于加强支付结算管理防范电信网络新型违法犯罪有关事项的通知》（银发〔2016〕261 号）、《关于落实个人银行账户分类管理制度的通知》（银发〔2016〕302 号）、《关于改进个人银行账户分类管理有关事项的通知》（银发〔2018〕16 号）等一系列文件，对人民币结算账户按照 I、Ⅱ、Ⅲ类账户进行分类管理，并在开户管理、账户功能、数量管理、限额管理等方面进行了十分详尽的分类管理规定。

就个人养老金账户来看，作为人民币结算账户，若按照我国现行的三类账户分类管理体系，是不能满足其支持第三支柱养老金业务开展的需要的，原因如下。

1. 账户的唯一性无法保证

根据现行人民币结算账户三类账户管理规定，个人客户在同一家银行只能开立一个 I 类账户（银发〔2016〕261 号），一家银行为一个客户开立的Ⅱ、Ⅲ类账户分别不超过 5 个（银发〔2018〕16 号）。而个人养老金账户的运行规则要求一个客户只能拥有一个个人养老金账户，因此，无论将个人养老金账户纳入三类账户中的哪一类管理，在开户数量上都与现行三类户的分类管理规定有所差异。

2. 账户的封闭性无法实现

为确保账户的封闭性，个人客户在未达到领取条件时，不得从个人养老金账户中转出资金，需要关闭账户的消费、支付等结算功能。根据现行三类账户管理规定，I类账户可以提供全部的账户结算功能，Ⅱ、Ⅲ类账户可以提供限额消费等功能，由于个人养老金账户的封闭性管理，其无法满足央行对三类账户的金融功能要求，需要调整。

3. 税延金融产品的专属交易需要支持

个人养老金账户中只允许销售经过监管部门核准的合格的税延金融产品，就结算功能而言，鉴于I类账户具备全部的结算功能，Ⅲ类账户任意时点的余额都不得超过2000元（银发〔2018〕16号），无法满足第三支柱养老金专属产品的投资交易支持需求；而即使最接近个人养老金账户需求的Ⅱ类账户，在支持产品交易上也存在一些障碍。

第一，在缴存环节：缴存资金是产品交易的基础，从个人养老金账户应用业务场景来看，通过银行转账方式缴款、企业批量为员工代办缴存都将是主流方式，但目前来看，非面对面身份核验的Ⅱ类户，不允许开展非绑定资金转入业务（银发〔2016〕302号），为此，在企业批量代开户且个人未进行面对面身份核验情况下，企业无法批量为个人进行缴存；个人线上非面对面开立账户的，也无法通过他行转账方式进行资金缴存。

同时，Ⅱ类户非绑定账户转入资金+存入现金日限额1万元，年限额20万元（银发〔2016〕302号），无法支持按年一次性存入，而且账户转移时若余额超过1万元，也无法进行。

第二，在产品投资环节：根据《关于落实个人银行账户分类管理制度的通知》（银发〔2016〕302号），Ⅱ类户在账户出入金额上有严格的限制，非绑定账户转入资金+存入现金日限额1万元，年限额20万元；消费和缴费+向非绑定账户转出资金+取出现金的日限额1万元，年限额20万元；并且Ⅱ类户购买投资理财产品被限定为只能购买银行自营或代理销售的金融产品。为此，客户单日产品投资额不得超过1万元，年投资额也不得超过

20万元；客户只可以通过代销渠道，而无法通过直销业务场景投资产品；在待遇领取时，无法支持客户一次性领取，而且若一年内客户领取达到20万元的，也将无法继续领取。

综上所述，要实现个人养老金账户契合第三支柱养老金的业务规则需要，在账户的定位上，建议可以优先考虑如下方案，即对个人养老金账户给予专属的账户定义和法律定位，不纳入现有人民币结算账户管理体系，并且在账户开户、缴存、领取等各环节进行单独管理。

此方案有先例可遵照，按照现行《客户交易结算资金管理办法》，投资者需在证券经纪商处开立证券交易结算资金账户并存入证券交易所需的资金，该账户是投资者参与证券交易的资金清算专用账户，并没有在商业银行开立，而是作为一个专用账户专项管理。

另外，也可以考虑将个人养老金账户纳入人民币结算账户管理体系，单列一个Ⅱ类户作为个人养老金账户专用，并明确满足账户在唯一性、封闭性、产品交易专属性等方面的政策。

此种方案也有先例可循，在中国人民银行发布人民币结算账户三类账户管理办法时，特别说明对社会保障卡绑定的金融账户的管理事项将另行通知，因此可以理解，社保卡金融账户是一个具有特殊功能的银行Ⅱ类户。

## 三　账户制模式实施路径的四层架构

在第三支柱养老金账户制的实施路径上，个人养老金账户直接面向个人提供资金缴存、产品投资、待遇领取等金融服务，具备产品交易、资金结算、信息报送等功能；人社信息平台与税务、人社等系统对接，提供账户唯一性校验服务，并承担信息管理、业务监控、数据披露等社保和金融监管功能。二者通过前后端服务的对接，共同完成第三支柱养老金业务流程全生命周期的运营。鉴于此，再加上税收优惠政策、专属金融产品，我国第三支柱养老金账户制模式的实施架构得到明确——包括“社保平台、银行账户、金融产品、税收优惠政策”四项核心内容，这与发达国家的通行做法相一致，结合我国的实际情况，以上四层架构具体如下。

（1）社保平台，即人社信息平台。22号文中明确提出“人社部、财政部牵头，联合国税总局、银保监会、证监会等单位，共同研究建立第三支柱制度和管理服务信息平台”。在政府层面，搭建一个与第一、二支柱兼容的第三支柱信息平台，社保部门依托该平台对第三支柱的相关业务进行监督与管理，是保障第三支柱业务稳定运行、三大支柱协调发展的重要平台基础；同时，人社信息平台与税务机关对接，完成税收优惠政策的落地，是第三支柱实现对参与个人终生跟踪，防止税源流失的重要基础设施。

（2）银行账户，也即个人养老金账户。在市场层面，个人参加第三支柱养老金，自主选择在商业银行开立个人养老金账户，该账户保持与人社信息平台为个人开立的个人权益信息账户的信息交互和一一绑定。所有养老资金的存入、交割、交易、领取均通过该账户进行，并由该账户向个人信息账户报送；在达到法定退休年龄或其他符合领取条件之前，该账户里的权益资产不得变现领取。开户银行依托线下网点和线上渠道，负责提供账户管理、产品交易、资金结算等服务，以及税收、投资、法律等各方面的咨询服务。

（3）金融产品，也即合格税延金融产品。在产品层面，国家金融监管部门与人社部门联合建立“合格投资产品”制度，最大限度地规避市场风险、投资风险和道德风险，个人养老金账户内进行交易和投资的只能是合格产品。所有可交易的产品需在相关金融监管部门进行审批（或备案）；通过审批的产品将列入“产品目录清单”予以公布，列入“清单”的产品为“合格投资产品”。银行业金融机构负责投资顾问等服务。

（4）税收优惠政策。税收优惠政策激励是第三支柱养老金发展的根本动力，在政策层面，国家通过采取“EET”（前端缴费、投资阶段不征税、领取阶段征税）、“EEE”（缴费、投资、领取各个环节都不征税）等模式，加大税收优惠力度，提高居民参与的积极性；同时，通过实施固定税收优惠额度、完善税收征管工作流程等措施，提高第三支柱养老金的政策吸引力，提高税收优惠制度的可得性和公平性。

## 四 账户制第三支柱个人养老金的业务运行流程

在第三支柱养老金的业务运行过程中，人社信息平台、个人养老金账户二者通过前后端服务的对接，共同完成第三支柱养老金业务流程全生命周期的运营，其中，个人养老金账户由于承载了缴费并享受税收优惠、产品交易、待遇领取等业务功能，是第三支柱养老金业务运行的基础和核心。

为此，从支持完整业务流程需要来看，商业银行作为账户的专业化管理机构，不仅需要提供底层的账户管理服务，落实国家有关实名制、反洗钱等有关规定，并完善在账户管理服务中的投资者教育与消费者权益的保护；还需要在产品交易支持层面，不仅满足银行系金融产品，而且要针对基金、保险等非银行系金融产品的多场景投资交易流程进行设计。

### （一）支持多渠道开户

个人参加第三支柱养老金，不仅可以选择在商业银行端申请开立个人养老金账户，还可以在非银行金融机构端发起个人养老金账户开户申请。

在商业银行端，个人可以选择在银行柜面、手机银行、网上银行、自助设备等多个渠道申请开立个人养老金账户，既支持个人单笔开户申请，也支持企业代理员工进行的批量开户申请。

在基金、保险公司等非商业银行端，个人也可以在 PC 端、手机端申请开立个人养老金账户，商业银行将开户交易定向开放至上述渠道。

各渠道的开户申请汇总至商业银行，由商业银行向人社信息平台发起账户核验，核验通过的，由商业银行办理开户业务，同时，人社信息平台办理个人信息账户开立（个人首次开立个人养老金账户）或更换绑定账户信息（个人更换个人养老金账户）操作。

### （二）支持多产品交易

基于商业银行成熟的产品销售、代理销售业务体系，个人养老金账户基本可以支持市场上所有种类的合格税延金融产品的交易。

一方面，个人在商业银行开立个人养老金账户后，就可以购买开户银行发行的储蓄类、理财类等产品；另一方面，商业银行可以支持在代理销售模式和产品直销模式下，个人通过个人养老金账户，顺利实现对保险、基金等非银行金融产品的投资。

个人通过个人养老金账户的产品交易信息，由个人养老金账户汇总后，统一向人社信息平台报送，并登记在个人信息账户下。

### （三）支持多业务场景

通过个人养老金账户投资基金、保险等产品类型时，为方便个人的产品投资选择，并为各类金融产品发行机构的产品销售提供更公平化的支持，商业银行应在直销和代销两种业务场景下基于个人养老金账户做好产品交易支持设计。

1. 代销业务场景

《中国银监会关于规范商业银行代理销售业务的通知》（银监发〔2016〕24 号）对商业银行代理销售业务进行了定义，是指商业银行接受由国务院金融监督管理机构监管、持有金融牌照的金融机构的委托，在本行渠道向客户推介、销售由合作机构依法发行的金融产品的代理业务活动。

同时，商业银行开展代理销售业务需通过代理销售业务管理系统进行；对合作机构实施名单制管理，及时对存在严重违规行为、重大风险或其他不符合合作标准的机构实施退出；对合作机构的代销产品由总行承担审批职责。

为此，基于个人养老金账户的代销业务的实施要经过如下流程：

（1）非银行金融机构具备第三支柱养老金产品发行资质；

（2）账户管理银行完成合格机构和产品的准入；

（3）账户管理银行与拟开展代销业务的非银行金融机构完成系统的对接。

2. 直销业务场景

直销业务是指个人通过基金公司、保险公司的自有渠道、第三方销售平台等渠道来完成对第三支柱养老金合格产品的投资。

考虑到个人养老金账户的封闭性运作、产品专属交易等属性，账户管理银行有义务完成对账户下所销售的产品类型是不是第三支柱养老金合格产品的审核。

鉴于此，账户管理银行将第三支柱养老金专属产品销售管理系统定向开放给基金公司、保险公司等直销渠道，个人通过直销渠道发起的交易申请汇总到账户管理银行，并通过个人养老金账户完成资金扣划处理；同时，为防止因产品的不合规转换导致国家税优政策的损失，通过个人养老金账户投资的第三支柱养老金基金产品或保险产品，不支持产品转托管、份额转换等交易。

### （四）支持税收优惠政策落地

账户制模式下，通过与人社信息平台的对接，个人养老金账户端完成在缴费环节对国家税收优惠额度的控制和登记，在待遇领取环节对个人所得税进行代理征缴。

具体而言，在缴费环节，个人参加第三支柱养老金，向个人养老金账户缴费时，个人养老金账户通过与人社信息平台的对接，接收个人缴费的金额是否已经达到国家税收优惠规定的额度的信息，对达到额度后仍然继续缴费的，商业银行对个人进行提示。基于此，个人养老金账户可以支持个人进行资金超缴，并区分税收优惠额度内缴费和超缴金额，这也是第三支柱养老金规模做大的基础。

在待遇领取环节，账户管理银行为个人办理资金支取时，代扣个人所得税，并根据税务机关的要求，由账户管理银行总部机构或分行向所属的税务机关为个人代缴个税。

### （五）支持监管宏观监控

第三支柱养老金业务既是民生服务，也是金融服务，涉及金融监管与社会保障两大领域，两方面的监管都要到位。为此，个人养老金账户通过与个人信息账户的交互与对接，为监管工作的开展提供便利支持。

在金融监管层面，商业银行将个人参加第三支柱养老金的账户信息、产品投资信息、产品运营情况等向监管机构进行报送，便于监管机构及时掌握账户使用人信息、账户管理情况，并监控金融产品运营风险等，从而有助于保障第三支柱业务的金融服务运营安全。

在社会保障层面，商业银行将个人参加第三支柱养老金相关的人员参保情况、账户开立情况、缴费信息、待遇领取安排、参保人金融产品持有情况、产品投资和运营情况等及时报送人社信息平台，便于人社部门对信息进行集中汇总管理，掌握第三支柱业务参与情况、业务体量、产品投资分布等整体运营信息，从而有助于对第三支柱业务的整体监控，为社会保障政策优化提供依据。

## 五　账户制第三支柱个人养老金路径的实施建议

### （一）确立个人养老金账户的法律地位

个人养老金账户是第三支柱养老金业务运行的基础和核心，账户的唯一性与封闭性特征明显，即每人只允许在一家商业银行开立一个养老金账户，且其相关的参保资金，除死亡、重疾、出国定居等特殊情况下，只能在退休时才能领取，并且领取的资金是由商业银行转至个人社保卡绑定的银行账户，个人无法通过个人养老金账户直接领取资金。

但是，若按照现行人民币结算账户分类管理体系进行管理，在开户数量、金融功能、交易限制、余额管理等方面无法完全匹配个人养老金账户关于第三支柱养老金业务支持的需求，因此，要尽快确立个人养老金账户的专属法律地位，以便于商业银行机构在账户建设事宜上能够有章可循、有法可依，从而保障第三支柱业务的顺利推进和快速部署开展。

### （二）提高税收优惠政策力度、优化征管流程

税收优惠政策的力度是第三支柱养老金业务发展的根本激励和动因，根

据对试点期间税收优惠政策的分析，为更好地发挥政策激励作用，建议国家财政、税务机关能够进一步提高政策优惠力度，并完善税收征管流程，具体可以有以下几个方面。

1. 优化税收优惠政策

国家统计局数据显示，2018 年 1～6 月，我国个税总收入为 8127 亿元，在一般公共预算总收入中仅占比不到 8%，同比增长却高达 20.3%，而同期居民人均可支配收入只增长 8.7%，个税增幅远远超过了居民收入。因此，在国家大力为企业和个人降低税负的导向下，进一步优化养老金第三支柱税收优惠政策是具备可行性的，可以考虑以下两种方案。

一是将税收抵扣模式由当前的税基抵扣改为税额抵扣。这样可以更好地体现制度的公平性，也可以更好地照顾到中低收入人群。在税额抵扣具体操作方式上，从兼顾效率与公平考虑，建议可以考虑总额抵扣的方式，也即对不同收入的参保人设置同一个税收抵扣总额度，在整个缴费期间不超过该额度即可，从而将国家给予的税收优惠政策平等地赋予到各个收入阶层。

例如，设置在缴费阶段的税收抵扣总额度为 5 万元，那么对于高收入群体，其应纳税金额越高，当期可抵扣的税金也越高，可以在较短的时间内享受完税收优惠政策，而进入自主缴费阶段。对于低收入群体，每期享受的税收优惠额度虽然有限，但是可以在较长的一段时间持续抵扣，从而保证政策对于低收入群体的吸引力。

二是采取 EEE 模式，在领取阶段也不征税（或先逐步降低税率）。现有政策下，居民通过自主投资渠道的收益不必缴纳所得税，参加养老金第三支柱在领取时却需要缴纳 7.5% 的个税，这也对政策的推广造成了较大的影响。

建议试点后取消领取阶段应缴纳个税的要求，或是对于本金征税，对投资收益不征税，这将有利于进一步提高养老金第三支柱投资渠道与其他渠道的比较优势，提高制度的吸引力。

2. 完善税收征管流程

逐步完善税收征管流程，对当前试点期间显现的在税延抵扣方式、领取征缴归属等方面的问题尽快予以明确。

一是建议取消6%这一比较标准，从而可以清晰地判断参保人当期缴费额度与可抵扣额度，减少发生重复扣税的可能性，也方便税务机关的实际征管操作。

二是建议实行税收征管的电子化。取消现阶段通过提供税延凭证、填写扣除情况明细表等进行手工处理税延抵扣的方式，通过电子化的方式，线上完成参保人税延额度证明、纳税信息填报、税额抵扣等相关操作，进一步简化征管操作流程。以上流程也可考虑纳入现行个税专项附加扣除体系。

三是尽快明确征缴归属原则。建议在领取阶段，税收代扣代缴通过银行账户完成，并明确由银行总行所在地统一缴交税款。考虑到参保人在不同地域之间的流动性，由银行提供个人纳税明细信息，明确纳税人领取养老金时的税源归属地，在保证税源信息完整性的前提下，优化第三支柱养老金的涉税处理流程。

### （三）强化合格机构的准入和日常经营管理

第三支柱业务不仅是金融课题，也是社会保障体系建设的重大课题，为此，参与金融机构必须能够在金融和社保两个层面都满足第三支柱业务运营和开展的需要。

为便于业务的快速部署和推进，也为了提高监管的效率和有效性，在机构的准入和日常经营监管机制建设上，建议在遵循现有金融监管架构的大背景下进行，同时强化人社部门在社会保障领域的指导。

具体而言，从金融的角度，各金融监管机构在现有的监管框架下进行账户管理、产品发行机构的准入，并实施过程监管，这样能够有效保障各金融机构的合法合规业务经营。

例如，针对合格的个人养老金账户管理银行的准入，可对合格机构在注册资本金、净资产、全国性布局、渠道服务能力、产品销售资格等方面提出准入门槛，确保合格机构在经营稳健性、服务能力等方面达到要求；同时，不仅需要商业银行已建成个人养老金账户管理系统，完成与人社部第三支柱信息管理服务平台的对接，并取得人社部的验收合格报告，还需要商业银行在社保卡发卡和社保应用领域具有丰富的业务经验。

针对合格的税延金融产品发行机构的准入，可以设置在公司成立时间、投研能力、合规经营等方面提出准入门槛，确保合格机构在产品发行能力、经营延续性等方面符合要求。

从社会保障的角度，第三支柱养老金作为多层次社会保障体系的组成部分，人社部需要对业务运行进行整体把控和监督，为此，机构的准入情况需在人社部进行报备，涉及与人社信息平台系统对接的，人社部门还需要进行指导和验收。

### （四）推进三大支柱协同发展

当前，我国第一支柱基本养老保险一支独大（在整个社会保障体系中占比达到80%），但独木难支（支付能力逐渐下降，已经有不少省份养老金的发放需要财政的支持）。第二支柱发展缓慢，替代率贡献有限（发展至今，仅有2300万人左右参加企业年金制度，积累的基金规模约为1.3万亿元）。在此背景下，建立第三支柱个人养老金，是弥补第一、二支柱替代率不足、提高居民未来的养老保障水平的重要手段。为此，建立第三支柱养老金，必须以纳入我国多层次社会保障体系为前提，而账户制模式的实施，使三大支柱纳入同一个整体，并实现三支柱协同发展（如支柱间转移）成为可能。

一方面，个人参加第三支柱养老金、开立个人养老金账户时，需要通过与第三支柱有关信息管理平台的对接完成账户的唯一性校验，并验证个人是否已经参加第一支柱基本养老保险，这是三支柱整体发展的前提。同时，在业务开展过程中，个人养老金账户及时将相个人的相关参与信息报送至人社信息平台，方便人社部门在信息集中管理的基础上，把第三支柱养老金纳入国家整体社会保障体系中统筹管理。

另一方面，第三支柱养老金作为多层次社会保障体系的重要组成部分，因为账户制的实施，使支柱间的转移成为可能。例如，在具体机制设计上，建议可以参照发达国家实施经验，在个人因离职、出国定居等原因不再进行第二支柱缴费的情况下，可以将第二支柱养老金中个人缴费部分（若达到第二支柱管理办法中约定的年限，企业缴费部分已全部归属个人的，也一并转移）转移进第三支柱个人养老金账户。

### （五）加强投资者教育

第三支柱养老金业务在我国是新事物，账户制模式对老百姓、对金融机构来讲都是新的业务流程，加强公众教育和知识普及，提升居民参与的积极性将是根本保障，这也是政府机构、各参与金融机构的重要职责。

通过加强投资者教育，一方面，帮助广大居民加强养老的储备意识和安全意识。当前，“养儿防老”的传统意识在我国仍然盛行，但是随着医疗条件的不断改善，人口平均寿命不断延长，要保证漫长的老年生存期的生活质量，不进行提前的资产储备，养老保障是无以为继的；同时，在养老储备的过程中，要选择科学、安全的投资渠道，避免被非法吸收公众存款、集资诈骗等不法行为蛊惑。

另一方面，帮助广大居民加深对第三支柱政策和实施模式的理解，并促进更多的居民选择参加第三支柱养老金。在政府层面，要不遗余力加大对政策的宣导力度，并加强对居民的教育；在金融机构层面，要利用各自的渠道优势，配合国家开展第三支柱业务的宣传教育，通过与日常业务营销与产品推广工作的相结合，让老百姓真切感受到账户制模式的便利性、产品投资的有保障性、资金安全的可靠性、金融增值服务的多样性，从而让广大居民能够真正接受并接纳第三支柱养老金，并更多地参与进来。

## 参考文献

董克用：《重构我国养老金体系的战略思考》，载董克用、姚余栋主编《中国养老金融发展报告（2016）》，社会科学文献出版社，2016。

董克用：《从概念框架到政策探索：我国第三支柱个人养老金发展路径》，载董克用、姚余栋主编《中国养老金融发展报告（2017）》，社会科学文献出版社，2017。

董登新：《正确理解美国个人退休账户的双重功能》，《中国社会保障》2016 年第 9 期。

郑秉文：《第三支柱商业养老保险顶层设计：税收的作用及其深远意义》，《中国人民大学学报》2016 年第 1 期。

徐卫周、张文政：《个税递延型商业养老保险的国外经验及我国借鉴探究》，《北京交通大学学报》（社会科学版）2017 年第 1 期。

## B.14

# 发挥私募股权在我国养老资产配置中的作用

丁岩松　贾佩琳　张凌睿*

**摘　要：** 近年来，全球主流养老金加大了对私募股权的配置，这对其提升总体收益起到积极作用。我国的社保基金在私募股权投资中也取得了较好的回报，但基本养老金仅能投资范围有限的股权项目，企业年金和职业年金尚不能配置私募股权。本报告分析了海外养老金投资私募股权的经验以及我国私募股权市场的发展态势，并对我国基本养老金、企业年金以及职业年金投资私募股权提出了政策建议。

**关键词：** 私募股权　母基金　养老金　资产配置

## 一　养老金资产配置私募股权的意义

### （一）养老金配置私募股权是全球趋势

近年来，随着全球经济放缓、利率下行，全球养老金的资产配置策略从公开市场向包括私募股权、房地产、基础设施在内的另类资产转移，同时更

* 丁岩松，CFA，宜信财富私募股权母基金合伙人，负责母基金业务的拓展与管理，曾供职于雷曼兄弟、安盛保险、花旗银行等知名金融机构；贾佩琳，宜信财富私募股权母基金合伙人；张凌睿，宜信财富投资研究分析师。本文仅代表个人观点，与供职单位无关。

加注重长期投资，以获得更高的回报。根据 Willis Towers Watson 2017 年的调查，全球另类投资资金中 33% 来自养老金，15% 来自财富管理公司，12% 来自保险公司。[①] 2018 年美国的养老金组合中的另类资产占比已达到约 30%，全球养老金组合中的另类资产占比也达到 26%，而且有稳步上升的趋势。[②]

1. 配置私募股权的养老储备基金比例稳步提升

养老储备基金的投资管理类似主权基金，在负债端没有短期对资金稳定性和养老金给付的需求。不少国家的主权基金也承担着养老储备基金的作用。主权基金对流动性和风险有较高的容忍度，对包括私募股权、基础设施、房地产、自然资源、对冲基金等另类资产的配置比例在不断上升。根据 Preqin 的调查，配置私募股权的主权基金占全部主权基金的比例稳步提升，在 2015 年、2016 年和 2017 年分别达到 47%、55% 和 61%，主权基金在私募股权的平均配置金额在 2011 ~2016 年增长了 70%。国际主流养老储备基金中，澳大利亚的未来基金对私募股权的配置占比达到 10.4%，全国社保基金对私募股权的配置也达到了 7.8%。[③]

2. 发达国家基本养老金投资私募股权获得良好收益

在人口老龄化和现收现付制度下，基本养老金的亏空是全球普遍的问题。基本养老金因为有给付压力，对流动性和风险具有较主权基金更低的容忍度。通过配置包括私募股权在内的另类资产以及专业的资产负债管理，可使其在相对安全的条件下实现长期收益的最大化。加拿大养老金计划（CPPIB）对私募股权的配置近年来保持较高的水平，对其实现较高的总体收益率起到关键作用。截至 2018 年，CPPIB 私募股权投资占比达到 20.3%，私募股权部门投资净回报高达 16.3%。

3. 养老金成为私募股权基金的重要资金来源

美国 SEC 发布的《美国私募基金统计报告 2017》中显示，在美国注册的大型私募基金管理人所管理的私募股权基金中（这类基金占全美私募股

---

① Willis Towers Watson, Global Alternatives Survey, 2017.

② Willis Towers Watson, Global Pension Assets Study, 2019.

③ 数据来源于全国社保基金理事会社保基金年度报告（2017 年度）。

权基金总规模的70%），美国州或市一级的退休基金的持有份额为23.58%，其他养老基金计划份额为9.1%（见图1）。①

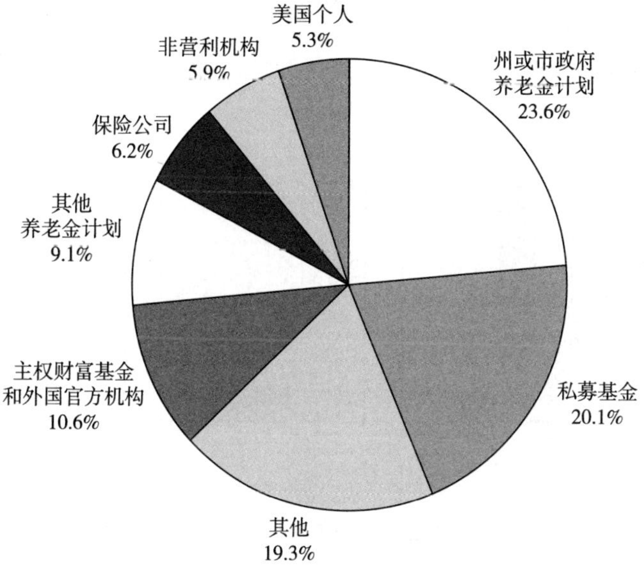


**图1　截至2017年第四季度美国大型私募基金投资者投资情况**

资料来源：《美国私募基金统计报告2017》。

## （二）私募股权在养老金配置中的作用

私募股权受到全球主流养老金的青睐，主要得益于该资产类别较高的平均回报率，以及所带来的超额回报相对二级市场的逆周期性。在养老金投资组合中，私募股权可以起到提升总体回报、平滑收益波动的重要作用。

1. 私募股权投资对提升养老金回报作用不可替代

私募股权的高回报率来源于其通过对经济增长风险的充分参与而获得的被投企业价值的提升，因此其回报相对于地区经济增长率有较强的放大效

① 大型私募基金管理人所管理的私募基金在《美国私募基金统计报告2017》中归类为“第四章私募股权基金”（Section 4 private equity fund），指的是被资产管理规模在20亿美元以上的大型私募股权基金管理人所管理的私募股权基金。

应。中金公司研究表明，私募股权相对其他资产回报更高，对提升组合回报率作用不可替代。私募股权的5年、10年及20年的年化复合回报率分别达到14.4%、11.9%及12.3%，远高于其他资产（见图2）。

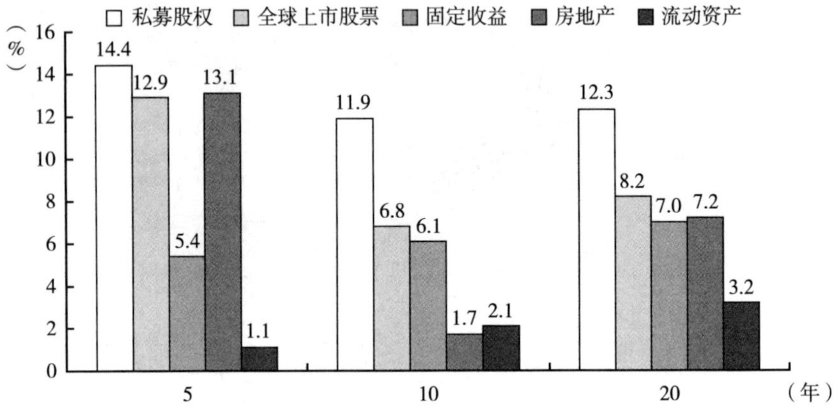


**图2　主要资产的年化复合回报率比较**

资料来源：中金公司研究部。

2. 私募股权可以有效降低养老金投资组合风险

私募股权相对市场的超额回报具有逆周期性，因此在持有股票资产的养老金投资组合中可以起到平滑收益波动的作用。BCG研究表明，在经济下行时期私募股权相对于二级市场有最为显著的超额回报，而在经济高速发展的时候，其回报不及二级市场（见表1）。

**表1　私募股权投资在经济周期不同阶段的α收益**

单位：%

| 项目 | 经济周期 | | | |
|---|---|---|---|---|
| | 高速增长 | 匀速增长 | 经济稳定 | 经济萧条 |
| 二级市场的年化收益率 | >15 | 5～15 | -5～5 | <-5 |
| 私募股权α收益 | -7 | -2 | 12 | 18 |

注：α是指私募股权收益与同类二级市场投资收益相比，在剔除了时间、行业和杠杆影响之后的差值。

资料来源：Boston Consulting Group，法国高等商学院。

## 二 海外养老金投资私募股权的经验借鉴

私募股权已经成为发达国家公共养老金及职业养老金资产配置中的重要资产类别。一些海外养老金在投资私募股权方面积累的成功经验可以为我国实践提供宝贵的借鉴意义。下面我们梳理了三个比较典型的案例。

### （一）加拿大养老金计划（CPPIB）

超配私募股权提升了 CPPIB 整体收益水平。CPPIB 因其较长的投资期限和资产的确定性可以接受私募股权的低流动性，从而在私募股权投资中获得较高的收益。另外，CPPIB 和外部合作基金管理人的专业投资能力使其在私募股权领域可以获得较高的投资成功率。2018 财年，CPPIB 实现了 11.6% 的投资回报率，私募股权投资占比达到了 20.3%。其中主要负责私募股权投资的合伙投资部门表现出色，净回报高达 16.3%，对整体回报起到显著的提升作用。

跨市场和多策略配置私募股权。CPPIB 在私募股权投资中尽力做到多元化，力求拓展组合宽度和提升风险调整后组合回报。在新兴市场，CPPIB 更多通过私募股权投资权益类资产。CPPIB 的私募股权部门有近 1/3 的资产投向亚洲，包括投资私募股权基金、私募股权二手份额和与合作基金共同直接投资私募股权项目。中国、印度和巴西是 CPPIB 最为关注的新兴市场国家。

CPPIB 在私募股权投资方面通过多种手段创造价值。包括利用其作为大型投资机构的优势，获得全球范围内大型复杂交易的机会，并独立或联合合作伙伴共同完成交易。CPPIB 也通过对长期结构性变化和趋势的预判，例如人口结构变化和新能源的兴起，进行主题性投资。另外，CPPIB 作为具有影响力且在部分投资中拥有董事会席位的股东，也积极通过改善被投企业的运营提升企业的价值。

专业的内部投资团队和外部合作伙伴。CPPIB 的私募股权投资部门具备业内顶级的投资管理团队，可以独立筛选和执行全球范围的大型复杂私募股权交易。CPPIB 的私募股权部门包括侧重北美和欧洲私募股权投资的直接股权投资部、侧重亚洲的私募股权投资部和侧重北美、欧洲和拉丁美洲的二手份额交易部。CPPIB 还根据投资需要，设立了专门服务于私募股权的投后管理团队，为被投企业和项目提供增值服务。团队参与到投前的尽调、制定并购后过渡期经营计划、提供公司治理建议，以及牵头执行各项企业管理增值机会。

另外，CPPIB 也与全球 140 家私募股权基金管理人保持密切联系。这些合作伙伴使 CPPIB 能够持续获得战胜公开市场收益的投资机会。在北美和欧洲 CPPIB 通常投资于老牌的大型和中型的并购和成长基金。在新兴市场，CPPIB 对成立时间较短的基金管理人的挑选更为严格。CPPIB 也经常与合作伙伴一起以少数股权的被动投资方式共同参与项目。

### （二）加州教师退休基金（CalPERS）

私募股权投资实现可观的超额收益。CalPERS 一直专注于长期的私募股权投资，获取超额收益。CalPERS 通过直投等方式直接对接私募股权项目，也会通过私募二级市场或以母基金形式参与到私募股权的投资中。根据 PEI 排名：2010～2014 年，CalPERS 在私募股权和风险投资基金中总出资额高达 117 亿美元，在全球机构投资者中排名第九，也是美国私募股权基金的最大机构投资人。在其资产构成中，私募股权占比达到 7.8%。[①]

私募股权的投资净回报是 CalPERS 投资的资产类别中收益最高的。2018 年 CalPERS 私募股权的投资收益率达到 16.5%，其 5 年期、10 年期的净回报分别达 11.9% 和 9%，高于其他类别的投资收益（见图 3）。CalPERS 的 20 年年化投资回报率为 7.8%，而其 20 年私募股权投资的年化回报率高达 12.3%，有效地提升了整体基金的回报。[②]

在私募股权基金的投资类别上，CalPERS 有着既定的投资框架。对各类

---

① 截至 2018 年 3 月，CalPERS Investment Fund Values，www.calpers.ca.gov。

② 国立波：《独家揭秘美国最大公共退休基金的 PE 投资之道》，www.jianshu.com，2015 年 9 月 30 日。

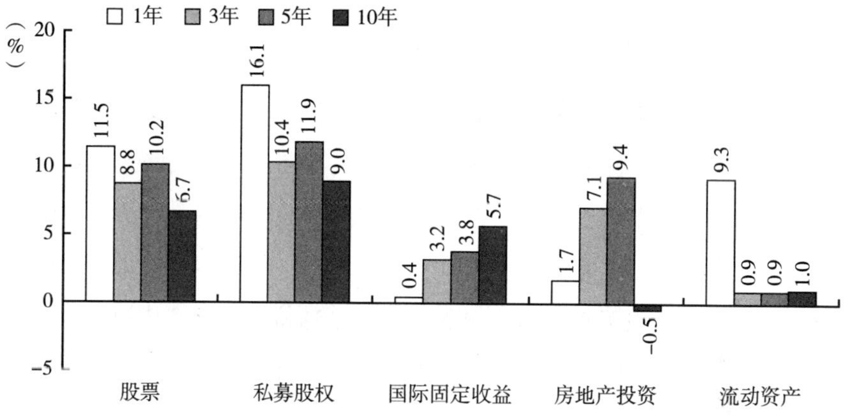


**图 3　2018 年 CalPERS 各资产类别投资收益率**

资料来源：CalPERS，2018 年年报。

私募股权基金的投资份额做出了明确限制：目标投资份额最高的是并购类私募股权基金，其目标份额高达 60%；其次是信贷和成长阶段的私募股权基金，目标份额各占 15%，原则上不参与风险投资相关的直接投资和基金投资。CalPERS 对被投基金高管的跟投比例有一定的要求，以保证基金管理层与 CalPERS 的利益高度一致。例如，基金首席投资官与投资总监对头部 1/4 的项目各需要跟投 8% 和 4%。截至 2018 年 7 月，CalPERS 共投资私募股权基金 243 只，可计算回报水平的 197 只基金中，盈利基金 177 只，平均 MOIC（基金的投资回报倍数）约 1.6 倍，亏损基金 20 只，平均 MOIC 约为 0.7 倍。①

精选头部基金建立深度合作关系。CalPERS 在投资私募股权的初期采用“广撒网”策略，实践证明该策略不利于投资管理，也不利于与优秀的管理人建立更深层次的合作。CalPERS 致力于将投资基金的数量最终减少到 30 支左右，而投资私募股权的资金总额还将继续增加，与 CalPERS 建立深度合作的基金管理人将获得更大的资金支持。②

---

① 清科研究中心：《2018 年海外机构投资者典型模式研究报告》，2018。

② 国立波：《独家揭秘美国最大公共退休基金的 PE 投资之道》，www. jianshu. com，2015 年 9 月 30 日。

## （三）HarbourVest

以养老金为主要资金来源的私募股权母基金。HarbourVest 的机构投资人覆盖了北美、欧洲各国及澳大利亚、韩国、智利等的公共养老金和私营企业年金计划，是以养老金为重要资金来源的私募股权母基金。截至 2018 底，管理资产超过 580 亿美元。根据 PEI 排名：2010～2014 年，HarbourVest 在 VC/PE 基金中认缴出资额为 197 亿美元，在全球机构投资者中排名第三。

多策略配置获得持续领先的投资收益。截至 2015 年，HarbourVest 的资产配置中包括 50% 的私募股权基金投资，35% 的私募股权二手份额投资以及 15% 的联合投资。并且 HarbourVest 与全球主流的基金管理人合作，获得了持续领先的投资收益。HarbourVest 全球资产组合模拟的投资组合回报也在过往 20 年显著超越 MSCI AC 全球指数的同期回报。

## （四）小结

### 1. 跨市场、多策略长期投资

市场领先的养老金在私募股权投资方面坚守跨市场、多策略、长期投资的策略，使其规避对单一地区风险的过多暴露，也可以充分利用其执行大型复杂交易的能力和广泛的网络在全球捕获各种增值交易机会。长期投资的理念使养老金能够利用其长线资金的优势获得短期资金无法进入的低流动性项目，以获得远高于市场的回报。

### 2. 专业的投资团队和顶尖的合作伙伴

市场领先的养老金拥有专业的内部私募股权投资管理团队，并且通过与顶尖的外部基金管理人合作进行广泛的私募股权投资。与外部基金管理人的合作使养老金能以较低成本进入自身无法覆盖的地区或领域，达到风险分散的目的。领先的养老金机构往往设立了严格的流程和标准来筛选外部基金管理人。养老金也通过要求被投基金的高管进行实质性跟投，确保其利益与养老金利益高度一致。

3. 利用母基金投资私募股权

主流养老金可以通过母基金形式投资私募股权。全球领先的母基金团队拥有丰富的投资经验和全球化的业务覆盖，可以帮助养老金以更低的成本进行跨地域、跨行业、多策略的私募股权投资。根据 TW 2017 年全球另类资产调查报告，前 100 家管理养老金资产的另类投资管理人中，私募股权母基金占比达到 18.2%，而私募股权直投基金的占比为 7.0%。

## 三　我国养老金参与私募股权投资的现状

### （一）中国的私募股权市场日趋成熟

中国的私募股权市场经过多年的快速发展，规模已经成为仅次于美国的全球第二大私募股权市场。私募股权主要覆盖的新兴领域成为引领中国经济高速发展和结构转型的重要驱动力。在市场发展过程中涌现了一批优秀私募股权机构，为投资人创造了良好的回报。随着私募股权对接资本市场的退出渠道日趋完善，整个体系的日趋成熟也吸引了主流全球养老金的重点布局。

1. 中国的私募股权市场快速发展

私募股权市场规模扩张迅猛。中国私募股权投资市场的募资和投资规模在最近十多年获得了爆发式增长。截至 2018 年 12 月，活跃在中国大陆的私募股权投资机构管理资本量总计超过 10 万亿元，按照规模统计中国已成为全球仅次于美国的第二大股权投资市场。

私募股权投资重点覆盖高成长领域。2012 年以来，中国股权市场对科技创新领域的项目关注度逐渐提升。2018 年，中国股权市场共有 5250 起科技创新领域投资，占所有投资案例数的 52.4%；投资金额达 3861.90 亿元，占总投资额的 35.8%。从投资行业分布来看，2018 年，IT、互联网、生物技术/医疗健康作为新兴产业的代表，被投案例数位列私募股权投资市场投资行业前三名。相比于传统行业，以新兴产业为代表的高成长领域更加受到私募股权投资的青睐。

私募股权头部机构涌现。无论是募集资金规模、投资规模还是被投企业上市账面回报，中国私募股权头部机构的集中度都在不断提高。2018 年，前 20 家私募股权基金募集资金占全市场募集资金的 20%；前 100 个私募股权市场企业融资金额占全市场投资金额的 48%；前 10 家被投企业上市账面回报最高的私募股权机构占全部私募股权市场上市账面回报的 43%。

2. 私募股权退出渠道建立

国内上市体系日趋完善。私募股权支持的企业通过国内上市退出的渠道包括：A 股主板、中小企业板、创业板和科创板。以创业板为例，私募股权基金支持的创业板上市企业已经占全部创业板上市企业数量的 65%，覆盖了新经济的多个领域。但 A 股上市也面临诸多政策不确定性，使 A 股上市排队审核时间较难预测，每年的过会率和过会家数也波动较大。

境外上市仍是重要退出渠道。与境内上市过会家数的不确定性相比，中国企业境外上市家数每年相对稳定。因此，境外上市仍是私募股权支持的企业退出的重要渠道。2018 年创投市场被投企业境外上市案例数为 264 笔，同比上升 473.9%。包括小米、美团、拼多多在内的新经济独角兽的境外上市给诸多创投机构带来丰厚回报。

股转和并购退出占比提高。在 A 股上市严格审核态势持续、境外中概股普遍股价下行的情况下，私募股权基金通过股转和并购退出占比持续提升，已经超过通过被投企业上市退出的占比。① 但仍有多数私募股权投资项目未能有效利用股转和并购实现退出。据不完全统计，2008 ~ 2017 年，中国私募股权市场投资总额约为 2.5 万亿元，退出的资金约为 4000 亿元。②

3. 海外养老金增配中国私募股权

以养老金、主权基金等为主的境外投资机构近年来提高了对中国私募股权市场的关注度。2018 年，中国私募股权外币基金募资强势，外币创投基

① 清科研究中心：《2018 年中国股权投资市场回顾与展望》，2018。

② 王岱宗：《股权转让大大提高了退出的成功率和可控性》，中国股权转让研究中心，2018 年 4 月。

金新募总金额 1054 亿元，同比增长 125%，占创投市场募集金额的 35%。清科研究中心认为外币基金新募集金额增长的主要原因有两点：其一，由于人民币基金市场政策趋严，多家私募股权机构积极设立外币基金，吸引海外资本；其二，以养老金、主权基金为主的境外 LP 增加对新兴市场尤其是中国市场的投资比例。以 CPPIB 为例，2017 年 CPPIB 投资中国的资金达 170 亿加元（约合 870 亿元），占其全球投资的 4%。未来在中国的投资比例会不断提高，预计在 2030 年将会有 1500 亿加元（约合 7700 亿元）投向中国。①

海外养老金不仅通过投资美元私募股权基金参与中国市场，也在中国私募股权市场进行广泛的直接投资，并取得了较为可观的回报。加拿大养老金计划（CPPIB）近年来不断提升对中国市场的资产配置，投资范围涵盖私募股权、公开市场、房地产、物流等。相较于公开市场，CPPIB 更看好投资回报更高、风险更可控的私募股权市场，预计将在电子商务、教育、医疗、科技等领域加大投资。CPPIB 在 2017 年参与了美团的 F 轮融资，在 2011 年投资了阿里巴巴，目前是其前 30 大股东之一。② 安大略教师退休基金（OTPP）在香港设有覆盖亚太区投资的分支机构。OTPP 在 2012 年就已经成为京东私募融资的领投方。OTPP 还参与了赶集网、珍爱网、QQ 音乐、去哪儿等国内明星项目，获得较好的收益。

### （二）全国社保基金投资私募股权回报良好

全国社保基金自成立以来年均投资回报率 8.4%，累计投资收益额 10073.99 亿元。社保基金的良好投资业绩离不开私募股权投资参与，全国社保基金理事会原副理事长王忠民在中国财富管理 50 人论坛上指出，截至 2015 年初，私募另类投资在社保基金上的比例占 13% 左右，并且私募股权

① 徐燕燕：《加拿大养老基金投资公司 CEO：2030 年对中国投资将达 1500 亿加元》，Finance. china. com，2017 年 11 月 30 日。

② 徐燕燕：《加拿大养老基金投资公司 CEO：2030 年对中国投资将达 1500 亿加元》，Finance. china. com，2017 年 11 月 30 日。

投资给社保基金在历史上带来了年化10%以上的回报。[①]

截至2017年底，社保基金的长期股权投资已经达到了1728亿元。除了投资市场领先的私募股权基金，社保基金也参与了众多直接投资项目。从行业方面来看，社保对金融、新材料、环保新能源等领域较为关注。从项目阶段来看，社保基金兼顾早期价值投资和后期稳健型投资。2015年社保基金出资约70亿元参与的蚂蚁金服的A轮融资是社保基金早期股权投资的经典案例，王忠民2018年5月在杭州的一次发言中指出“这是另类投资当中单笔回报最多的一次”。[②]

社保基金对于私募股权基金的筛选已经形成了行之有效的评估标准和机制。社保基金投资的基金大多具备团队稳定、成立时间长、具备国资背景、有持续的募资和投资能力、过往业绩过硬等特点。除了考察机构的资产管理规模、过往业绩和投资项目之外，社保基金还关注基金的管理架构的合规性、投资人与基金管理人之间的权责划分是否明晰、基金管理人的投资理念和风格、基金风险控制机制等要素。另外，社保基金成立了专家评审委员会，定期对基金滚动评估，推行末位淘汰制，一旦认可了基金管理人的专业能力就连续出资。通过系统性的评估管理机制，社保基金所投资的私募股权基金中的76.5%投了上市项目，70.6%投了“独角兽”项目，创造了持续、稳健的收益。[③]

### （三）基本养老金配置私募股权受限较多

中国的基本养老金由各省份实行现收现付，结余部分实现统筹管理，统一委托给国务院授权的养老基金管理机构进行投资运营。但是基本养老金投资范围和委托条件限制使该部分养老金无法有效配置私募股权，不利于基本养老金提升长期投资收益。

根据2015年8月23日国务院发布的《基本养老保险基金投资管理办

① 《王忠民：社保基金去年投资收益率11.43%》，新浪财经，2015年1月30日。

② 《独家！社保基金投资蚂蚁金服浮盈逾400亿》，21世纪经济报道，2018年5月17日。

③ 《社保基金这样投资股权，18年赚了1万亿》，每日经济新闻，2019年4月16日。

法》，养老金只有在国家重大工程和重大项目建设和国有重点企业改制、上市项目中可以进行股权投资。范围限定为中央企业及其一级子公司，以及地方具有核心竞争力的行业龙头企业。养老金投资范围的限制体现了养老金安全性至上的原则，但将私募股权投资限制于国家重点工程和国企改制可能导致股权投资项日集中度过高，不利于分散风险，也使基本养老金无法从新兴产业等高成长领域获得更高的回报。另外投资范围的限制也造成基本养老金无法投资私募股权基金，使基本养老金无法以较低的成本增加私募股权的配置规模。

根据人社部披露的信息，目前已有 14 个省份进行了基本养老金委托投资运营，期限 5 年，采取保底保收益模式。私募股权项目的投资和退出周期为 7 ~8 年。过短的委托合同期和保底保收益模式使养老金无法配置私募股权。①

### （四）企业年金和职业年金不能配置私募股权

2013 年人社部 23 号文将信托、基础设施债权、银行理财、特定资产管理计划、股指期货纳入企业年金投资范围，扩展了投资品种。除了不能投资万能险与投连险外，职业年金与企业年金投资政策基本一致，但年金仍未放开对私募股权的投资。目前年金资产中对私募股权的配置比例远低于海外主流的养老金。私募股权已经成为海外年金资产配置中较为重要的资产类别，例如，美国的 CalPERS 对私募股权的配置占总资产的 7.8%，② 安大略教师养老金计划对私募股权的配置占总资产的 18%。③

年金作为养老金的一种，与保险资金具有一定相似性。然而，保险资金近年来加大了包括私募股权在内的另类资产的配置力度。截至 2018 年底，

① 董克用、姚余栋：《中国养老金融发展现状、挑战与趋势研判》，载董克用、姚余栋主编《中国养老金融发展报告（2018）》，社会科学文献出版社，2018。

② 截至 2018 年 3 月，CalPERS Investment Fund Values，www. calpers. ca. gov。

③ OTPP 2018 年年报。

已有超过100家的保险机构投资私募股权基金，投资规模超过5000亿元。[①] 截至2015年6月底，保险资金在私募股权的投资金额占资金运用余额的6.3%。[②] 同样属于长线资金，年金资金的风险容忍度理论上应高于保险资金。这主要体现在海外市场的养老金对私募股权的配置比例明显高于保险资金对私募股权的配置比例。

## 四　对我国发展养老金配置私募股权的思考与建议

面对人口老龄化和通胀加剧的潜在风险，发达国家养老金的配置趋势已逐渐转向加大包括私募股权在内的另类资产的配置。全球领先的养老金投资运作经验表明，利用养老金长期资金的优势，以长期价值投资的理念为核心积极配置包括私募股权在内的另类资产，以及与市场领先的外部投资管理机构合作可以帮助养老金有效提升投资收益、控制风险和改善其应对人口老龄化环境下养老金支付的能力。

我国的社保基金以及保险资金，已经在私募股权投资方面做了积极的尝试。基本养老金和年金可以借鉴相关机构的私募股权投资经验，进一步拓宽基本养老和年金的投资范围并放宽私募股权管理机构的准入，使基本养老金和年金资产可以更有效地配置私募股权。另外，也需要进一步改善私募股权市场的退出环境和交易活跃度，为基本养老金和年金投资私募股权创造有利条件。

### （一）放宽基本养老金投资私募股权的限制

如果把基本养老金结余部分看作基本养老金的储备基金，可以进行长周期的投资，其风险承受能力应与社保基金相当，其私募股权投资范围也应与社保基金投资私募股权的范围相当。因此可以考虑放宽基本养老委托管理部

---

① 中国保监会：《2018年1～11月保险统计数据报告》，2018。

② 凌秀丽：《保险资金私募股权投资研究》，PICC宏观与战略研究所，2015。

分的私募股权投资范围，使受托管理机构可以通过市场化机制自主投资私募股权。

目前，基本养老金的受托管理机构为全国社保基金理事会，而社保基金已经建立了筛选管理私募股权基金以及直接投资私募股权项目的能力，并在私募股权投资中取得了良好的业绩。作为基本养老金的受托管理机构，社保基金可以将其在自有资金投资私募股权中建立的体系与能力复制到基本养老的委托投资业务中。另外，也可以利用社保基金在业内长期积累的数据和管理经验，加大基本养老金对业绩领先的市场化私募股权基金和母基金的投资力度，使基本养老金可以以较低的管理成本跨行业、跨阶段、多策略地配置私募股权，在提升总体收益的同时分散私募股权的投资风险。

目前，各地基本养老金委托投资运营期限为5年，但是各地委托投资运营的养老金是总结余的一部分，已经充分考虑了当期养老金支付的需求，因此一个合同期内需要赎回的可能性不大。从市场化私募股权基金运作经验来看，私募股权投资的周期一般为7～10年。如果允许基本养老金受托管理机构自主投资私募股权和私募股权基金，可以考虑将委托投资运营期限放宽到10年，并且对私募股权投资部分取消保底保收益模式。

### （二）放开年金对私募股权的配置

境外养老金和保险资金的配置实践表明，养老金因其相比保险资金周期更长，对风险的偏好更高，对于私募股权等长期资产的配置比例也比保险资金更高，而我国的企业年金对私募股权的投资仍未放开。因此，建议逐步放开年金投资私募股权的限制，同时允许投资管理人通过外部机构进行私募股权投资。

在发展年金的私募股权投资方面，可以考虑参照保险业放开投资范围的路径，在相应的标准下，逐步放开年金投资私募股权基金和母基金的限制，并加强市场化运作。目前，年金的受托机构是专业的保险、银行等机构。这些机构大多具备直接投资和筛选外部投资管理人的经验，也具备专业的股权投资风险控制能力。放开年金对私募股权的投资可以更好地借助受托人的专业资管能力，增加年金资产中另类资产和长期投资的配置，有效控制风险和提升总体回报。

除了提高年金受托管理机构筛选、投资外部私募股权基金的能力，也可以考虑通过投资有优异过往业绩的市场化私募股权母基金，加大年金对私募股权的配置。境外养老金已经成为全球领先的私募股权母基金的主要出资人。与领先的市场化母基金合作，是国内年金配置私募股权起步阶段的一个有效方式。与此同时，母基金也可以利用覆盖较广的行业数据，通过顾问服务的形式帮助年金进行私募股权资产配置。

## （三）改善私募股权的退出和交易环境

1. 完善上市机制与促进并购退出

放开养老金投资私募股权将为私募股权市场带来可观的增量资金，对增加私募股权市场交易的活跃度、平滑市场波动起到积极的作用。养老金最终需要通过并购或上市交易实现退出。而目前的 A 股上市仍存在较大的政策不确定性，上市后投资人还面临不能一次性减持的问题，使上市作为退出渠道过于狭窄。海外市场的私募股权投资项目绝大部分通过股权转让或并购形式退出。一方面，疏通 A 股上市渠道、加强上市审批的政策确定性以及 A 股的市场化定价和发行机制将为养老金投资私募股权提供更好的退出保证；另一方面，需要引导私募股权被投企业更好地利用上市公司收购兼并以及行业并购的形式实现退出。

2. 发展私募股权二级市场

境外私募股权市场的充足流动性和交易的活跃性与较为成熟的私募二级市场分不开。金融危机后境外私募股权基金对组合管理和资产流动性的需求越来越大，推动了二手份额交易市场的扩张。二手份额基金的平均回报在金融危机后持续超越私募股权基金和母基金的平均回报。[①] 而国内二手份额基金的发展尚处于起步阶段，市场需求非常大，而且存在较大的估值协商空间。二手份额基金因其提供较好的现金流和较高的回报，也可以成为适合养

① 杨志芳、朱东霞：《全球视角下 S 基金的前景与未来》，母基金周刊，2018 年 11 月 30 日。

老金配置的资产类别。

3. 促进私募股权市场研究机构的发展

境外私募股权市场交易的活跃性也离不开诸多市场研究机构的参与。良好的私募股权市场数据覆盖使包括养老金在内的机构投资人可以便捷获取标的基金的过往业绩数据，也使私募股权二手份额交易的估值有较好的参考。近年来，国内也发展了诸多专注私募股权的非官方研究机构，但因为公开数据的缺乏和私募交易的不透明，主要数据平台的数据覆盖面和准确性有待提高。

由于证券基金业协会近年来推广的基金备案和信息披露平台已覆盖了较为准确和全面的私募基金募集和交易数据，可以考虑在私募基金管理人自愿披露的前提下打通主流数据平台与基金备案和信息披露平台的数据接口，使主流数据平台覆盖面和准确度都得到提高。完善、易获得的交易数据也将极大地提升私募股权市场的活跃度、规范性和市场化程度，为养老金配置私募股权创造有利的市场环境。

## 参考文献


魏瑄：《从国际经验看中国养老金投资趋势》，PICC 宏观与战略研究所，2015。

赵湘怀：《保险公司大类资产配置的国际比较研究》，中国保险资产管理业协会，2017 年 1 月 10 日。

刘月、孙蔚、黄瑞宇、邓俊豪、吴新艺：《另类资产与长期投资的崛起——大型投资机构资产配置的战略选择》，波士顿咨询，2016 年 12 月。

王慧：《资产配置方法论系列之十：另类投资不再“另类”》，中金公司，2017。

董克用、姚余栋：《中国养老金融发展报告（2017）》，社会科学文献出版社，2017。

陈雯、赵耀：《海外养老金及主权基金运作模式和投资研究》，平安证券，2018 年 8 月 22 日。

秦波、陈治中、陈彦彤：《光大海外策略：全球养老金市场概览——规模、回报、配置情况梳理》，光大证券，2018。

董克用、姚余栋：《中国养老金融发展现状、挑战与趋势研判》，载董克用、姚余栋主编《中国养老金融发展报告（2018）》，社会科学文献出版社，2018。

孙祁祥、郑伟等：《中国保险业发展报告2018》，北京大学出版社，2018。

胡兵、孙博：《养老金金融：三支柱模式确立，投资运营稳健推进》，载董克用、姚余栋主编《中国养老金融发展报告（2018）》，社会科学文献出版社，2018。

田露露、王聃聃：《养老目标基金专题研究报告》，国经证券研究所，2018。

王彦杰、陈则玮、胡俊英：《加拿大养老金资产管理经验借鉴与启示》，载董克用、姚余栋主编《中国养老金融发展报告（2018）》，社会科学文献出版社，2018。

马瑞：《清科年报：2018 年 VC 市场美元基金强势回归，境外 IPO 迎来小高峰》，清科研究中心，2019。

BCG, "The Adavantage of Persistence-How the Best Private Equity Firms 'Beat the Fade'", 2008.

Phalippou and Zollo, "What Drives Private Equity Fund Performance?", 2006.

PWC, "Alternative Asset Management 2020 – Fast forward to centre stage", 2015.

"Investing for Generations: 2019 Annual Report", CPP Investment Board, http://www.cppib.com/en/our-performance.

# B.15 投资顾问参与养老金融的现状、经验与建议

尚 筱 赵莎莎*

**摘 要：** 在发达国家，投资顾问对于本国个人养老金融事业的发展是十分重要的：他们既是养老金融发展中投资者教育的中坚力量，又是服务模式创新的主要载体。现阶段，我国传统金融机构以专属代销为主的投顾服务模式难以满足广大客户未来“一站式”养老资金管理的需要。从客户利益出发，我国可以借鉴发达国家投资顾问行业的发展经验，加快多元化、多层次的投顾服务体系建设，鼓励专业独立投顾公司的发展。

**关键词：** 投资顾问 财富管理 养老金融

## 一 投资顾问业务的诞生与发展

### （一）海外投顾业务的发展历程

1. 雏形期（16世纪 - 1920年代）：投顾业务萌芽

投顾业务的前身发源于欧美早期的私人银行服务。16 世纪，欧洲宗教改革，大量法国贵族带着避险资金来到瑞士日内瓦，诞生了最早的私人银行

* 尚筱，宜信财富联席总裁、宜人财富总裁，清华大学经管学院 MBA；赵莎莎，宜人财富研究总监，研究领域为养老金融制度、资本市场投资和金融行业研究。

服务。18 世纪，工业革命在英国率先爆发，资本积聚，大量富商巨贾出现。欧洲银行家们开始为他们提供包括外汇管理、税务规划和资产保值在内的多项私人银行业务。20 世纪 20 年代，美国股市空前繁荣，吸引了大量个人投资者。但由于监管空白，早期投顾市场乱象丛生，很多人冒名投顾代客理财，欺骗投资者，操纵市场。

2. 规范期（1930年代~1960年代）：投顾职业立法

早期投顾职业立法为投顾业务规范化发展奠定了基础。20 世纪 30 年代，美国股票市场投机狂热直接引爆了金融危机。美国政府逐渐意识到加强证券市场监管的重要性，终于在 1940 年颁布了《投资顾问法》。该法案首次给出投资顾问的职业定义如下："为了报酬，直接从事或者通过出版物、写作等方式从事，就证券的价值和证券投资、买卖的机会向他人提供建议活动的任何人，或者为了报酬，作为日常业务的一部分，发行或者发布涉及证券的分析、报告的任何人。"此外，该法还规定了从事投资顾问业务的机构或个人必须是经过证券监管部门许可的注册投资顾问。之后，日本和我国台湾地区也分别于 1986 年和 2004 年出台了针对投资顾问监管的相关法律法规。实践证明，投资顾问职业立法促进了投顾从业者形成良好的职业道德标准，并在客户心目中产生专业化的职业形象。

大众富裕阶层兴起，投顾服务对象范围逐步扩大。二战后，美国经济复苏，大众富裕阶层逐渐形成，他们不断寻求财富保值增值的路径。为了争夺更庞大的客群市场，金融机构不再只针对超高净值人群提供私人理财服务，开始面向更广大的中产富裕阶层提供综合理财服务。投资顾问业务由此规模化兴起。

3. 成熟期（1970年代~2010年代）：独立投顾崛起

人口老龄化与负债消费习惯的形成致使个人退休养老金供给不足成为社会化问题。20 世纪 70 年代中后期，美国政府通过税收优惠方案先后推出了个人退休账户（即 IRA）和雇主养老金计划［主要由 401（k）私人企业计划、403（b）非营利性组织计划、457 政府计划等组成］，有效改善了联邦公共养老金不足的问题，帮助了更多的长寿人群在退休后获得理想的生活方式。

个人养老金的跨生命周期管理催生了投顾服务需求。因为美国个人退休账户的开设相对便利，自20世纪80年代开始，美国传统金融机构争相开启了个人养老金的投资咨询与账户管理服务，个人退休账户数量迅猛增长。当前，投资顾问已经成为美国个人退休账户管理的最重要投资决策支持者。美国ICI 2017年年中对个人退休账户持有人的调查显示，60%的雇员在做养老金账户转移时（从第二支柱转到第三支柱）会选择投资顾问作为其投资信息的主要来源。

美国基金销售最初采用的都是卖方投顾模式，[①] 在销售返佣的经济利益驱使下销售误导行为时有发生。20世纪80年代以来，免佣基金开始盛行，个人投资者也开始关注投资成本的问题。大批卖方投顾出现失业，买方投顾模式[②]得到普及，独立投顾[③]成为买方投顾的典型代表。他们站在更加中立的角度为客户提供全面而客观的理财服务备受欢迎。截至2017年末，在美国全部基金管理主体中有81%为独立投顾，他们共管理了约70%的基金资产。2008年金融危机后，英国的独立投顾（IFA）也逐渐替代银行渠道成为代销主流。2012年，英国进一步通过“零售分销审查制度”（Retail Distribution Review，RDR）禁止英国个人投顾通过向金融产品供应商收取销售返佣来获利。

4. 普惠期（2010年至今）：智能投顾运用

金融科技浪潮来临，智能投顾迅猛发展。2000年以后，信息技术逐渐成熟并被广泛地商业化应用。2010年和2011年，美国科技公司Betterment和Wealthfront最先面向个人理财用户推出了基于互联网技术与算法的资产管理组合建议，资产配置类别包括基金、股票、股票期权、债权、房地产等。之后，又涌现Personal Capital、Future Advisor、SigFig等众多智能投顾科技型企业。很快地，传统金融机构也开始进军智能投顾领域。2013年，指数基金巨头先锋集团（Vanguard）推出自有平台Personal Advisor Services；2015年，全球最

---

① 卖方投顾模式即投顾报酬来自基金产品的销售返佣，客户并不直接支付任何费用。

② 买方投顾模式一般按照客户资管规模收费，也有按时计费的。

③ 独立投顾与金融产品供应商一般没有直接的股权关系。

大的资管公司贝莱德收购机器人投顾初创公司 Future Advisor；2016 年，国际一流投行高盛收购线上退休账户理财平台 HonestDollar。

智能投顾通过人工智能大大降低了投资理财的服务成本和资金门槛，有效覆盖了长尾客群。如 SigFig 仅收取 0.25% 的年费，Wealthfront 收取的咨询费为 0.25%，加之 0.07% ~0.16% 的基金费用，总共费率在 0.41% 以下，远低于传统投资顾问 1% 以上的收费标准。Wealthfront 的起投门槛为 500 美元，Betterment 和 Charles Schwab Intelligent Portfolios 均无起投门槛。除低费率、低门槛以外，智能投顾还以智能投资组合推荐和高度透明的信息披露为核心竞争力。花旗集团报告显示，美国智能投顾的资管规模已从 2012 年的几乎为零增加到了 2015 年约 200 亿美元。据国际咨询公司 ATKearney 预测，美国智能投顾行业的资产管理规模将从 2016 年的 0.3 万亿美元增长到 2020 年的 2.2 万亿美元，年均复合增长率将达到 68%。

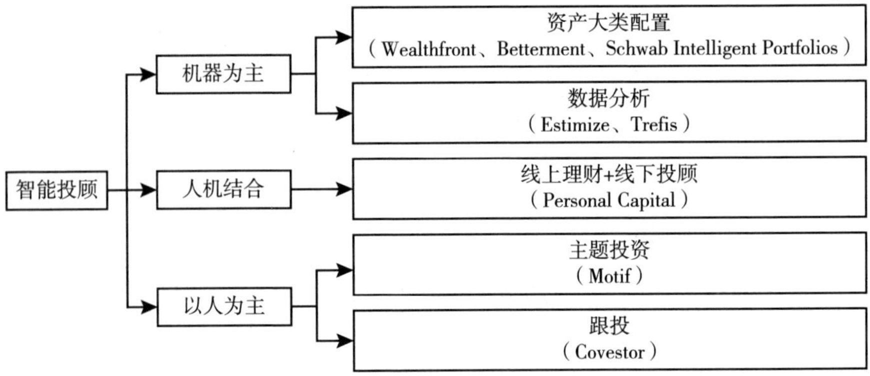


**图 1　海外智能投顾分类与代表机构**

资料来源：网络资料整理。

### （二）我国投顾业务的发展历程与现状

为了遏制改革开放以来各种金融混业乱象，20 世纪 90 年代后期，我国先后颁布了《人民银行法》（1995）、《商业银行法》（1995）、《保险法》（1995）和《证券法》（1999）等重要法律，奠定了金融分业监管的道路。

我国投资顾问的发展受此影响也呈现分业状态。

我国证券投顾人员多由证券经纪人转化而来。2002 年以后，证券经纪佣金自由化改革推动了我国证券公司财富管理模式的创新。证券经纪人的考核指标逐渐由简单的新增开户数，过渡至更多维度，如主动新增客户资管规模和合规展业等。中国结算数据显示，截至 2018 年底，我国股票投资者已经超过 1.46 亿，而全行业的证券投顾人数仅有 4.5 万人。平均而言，我国证券投资顾问服务供给严重短缺，每名投顾对应的客户数量高达 3200 余名。

我国银行个人理财业务起源于 1996 年，理财经理多由银行柜员转化而来。目前，多数商业银行理财经理不仅能为客户配置本行的固收类产品，还可以代销多类金融机构的产品。国内主流的私人银行还为超高净值客户提供了“1 + N”式的投顾团队服务，团队由一位私人银行家与证券、基金、保险、税务、法律或移民等各行业的资深专家共同组成。

我国保险投顾以专属代理人模式为主，整体素质偏低。我国保险代理人规模庞大，截至 2018 年末，全国保险代理人数量已达到 871 万，占城镇人口比例达 1.05%，超越美国和日本的保险从业人员城镇人口占比。[①] 由于缺乏行业准入监管，保险代理人销售队伍增长很快，但是据市场调研反馈，脱落率高达 60%。目前，保险代理人的学历以大专为主，约占 40%，本科及以上学历的营销员仅占到 21.9%，显著低于银行系和证券系投顾的整体水平。

我国第三方财富管理服务起步晚，影响力有限。2012 年，证监会颁发了首批公募基金代销牌照，开启了我国第三方财富管理业务的序幕。2014 年，由于“宝宝类”互联网理财产品的蹿红，第三方线上理财平台建设浪潮兴起。第三方财富管理公司的产品和服务由于常常跨市场、跨机构、跨部门，与我国金融分业监管的现状时有矛盾，创新业务推进的阻力较大，行业内无序竞争与恶性竞争现象偶有发生。因此，我国第三方理财市场份额目前还非常小，独立投资顾问的影响力十分有限。

---

① 陈福：《保险代理人：量质齐升，渠道为王》，广发证券，2018 年 3 月 2 日。

## 二　投资顾问在养老金融发展中的重要意义

### （一）投顾是养老金融发展中投资者教育的中坚力量

个人投资者普遍缺乏金融专业知识，也没有足够的时间和精力持续跟踪研究。以 A 股投资者为例，根据《深市新开户个人投资者学历分析报告》研究，从 2014 年初至 2015 年 3 月，新开户的个人投资者中，本科及以上学历人群占新开户投资者的 33.34%，大部分的个人投资者是本科以下学历。多数 A 股个人投资者缺乏专业知识，投资能力不足，亏多赚少，久而久之对于证券基金类产品失去信心。再比如，许多保险消费者难以区分种类繁多的保险理财产品与银行存款的区别。未来的养老金融产品期限更长、资产结构复杂，普通投资者很难判断和识别相关资产的走势与投资风险，因此将在很大程度上限制其养老金融产品的选择能力。以美国的 IRA 账户投资为例，20 世纪 70 年代至今，IRA 账户的资产结构发生了巨大变化：银行存款从 80% 多下降到不足 10%，证券投资占比持续提升，尤其是共同基金从不到 5% 发展到占据半壁江山。面对复杂多变的金融市场环境，虽然美国 IRA 账户投资者有权利自主参与账户的投资管理，但是他们普遍选择了投资顾问作为投资管理的主要决策来源。

在持久而系统的投资者教育过程中，投顾可以与客户建立稳固的信任关系。投资者教育是金融产品销售中的类公共服务产品。可是，我国传统金融机构在利润驱使下往往不愿意花时间充分了解客户的投资目标（见图 2），更不舍得进行持续的投教工作。实际上，他们常常以参考年化投资收益率或近几月净值涨跌幅来简化产品介绍、淡化投资风险，甚至误导销售。为了满足多元化生活目标与跨生命周期的财务管理需求，海外成熟市场上的投资顾问会与客户分阶段地进行持续沟通。长期的交流过程正好是提高投资者对投顾服务黏性与信任的契机，也为日后各种养老金融产品推荐奠定了良好的互信关系基础。

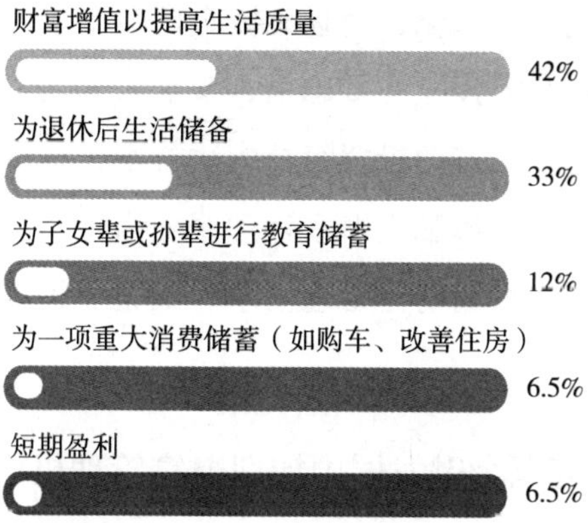


**图 2　个人投资者的重要投资目标**

资料来源：嘉信理财 2015 调查。

## （二）投顾是养老金融发展中服务模式创新的主要载体

投顾是连接养老金融服务供需两端的主要桥梁。投顾一端联结着有实际需求的客户，另一端联结着有产品输出能力的各类金融机构。成熟的投资顾问不仅会了解客户当前的年龄特征、收入水平、风险偏好和投资经验，还会长期观察客户的家庭关系、工作情况与兴趣爱好的变化，综合研究后为投资者实现不同的养老生活目标提供个性化的金融产品解决方案。投顾与不同金融机构的沟通交流也促进了各金融领域产品设计理念的更新和完善。

多层次的投顾服务体系能有效推动养老金融服务精准化与综合化的改革创新。养老金融服务是以满足个人退休养老生活需求为目的，提供包括财务规划、房产管理、养老社区和保险保障等在内的一揽子金融服务。然而，无论是国内还是国外，早期的投顾服务模式多以产品销售为中心，受短期业绩驱使鼓励客户进行频繁的投资操作。投顾是养老金融服务模式改革创新的最主要载体。只有投顾服务体系日臻完善，养老金融服务才能更好地满足客户多层次、多维度与复杂性的服务需求。基于客户资产管理规模的不同，海外投顾机构普遍形成了多层次的销售和服务体系：如针对海量个人养老金账户管理服务的智能投顾系统，以 FOF 类基金产品组合配置为主，服务可以完全线上化，而且无资金门槛要求；针对大众富裕阶层的养老资金管理，在智能投顾的基础上，又引入了人工投顾服务，通常还增加了税务咨询和更加丰富的投资组合解决方案；针对高净值和超高净值客户的养老资产规划以专属私人财富经理服务为主，甚至配有顾问团队作为支持，以满足他们额外的财富管理需求，如企业管理、公益慈善和遗产规划等。

## （三）投顾在养老金融发展中加速财富管理机构能力建设

开设个人养老金账户并受托管理是投顾开拓财富管理市场的有效工具。基于海量与刚需的特点，不仅传统资管机构如富达投资（Fidelity），还有新型网络券商嘉信理财都积极布局养老金账户功能（包括雇主养老金账户和个人养老金账户）。随着权益类资产在个人养老资产中配置比例的提升，基金公司与证券公司在美国IRA账户开立中逐渐取代银行和寿险公司成为最主要渠道。发达国家很多青年人是因为养老金账户开设与管理的需要首次接触财富管理机构，而后成长为它们重要的财富管理客户（见图3）。

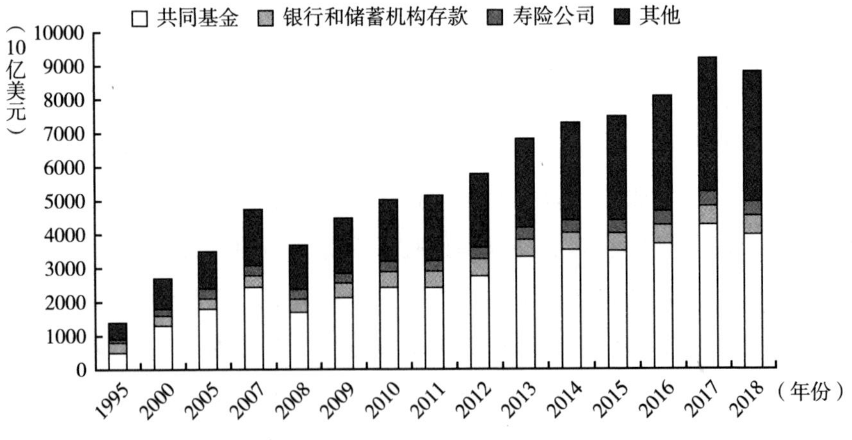


**图3　美国IRA资产分布（按账户开立类别分）**

资料来源：ICI、Wind。

注："其他"是指通过证券经纪或信托账户持有的其他资产。

认证投顾数量的增加整体提升了财富管理机构退休规划方面的专业度。欧美投资顾问在上岗前，除了要接受所在行业的从业资格考试外，还被要求接受权威机构更全面的财富管理知识与技能培训，并通过资质审核。当前，国际上比较流行的投顾培训与认证体系有国际金融理财标准委员会（FPSB）推出的特许金融理财规划师 CFP 项目和穆迪公司（Moody's）在全球推广的 WM 财富管理培训项目。这些财富管理培训体系都将退休规划设计为重要的知识章节，对退休规划的原理和制作流程进行详细的介绍（见图 4）。可见，退休规划是每一名投顾必须掌握的重要专业技能，更是财富管理机构未来展业的重点方向之一。

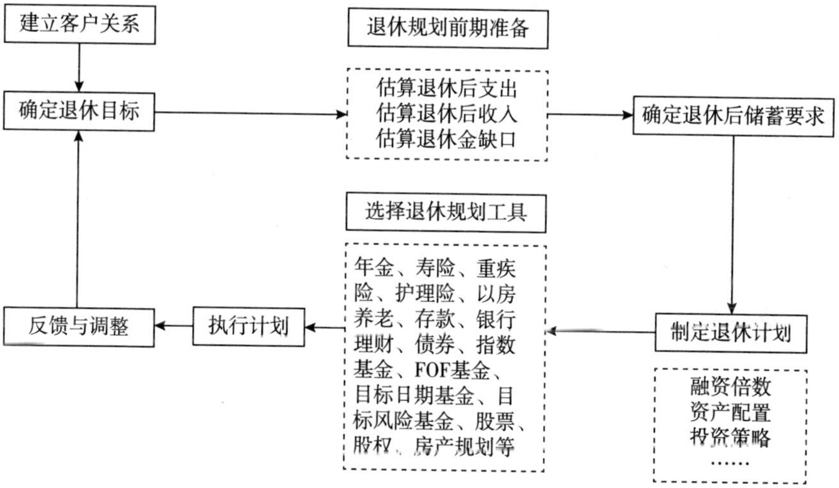


**图 4　退休规划的制作流程**

资料来源：宜人智库。

## 三　美国投顾在养老金融发展中的实践经验

### （一）富达投资——养老金巨头搭建多层次投顾服务体系

富达投资是全球最大的专业基金管理公司。很多青年人是因为养老金账户［401（k）计划或 IRA］开设与管理的需要首次接触富达投资，而后成长为其重要的财富管理客户。富达投资在美国养老金 401（k）的 DC 计划和 IRA 账户的市场占比分别为 26% 和 16%。富达投资之所以能够长期吸引这些青年养老目标客户，成功的主要原因少不了投教工作的用心与多层次的投顾服务体系的建设。

富达投资借助官网资讯、社交媒体以及刊物发行等渠道对养老金客户和其他财富管理客群进行持续性地投教工作，2010 年以来富达投资年均投教经费开支约为 2 亿美元。在富达投资官网，投资者可获得投资产品、交易与投资、个人理财等方面的学习资料。富达投资还会举办各种网络研讨会和公开课供投资人参与，部分投教视频被鼓励在 Facebook 和 Youtube 等社交媒体上传播与互动（见图 5）。

根据个体投资目标和资产管理需求的不同，富达投资建立了详细的投资顾问服务体系，具体如下：以零门槛、线上化为特征的智能投顾服务平台（Fidelity Go）、以低门槛 + 专属人工为特征的投资组合咨询服务（Portfolio Advisory Services）、以较高门槛 +6 种特色投资组合解决方案为特征的独立账户管理服务（Separately Managed Accounts）和以多元化财富管理服务为特征的高端财富管理服务（Fidelity Wealth Services）（见表 1）。

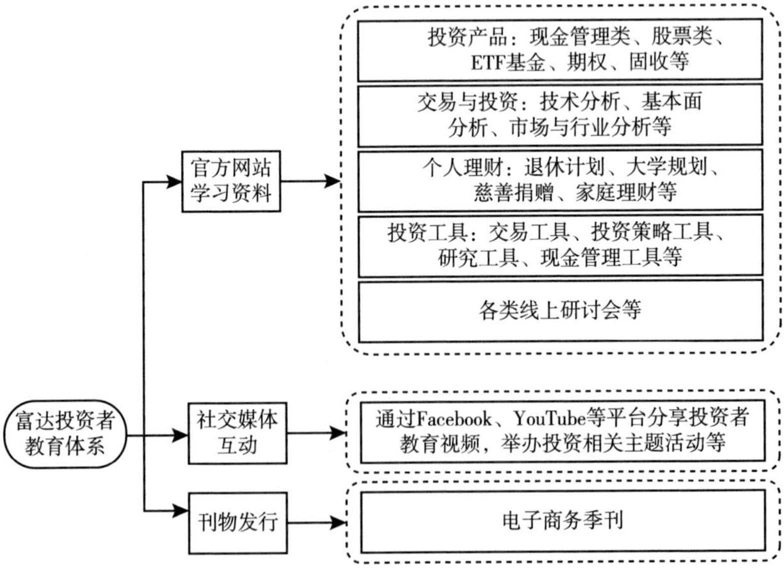


**图 5　富达投资投教服务体系**

资料来源：富达投资公司官网、宜人智库。

**表1　富达多层次细分的投顾服务体系**

| 投顾服务产品 | 投资门槛（美元） | 咨询费率（%） | 特色服务 |
| --- | --- | --- | --- |
| Fidelity Go | 0 | 0.35 | 智能投顾：账户开设、信息收集、投资策略的构建均在线上完成 |
| Portfolio Advisory Scrvices | 50000 | 0.5～1.5 | 专属人工投顾：投资策略每年调整一次、专业的税收管理技术 |
| Separately Managed Accounts | 股票组合投资：200000；债券组合投资：500000 | 股票类：0.20～0.91；债券类：0.35～0.40 | 3种股票投资组合：<br>①Tax-Managed U. S. Equity Index Strategy<br>②U. S. Large Cap Equity Strategy<br>③Equity Income Strategy。<br>3种债券投资组合：<br>①Core Bond Strategy<br>②Intermediate Municipal Strategy<br>③Breckinridge Intermediate Municipal Strategy。 |
| Fidelity Wealth Services | 一般财富管理：250000；私人财富管理：2000000 | 0.5～1.05 | 一般财富管理：<br>更积极地提供投资规划和建议以满足多元化的财富管理目标，还可提供有关房地产和保险等主题的投资指导<br>私人财富管理：<br>专职投顾+财富管理团队：全面的资产规划和投资管理，还可提供其他增值服务，如慈善捐赠、家族治理、遗产规划 |

资料来源：富达投资公司公告。

## （二）嘉信理财——借助养老金账户服务转型财富管理

个人养老账户免费服务助力嘉信理财从折扣型券商走向财富管理服务商。成立于1971年的嘉信理财，其前身只是一家证券经纪商。1975年，美国证券经纪业务开启佣金自由化改革后，嘉信理财率先采用低佣策略成功抢占了证券经纪市场。20世纪80年代，美国补充养老金制度建设逐步完善，IRA账户数量快速扩容。嘉信理财趁机对个人投资者开启了养老金账户服务业务，包括多种投资组合选择、投资者教育和第三方投资咨询等。1992年，在商业银行对个人退休账户服务仍然收费的背景下，嘉信理财再次利用低价营销策略率先推出个人养老账户的免费服务，赢得了美国大批养老资金客户的欢迎。公司的资产管理费与投资咨询费收入随即快速提升，有效抵御了过往因收入结构较为单一所带来的业绩波动风险。

嘉信理财借助第三方投顾做强中高端财富管理市场。随着客户资产的增长，中高端客户对于财富管理咨询的需求不断上升，但这又与嘉信理财一直以来坚持的不与客户利益冲突、不直接提供投资建议的价值观违背。1987年，嘉信理财首次在自己的平台上引入了第三方投顾资源来解决现实中的矛盾。当然，引入外部投顾的前提是投资者依然能够将资产留存在嘉信证券账户上。投资者向独立投顾直接支付咨询费，独立投顾再根据咨询年费的一定比例安排分成给嘉信理财作为报酬。2000 年以来，随着金融科技的进步，嘉信连线系统、嘉信智能组合、嘉信 ETF 一账通、嘉信顾问网络中心、嘉信平台技术等都纷纷成为第三方投顾展业与客户关系管理的利器。截至目前，嘉信顾问网络已与约 7500 名独立投顾人员合作，他们管理着 16900 亿美元的客户资产。这些独立投顾具有年均 20 年的从业经历，并且多数拥有 CFP、CFA 或 CPA 等金融专业资质认证（见图 6）。

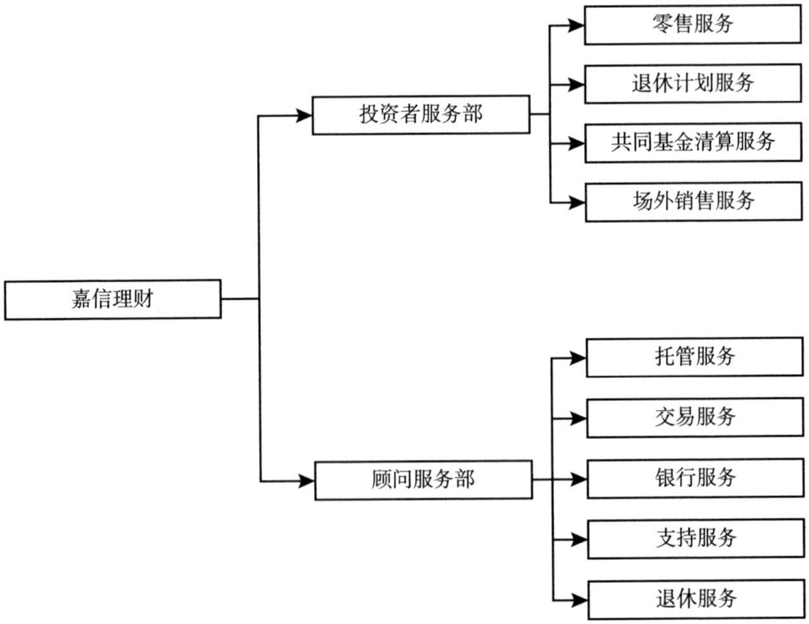


**图 6　嘉信理财金融服务组织架构**

资料来源：嘉信理财公司官网。

## 四　我国养老金融发展中投顾业务存在的问题

### （一）第三支柱个人养老金尚未正式落地，投顾缺乏需求端刺激

第三支柱个人养老金制度的正式落地有望快速开启我国投顾服务市场需求。美国个人养老金 IRA 账户制度建设 40 余年，资产规模持续提升。截至 2018 年末，其养老金资产总规模占比约 32%，约为第一支柱的 3 倍。开设 IRA 账户已成为诸多美国传统金融机构和第三方投顾机构获客的重要手段。截至 2019 年 5 月 1 日，我国养老金第三支柱才刚刚在上海市、福建省（含厦门市）和苏州工业园区试点满一年。金融机构对于该个人养老金账户制度转常规殷切期盼。我们预期政策一旦全面落地，我国投顾行业将直接受益并呈现快速发展态势。

然而，我国个人养老金税优试点政策激励不足，对多数人群缺乏吸引力。首先是缴纳阶段抵税额度较低，对于中高收入人群难以形成有效激励。试点办法按个人税前收入的 6% 或 1000 元孰低进行扣除，抵扣标准带来的税收红利占个人总收入比重很小。以边际税率为 10% 的人群（年收入为 9.6 万 ~20.4 万元）为例，积累 20 年产生的税收红利仅为个人收入的 2% 左右。其次是领取阶段税率过高，中低收入人群几乎无法享受税延优惠。试点办法规定个人领取税延养老保险金时，25% 部分予以免税，其余 75% 部分按 10% 的税率缴纳个税，相当于领取时实际缴纳税率为 7.5%，对于当前适用税率 10% 及以下的人群意义不大。

### （二）养老金融产品供给不足，投顾服务工具欠缺

基本养老替代率在不断下降，养老金融产品的数量与品类却极其欠缺。在银行业，根据 Wind 统计，截至 2019 年 6 月末，仅有 9 家商业银行发行了 22 款养老理财产品。在基金业，我国 ETF 产品数量截至目前刚刚超过 200 只，但还不足美国的 1/10。由于养老金融起步晚，养老创新型基金的品类更少，目

前只有养老目标基金。截至2019年4月19日，已成立的养老目标基金仅20只，且规模普遍较小，平均为3.68亿份。在信托业，虽然部分信托公司创设了基于养老床位及相关服务的消费信托和具有养老主题的理财产品，但整体上并没有形成规模。保险系养老金融产品相对较多，如寿险、重疾险、以房养老，但依然有很多在发达国家成熟的产品类型等待开拓，如长期护理险和养老年金等。

多数养老金融产品以中短期为主，难以满足个人养老金目标需求。个人养老金投资的目标是通过长期、小额、定投的方式，在退休时借助资本复利和资本利得的效应获得一笔规模可观的投资回报，以满足退休后的生活规划。然而，目前我国市场上大部分养老金融产品并没有突出满足个人养老金的这一长期投资要求，所发行产品以中短期理财为主。个人投资者如果为养老储备投资则需要频繁交易和投资选择。银行理财产品投资期限平均仅有163天。基金行业中目前获批的养老目标基金投资期以1年、3年为主，5年期的数量都比较少。保险系的年金产品或者分红险等理财产品的期限也大多是3～5年。对比发达国家，个人养老金多为长期投资行为。美国目标日期基金（Target Date Fund，TDF）是以投资者的预期退休年份为目标日期的，约有一半以上的产品投资期限设在15年以上，20年和30年期限的产品也很常见。虽然在产品存续期内投资者可以赎回，但是绝大多数投资者仍会长期持有该类投资基金。

### （三）受金融分业影响，投顾服务很难“一站式”满足客户需求

在金融分业监管背景下，投顾服务能力范围受到限制。当前，我国银行、证券、保险机构的投顾服务产品范围与雇佣模式具有显著区别。从服务范围上看，它们都以所在机构的产品销售为中心：银行主营存款及固收类理财，证券主营股票经纪业务及券商集合理财，保险主营寿险和健康险。从雇佣模式上看，银行和证券以自雇员工为主，保险以专属代理人模式为主。实际上，它们都是针对单一机构的劳务服务。历史上，西方财富管理市场也经历了同样的投顾分业发展阶段，但自20世纪70年代后，独立投顾伴随金融混业趋势逐渐成为市场占比最大的投顾类别。

打破金融分业的限制才能真正实现“一站式”财富管理的目标。当前我国很多金控集团都提出了“一站式”财富管理的美好愿景，但是，分业监管的现实必然会制约客户资源在集团内部不同金融体系间的转化与共享。再从投顾能力建设上看，我国投顾知识结构只“专”不“全”，缺少资产配置与交叉销售的技能。而西方投顾一般至少拥有证券和保险两项金融从业资格，有的甚至还会考取银行或基金经理资格，以便更好地为客户提供综合财富管理服务。

### （四）投顾监管缺少统一立法，整体职业素质较低

目前，我国投顾的执业行为监管也采用分业监管模式。证券投顾监管相对严格，有专门的职业法规《证券投资顾问业务暂行规定》，且在资格考试、学历要求、岗位培训、服务签约冷静期方面都有明确的规定。银行与保险类投顾行为监管较松，主要体现在专门的法律法规欠缺与学历要求较低。从客户“一站式”养老金融服务需求出发，未来我国无论哪类投顾的服务范围必然都会涉及多领域的交叉。因此，在第三支柱个人养老金建设全面来临之际，监管层应该及早考虑各个金融行业投顾销售行为统一监管问题，尽快完善与落实投顾职业定位、行为准则和信用评价等方面的法律法规细则（见表2）。

**表2　我国金融机构投顾执业监管细则举例**

| 所在行业 | 法律法规 | 资格考试 | 后续培训 | 学历要求 | 冷静期 |
|---|---|---|---|---|---|
| 证券 | 《证券投资顾问业务暂行规定》（2010） | 从业资格考试（《金融市场基础知识》、《证券市场基本法律法规》和《证券投资顾问业务》） | 每年不少于15学时 | 大学本科（执业要求） | 证券投顾服务协议自签订之日起有5个工作日的冷静期 |
| 银行 | 《商业银行理财产品销售办法》（2011）、《商业银行理财业务监督管理办法》（2018） | 从业资格考试（《银行业法律法规与综合能力》与《个人理财》） | 每年不少于20小时 | 大专以上（考试要求） | 无投顾服务冷静期规定，有私募产品销售24小时冷静期 |

续表

| 所在行业 | 法律法规 | 资格考试 | 后续培训 | 学历要求 | 冷静期 |
|---|---|---|---|---|---|
| 保险 | 《保险代理人监管规定（征求意见稿）》(2018) | 以前有代理人资格考试，目前已废止 | 每年培训时间不得少于60小时 | 暂无 | 收到保险合同后有10～15天犹豫期 |

资料来源：网络资料整理。

我国投顾专业能力及职业道德水平有待整体提高。由于分业经营，我国投顾的知识结构不够全面，限制了投顾队伍整体的资产配置与财务规划能力。从西方经验来看，成熟投顾普遍拥有较高的学历、丰富的工作履历与专业培训认证。在美国，国际理财师资格认证考试有六七种之多，比较主流的是国际金融理财师 CFP、国际认证财富管理师 CWMA 和注册财务规划师 RFP 等。截至目前，我国尚未建立一个各类金融机构通行且本土化应用较好的投资顾问培训与认证体系。由于投顾和客户之间存在着明显的信息不对称，投顾的职业道德也需进一步通过专业培训体系与监管制度加强。

## 五 投资顾问参与中国养老金融的发展建议

### （一）投顾机构自身发展的建议

一是打破投顾在分业经营下知识的局限性，培养既专又全的财富管理人才。客户养老金融服务的涉及面广而复杂，金融机构要不断通过学历、资质认证、技能培训和末位淘汰等手段提升投顾队伍整体的专业度。在国内投顾培训与认证体系尚未建立的背景下，金融机构应该鼓励投顾人员不断自学多领域金融和法律专业知识；优先聘用通过国际上主流财富管理培训机构资质认证的人才，如 CFP 证书，并给已录用的投顾人员持续性的本土化法律法规和销售技能培训。客户养老资金管理的服务周期长，金融机构要考虑使用较好的薪酬福利制度与公司文化来维护专业人才队伍的长期稳定，鼓励投顾人员与客户建立长期信任。因此，专业投资顾问机构要不断研究更科学的业绩考核标准，优化投顾人才收入模型，用较好的薪酬福利制度留住人才。

二是进行客户群体细分，形成多层次的投顾服务体系。随着金融科技的发展与财富管理客群覆盖面的逐渐下沉，客户群需要更多维度的细分管理。建立多层次的投顾服务体系才能有效推动养老金融服务工作的精准对接。投顾机构应根据目标客群画像与资管规模，仔细研究客户不同生命周期中风险偏好的变化、生活目标的不同与相应资产配置结构的特点，综合运用金融投资工具、金融科技与专家队伍建立起多层次的客户服务体系。如果想借助个人养老金融发展契机提升投顾服务的市场占有率，就要在智能投顾系统和大众富裕阶层的养老资金管理上多下功夫，并且加强税务咨询与管理业务能力。

三是不断创新和丰富养老金融客户服务体验，以服务制胜。伴随市场竞争的加剧，广大客户对养老金融资产管理的要求会变得越来越高。保障资金安全只是该类客户服务的最低要求，客户对投资收益、合理避税、现金流规划、保险保障、高端就医和遗产信托等都将有越来越多的诉求。传统投顾机构都应摒弃过往重短期业绩、轻长期服务的销售模式，朝着综合化和个性化金融服务的方向发展。投顾机构一方面应该持续丰富自己可代销的养老金融产品种类，用产品的形式弥补个人养老金资产配置工具的空缺；另一方面集合来自股东方、其他金融机构或者养老产业的优秀资源，向客户提供综合化、特色化与便利化的养老金融服务。

四是建立完善的风控系统，最大限度确保养老金融投资者的资金安全。投顾机构与客户之间存在一定的信息不对称：一方面客户必须将个人收入情况、养老资金、家庭隐私和其对未来生活的目标全面交给委托机构来规划和管理；另一方面，客户却对投顾人员的执业水平、道德信用、机构的产品风险与资管能力不够清楚。因此，作为投资咨询机构，必须忠诚于客户，建立起全面的风险管控制度。首先，在投资者保护方面，产品销售要符合适当性管理要求，投顾在投前必须充分了解客户的风险承受力，在投后要及时向客户如实披露金融产品的风险与收益情况；其次，在机构运营管理方面，要对投顾业务的前、中、后端设置相对独立的风控环节与风控标准，从而保障公司业务整体风险承受力在可控范围；最后，在投顾人才管理方面，持续重视投顾的职业道德及专业知识培训，研究投顾个人信用评价和专业能力考核办法，对于违法违规行为及对客户失信行为予以严惩。

## （二）投顾业务监管的发展建议

一是养老金融基础制度建设提速，为投顾业务充分发展提供契机。一方面，在账户开立方面，美国的个人养老金账户可以在符合要求的商业银行、证券公司、保险公司、共同基金公司等众多金融机构自愿开设。而目前，我国除了商业银行，其他非银行金融机构尚未授予开设个人养老金投资账户的资格，如果政策限制持续进行，会对投顾的养老金融服务造成不便。个人养老金账户是投顾业务开拓与开展养老储备投资者教育的重要工具，因此，个人养老金账户的开设与托管资格应考虑放宽至有能力的非银金融机构和部分风控能力较强的互联网财富管理平台。另一方面，在税优力度方面，当前试点的第三支柱税优额度与税率政策很难刺激广大投资者的参与意愿，更无法为投顾业务带来刚性需求。美国的个人养老金账户税优额度会逐年递增，临近退休人群还有额外优惠。根据市场调研与讨论，为了加快我国个人养老金账户制度的建设，监管层还应尽快降低第三支柱个人养老金领取阶段的税率至3%以内。

二是在金融混业趋势下，尽快打通部分混业经营的制度障碍。美国1940年《投资顾问法》明确投资顾问公司的业务范围涵盖了财富管理（账户全权委托）、投资咨询、理财规划和管理委托人资产等。1996年该法案重新修订，要求资管规模在2500万美元以上的投资公司还需向美国证券交易委员会（SEC）注册，并遵守相关联邦法律。我国证券投资咨询公司目前仅能就有价证券提供相关资讯、分析、预测或建议，不能代理委托人从事资产管理。然而，从实际出发，证券投资咨询与资产委托管理如果分开，客户体验可能真的不够方便。再以基金销售牌照监管为例，由于近年来牌照新发量极少，基金销售牌照价格飙升，大量投顾机构最终不得不退出市场或转移至地下。为此，2019年2月，证监会发布《公募基金销售机构监督管理办法

（征求意见稿）》，拟采用牌照有效期的形式取代过去牌照长期有效的规定，彻底打击基金销售市场上“天价牌照”的乱象。在金融混业趋势日渐明朗的背景下，我国应当逐步建立适应投顾业务全面发展需要的牌照监管制度，促进多样化的投顾服务体系形成。

三是制定统一的投顾执业监管立法，规范行业健康有序发展。美国《投资顾问法》的监管对象为从事有报酬的投资咨询业务的专业人员。该法案在第201条介绍了联邦对投资顾问活动实施监管的理由：“①投资顾问活动借助了邮件及州际商业手段和工具；②投资建议涉及全国性证券交易所和州际柜台市场交易；③投资顾问活动足以影响州际商业活动、全国性证券交易所及其他证券市场。”该法案第203条规定了须向联邦注册的投资顾问的范围和被排除在注册义务之外的情况。[①]《投资顾问法》的内容还重点涉及职业的定义、投资顾问合同、禁止性业务活动、豁免情况、信息披露等。截至2010年，美国注册投资顾问人数已超过26000人，受SEC监管的注册投资顾问管理着超过38万亿美元的资产。目前，我国尚未对投资顾问个人和机构进行统一立法监管，投资顾问行业发展已经显露重要的矛盾与问题，如资质认定与培训体系、执业范围与道德标准。监管部门应尽早通过立法的形式规范投顾行业的长远健康发展，从制度上保障投资人的财富得到科学、安全与严格的管理服务。

四是建立和发展自律组织，加强投资顾问队伍专业培训。从海外经验来看，投资顾问队伍的发展壮大与自律组织的建立密不可分。如美国1983年成立了注册财务规划师协会（Registered Financial Planners Institute，RFPI），2004年成立了国际金融理财标准委员会（Financial Planning Standards Board，FPSB）和国际金融专业人士协会（International Society of Financial Professionals，ISOFP）。这些非营利性的专业协会提供了专业的理财知识与技能培训和资质认证，RFPI和ISOFP全球咨询委员会还建立了理财师的道

① 不需注册的情况包括：“投资顾问的全部客户为其主要办公地和营业地所在州的居民，并且投资顾问不就全国性证券交易所上市或交易的证券提供咨询意见；投资顾问仅为特定类型机构提供服务，如保险公司；外国私人投资顾问等。”

德规范和行为准则。我国目前并没有本土化的投顾自律组织。在大众富裕阶层不断产生和个人养老金融需求强烈的背景下，我国财富管理行业的投顾人才培养与行为规范亟待加强。

五是推动多元金融服务体系建设，支持专业化的独立投顾公司发展。独立投顾通常以客户委托的资产管理规模作为主要收费基准。他们站在更加中立的角度，综合运用投资工具来满足客户全生命周期中个性化的生活与养老目标。在欧美发达国家，独立投顾已经成为投资顾问服务行业的最重要组成部分。当前，我国独立投顾机构已经萌芽，但尚不具规模。投资顾问服务业务主要是传统金融机构的销售或经纪部门负责，较难满足客户“一站式”财富管理需求。在经济稳定发展，财富规模不断壮大的趋势下，未来我国独立投顾公司的金融服务优势与地位有望在金融混业与创新发展趋势中逐渐显现。

## 参考文献


上海高级金融学院、美国嘉信理财公司：《新期待，新挑战：中国新富理财白皮书》，2016 年 5 月。

余小燕：《证券公司投资顾问业务现状与发展趋势》，《时代金融》2012 年第 27 期。

兰婷：《从分业经营到混业经营的必然性》，《环球市场》2018 年第 15 期。

孟繁永：《美国证券投资顾问服务市场发展及借鉴》，《证券市场导报》2012 年第 10 期。

范丽君：《“零售分销审查制度”对英国独立理财顾问的影响》，《银行家》2014 年第 11 期。

富达国际、蚂蚁金服：《2018 中国养老前景调查报告》，2018。

# 借 鉴 篇

**Experience Reports**

# B.16
# 智利养老金改革路径与借鉴

张维义 李 斐*

**摘 要：** 20 世纪 80 年代，智利政府对其养老金体系进行了改革，将原有的现收现付制转变为基于个人账户的缴费确定型完全积累制，而该改革当时被称为“智利模板”，影响了数十个国家的养老金体系建设。改革方案的独特之处，一是设立私营养老金管理公司，转移计划参与人缴费；二是设计了认可债券，缓解了财政压力。本报告首先梳理了转移缴费及认可债券的作用，随后阐述了相关成本及对政府产生的财政影响。其中，转移缴费导致的赤字峰值出现在推行新政策后的前 4 年，占 GDP 的比重最高不到 5%。此后随着时间的推移和 GDP 的

* 张维义，美国信安金融集团亚洲区总裁，领导中国大陆、香港及东南亚地区的退休金及资产管理业务，同时任信安中国大陆合资公司及信安香港多家公司董事；李斐，信安金融集团北京代表处市场经理。

增长而逐渐降低。而认可债券自推行以来过了29年时间才迎来兑付峰值，之后又随着领取人年老、身故和伤残领取养老金而减少，并又过了24年随着当年最后一批历经过旧体系的雇员退休而几近消失。中国处于建设和完善第二支柱、第三支柱的重要时期，可借鉴相关经验，通过转移缴费逐渐做实账户，同时借助长期金融工具，将财政压力分摊到几十年的时间中。

**关键词：** 养老金改革　认可债券　第二支柱　财政压力　智利

## 一　智利养老金改革历程与影响

### （一）改革背景

在20世纪80年代之前，智利养老金体系采用的是现收现付制。正规就业的雇员会缴纳一定比例的工资到待遇确定型的现收现付社会保障体系之中，当然这个比例设有一定上限。

当时的社会保障体系以职业为依据划分为几大类别，覆盖公务员、私企蓝领、私企白领、武装部队、警察部队等不同职工群体，当时独立的社会保障机构有30多家，雇员按行业和职位的不同，被自动分配给相应的机构。这些不同机构的缴费、支付和福利计算都有各自极其复杂的规则和参数，其中最大的三家机构吸纳了95%的缴费，他们的养老金缴费率在23%～25%——客户为蓝领群体的Servicio de Seguro Social（SSS）缴费率为22.95%，客户为白领群体的EMPART缴费率为24.91%，客户为公务员群体的CANAEMPU缴费率为15.75%（以上数字均包括雇员和雇主的共同缴费，并且仅指养老金缴费，除此之外还有其他福利缴费）。此外，领取退休金的最低缴费年限要求通常是15～25年。

当时凸显的一个问题是，现收现付制下的养老金收支不平衡日益严重。

一方面，有权势的群体缴纳得少却领取得多，有的制度甚至允许42岁就可以退休领取养老金；另一方面，人口老龄化不断加剧，进一步加剧了现收现付制的赤字情况。从一个典型的例子就可看出端倪，从1960年到1980年的20年，当时最大的社保机构SSS中，养老金缴纳者与养老金领取者的比例由10.8∶1降至2.2∶1。

如此一来，到1981年，虽然有些机构仍有储备金，但另外的机构则面临完全耗尽先前累积资金的窘况，只能靠财政拨款来维系了。虽然当时没有进行正式的核查，但从精算的角度来看，未来还能够依靠自身维持下去的可能性几乎为零。在此背景下，1980年底，智利政府颁布了3500号法令，要求对当时的社会保障体系进行重大改革（但这次改革没有涉及武装部队和警察的社保机构，两者均继续采用现收现付体系）。

### （二）改革过程

根据第3500号法令设立的新体系是一个基于个人账户的缴费确定型完全积累制的养老金体系。根据法令，正规劳动力市场的雇员个人向新体系下的个人养老金账户缴费，该体系通过单一经营目标的养老金管理公司（Administradora de Fondos de Pensiones，AFP）实现管理运作。养老金管理公司作为独立第三方管理个人养老金账户内基金，当时要求一家养老金管理公司只管理一只养老基金。

和旧体系相比，养老金缴费的组成有所变化，不再是固定的月薪比例。依据新要求，每位在职的计划参与人自动将应税薪酬的10%转入由所选养老金管理公司管理的基金，此外再另缴纳补充性费用，以支付养老金管理公司的管理费以及伤残和遗属保险（养老金管理公司管理下的计划参与人一旦发生意外，养老金管理公司需向其本人或受益人支付抚恤金）。这些费用的结构由法律规定，但费用高低则由各家养老金管理公司自行设定。总体来看，对于计划参与人而言，总支出降低了。

转型过程中，每位雇员都有权决定是继续留在旧体系，还是加入任意一家新的养老金管理公司。1981年之前入职的雇员有5年时间来做出选择，

1981 年和 1982 年入职的雇员分别有 2 年和 1 年时间做选择，而到 1983 年及之后，任何新进入正式劳动力市场的雇员都不能再选旧体系，而是必须加入养老金管理公司。

除此之外，对于那些从旧体系转移到新体系的雇员，政府还向他们发放一笔认可债券，作为其在旧体系内缴费的凭证，并承诺于未来向其兑付。我们会在后面进一步详细讨论相关内容。

第 3500 号法令中还制定了退休规则，并适用于所有人。依据该规定，计划参与人达到退休年龄（男性为 65 岁，女性为 60 岁）后，可以从其个人账户中提取养老金，或使用账户余额从私营保险公司购买终身年金。

如图 1 所示，法令颁布后，从 1981 年开始，缴费开始陆续转向新的体系；到了 1985 年，开始以份额计算养老基金净值；1987 年，为了帮助没有其他合理储蓄方式的人来储蓄，同时加强他们与养老金管理公司的联系，又开设了可以自由赎回（每年不超过 4 次）的自愿型养老金储蓄账户。如此发展了 10 多年，2001～2002 年，根据风险偏好不同，明确设立了由 A 到 E 风险逐步递增的五类基金，此外又增加了可以享受税优的自愿性养老金储蓄产品。

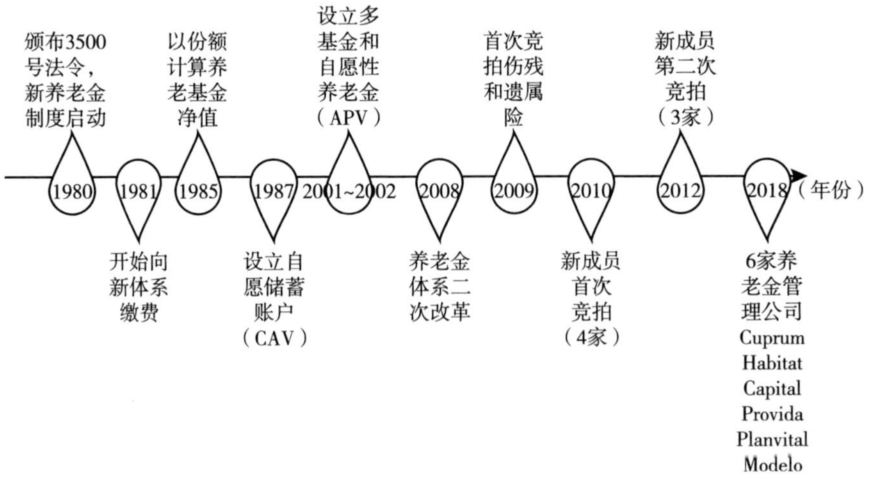


**图 1　智利养老金制度发展历史**

以上的改革和完善主要都基于个人账户的养老金储蓄，但要想在老年时获得足够的储蓄，首先需要有长期的缴费。而当时的智利劳动力市场，超过1/3是非正规劳动力市场，又有约一半的女性没有参加有偿劳动，这导致很多人在步入老年后因为曾经的低收入甚至零收入而无法过上有尊严的生活。尽管1981年改革的新体系考虑了最低养老金，但金额太低，且覆盖范围远远不足。于是2008年，智利再次启动养老金系统改革，以解决这一问题。

2008年改革的养老金体系增加了团结支柱，旨在为65岁以上且属于最贫困的60%人口提供最低养老救济金，即使他们在一生中都没有缴费也无妨。对于有缴费的人，则发放补贴，以提高其养老金金额。这一次的改革措施还包括以下几方面。

第一，将最高缴费限额由原来的60个促进单位①提高至75.7个促进单位。

第二，针对新加入者个人账户的管理费，启用了竞拍制。新的计划参与人将自动选择管理费最低的养老金管理公司，并在其中留存24个月。2010年，首次竞拍执行，获胜养老金管理公司以1.14%报出全系统最低管理费率。2012年，同家养老金管理公司又以0.77%的费率再次赢得第二次竞拍。在2014年的第三次竞拍中，从前费率最高的养老金管理公司通过将费率降至0.47%胜出。② 而最近一次的竞拍中，一家新的养老金管理公司UNO凭借0.69%的管理费崭露头角，将于2019年10月投入运营。

第三，从2009年开始，伤残和遗属保险购买者可以通过电子竞拍的方式，挑选保险公司获得给付。

第四，自2015年开始，强制自雇人士参与缴费。

---

① 促进单位是智利的一种指数化货币单位，即每日通过消费物价指数（CPI）调节的真实货币价值指数，与智利比索（包括美元）的比价随通胀指数变化进行调整。计算方式为：UFt =（UFt - 1）×（1 + Π）1/d，其中UFt为当月指数，UFt - 1为上月指数，Π为物价指数，d为月份天数，具体计算方法参见郑秉文、房连泉《社保改革“智利模式”25年的发展历程回眸》，《拉丁美洲研究》2006年第5期。

② “Directorate for financial and enterprise affairs insurance and private pensions committee”, OECD, 13 June 2017.

### （三）改革结果

总体算来，从1980年底颁布第3500号法令至今，智利养老金的改革历时近40年。这一改革当时被称为“智利模板”，影响了数十个国家的养老金体系建设。让我们从转移比例和赤字影响两个方面来反观改革的结果。

（1）转移比例较高。智利政府20世纪80年代推行新制度后，在不到三年的时间里，整个旧体系中就有73%的活跃计划参与人转而采用新体系。而2008年再次完善之后，到2009年采用旧体系的活跃计划参与人仅占1980年活跃计划参与人数量的6%。之所以转移较为顺利，与新体系的总费用降低和政府的鼓励措施有很大关系。

首先是在总缴费成本方面，新体系远远低于旧体系。改革以前，养老金缴费为月薪的固定百分比，除了养老金缴费外，还有健康福利费及劳工赔偿等诸多其他福利的强制性缴费，导致总缴费额相当高——到1980年总计约为雇员月薪的29.77%～33.25%。改革之后，用于其他福利的强制性缴费大多消失了，[①] 目前，养老金的总费用降至计划参加人月薪的19.73%左右，其中主要包括用于养老金的缴费（应税月薪的10%），以及用于养老金管理公司的管理费、伤残和遗属保险费——这部分费率由各养老金管理公司自由设定——以及健康福利险的费用。智利政府经济发展署执行副总裁 Hernán Cheyre 的研究表明，新体系实施伊始，养老金管理公司的管理费、伤残和遗属保险费的费率在2.7%～5%，而到1990年初则降至3.2%～3.9%。如今，以 Cuprum 养老金管理公司为例，养老金管理公司管理费为1.2%，伤残和遗属保险费为1.53%，健康福利险为7%。

除此之外，法律还规定，新体系中的所有缴费由雇员而非雇主承担。[②]

---

① 3.5%的健康福利费用和0.85%的劳工赔偿除外。现在，在健康福利方面，必须与私营医疗保险公司或州卫生系统签订合同。此类费用在后来的几年里增加到7%（也是目前的水平）。工人赔偿保险的资金来源为0.85%的供款，这对于容易发生意外的雇主而言较高。之后，又设立了额外供款以资助其他福利。

② 这种情况后来有所转变，雇主也承担部分费用。

为了推动这一变革，政府上调了改用新体系的雇员的名义工资，重点是上调的部分直接转移至其养老金管理公司的账户下，实际工资则保持不变，这样在一定程度上提高了雇员转移体系的积极性。[①] 这也是为什么年轻雇员大规模地改为采用新体系。

当然，临近退休的雇员所面临的选择有些艰难。首先，新体系在头 5 年内不会给付养老金（但从加入的第一天开始就可享受伤残和遗属保险津贴）。其次，尽管自 1979 年以来，旧体系对退休年龄以及缴费年长的要求有所提高，但相关要求推行得比较缓慢，旧体系对雇员领取养老金的要求仍然低于新体系。因此，尽管从旧体系转换到新体系意味着立即增加工资，大多数年轻雇员都采用了新体系，但临近退休的雇员大多还是继续延用旧体系。

（2）赤字影响有限。对智利整个养老金体系而言，大量计划参与人弃用旧体系，转而采用新体系，这意味着他们的每月缴费开始流入私人养老金管理公司，而旧体系不但收入大幅减少，同时还要继续给付养老金。另外值得注意的是，随着养老金领取者去世，产生了许多生存者养老金，就是计划参与人去世后，依据法律可以依然由健在的配偶和子女享有的养老金，这些无疑给财政带来了赤字影响。智利政府仔细研究了预估的运营赤字和随着时间而发生的变化，把关注重点放在了社会保障改革对财政的影响何时开始逐步消除。从结果来看，赤字的影响不大。

智利财政部预算局定期对旧体系的未来现金流进行分析。2005 年、2008 年和 2009 年的此项研究都由 Alberto Arenas de Mesa 先生[②]主持，每次都得出更为准确的数据来完成建模并得出结论。[③] 2009 年进行的分析包括对 2008 年改革中制定的新计划的财政预测，这些计划大幅增加了相对贫困人群的福利。鉴于鲜有其他新的资料来源能进一步说明此事现状，本部分中的

---

① 为资助改革，政府临时收取 3% 的税收，但是仅由雇主承担。

② 每个案例都有一组合作者。

③ 《智利社会保障支出预测，认可债券：2005 ~ 2038》，2005 年 12 月；《养老金体系的财政预测：2010 ~ 2050 年的债券和经营赤字确认》，2009 年 12 月；《智利养老金改革：2009 ~ 2025 年财政预测》，2008 年 12 月。

绝大多数数据和图表都引自以上资料。

第一个模型针对的是旧体系现有养老金领取者的数量、养老金给付和清算时长；第二个模型针对的是留在旧体系中活跃计划参与人因退休、伤残而开始获得给付的养老金的发放和清算时长（原始养老金领取者身故后，生存者领取其养老金直至过世的情况也包含在内）。此外，还有针对未退休的活跃计划参与人的预期缴费收入模型。

建模的结果如下。

模型一：2010~2050年旧体系养老金领取者数量。

图2显示了随着时间的推移，参与人逐渐去世，退休、伤残和生存者养老金的初始存量逐渐减少。① 上述2009年的现金流分析数据中，包括20世纪90年代特殊条件②下批准的其他养老金导致的赤字，但这一部分并不属于1980年进行的社会保障改革的结果。

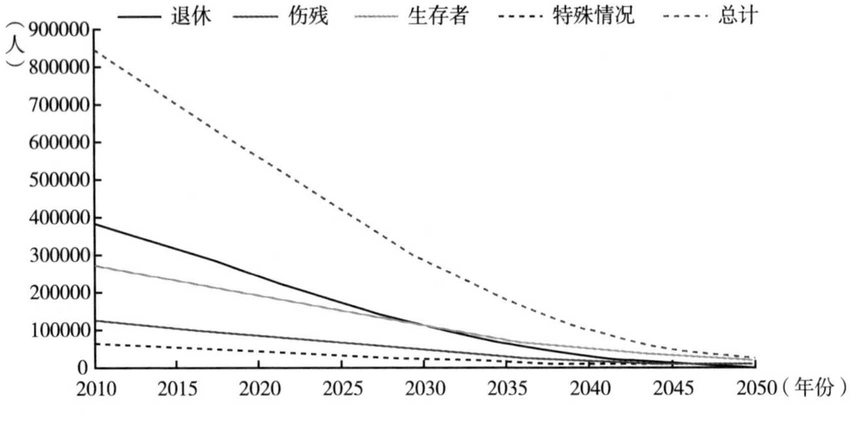


**图2　2010~2050年旧体系养老金领取者数量（清算初始存量）**

模型二：留在旧体系中活跃计划参与人因退休、伤残而开始获得给付的养老金的发放和清算时长。

① 使用的养老金领取者的标准死亡率表。

② 特殊条件：豁免养老金、煤炭养老金、政治暴力养老金。

图 3 显示，新发放的养老金总数预计将在刚过 2025 年时达到峰值。2010 年，依旧缴费者约为 8.5 万，因退休而领取养老金人数约为 1.2 万。过了 2025 年，缴费者逐渐退休，人数已不到 1 万，几近消失，而总计领取养老金的人数则达到顶峰，约 19.4 万人。该图还显示了仍然向旧体系缴费的活跃成员的数量，随着他们逐渐退休，到 2030 年几近消失。

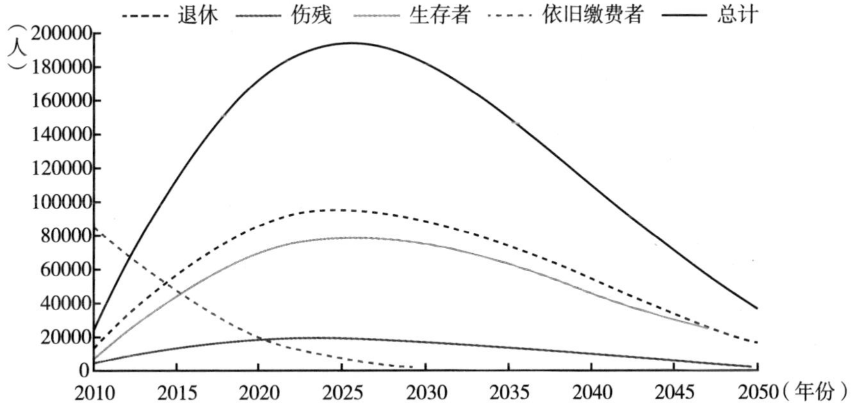


**图 3　2010～2050 年流动的养老金领取者和贡献人数的预测**

注：生存者养老金包括初始养老金和 2009 年之后授予的新出现的养老金中获得的养老金。

就资金流量而言，前两类养老金给付的现金流如图 4 所示。应注意的是，重点应关注曲线的形状和预计达到峰值的时刻，而不是金额——最后我们将以数字占 GDP 的比例呈现资金流量。

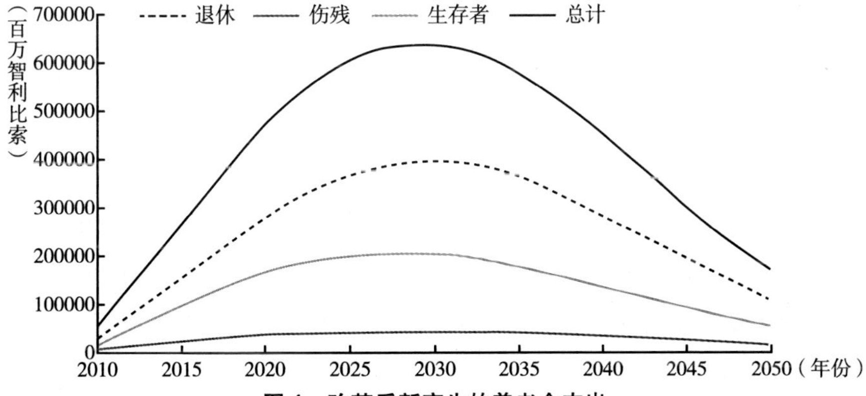


**图 4　改革后新产生的养老金支出**

正如预期那样，资金流量紧随不同类养老金领取者数量的变化而变化。用于支付改革前已开始发放的养老金的支出稳步下降，而用于发放新产生的养老金的支出先是增加，然后将在2028年前后达到峰值，之后也开始下降。

旧体系在改革前已开始发放和改革后新发放养老金的资金总流出量如图5所示。

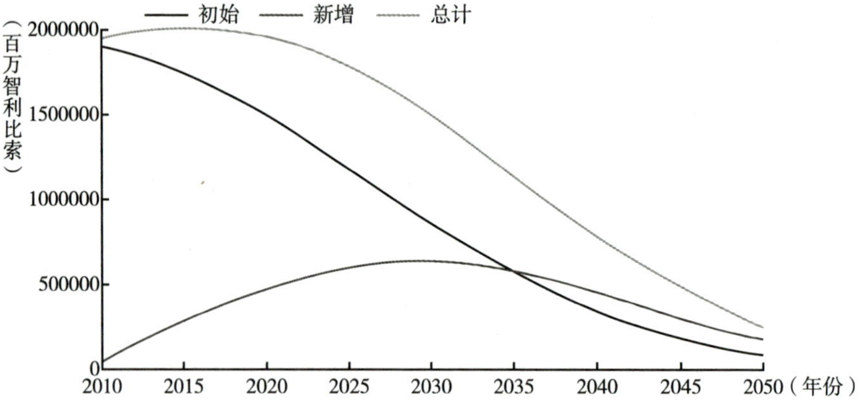


**图5 养老金总流出量**

2009年，当最后一次对养老金现金流展开分析时，预计旧体系中缴费型养老金的现金支付会在2015年达到峰值，并在此后稳步下降。[①]

我们没有收入和支出的合计数据，但鉴于收入几乎可以忽略不计，所以图5对于预估的未来运营赤字仍然非常具有代表性。

图6显示了经营赤字占GDP的比例，2009年及以前的实际数据也包括在内。

在这一预测模型中，设定2009年之后的GDP每年会按照4%的速度稳定增长，以此为前提，2009年之后，经营赤字占GDP的比例将出现连续下降，而没有这一前提的话，则会在2015年前后出现支出峰值。由上可以看出，峰值出现在推行新政策后的前4年，占GDP的比重最高不到5%。此后

① 1999年以来，未发布新的分析报告，以确认预测对实际流量说明的有效性。

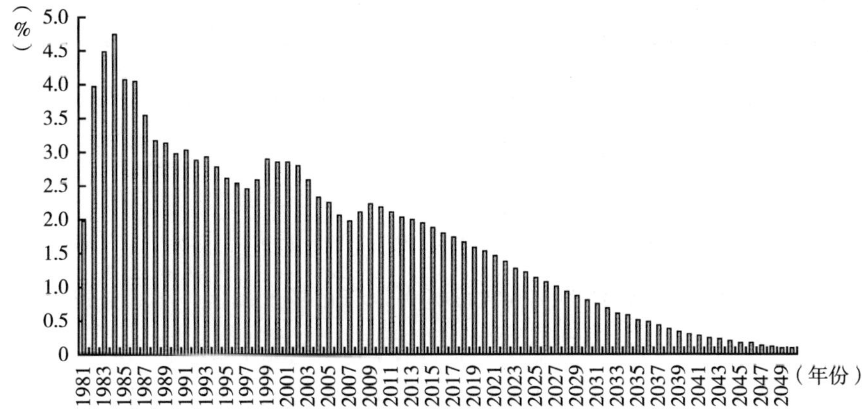

**图 6　经营赤字占 GDP 的比例**

注：2009 年后的数据根据截至 2009 年 11 月的有效数据预测。

便会随着时间的延长和 GDP 的增长而逐渐降低，因此赤字影响虽然存在，但影响有限。

## 二　智利养老金体系改革中的金融创新——认可债券

### （一）概述

在 20 世纪 80 年代的养老金改革中，针对由现收现付体系转移到新体系的雇员，智利政府还发行了认可债券（Recognition Bonds）。所谓认可债券，是由现收现付体系下的养老金机构发行的债券，并由国家依法担保，承认其价值。

认可债券的价值主要基于这些雇员在现收现付体系下累积的缴费金额。智利政府承诺，这笔钱将在雇员退休时如期发放，同时，在政府担保下，这笔钱无论多少，每年都会产生 4% 的实际利息（通货膨胀调整后），在计划参与人达到退休年龄之日一次性支付，如果计划参与人发生了身故或伤残等情况，也同样适用。但请注意，这种债券不是自动派发的，而要由计划参与人主动申请，并且最初只能用于养老金管理公司的个人账户。此外，某些在旧体系中有资格提前退休的计划参与人①也获得了较早到期日的债券。

认可债券以不可转让的凭证发行，是有利于计划参与人的。实际上，认可债券是直接发给计划参与人选择的养老金管理公司，并计入计划参与人的账户。②

启用几年后，新体系允许雇员在标准年龄之前提前退休。这种情况下，认可债券将转换为可转让的财务凭证，可以在市场上出售，其收益进入养老金管理公司管理下的个人账户。③ 因此，其中许多债券进入了金融市场。但选择这一方案时，可转让凭证只能在退休年龄时获得支付，身故情况也不例外（非伤残养老金领取者都没有购买伤残保险）。

### （二）认可债券的设计逻辑

发行认可债券由中央政府预算从一般税收中支付。成本即政府所承认的每个人向旧体系的缴费额。智利法律为不同情况的人群提供了以下几种方案来计算每种债券的金额。

在1979年6月30日之前的12个月中，将月平均工资的80%，④ 按通货膨胀率调整后乘以12，再乘以1981年5月之前的缴费年数除以35年。所得结果乘以10.35（女性为11.36），再乘以因数1～1.11（女性为1～1.31），具体数字取决于转换到新体系时计划参与人的年龄，年龄大，则因数相对就高。通货膨胀调整到计划参与人决定改为新体系的日期。

与上述计算方法相同，但根据1979年6月之前60个月的工资，调整通货膨胀并除以5，而非12个月。

---

① 2448号法案提高了对退休年龄的要求，但执行进展缓慢，这些人可以从中获利。

② 通常情况下，计划参与人在工作生涯中改用另一家养老金管理公司，其认购债券也将随之转入新的养老金管理公司。在支付债券时，将向当前养老金管理公司的个人账户中支付债券。

③ 在某些情况下，认购债券在计划参与人同意的前提下，交至保险公司，用作终身年金的一部分。

④ 有限制。

1979 年 7 月 1 日之后直至改为新体系之日所得工资的 10%，并进行通货膨胀调整。

1981 年 5 月 1 日后所得工资的 10%，并进行通货膨胀调整。这适用于 1981 年 5 月之前没有缴费记录的人，以及因为 1980 年 5 月以前的缴费而直到改用新体系[①]之后选择以前的替代品增加债券的人。

### （三）结果及影响

除了转轨带来的赤字影响之外，认可债券的发放也为财政带来一定的赤字影响。

当时的相关部门仔细记录了所有已发放的认可债券，以及所有出于不同的原因的已支付债券，用以估算认可债券的现金流量。到期时持有各种债券的机构和个人都涵盖在内。

绝大部分认可债券在改革后不久就完成发放，并在 1986 年达到顶峰。因为债券的发放必须由每个计划参与人通过其所属养老金管理公司单独申请，所以有些计划参与人直到很晚，乃至直到退休年龄时才申请他们的认可债券。

截至 2008 年，已经发放了超过 150 万份认可债券，每年新发放的债券金额都大幅下降。这对于发放新债券模型的最终结果不太重要。图 7 显示，未兑付债券的数量从开始发行时逐渐增加，在 1991 年达到峰值，并且随着到期，以及因退休、身故和伤残获得支付而下降。

每种认可债券都有已知的面值、到期日和潜在计划参与人的年龄，这就使对未来现金流量建模成为可能。模型中也考虑了身故和伤残情况下预付债券的适当死亡率和残疾率，同时还有过去的历史和由身故或伤残等潜在原因所致预付的债券。

此外，最初发行的债券中，一部分债券面值为“零”。当然，当这种债券需要兑付时，必须计算和支付正确的面值。最后的效果也是根据过去的情况来建模，以适当考虑所有未来的预期现金流。

① 还有债券补充和无效债券，超出了本文范围，并未对分析内容产生实质性影响。

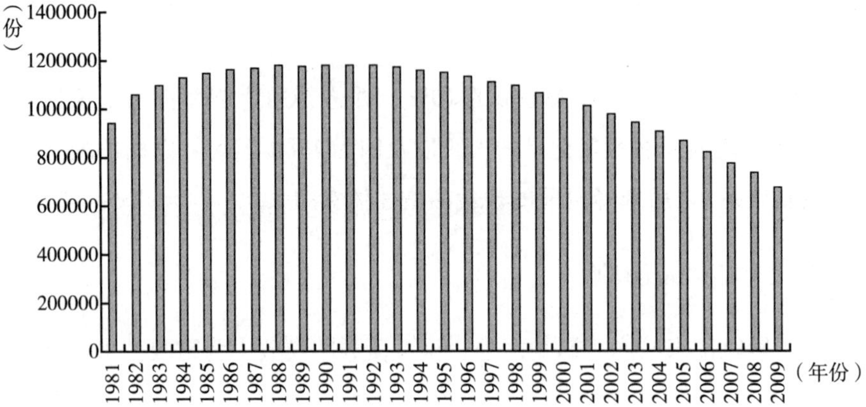


**图7　截至2009年已发行且尚未兑付的债券数量**

债券的未来现金流模型不仅考虑了已发行的尚未兑付的债券，也纳入了新发行的债券、修正的“零值”债券，以及由于正常到期和预付而支付的款项。

图8显示了未来债券支付的时间表，其中包括过去的历史记录。

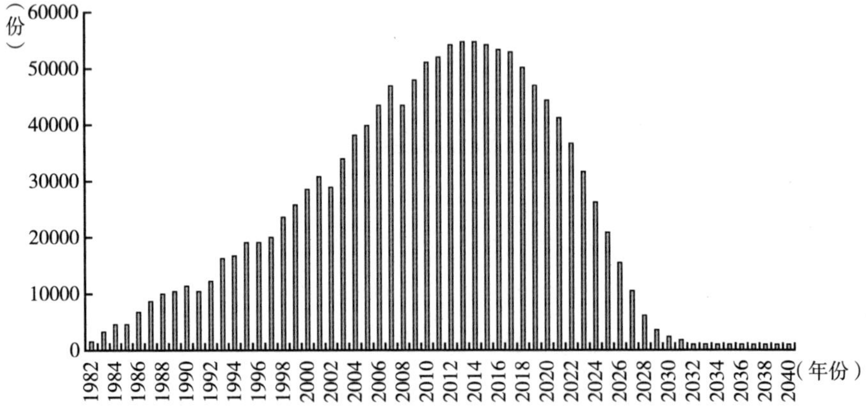


**图8　1982～2040年每年支付的债券数量（实际数据到2009年，之后为建模）**

如图8模型所示，正在支付的债券数量的峰值出现于2013～2014年，是认可债券发行的30余年之后。而所涉及的货币金额如图9所示，情况相似，但峰值出现得更早，在2009年就达到。这不难预料，因为年长者的债券到期较早，所以面值相对较高，在改为新体系之前，他们已经在旧体系中缴费多年。

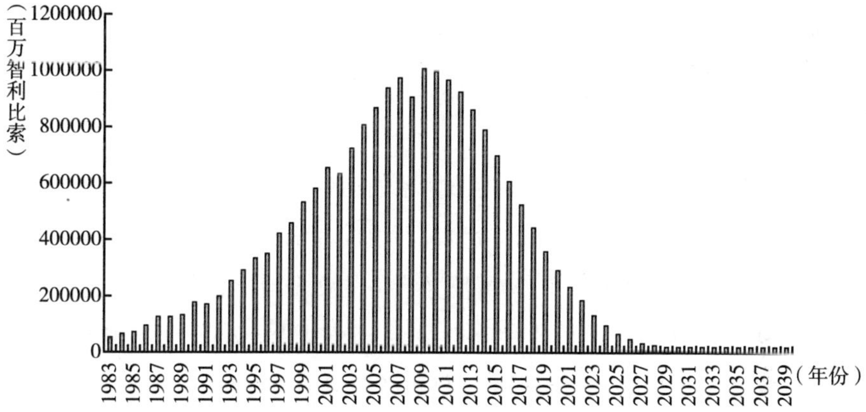


**图 9　源于认可债券的现金流出**

从 GDP 占比来看，自发行以来至 2004 年，认可债券兑现比例在 1984 年达到峰值，为 GDP 的 1.76%，此后下滑趋势明显，平均 20 年来看，大约占 GDP 的 1.04%（见图 10）。

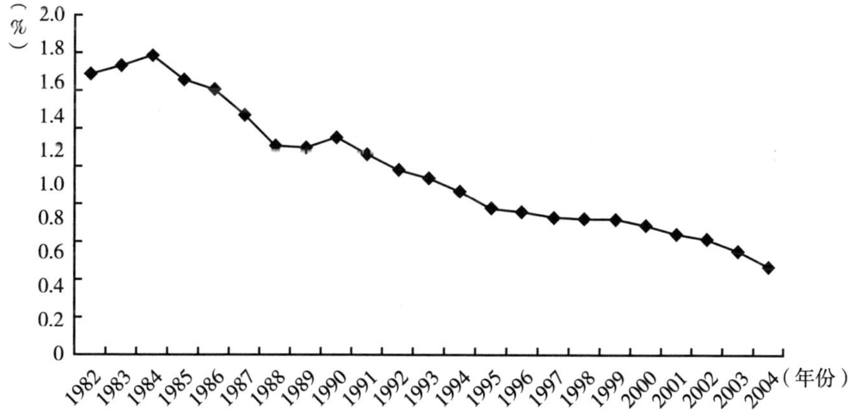


**图 10　认可债券发行以来兑付占 GDP 的比例**

对于认可债券而言，无论是债券数量还是所涉及的资金，在 2030 年之后都变得无关紧要。原因是按退休年龄为 65 岁来计算，2033 年到期的债券应该是属于 1968 年出生的雇员。而在 1983 年这最后一年可以向旧体系缴费的时候，他们才 15 岁，除非非常年轻就参加工作，否则他们不会再有向旧体系缴费的了，也就自然不会再产生相应的认可债券。

## （四）小结

改革的转轨成本一方面体现为旧体系的运营赤字，另一方面则是认可债券的兑付。但经过计算和时间的检验，两项成本都会随着时间的推移和国家经济的增长逐渐降低影响——认可债券产生的资金流出在 2009 年达到峰值，而旧的社会保障体系的运营赤字在此之前已经减少。2009 年智利预算办公室报告了考虑 2009 年以来的认可债券和经营赤字的总流出量，并按占 GDP 的比例显示（见图 11）。在预测期 2010 ~ 2050 年，经营赤字加认可债券组合的资金流出从 GDP 的 3. 5% 稳步下降至不到 GDP 的 0. 1% 。

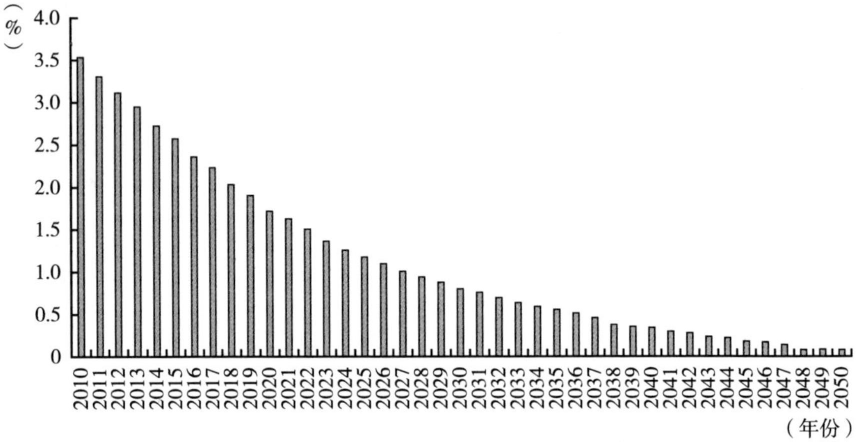


**图 11　财政预测 2010 ~ 2050 年旧体系经营赤字和认可债券占 GDP 的比例**

另外，如前所述，1980 年的改革没有涉及军队和警察部队，二者保留了旧的现收现付体系。到 2010 年，此类计划的成本估计仅占 GDP 的 1. 3% ，并且没有随时间推移出现下降的迹象。

旧社保体系包含两项非缴费性福利：最低养老金福利和养老金救济金。在 2008 年的第二次社会保障改革中，根据第 20255 号法律，这两个计划被合为新的团结支柱，为不太富裕的人提供更多的福利。然而，2008 年的一份出版物[①]预计，到 2025 年，新的团结支柱将占 GDP 的 1.4%，并且其对旧的最低养老金和养老金救济金体系成本的增量效应将达到 GDP 的 1.03%，[②] 按照图 11 所示，预计随着旧社保体系成本不断下降，政治压力将导致团结支柱或其他社会保障计划支出增加。

## 三　智利养老金市场改革后养老金及整个资产管理行业发展

### （一）市场概况

经过 1981 年和 2008 年的两次改革之后，智利的养老金体系由原来的待遇确定型现收现付制养老金体系，成功转为了以缴费确定型为主的个人账户制养老金体系，由辅助型团结支柱、强制型缴费支柱、自愿型缴费支柱三个支柱共同支撑（见表 1）。

表 1　智利养老金三支柱比较

| 支柱类型 | 基本特征 | 政府责任 | 养老金管理公司责任 | 保险公司责任 |
| --- | --- | --- | --- | --- |
| 辅助型团结支柱（现收现付制） | ·面向最贫困的60%人口 | ·由国家通过一般税收提供资金<br>·决定给付对象及给付金额 | ·按照国家提供的信息给付金额 | ·按照国家提供的信息给付金额 |
| 强制型缴费支柱（个人账户制） | ·养老金管理公司管理下的个人养老金账户<br>·强制性储蓄工资的10%，上限约3000美元，投资于五只多元基金<br>·养老金管理公司自由设定管理费率 | ·决定缴费结构、上限、如何收取费用、基金类型等<br>·通过监管机构监管该体系 | ·负责收取月度缴费、管理账户、基金投资等<br>·向选择计划提款的客户支付养老金 | ·向选择收入年金的参加者支付养老金 |

① Alberto Arenas de Mesa 等：《智利养老金改革：2009～2025 财政预测》，2008 年 12 月。

② 2010 年分别为 0.77% 和 0.44%。

续表

| 支柱类型 | 基本特征 | 政府责任 | 养老金管理公司责任 | 保险公司责任 |
|---|---|---|---|---|
| 自愿型缴费支柱 | ·养老金管理公司、保险公司、共同基金、银行等机构的自愿性养老金储蓄账户<br>·享受税收激励 | ·必须由国家批准自愿性储蓄可用的提供商和投资产品<br>·提供税收优惠以激励自愿性储蓄<br>通过监管机构监管该体系 | ·提供自愿性养老金储蓄账户,账户投资于统一规定的五只基金<br>·可收取与强制性储蓄不同的费用 | ·可以通过储蓄型人寿保险提供自愿性养老金账户 |

辅助型团结支柱是国家承诺的最低养老金保障，仅提供给那些没有足够储蓄达到最低养老金水平的人。强制型缴费支柱基于个人缴费，每位成员拥有自己的账户，并向该账户缴费，这一计划要求雇员强制参加，对自雇人员起初是建议自愿参加，但 2015 年开始也要求强制参加。自愿型缴费支柱是享受税收优惠的自愿养老金储蓄（El Ahorro Previsional Voluntario，APV），设有自愿储蓄账户（La Cuenta de Ahorro Voluntario，CAV）。

截至 2018 年 12 月，智利养老金管理资产共约 1963 亿美元。

## （二）智利养老金管理公司简介

依据 3500 号法令，由养老金管理公司负责管理养老金。养老金管理公司的成立需要获得管理者的正式批复，并接受养老金监管机构和证券及保险管理机构的监管。养老金管理公司数目从 1981 年的 12 家起，逐年调整，到目前一共是 6 家，分别是 Habitat、Cuprum、Capital、Provida、Planvital 和 Modelo。6 家养老金管理公司各具特色。

Capital 公司以积极的销售著称。它隶属于哥伦比亚公司 SURA，品牌宣传和商业活动与共同基金、股票经纪商和寿险相结合，产品十分广泛。

Cuprum 公司以品牌、回报率及投资顾问服务立足市场。它隶属于美国信安金融集团，其目标客户群为高收入群体，因此客户数量最少，资产规模居第四，佣金为计划参与人薪酬的 1.44%。

Habitat 公司以优异的回报率著称，它由英国保诚集团持股 40%，资产规模居市场首位，佣金为计划参与人薪酬的1.27%。

Modelo是一家智利独资的公司，与当地一家软件公司关联。它的费率最低，佣金仅为计划参与人薪酬的0.77%。最近Modelo打出一条“涨你薪”的好广告，此举让公司在没有依托销售代理的情况下，也获得可观的市场转移份额。

Planvital公司的策略并不清晰，竞争力也不强，前4年仅凭低佣金和服务在市场上赢取了一席之地，但它刚刚将佣金从0.41%调增至1.16%，佣金增加后，客户流失率很高。

Provida公司隶属于美国大都会，在低端市场扩张强势，其销售人员数量最多，但近年来服务水平和回报率都欠佳。其收取的佣金为计划参与人薪酬的1.45%。

6家公司近五年资产管理规模如表2所示。

**表2 智利养老金管理公司资产管理规模**

单位：百万智利比索

| 养老金管理公司 | 2014年 | 2015年 | 2016年 | 2017年 | 2018年 |
| --- | --- | --- | --- | --- | --- |
| Capital | 20511861 | 21633799 | 22581173 | 24741662 | 25455463 |
| Cuprum | 21030649 | 23065043 | 23509627 | 25048838 | 25235277 |
| Habitat | 25721705 | 28314290 | 31389802 | 35151069 | 37174234 |
| Modelo | 1667969 | 2314324 | 3583342 | 6494152 | 7405746 |
| Planvital | 2790978 | 3192147 | 3959540 | 4405729 | 4502860 |
| Provida | 27675432 | 29683963 | 30153378 | 32267594 | 33072196 |
| 总计 | 99398595 | 108203566 | 115176862 | 128109044 | 132845777 |

资料来源：智利养老金监管局。

养老金管理公司的业务类型主要为两类，金融业务重在管理强制准备金，强制准备金是养老金公司的强制投资，规模是管理资产的1%，目标是保证最低相对收益。经营类业务主要提供四类产品：

强制型养老金产品——缴费为计划参与人每月应税收入的10%及应税收入的一定比例作为管理费以及遗属和伤残险；

自愿型养老金产品——缴费为年度资产规模的一定比例，但存在上限；

自愿储蓄账户产品——类似共同基金，可随时回撤，缴费为年度资产规模的一定比例；

按期领取型产品——将储蓄留在养老金管理公司继续管理，按月领取直至死亡，或直至储蓄用尽，缴费为每月养老金的一定比例。

## （三）养老金管理公司的经营——以Cuprum（库鲁姆）养老金管理公司为例

Cuprum（库鲁姆）是智利一家出色的养老金管理公司，品牌知名度高，深受智利高薪雇员青睐。由于客户的平均薪资很高，库鲁姆公司客户的人均资产规模十分抢眼。

2012年，库鲁姆公司为在自愿性养老金储蓄业务方面获得更好更快发展，决定由美国信安金融集团收购其97.97%的股份。截至2018年12月31日，信安（智利）和库鲁姆养老金管理公司合并，是智利自愿性养老金储蓄排名第一的供应商，管理资产规模约370亿美元。公司旗下除了统一规定的5只基金外，还拥有雇员强制性缴费养老金产品、税收递延的自愿性养老金产品及其他长期储蓄产品、年金、共同基金、自愿性养老金产品，形成了一条集退休储蓄、资产管理及退休收入解决方案于一体的全产品业务线。而根据2018年最新创新场所排名，库鲁姆公司也是智利最具创新性的公司之一，获此表彰的50家公司覆盖了13个行业，库鲁姆公司是其中唯一的养老金管理公司。

### 1. 投资流程

养老金管理公司只能在3500号法令规定的证券范围内，根据养老金监管局发布的投资政策进行投资。这两种法规对于每种证券、证券所属企业和区域等均有相关限制。养老金资产管理公司须对代表养老基金进行的投资作日常汇报。养老金监管局将核对此类日常汇报，并根据该信息每天确定是否遵循了投资相关限制。

Cuprum（库鲁姆）养老金管理公司将其投资建立于对备选方案多维度的缜密分析，包括收益、长期风险和多元组合等因素。具体投资流程分为三步：首先是资产配置，其次是资产类别选择，最后是投资工具选择。前两步由资产配置委员会决定，资产类别和投资工具主要包括权益类资产、固定收益类资产及现金资产、另类资产，在决策过程中有大数据作为参考。

2. 投资方向

Cuprum（库鲁姆）养老金管理公司的投资主要面向四个市场：智利债券市场、智利股票市场、外国债券市场和外国股票市场。根据投向权益类与固定收益类资产的配比不同，从 A 基金到 E 基金，投向海外股票市场的占比从 61% 逐渐下降到 1%，而投向智利债券市场的比重则从 4% 逐渐升至 91%（见图 12）。

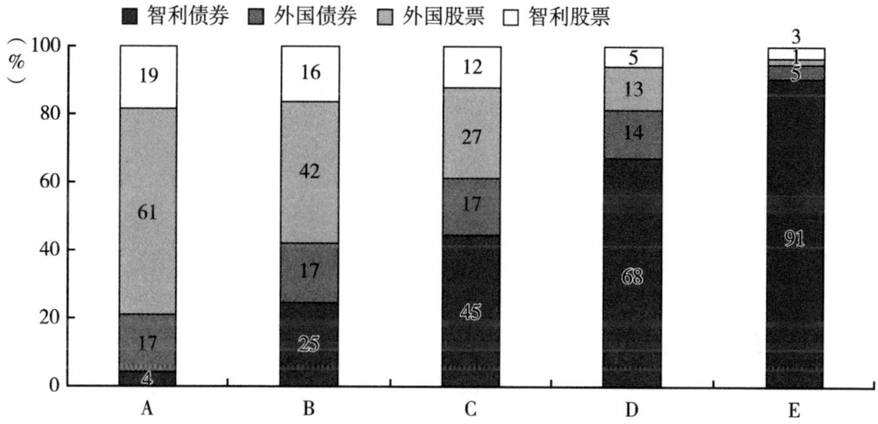


**图 12　Cuprum（库鲁姆）养老金管理公司 5 只基金产品的投资比例**

资料来源：智利养老金监管局，2018 年 12 月。

从区域来看，投向智利本国、发达市场以及新兴市场的比例也随着不同的风险偏好而有所区别。A 基金相对等分，更偏重于发达国家与新兴市场，而 E 基金，则 94% 都投向智利本国（见图 13）。

从全球市场分布来看，投资于北美洲、欧洲、亚洲新兴市场及拉丁美洲的比重相差不多，均在 20% 上下（见图 14）。

从智利境内的投资来看，权益类产品重点投向服务业，占 50%，其次是电力、自然资源，分别占 25% 和 16%。债券类产品同样关注服务业，投资占比 46%，电力有所缩减，仅为 12%，而工业占比则为 21%（见图 15）。

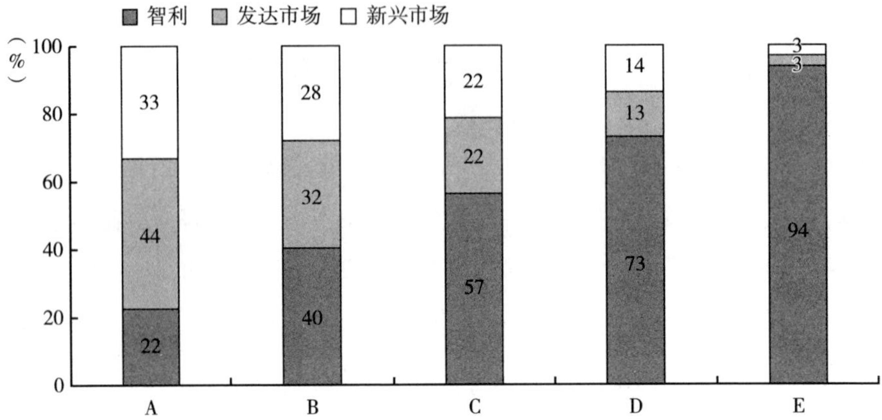


**图 13　Cuprum（库鲁姆）养老金管理公司不同市场投资比例**

资料来源：智利养老金监管局，2018 年 12 月。

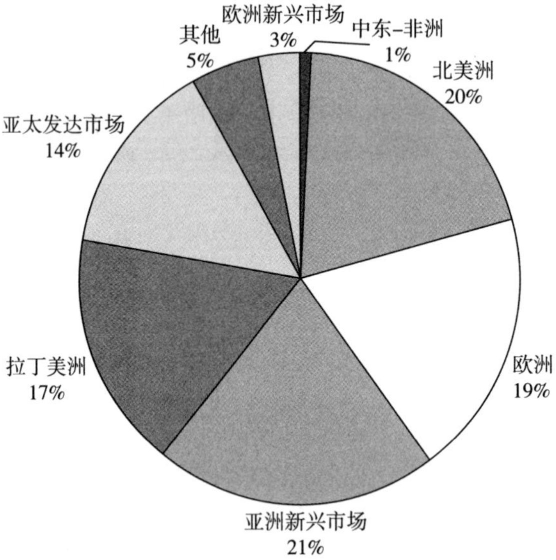


**图 14　Cuprum（库鲁姆）养老金管理公司全球投资比例**

资料来源：智利养老金监管局，2018 年 12 月。

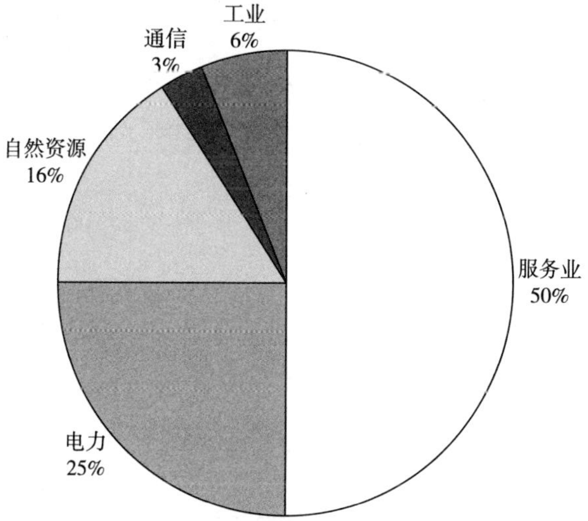


a.权益类

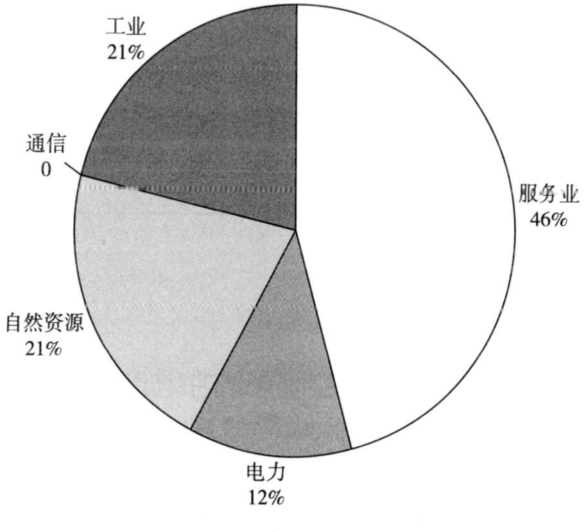


b.债券类

**图 15　Cuprum（库鲁姆）养老金管理公司境内投资比例**

资料来源：智利养老金监管局，2018 年 12 月。

3. 投资收益

从投资收益来看，各养老金管理公司旗下 A～E 五只基金的差异并不明显，如表 3、表 4 所示。

**表3　基金年均回报率（2002年9月27日至2019年3月）**

单位：%

| 养老金管理公司 | A基金 | B基金 | C基金 | D基金 | E基金 |
|---|---|---|---|---|---|
| Capital | 6.16 | 5.33 | 4.78 | 4.44 | 3.97 |
| Cuprum | 6.20 | 5.43 | 5.16 | 4.65 | 3.84 |
| Habitat | 6.31 | 5.50 | 5.26 | 4.76 | 4.07 |
| Planvital | 5.79 | 5.14 | 4.81 | 4.16 | 3.28 |
| Provida | 6.12 | 5.06 | 4.64 | 4.20 | 3.48 |
| Sistema | 6.20 | 5.32 | 4.96 | 4.47 | 3.85 |

资金来源：智利养老金监管局。

**表4　基金年均回报率（2018年4月至2019年3月）**

单位：%

| 养老金管理公司 | A基金 | B基金 | C基金 | D基金 | E基金 |
|---|---|---|---|---|---|
| Capital | 2.31 | 2.87 | 4.80 | 5.54 | 5.89 |
| Cuprum | 2.00 | 2.55 | 4.12 | 5.19 | 5.58 |
| Habitat | 2.32 | 2.90 | 4.56 | 5.52 | 5.83 |
| Modelo | 2.33 | 2.74 | 3.83 | 5.05 | 4.44 |
| Planvital | 1.97 | 2.71 | 4.48 | 5.51 | 5.82 |
| Provida | 2.31 | 2.76 | 4.51 | 5.53 | 5.95 |
| Sistema | 2.23 | 2.78 | 4.48 | 5.47 | 5.70 |

资料来源：智利养老金监管局。

## 四　智利养老金改革对中国的启示

中国从1991年起就明确提出着手建立三支柱养老金体系，截至2018年，我国基本养老保险累计留存资产规模为58152亿元，[①] 占养老保险体系资产总规模的比重约79.74%；企业年金累计结存14770.38亿元，[②] 占养老保险体系资产总规模的比重约20.25%；个人税延型商业养老保险由于发展

① 人力资源和社会保障部：《2018年度人力资源和社会保障事业发展统计公报》，2018。

② 《全国企业年金基金业务数据摘要（2018年度）》，2019年3月，http：//www.mohrss.gov.cn/SYrlzyhshbzb/shehuibaozhang/gzdt/201904/W020190402665288131918.pdf。

较为缓慢，目前规模极小。[①] 美国在2016年第一支柱占比仅为10.7%；第二支柱占比最多，为59%；第三支柱则占比30.3%。相形之下，中国的养老金体系发展仍不够均衡。而随着中国老龄化社会的快速发展，65岁及以上的老年人口所占比例也将从当前的12.09%左右攀升到2050年左右超过30%，并在相当长的时期内保持在33%左右的相对高位。[②] 届时第一支柱下的养老金支出将更快扩张，第一支柱的压力愈发增大。因此，在压力到达阈值前，中国应及时将第一支柱的压力分摊给第二支柱和第三支柱。在低水平、广覆盖的基础上，加强个人承担养老责任的意识和义务，这对于中国尽快建立起多支柱健全的养老金体系大有裨益。

### （一）由“现收现付”向第二支柱转移缴费，分摊国家财政压力

2016年中国职业年金正式起步，预计将覆盖近4000万名机关事业单位工作人员，积累基金数千亿元，成为第二支柱建设非常重要的增长点，这无疑是中国完善养老金市场的一大突破性进展。建设第二支柱，职业年金是一条腿，企业年金是另一条腿。而推进第二支柱企业年金的建设，主要动力在于企业，在当前的经济新常态下，加之全面实行的个税改革，诸多民营企业压力增大，如何避免给本就压力巨大的企业新增负担，从而降低企业排斥心理是企业年金制度建设的重中之重。

或许我们可以参考智利的做法。选取一个节点，由第一支柱向第二支柱转移，并逐年兑付，做实账户，解决个人账户的空账问题。尽管这种做法会带来一定程度的赤字问题，但根据智利的经验，这种赤字影响将会随着GDP的增长和领取人数的减少而逐渐下降，并在几十年后消失殆尽。

此外还可以参考智利在改革中由法律规定，新体系中的所有费用将由雇员而非雇主承担，但为了帮助雇员适应这一变化，上调了改用新体系的雇员

① 截至2018年底，个人税延型商业养老保险试点累计实现保费7160万元。参见程竹《试点“温吞水”税延养老保险政策框架待完善》，《中国证券报》2019年4月26日。

② United Nations, Department of Economic and Social Affairs, Population Division (2015). World Population Prospects: The 2015 Revision, custom data acquired via website.

的工资总额，大大提升了雇员缴费的积极性。

中国在 2019 年初国家机构改革后，社会保险费交由税务部门统一征收，并从 5 月 1 日起降低城镇职工基本养老保险的单位缴费比例，缴费比例高于 16% 的可降至 16%。或许可以考虑这样的做法，对于原本有实力实缴保费的企业，可以将雇员原本向第一支柱缴纳的 8% 完全转移至第二支柱，与此同时，鼓励企业将减免的部分，例如 4% 转移至第二支柱，作为对雇员转移缴费的匹配激励。这样一来，形成了“强制 + 企业匹配缴费”的模式，将有 12% 的缴费由第一支柱向第二支柱转移。

这样做的好处在于，一方面企业和雇员都没有新增支出，另一方面年金账户与雇员挂钩，企业的匹配缴费相当于为雇员额外涨薪，雇员获得了实际利益，企业则增加了吸引人才的方式，如此一来，转移缴费对于双方都有益处。同时对于调整支柱比例而言也发挥了正面作用。

### （二）开发债务证券化产品等长期金融工具，降低代际成本

根据智利财政部预算局的研究模型，智利认可债券自 1980 年推行以来，过了 29 年时间，直到 2009 年兑付的峰值才到来。之后又随着领取人年老、身故和伤残领取养老金而下降，并在大约 24 年之后的 2033 年，随着当年最后一批历经过旧体系的雇员退休而几近消失。对于政府而言，通过逐年兑付的方式延迟做实账户，而不是在第二支柱建设伊始就全部做实，可以将财政压力分摊到几十年的时间中。届时，随着 GDP 的增长，养老金占 GDP 的比例也会下降，对于政府而言更容易接受。以时间换空间，能够减轻财政方面的压力。

而智利认可债券设计的另一个巧妙之处在于，新体系推行几年后，允许雇员提前退休。而提前退休雇员的账户中，尚未到期的养老金就由金融机构集合起来，包装成有资产支持的债务证券化产品，进入市场中交易，所获收益则纳入所有者在私营养老金公司管理下的个人账户。对于中国的二级市场而言，是否也可探讨设计一种类似的认可债券，具有合理的转型成本，能促使第一支柱的计划参与人转移向即将发展壮大的第三支柱，同时将提前退休雇员的账户集合起来转化为债务证券化产品，投入市场流通交易。

鉴于认可债券偿还期通常在10年及以上，此类资产支持债务证券化产品就成为长期金融工具，而这正是保险公司和养老金公司匹配资产负债时所需要的。

### （三）重视通过市场化投资运营实现保值增值和可持续发展

养老金产品具有低风险、可持续的保值增值需求，这一方面需要把握产品类型的配比，例如固定收益类产品和权益类产品，另一方面还需要足够的多元化。

从智利私人养老金公司的运营来看，每家公司旗下的基金不仅仅覆盖本国市场，同时也有近一半投向海外市场，而且无论是发达市场还是新兴市场都有相当的配置，进行了更为充分的多元化，也更加合理地抵御了单一市场蕴含的风险。

### 参考文献


Joaquín Echenique R.，"The 1980 social security reform in Chile: fiscal financial impact", PrimAmérica Consultores S. A, 2016.

Alberto Arenas de Mesa, "Proyecciones del gasto fiscal previsional en Chile," Bonos de Reconocimiento 2005 - 2038, 2005.

Alberto Arenas de Mesa et al, "La Reforma Previsional Chilena: proyecciones fiscales 2009 - 2025", publicacion de la Direccion de Presupuestos del Ministerio de Hacienda, 2008.

胡安·阿里斯蒂亚主编《AFP：三个字的革命——智利社会保障制度改革》，中央编译出版社，2001。

郑秉文、房连泉：《社保改革"智利模式"25年的发展历程回眸》，《拉丁美洲研究》2006年第5期。

# B.17
# 美国目标风险基金的实践与启示

袁绪超　丁诗聪 *

**摘　要：** 作为公募基金服务养老金市场的一类典型产品，目标风险基金在美国有着长期的发展历程和实践经验，对我国同类产品的发展有非常重要的借鉴意义。本报告首先从兴起背景、规模演变和市场结构等方面介绍了美国目标风险基金的基本情况；其次，对 Vanguard、Fidelity 和 John Hancock 三家公司旗下目标风险基金产品的管理规模、资产配置、持仓情况和投资收益等要素进行了比较分析，阐述了美国典型目标风险基金产品的主要特征；再次，描述了目标风险基金在美国养老金市场中的参与情况，总结了可供借鉴的相关经验；最后，结合我国养老金市场和已发行目标风险基金产品的基本特点，分析了我国目标风险基金发展所面临的挑战，并提出了相关建议。

**关键词：** 美国　目标风险基金　养老金市场　资产配置

## 一　美国目标风险基金概述

### （一）目标风险基金的概念与兴起背景

#### 1. 目标风险基金的概念

依据美国投资公司协会（ICI）的定义，目标风险基金（target risk

* 袁绪超，供职于华安基金管理有限公司企业发展部；丁诗聪，供职于华安基金管理有限公司养老金业务部。本文仅代表个人观点，与供职单位无关。

funds）是指在投资运作周期内维持预定风险水平不变的一类公募基金产品，通常也被称作生活方式基金（lifestyle funds）。[①]

按照美国公募基金产品的分类标准，目标风险基金被归类为混合型基金（hybrid funds）或平衡型基金（balanced funds）。[②] 即目标风险基金既不单纯投资股票，也不单纯投资债券，而是同时投资于股票和债券。

不同的股债配比结构，使目标风险基金对应着不同的投资风险水平。为服务风险偏好各异的投资者，各家基金公司普遍开发了覆盖高、中、低风险水平的系列目标风险基金，并在产品名称中使用标志性的单词作为风险等级标识，向投资者传递清晰、准确的产品特性（见表1）。

**表1　目标风险基金的风险等级与标识**

单位：%

| 基金风险等级 | 权益类资产配置比例 | 基金名称中的标志性单词 |
|---|---|---|
| 高风险 | 70+ | Aggressive、Growth |
| 中高风险 | 50～70 | Moderate、Balanced、Growth |
| 中低风险 | 30～50 | Moderate、Income、Conservative |
| 低风险 | 15～30 | Income、Conservative |

以普信公司（T. Rowe. Price）发行的三只目标风险基金为例，其命名与资产配置情况见表2。

**表2　普信公司发行的三只目标风险基金**

单位：%

| 基金名称 | 权益类资产配置比例 | 固收类资产配置比例 |
|---|---|---|
| Personal Strategy Growth Fund | 70～85 | 15～30 |
| Personal Strategy Balanced Fund | 50～70 | 30～50 |
| Personal Strategy Income Fund | 30～50 | 50～70 |

资料来源：普信公司官网。

① https：//www. ici. org/pdf/2018_ factbook. pdf.

② https：//www. ici. org/pdf/2018_ factbook. pdf.

2. 目标风险基金兴起的背景

目标风险基金与基金中基金（FOF）具有密切的联系。根据统计，截至2019年2月底，美国市场上共有235只目标风险基金，其中201只以FOF的形式存在，占比达到85.53%。[①]

FOF产生于目标风险基金之前，为目标风险基金的诞生做了重要的铺垫。美国的FOF起源于20世纪70年代，创设的初衷是降低私募股权基金的投资门槛，以便争取更多的投资者。在较长一段时期内，FOF均只投资于私募股权基金。

至1985年，第一只证券投资类FOF才由先锋基金公司（Vanguard）发行。根据基金合同，其资产的70%投资于股票类基金，30%投资于债券类基金，符合目标风险基金的主要特征，是目标风险基金的最早雏形。[②]

美国目标风险基金正式兴起于20世纪90年代中期，具有一定的时代背景。从制度层面来看，1996年美国出台了《全国性证券市场促进法》，取消了对基金公司发行FOF的限制，破除了目标风险基金发展的最大制度性障碍。

从需求层面来看，经历了1987年股灾的美国投资者变得更加理性，从规避系统性风险的角度出发，开始逐渐接受资产配置的理念，选择与自身风险承受能力相适应的基金产品。而目标风险基金重视资产配置，产品风险属性清晰且保持稳定，规避了短期投机行为和不理性行为，符合当时投资者的普遍需求。

从资金供给层面来看，20世纪90年代，美国的雇主养老金计划正逐步由待遇固定型计划（DB计划）向缴费固定型计划（DC计划）转变，401（k）计划发展如火如荼。在这一背景下，养老金入市规模大幅上升，为公募基金市场提供了大量的长期资金，养老金资产[③]在公募基金中的占比从1990年

① 根据Morningstar数据整理。

② 中国基金业协会网站，http://www.amac.org.cn/sy/390267.shtml。

③ 包含DC计划与IRA账户的资产。

的 20% 提升至 1999 年的 38%。① 目标风险基金亦享受了充裕的资金支持。

## （二）目标风险基金的市场概况

1. 目标风险基金的市场规模演变

目标风险基金自 20 世纪 90 年代兴起以来，呈稳步增长的态势。截至 2018 年底，美国市场上的目标风险基金规模达到 3480 亿美元，自 1996 年以来的年均复合增长率达到 20.27%。②

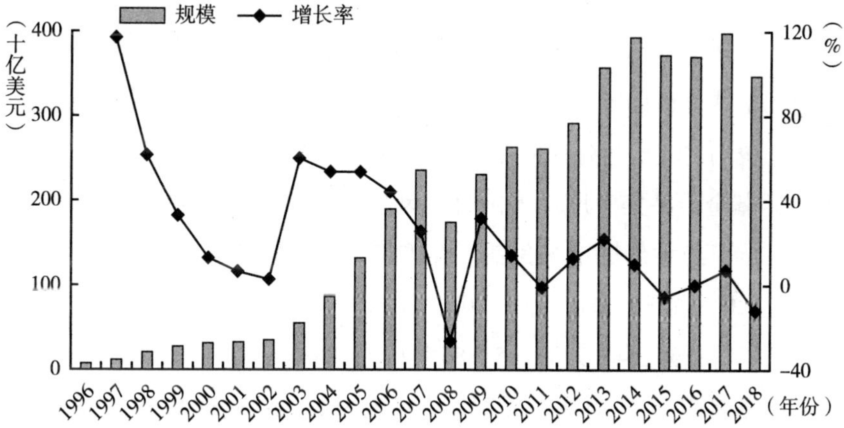


**图 1　1996～2018 年美国目标风险基金的规模与增速**

资料来源：根据 ICI 相关数据整理。

目标风险基金的市场规模扩大并不是匀速的，而是呈现明显的阶段性特征。

第一阶段：依托有利的经济与政策环境，目标风险基金从产生伊始便连续 4 年保持了超过两位数的增长率，其规模从 1996 年末的 60 亿美元增长至 2000 年末的 320 亿美元。但这一快速发展势头很快就被 2000 年的互联网泡

① 根据 ICI 相关数据整理。

② 根据 ICI 相关数据整理。

沫破裂打断，目标风险基金市场第一次陷入停滞。

第二阶段：走出低谷后的目标风险基金迎来了长达五年（2003～2007年）的高速增长，年均增速达47%，其规模在2007年末突破2000亿美元。然而好景不长，2008年金融危机终结了目标风险基金的第二轮高速发展期。

第三阶段：在2008年首次出现规模负增长后，美国目标风险基金的规模经历了一段时间的恢复增长，但是增速不复以往。2013年以后，目标风险基金的规模还出现了一定的增减反复。自2008年以来，美国目标风险基金规模的年均复合增长率下降为7.05%。

2. 目标风险基金的市场结构

根据晨星公司（Morningstar）提供的分类数据，截至2019年2月底，美国市场上共有目标风险基金235只，总规模3120.37亿美元。[①] 基于这部分数据，我们对美国目标风险基金的市场结构进行了分析。

（1）基金产品集中度。美国目标风险基金的市场集中度较高，头部基金产品瓜分了绝大部分市场份额。在市场上235只基金中，规模排名前5、前10、前20、前30和前50的基金规模合计分别占全市场基金规模的19.87%、31.81%、46.97%、57.85%和71.88%。

规模排名前10位的基金分别集中于五家公司：先锋基金（Vanguard）、恒康人寿（John Hancock）、富达投资（Fidelity）、安盛集团（AXA）、杰信人寿（Jackson National Life）；规模排名前30的基金分别集中于八家公司，除上述五家外，还有马萨诸塞州金融服务公司（MFS）、摩根大通银行（J. P. Morgan）以及信安保险（Principal）。这也意味着市场上50%的目标风险基金资产集中于这八家公司。

（2）公司规模集中度。从各公司管理的目标风险基金规模来看，排名前五的公司同样也是Vanguard、John Hancock、Fidelity、AXA、Jackson National Life。具体如表3所示。

① 根据Morningstar相关数据整理，与上文中ICI数据的统计口径有所出入，本部分以Morningstar提供的数据为准。

**表 3　管理目标风险基金规模排名前五的各家公司**

| 公司名称 | 管理的目标风险基金规模（亿美元） | 市场占比（%） |
|---|---|---|
| Vanguard | 444. 07 | 14. 23 |
| AXA | 425. 32 | 13. 63 |
| John Hancock | 334. 47 | 10. 72 |
| Fidelity | 280. 17 | 8. 98 |
| Jackson National Life | 254. 92 | 8. 17 |

资料来源：根据 2019 年 2 月底 Morningstar 相关数据整理。

上述五家公司的目标风险基金规模合计，在全市场中占比达到 55%。下文中，我们将选取其中 Vanguard、John Hancock 和 Fidelity 三家公司的目标风险基金作为典型案例进行研究。这三家公司同时也是自 2007 年以来，目标风险基金规模在美国市场始终排名前五的公司。

（3）风险水平集中度。在美国市场上，目标风险基金大多以 FOF 的形式存在。截至 2019 年 2 月底，全美共有 FOF 型目标风险基金 201 只，在全部目标风险基金数量中占比 85. 53%；201 只 FOF 型目标风险基金的总规模为 2624. 42 亿美元，在全部目标风险基金总规模中占比 84. 11%。

晨星公司根据权益类资产的配置比例，将市场中的 FOF 型目标风险基金细分为五个风险等级（见表 4）。

**表 4　FOF 型目标风险基金的风险等级**

| 风险等级 | 权益类资产的配置比例（%） | 基金数量（只） | 占比（%） | 基金规模（亿美元） | 占比（%） |
|---|---|---|---|---|---|
| 低风险 | 15 ~ 30 | 30 | 14. 93 | 171. 26 | 6. 53 |
| 中低风险 | 30 ~ 50 | 44 | 21. 89 | 418. 10 | 15. 93 |
| 中风险 | 50 ~ 70 | 51 | 25. 37 | 939. 84 | 35. 81 |
| 中高风险 | 70 ~ 85 | 47 | 23. 38 | 856. 35 | 32. 60 |
| 高风险 | 85 + | 29 | 14. 43 | 238. 89 | 9. 10 |

资料来源：根据 2019 年 2 月底 Morningstar 相关数据整理。

其中，中风险的基金群体，无论是基金数量还是基金规模，均占比最高。占比紧随其后的是中高风险基金群体，二者基金数量合计占比接近50%，基金规模合计占比接近70%，是FOF型目标风险基金的构成主体。中风险及以上等级，即权益类资产配置比例超过50%的基金群体，则汇聚了近80%的市场规模。美国目标风险基金的组成结构，反映了投资者相对较高的风险偏好水平。

## 二　美国目标风险基金产品

### （一）目标风险基金产品设计

1. 产品设计的流程

目标风险基金的设计与运作以恒定风险水平的确定与持续管理为核心，一般分为三个步骤。

第一步，根据投资者的风险偏好与投资目的，确定目标风险基金的总体风险水平。产品的风险水平可以通过多种参数来表达，常见的有标准差、在险值（VaR）以及权益类资产比重等。

第二步，确定大类资产配置，构建投资组合。这一步是目标风险基金设计的核心。建立投资组合依据的模型一般有固定资产比例模型、最大化收益模型与风险均衡模型。第一步中的风险参数在这里用作求解投资组合的约束条件。

第三步，在市场行情变化、子基金规模涨跌等情况下，对资产配置比例进行再平衡，确保组合风险维持在预先设定的水平。基金管理人往往通过定期调仓来进行再平衡管理。

2. 产品设计的理论模型

目标风险基金的资产配置往往有理论模型作为指导，下面我们介绍较为常见的三类模型。

（1）固定资产比例模型。固定资产比例模型是最简单也是最常见的一类模型。在这类模型下，基金管理人通过权益类资产的配置比重锚定产品的风险水平。

这一模型被广泛使用，比如 Vanguard 将旗下目标风险基金分为成长型基金（Growth）、稳健成长型基金（Moderate Growth）、保守成长型基金（Conservative Growth）、收入型基金（Income）四个风险类别，对应权益类资产的配置比重分别为 80%、60%、40% 和 20%；而 Fidelity 旗下目标风险基金的风险类别更加丰富，分别对应着 85%、70%、60%、50%、40%、30% 和 20% 的权益类资产配置比重，为投资者提供了更多的投资选择。

（2）最大化收益模型。这类模型在既定风险约束下以组合收益最大化为目标，以标准差、在险值和预期损失等风险参数为约束条件，求解最优化组合的资产配置比例。最优化模型如下：

$$MAX_w E(r_p)$$

其中，$E(r_p) = \sum w_i E(r_i)$

$$\text{s. t.} \begin{cases} \sum w_i = 1 \\ a_i \leqslant w_i \leqslant b_i \\ \text{风险约束条件} \end{cases}$$

其中，$w_i$为各类资产的权重，$E(r_p)$为组合期望收益，$E(r_i)$为各类资产的期望收益率，$a_i$、$b_i$分别为各类资产配置权重的上下限。

最大化收益模型的优势在于，可以借助风险参数对组合的风险水平进行严格的数量界定，从而能够更精确地控制组合波动风险。但是，也存在着依赖历史数据、将正向波动与负向波动同等对待、忽视肥尾效应、计算较为复杂等不足。

（3）风险均衡模型。风险均衡模型的原理是使投资组合中的每类资产对组合的风险贡献度均等化。按照模型，每类资产的风险贡献度可表示为：

$$\sigma_i = w_i \cdot \frac{\partial \sigma_p}{\partial w_i}$$

其中，$\sigma_p$为投资组合总风险，$w_i$为每个资产在组合中的权重。将该模型转化为最优化问题，应当根据不同情况设置约束条件。

当不考虑组合中不同资产类型之间的相关性时，约束条件为：

$$\begin{cases} \sigma_i = \sigma_j \\ \sum_{i=1}^{n} w_i = 1 \end{cases}$$

当考虑组合中不同资产类型之间的相关性时，约束条件为：

$$\begin{cases} MIN_w \sum_{i=1}^{n} \sum_{j=1}^{n} (\sigma_i - \sigma_j)^2 \\ \sum_{i=1}^{n} w_i = 1 \end{cases}$$

风险均衡模型通过风险贡献度的测量，使基金管理人能够实现超配低风险资产、低配高风险资产的目的。但是，在实际操作中发现，若不加任何杠杆地使用风险均衡模型，则很难在收益率表现上取得突破，因此这类模型在目标风险基金中使用并不广泛。

## （二）典型目标风险基金产品分析

近十年来，Vanguard、Fidelity 和 John Hancock 的目标风险基金管理规模持续保持在美国市场前五名，具备一定的代表性。我们选取其各自旗下的目标风险基金作为典型产品进行研究。

1. 基金基本情况

Vanguard、Fidelity 和 John Hancock 分别以生活策略基金（LifeStrategy）、资产管理人基金（Asset Manager）和多元管理生活方式基金（Multimanager Lifestyle）① 为目标风险基金的系列名称，发行了 4 只、7 只和 5 只目标风险基金（见表 5）。

① John Hancock 旗下有两个系列的目标风险基金 Multi-index 和 Multimanager，分别采取被动投资和主动投资策略，后者规模更大，更具有代表性。因此本文选择 Multimanager 系列基金作为分析案例。

**表 5　三家公司发行的目标风险基金**

单位：%

| 公司 | 系列名称 | 产品名称 | 权益类资产基准配置比例 | 成立时间 |
|---|---|---|---|---|
| Vanguard | 生活策略基金 | 收入型基金 | 20 | 1994－09－30 |
| | | 保守成长型基金 | 40 | |
| | | 稳健成长型基金 | 60 | |
| | | 成长型基金 | 80 | |
| Fidelity | 资产管理人基金 | 20%权益型基金 | 20 | 1992－10－01 |
| | | 30%权益型基金 | 30 | 2007－10－09 |
| | | 40%权益型基金 | 40 | 2007－10－09 |
| | | 50%权益型基金 | 50 | 1988－12－28 |
| | | 60%权益型基金 | 60 | 2007－10－09 |
| | | 70%权益型基金 | 70 | 1991－12－31 |
| | | 85%权益型基金 | 85 | 1999－09－24 |
| John Hancock | 多元管理生活方式基金 | 保守型基金 | 20 | 2005－10－14 |
| | | 稳健型基金 | 40 | |
| | | 平衡型基金 | 60 | |
| | | 成长型基金 | 80 | |
| | | 激进型基金 | 100 | |

资料来源：Vanguard、Fidelity、John Hancock 公司官网、天风证券。

从已发行产品的名称看，Vanguard 和 John Hancock 在基金名称中标识了风险水平；而 Fidelity 则直接将权益类资产的配置比例纳入基金名称中，给投资者更精确的风险揭示，这与其旗下目标风险基金只数较多也有关系。

从产品的成立时间看，Vanguard 旗下的 4 只目标风险基金和 John Hancock 旗下的 5 只目标风险基金分别于 1994 年和 2005 年成立；而 Fidelity 旗下的 7 只目标风险基金则是不同时间成立的，最早一只成立于 1988 年。总体上，三家公司的 16 只目标风险基金中有一半成立于 2000 年之前。从产品的资产配置情况来看，三家公司均采用固定资产比例模型作为理论基础，且均将 20% 作为最低的权益类资产基准配置比例。在旗下基金的最高权益类资产基准配置比例上，三家公司则各不相同，Vanguard、Fidelity 和 John Hancock 分别为 80%、85% 和 100%。

Vanguard 和 John Hancock 的权益类资产基准配置比例级差均为 20%，而 Fidelity 旗下的基金则每隔 10% 便设置一个基准比例，使产品系列完备性更高，能够满足更精确的风险偏好。但是，尽管 Fidelity 的基金数量最多，其并未将产品线延伸到基准配置比例 85% 以上，主要还是在中低风险区间进行密集布局。

2. 基金管理规模[①]与组成结构

截至 2019 年 2 月底，三家公司中，Vanguard 发行的目标风险基金只数最少，但其管理规模最大，达到 443.98 亿美元；Fidelity 尽管有最完整的产品线，但其管理规模最小，为 278.05 亿美元；John Hancock 的管理规模居中，为 314.28 亿美元。

我们将三家公司的 16 只目标风险基金按照风险水平划分为四个类别，分别计算每个风险类别对应的规模和占比。具体如表 6 所示。

**表 6　按风险水平分类的规模和占比**

单位：亿美元，%

| 权益类资产配置比例 | Vanguard | | Fidelity | | John Hancock | |
|---|---|---|---|---|---|---|
| | 规模 | 占比 | 规模 | 占比 | 规模 | 占比 |
| 0 ~ 25 | 41.64 | 9.38 | 49.08 | 17.65 | 23.85 | 7.59 |
| 25 ~ 50 | 95.54 | 21.52 | 122.85 | 44.18 | 32.07 | 10.20 |
| 50 ~ 75 | 159.24 | 35.87 | 81.20 | 29.20 | 109.64 | 34.89 |
| 75 ~ 100 | 147.56 | 33.24 | 24.92 | 8.96 | 148.72 | 47.32 |
| 合计 | 443.98 | 100 | 278.05 | 100 | 314.28 | 100 |

资料来源：根据 Morningstar 相关数据整理。

可以看到，Fidelity 在权益类资产配置比例低于 50% 的中低风险基金上占据一定竞争优势，但在中高风险基金上则竞争力偏弱。其管理的目标风险基金的总体规模主要分布于中低风险产品上。

而 Vanguard 和 John Hancock 则在中高风险基金上占据较强竞争力，它们各自的规模分布也向中高风险基金倾斜。

总体而言，中高风险基金是规模的重点聚集区，体现了美国投资者偏好

① 规模统计截至2019年2月底，数据来源于 Morningstar。

权益投资的特征。

3. 资产配置的偏离情况

三家公司均采用固定资产比例模型，预设了权益类资产的基准配置比例，但在实际投资运作中，市场的涨跌经常会导致偏离基准比例。因此，基金管理人需要对各类资产的持仓进行动态调整，也即再平衡，使之符合基金的风险设定。但是，资产配置的偏离是难以被完全消除的（见图 2 至图 4）。

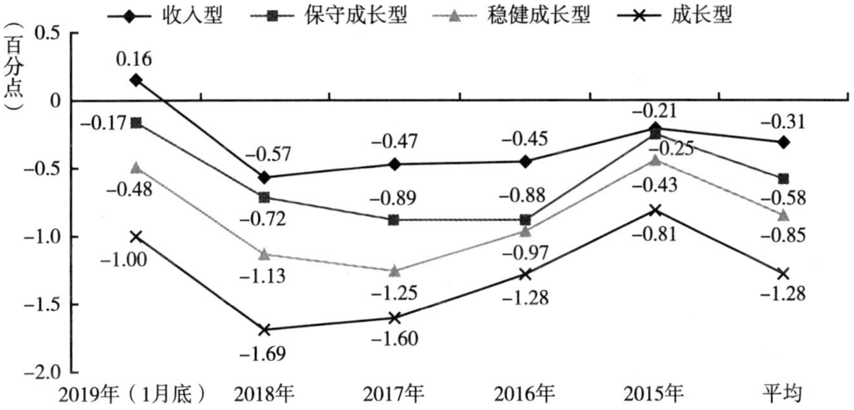


**图 2　Vanguard 旗下基金权益类资产配置比例偏离**

资料来源：根据 Morningstar 相关数据整理。

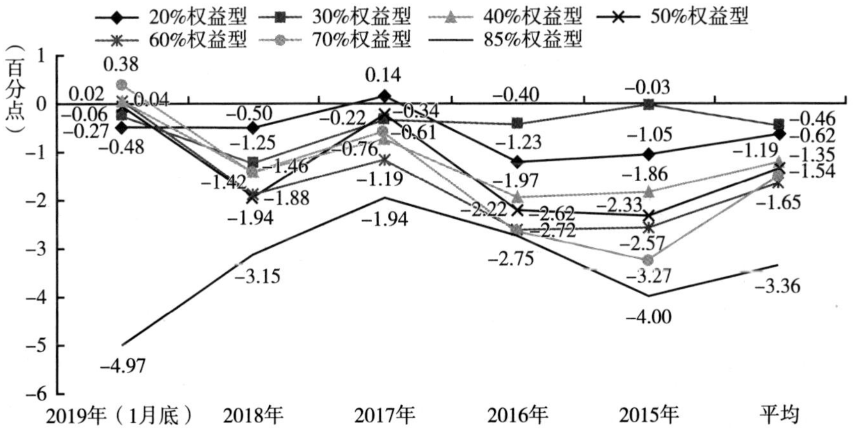


**图 3　Fidelity 旗下基金权益类资产配置比例偏离**

资料来源：根据 Morningstar 相关数据整理。

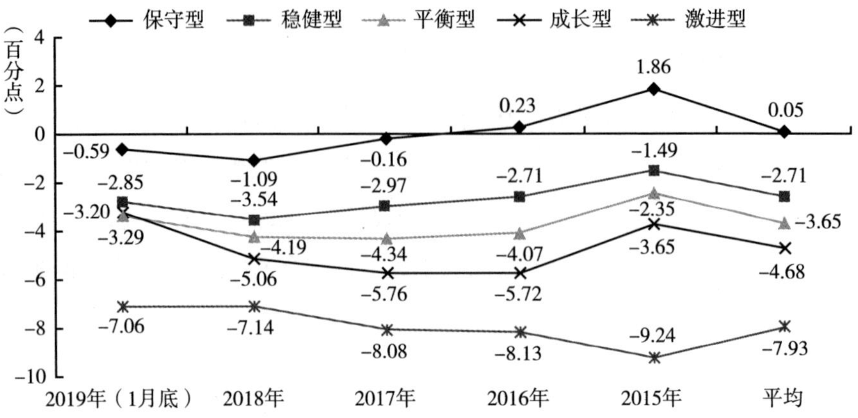


**图4　John Hancock 旗下基金权益类资产配置比例偏离**

资料来源：根据 Morningstar 相关数据整理。

Vanguard 旗下四只目标风险基金的权益类资产配置比例偏离均较小，其中偏离最大的成长型基金近五年的平均偏离仅为 1.28 个百分点，表明 Vanguard 在控制资产配置偏离上较为重视和有效。

相对 Vanguard，Fidelity 旗下目标风险基金的权益类资产配置比例偏离要更大一些，其中风险等级最高的基金 85% 权益型基金在 2019 年前两个月的偏离达到 4.97 个百分点，偏离幅度较大。除 85% 权益型基金以外，其他 6 只目标风险基金近五年的平均偏离均在 2 个百分点以内。

不同于 Vanguard 和 Fidelity，John Hancock 在资产配置再平衡上给予旗下基金较大灵活度，每只基金均可在权益类基准配置比例上下 10 个百分点内浮动。因此，John Hancock 旗下目标风险基金的偏离幅度普遍较大，最大年度偏离达到 9.24 个百分点，这可能也与该只基金（激进型基金）的权益类基准比例设置过高（100%）有关。

此外，我们发现了三家公司的两个共性：一是几乎所有的偏离均为负偏离，即实际的权益类资产配置比例低于基准值；二是当基金的风险等级越高时，其权益类资产配置比例的偏离也越大。

4. 持有子基金集中度

三家公司中，Fidelity 旗下的目标风险基金并不以 FOF 的形式运作，而是直接投资于股票和债券，其持仓特征与另外两家有明显的区别。因此，我们仅讨论 Vanguard 和 John Hancock 两家公司。

与 Vanguard 旗下大部分公募基金类似，生活策略系列目标风险基金采用完全被动的投资策略，每只基金均只持有指定的四只指数型子基金，持仓集中度较高。具体持仓情况如表 7 所示。

**表 7 Vanguard 目标风险基金子基金持仓情况**

单位：%

| 子基金名称 | 收入型基金 | 保守成长型基金 | 稳健成长型基金 | 成长型基金 |
|---|---|---|---|---|
| Vanguard Total Bond Market II Index Fund | 55. 82 | 41. 91 | 27. 93 | 14. 08 |
| Vanguard Total International Bond Index Fund | 23. 58 | 17. 58 | 11. 58 | 5. 65 |
| Vanguard Total Stock Market Index Fund | 12. 25 | 24. 21 | 36. 29 | 48. 39 |
| Vanguard Total International Stock Index Fund | 8. 22 | 16. 25 | 24. 15 | 31. 83 |

资料来源：根据 Morningstar 相关数据整理，截至 2019 年 1 月底。

John Hancock 旗下各基金的持仓集中度具有一定的差异，其中保守型基金的持仓集中度最高，前十大子基金的合计持仓比重达到 66. 18%（见表 8）。

**表 8 John Hancock 旗下目标风险基金前十大子基金的合计持仓比重**

单位：%

| 类型 | 保守型基金 | 稳健型基金 | 平衡型基金 | 成长型基金 | 激进型基金 |
|---|---|---|---|---|---|
| 前十大持仓合计 | 66. 18 | 54. 64 | 43. 94 | 44. 16 | 52. 95 |

资料来源：根据 Morningstar 相关数据整理，截至 2019 年 1 月底。

比较而言，John Hancock 旗下目标风险基金的持仓集中度要远远低于 Vanguard，持仓较为分散。由此，John Hancock 旗下基金的管理成本相对更高，但是由于可以在更大的范围中筛选优质子基金进行配置，其基金的投资收益可能将更加突出，下文的长期业绩数据似乎印证了这一判断。

5. 投资收益率

（1）Vanguard 旗下目标风险基金投资收益率。Vanguard 旗下基金的年度最高收益率与最低收益率均来自风险等级最高的成长型基金，分别为 2009 年的 24.99% 和 2018 年的 -6.90%（见图 5）。

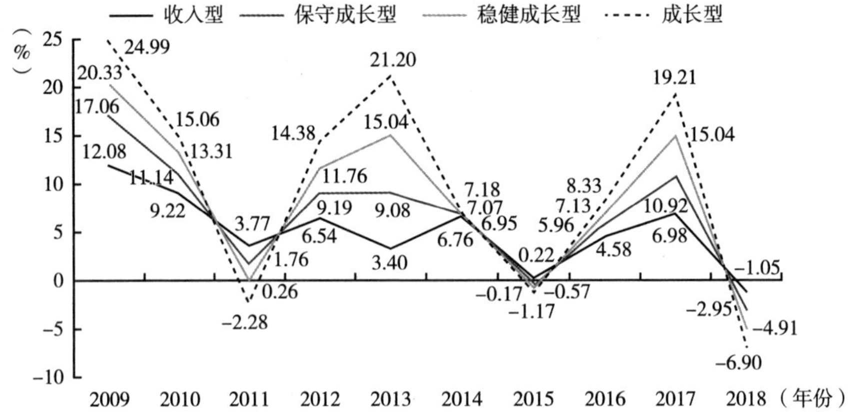


**图 5　Vanguard 旗下目标风险基金投资收益率**

资料来源：根据 Morningstar 相关数据整理。

从各基金的十年年化收益率来看，风险水平最高的成长型基金，长期投资回报最高，达到 11.27%；风险水平最低的收入型基金，长期投资回报也最低，为 5.79%。四只基金的十年年化收益率平均值为 8.60%，高于行业平均水平。

从各基金的十年夏普比率来看，风险等级越低的产品，其单位风险回报越高。夏普比率的最高值与最低值分别为 1.54% 和 1.04%，四只基金的平均夏普比率为 1.26%（见表 9）。

**表 9 Vanguard 旗下目标风险基金十年年化收益率与夏普比率**

单位：%

| 项目 | 收入型基金 | 保守成长型基金 | 稳健成长型基金 | 成长型基金 | 平均 |
|---|---|---|---|---|---|
| 十年年化收益率 | 5.79 | 7.72 | 9.60 | 11.27 | 8.60 |
| 十年夏普比率 | 1.54 | 1.30 | 1.15 | 1.04 | 1.26 |

资料来源：根据 Morningstar 相关数据整理，截至 2019 年 3 月底。

（2）Fidelity 旗下目标风险基金投资收益率。Fidelity 旗下的基金只数较多，且均为主动管理基金，不同基金间的收益率差距较大。历年投资收益中，最高收益率与最低收益率均来自风险等级最高的 85% 权益型，分别为 2009 年的 38.67% 和 2018 年的 -9.22%（见图 6）。

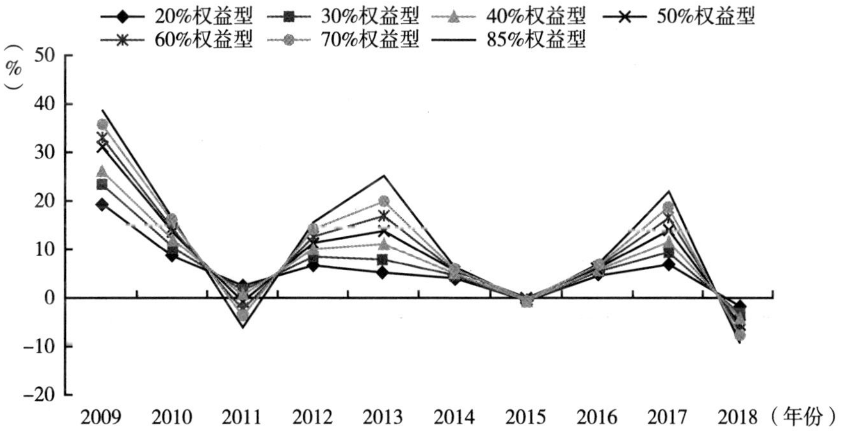


**图 6 Fidelity 旗下目标风险基金投资收益率**

资料来源：根据 Morningstar 相关数据整理。

从各基金的十年年化收益率来看，基金的风险等级越高，其长期投资回报也越高。七只基金的十年年化收益率平均值为 9.17%，表现优于 Vanguard。

从各基金的十年夏普比率来看，Fidelity 旗下各基金的单位风险回报随着风险水平的上升而下降，最高值为 1.43%，最低值为 0.97%，均低于 Vanguard。七只基金的十年夏普比率平均值为 1.17%，低于 Vanguard（见表 10）。

**表 10　Fidelity 旗下目标风险基金 10 年年化收益率与夏普比率**

单位：%

| 项目 | 20%权益型 | 30%权益型 | 40%权益型 | 50%权益型 | 60%权益型 | 70%权益型 | 85%权益型 | 平均 |
|---|---|---|---|---|---|---|---|---|
| 十年年化收益率 | 5.90 | 7.23 | 8.30 | 9.35 | 10.15 | 11.07 | 12.21 | 9.17 |
| 十年夏普比率 | 1.43 | 1.32 | 1.23 | 1.15 | 1.08 | 1.03 | 0.97 | 1.17 |

资料来源：根据 Morningstar 相关数据整理，截至 2019 年 3 月底。

（3）John Hancock 旗下目标风险基金投资收益率。John Hancock 旗下目标风险基金的历年收益中，最高收益率与最低收益率均来自激进型基金，分别为 2009 年的 36.70% 和 2018 年的 -9.87%（见图 7）。

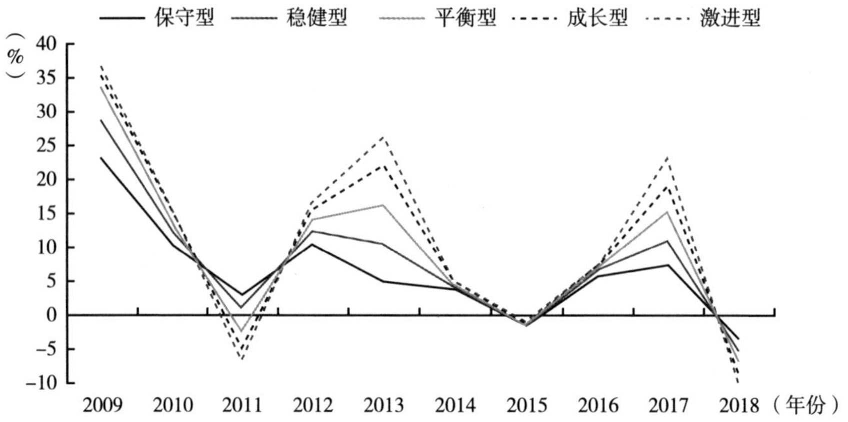


**图 7　John Hancock 旗下目标风险基金投资收益率**

资料来源：根据 Morningstar 相关数据整理。

十年年化收益率与风险等级依然呈现正相关关系。其中，最高值与最低值分别为 12.27% 和 6.89%，平均值为 9.89%，均高于 Vanguard 和 Fidelity。

从各基金的十年夏普比率来看，John Hancock 旗下基金的单位风险回报与其风险水平呈负相关关系。其中，最高值与最低值分别为 1.35% 和 0.92%，平均值为 1.11%，均低于 Vanguard 和 Fidelity（见表 11）。

**表 11 John Hancock 旗下目标风险基金十年年化收益率与夏普比率**

单位：%

| 项目 | 保守型基金 | 稳健型基金 | 平衡型基金 | 成长型基金 | 激进型基金 | 平均 |
|---|---|---|---|---|---|---|
| 十年年化收益率 | 6.89 | 8.67 | 10.33 | 11.30 | 12.27 | 9.89 |
| 十年夏普比率 | 1.35 | 1.22 | 1.07 | 0.98 | 0.92 | 1.11 |

资料来源：根据 Morningstar 相关数据整理，截至 2019 年 3 月底。

综合来看，风险等级较高的基金，其投资收益波动性也较大，夏普比率相应较低。虽然需要忍受一定的收益波动，但是长期来看，风险等级较高的基金还是普遍获得了更高的长期投资回报。

6. 年化总费率水平

目标风险基金的年化总费率是其管理费、销售服务费以及其他成本的汇总结果。其中，管理费占据主体。我们对比了三家公司旗下各基金的年化总费率水平，具体如表 12 所示。

**表 12 各目标风险基金的年化总费率**

单位：%

| Vanguard | | Fidelity | | John Hancock | |
|---|---|---|---|---|---|
| 产品名称 | 年化总费率 | 产品名称 | 年化总费率 | 产品名称 | 年化总费率 |
| 收入型基金 | 0.11 | 20%权益型基金 | 0.53 | 保守型基金 Class R6 | 0.88 |
| 保守成长型基金 | 0.12 | 30%权益型基金 | 0.54 | 稳健型基金 Class R6 | 0.89 |
| 稳健成长型基金 | 0.13 | 40%权益型基金 | 0.55 | 平衡型基金 Class R6 | 0.92 |
| 成长型基金 | 0.14 | 50%权益型基金 | 0.65 | 成长型基金 Class R6 | 0.95 |
| | | 60%权益型基金 | 0.72 | 激进型基金 Class R6 | 0.99 |
| | | 70%权益型基金 | 0.71 | | |
| | | 85%权益型基金 | 0.73 | | |

注：John Hancock 旗下的目标风险基金分为多个份额（Class），各份额的费率水平互有差异，其中 Class R6 主要对应 401（k）计划、403（b）计划、457 计划等养老金资产，本表格仅选取 Class R6 的费率数据。

资料来源：Vanguard、Fidelity、John Hancock 公司官网。

根据表12，目标风险基金呈现风险水平越高，基金费率也越高的规律。Vanguard 旗下的目标风险基金维持了 Vanguard 长期以来的低费率传统，Fidelity 的基金费率水平介于中间，John Hancock 则最高。

16 只目标风险基金中，年化总费率最高的为 0.99%，最低的仅为 0.11%。

7. 小结

通过上述分析比较，可以将三家公司旗下目标风险基金的情况汇总如表 13 所示。

**表 13　三家公司目标风险基金产品汇总比较**

| 公司 | 是否为FOF形式 | 投资策略 | 产品系列完备性 | 主打产品 | 资产配置偏离情况 | 持仓集中度(时点) | 长期投资收益水平 | 费率水平 |
|---|---|---|---|---|---|---|---|---|
| Vanguard | 是 | 被动 | 低 | 中高风险 | 小 | 高 | 低 | 低 |
| Fidelity | 否 | 主动 | 高 | 中低风险 | 中 | — | 中 | 中 |
| John Hancock | 是 | 主动 | 中 | 中高风险 | 大 | 低 | 高 | 高 |

## 三　美国目标风险基金中的养老金参与情况

### （一）美国目标风险基金的资金构成

根据 ICI 披露的数据资料，美国目标风险基金的资金构成包括 DC 计划、IRA 账户和其他投资者三类。我们将前两类视为目标风险基金在养老金市场中的规模。截至 2018 年底，目标风险基金中的养老金资产规模为 1530 亿美元，占比达到 43.97%，即近一半的资金来源为美国养老金市场（见图 8）。

在目标风险基金兴起阶段，美国养老金市场贡献的资金规模占比保持在 60% 左右，其峰值为 2001 年的 64.71%。自 2002 年之后，养老金资产在目标风险基金中的占比出现了下滑趋势，直至 2011 年以来逐步稳定在 44% 左右。

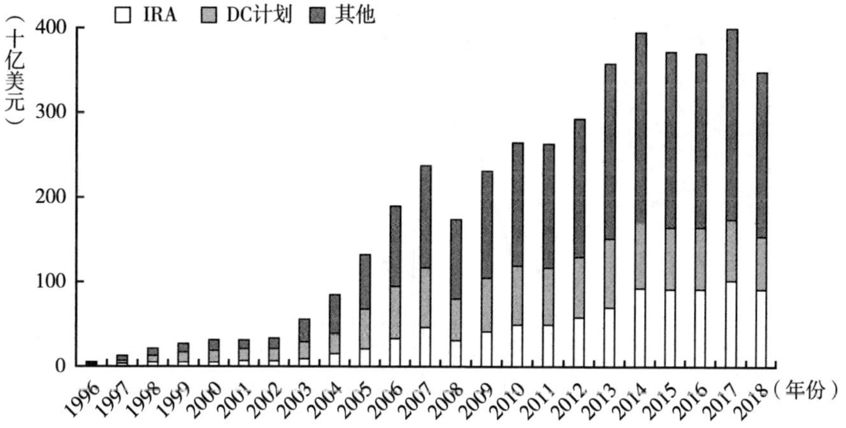


**图 8　目标风险基金的资金来源构成**

资料来源：根据 ICI 相关数据整理。

## （二）目标风险基金在美国养老金市场中的地位

1. 目标风险基金在 DC 计划与 IRA 账户合计资产规模中的占比

目标风险基金兴起之初，在美国 DC 计划和 IRA 账户中的占比经历了一个较快的增长过程。在此之后，目标风险基金的占比逐步稳定下来，保持在 1.2% 左右，但 2014 年后出现了下滑趋势，最新占比已不足 1%（见图 9）。

相对另一类养老目标基金——目标日期基金，目标风险基金诞生初期在美国 DC 计划和 IRA 账户中的占比更大，增速也更快，这一状况一直持续至 2006 年。此后，目标日期基金的占比便逐渐超越目标风险基金。

就目标风险基金近年来在美国 DC 计划和 IRA 账户中的占比停滞不前，我们认为：一方面，2006 年美国通过《养老金保护法案》，建立了“合格默认投资选择（QDIA）”机制，将指数基金、平衡基金等也纳入了 QDIA，对目标风险基金的投资者产生了分流作用；另一方面，相较于风险偏好水平，目标日期基金对于投资者来说更具有选择便捷性。因此，随着美国养老金三支柱体系的成熟，目标风险基金在其中的占比也就逐渐从上升、平稳过渡到下降阶段。

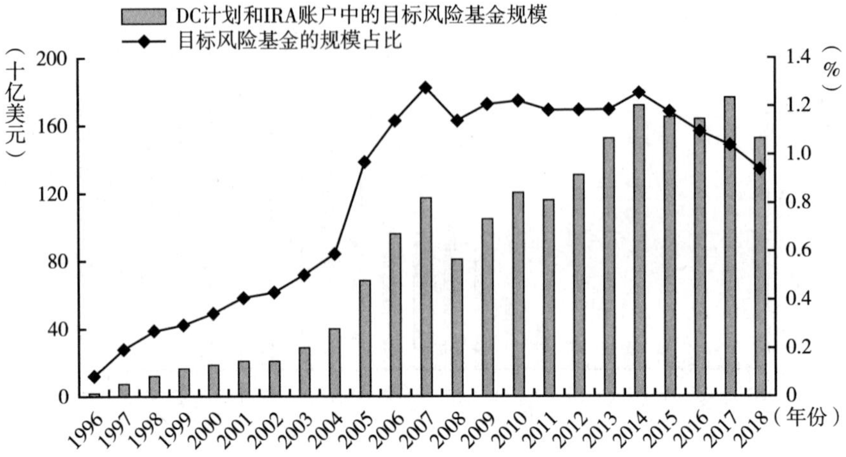


**图 9　DC 计划与 IRA 账户中的目标风险基金规模**

资料来源：根据 ICI 相关数据整理。

2. 目标风险基金在美国 DC 计划①中的占比

美国 DC 计划中的目标风险基金规模从 1996 年末的 20 亿美元增长至 2018 年末的 640 亿美元。目标风险基金在 DC 计划中的占比经历了一个快速上升，逐步平稳，继而平缓下降的过程，其峰值是 2007 年的 1.6%（见图 10）。

如图 10 所示，在 2008 年之前，DC 计划中目标风险基金的增速始终高于 DC 计划本身的增速，尤其是 2005 年，目标风险基金实现了 100% 的增速，而同年 DC 计划仅增长了 8.4%。在 2008 年之后，目标风险基金与 DC 计划的增减走势基本一致，增速偏离变小，且近年来目标风险基金的规模增速一直处于落后态势。

3. 目标风险基金在美国 IRA 账户中的占比

美国 IRA 账户中的目标风险基金规模从 1996 年末的 10 亿美元增长至 2018 年末的 890 亿美元。目标风险基金在 IRA 账户中的占比早期增长较快，自 2007 年后长期保持在 1% 左右。对比来看，较长一段时间内，目标风险基金在 IRA 账

① 包含401（k）、403（b）、457等其他计划类型。

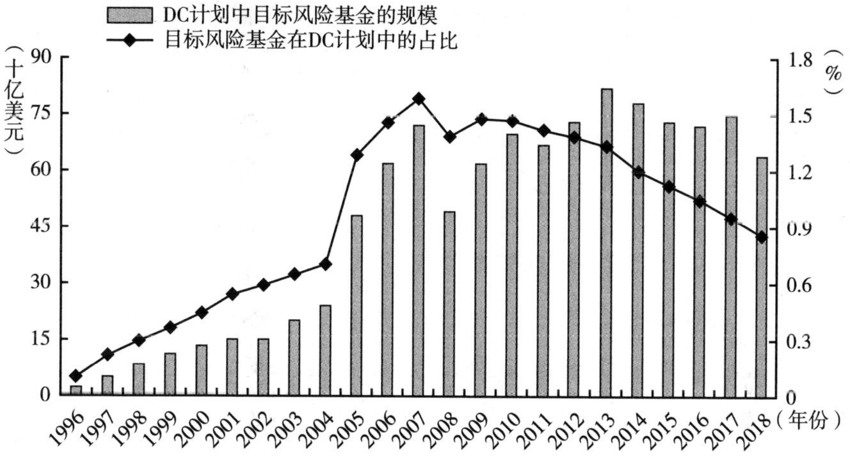


**图 10　DC 计划中的目标风险基金规模**

资料来源：根据 ICI 相关数据整理。

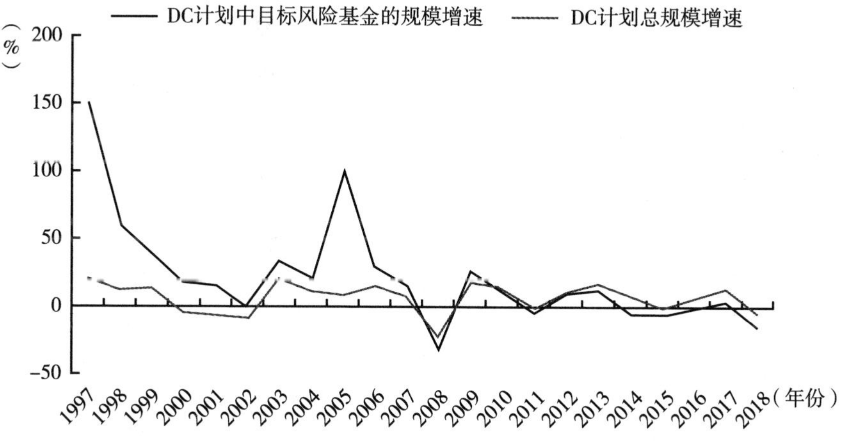


**图 11　DC 计划的资产规模增速与其中目标风险基金的规模增速**

资料来源：根据 ICI 相关数据整理。

户中的占比略小于其在 DC 计划中的占比，但近年来这一趋势有所反转（见图 12）。

如图 13 所示，IRA 账户中目标风险基金的规模增长情况同样以 2008 年为界分为两个阶段。2008 年之前，IRA 账户中目标风险基金的增速始终高于 IRA 账户本身的增速；2008 年之后，除 2014 年外，目标风险基金与 IRA 账户的规模增速基本一致。

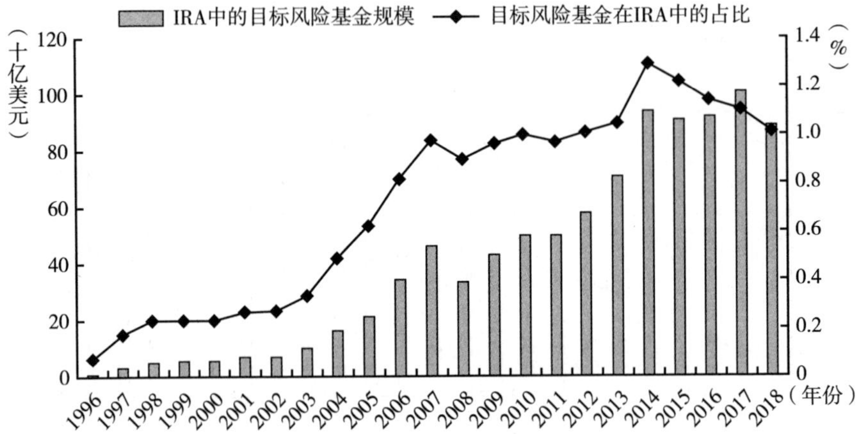


**图 12　IRA 账户中的目标风险基金规模**

资料来源：根据 ICI 相关数据整理。

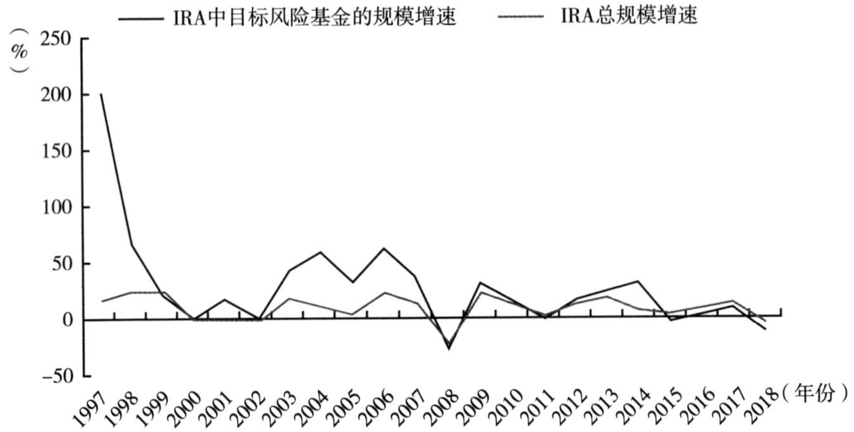


**图 13　IRA 账户的资产规模增速与其中目标风险基金的规模增速**

资料来源：根据 ICI 相关数据整理。

## （三）美国目标风险基金服务养老金市场的经验总结

1. 目标风险基金的发展离不开政策的鼓励和支持

从 1996 年美国出台《全国性证券市场促进法》，取消对基金公司发行

FOF的限制，破除目标风险基金发展的制度性障碍，到政府大力推进401（k）计划和IRA发展，为公募基金行业注入源源不断的长期资金，再到引入合格默认投资选择（QDIA）机制，并将目标风险基金纳入QDIA，目标风险基金的兴起和发展始终与政策的鼓励和支持相伴。

目标风险基金发展成熟以后，又反过来促进美国养老保障体系的健康发展，为养老金市场提供了一种具有鲜明特色和长期生命力的投资工具。

2. 目标风险基金根植于资产配置的理念

目标风险基金同时投资于权益类和固收类资产，并预先设定了风险水平，是一种较为成熟的资产配置工具。而资产配置是长期投资中对收益影响最大的因素，这一理念在美国市场已被广泛传播和接受，目标风险基金便植根于这一理念的土壤上，成为养老金投资者的重要选择之一。

3. 目标风险基金为投资者提供了差异化的产品选择

目标风险基金具备鲜明的产品特色，其风险收益特征被准确刻画出来，对于那些了解自身风险偏好，希望产品要素更加透明的投资者，是一个理想的选择。同时，目标风险基金提供了一站式的资产配置解决方案，契合养老金投资的规律，增加了产品供给的丰富性和完备性，具有重要的意义。

4. 目标风险基金的发展可能具有一定的阶段化特征

从美国市场的经验来看，目标风险基金在最初阶段发展的速度较快，超过了目标日期基金，这可能正得益于其产品设计与风险收益特征的清晰简明，从而易于为投资者接受并尝试。但是，到了一定阶段以后，其发展速度又将趋缓。我们判断这可能是因为个人的风险偏好是不断变化的，而准确认知自身的风险偏好变化并做出投资调整实际上并不轻松，最终迫使很多投资者转向了目标日期基金。

当然，指数投资和低成本投资的兴起分流了较多资金来源，也是其发展速度趋缓的重要原因。

5. 打造有竞争力的目标风险基金需要多方面努力

首先，要在风险水平上有准确的界定，并制定匹配的资产配置策略；其次，要通过再平衡，动态控制资产配置的偏离情况，使产品的风险保持基本稳定；再次是优选子基金，构造业绩优异的投资组合，为投资者贡献有竞争力的长期回报；最后是压缩产品的综合费率，保持相对低成本，增强对投资者的成本吸引力。

## 四　我国目标风险基金的发展现状

### （一）我国目标风险基金的诞生与概念内涵

我国目标风险基金起步较晚，最早明确提出采用目标风险策略的是华夏聚惠稳健目标风险混合型基金中基金（FOF）和建信福泽安泰混合型基金中基金（FOF）。这两只实质意义上的目标风险基金均于2017年9月26日发行。

2018年2月，证监会印发《养老目标证券投资基金指引（试行）》，将目标风险策略作为养老目标基金的可选投资策略之一。至此，目标风险基金正式作为我国公募基金中的一个重要类别被提出和研究。

我国目标风险基金借鉴了美国同类产品的发展经验，比如主要的产品设计思路，以及采用FOF的运作模式等。但与美国不同的是，我国目标风险基金自诞生之初，便肩负着服务个人养老金的历史使命，真正因养老金而生。

2018年4月2日，财政部等五部门联合发布了《关于开展个人税收递延型商业养老保险试点的通知》。根据通知精神，一年期试点结束后，将结合养老保障第三支柱制度建设情况，有序扩大参与的金融机构和产品范围，将公募基金等产品纳入个人商业养老账户投资范围。采用目标风险策略的养老目标基金，将有望对接我国养老保障第三支柱，成为个人养老金投资的重要工具选择。

从概念上说，目标风险基金的概念是大于养老目标基金中的目标风险策略基金的，后者是前者的子集，即并非所有的目标风险基金都是养老目标基金。但是，可以预见，随着第三支柱的蓬勃发展，未来我国绝大多数目标风险基金都将以养老目标基金的形式存在。因此，下文中对我国目标风险基金进行分析时，均仅限于采用目标风险策略的养老目标基金。

## （二）我国目标风险基金的发行成立情况

截至 2019 年 5 月底，证监会共批复四批次共计 27 只目标风险基金。其中，18 只已成立，进入投资运作阶段，余下 9 只尚未发售。

1. 已成立的目标风险基金

18 只基金的平均认购户数为 2.37 万户，平均募集份额为 5.59 亿份。其中，认购户数最多的为富国鑫旺稳健养老目标基金，达到 9.49 万户；募集份额最多的为交银施罗德安享稳健养老目标基金，达到 20.43 亿份。

在最短持有期设置上，既有限定为三年的，也有限定为一年的，以一年居多。基金管理费率最高为 1%，最低为 0.50%（见表 14）。

**表 14　国内已成立养老目标风险基金的基本信息**

| 基金名称 | 成立时间 | 认购户数（万户） | 募集份额（亿份） | 管理费率（%） | 最短持有期 |
|---|---|---|---|---|---|
| 泰达宏利泰和平衡养老目标 | 2018－10－25 | 4.07 | 2.29 | 1.00 | 三年 |
| 富国鑫旺稳健养老目标 | 2018－12－13 | 9.49 | 8.83 | 1.00 | 一年 |
| 万家稳健养老目标 | 2018－12－13 | 5.93 | 2.19 | 0.90 | 三年 |
| 广发稳健养老目标 | 2018－12－25 | 5.84 | 5.20 | 0.60 | 一年 |
| 兴全安泰平衡养老目标 | 2019－01－25 | 5.98 | 6.29 | 0.50 | 三年 |
| 建信优享稳健养老目标 | 2019－01－31 | 1.95 | 8.11 | 0.60 | 年 |
| 博时颐泽稳健养老目标 | 2019－03－20 | 0.54 | 7.72 | 0.60 | 一年 |
| 国投瑞银稳健养老目标 | 2019－03－25 | 0.69 | 6.10 | 0.60 | 一年 |
| 万家平衡养老目标 | 2019－04－22 | 0.01 | 0.10 | 0.80 | 三年 |
| 鹏华长乐稳健养老目标 | 2019－04－22 | 0.08 | 0.10 | 0.60 | 一年 |
| 海富通稳健养老目标 | 2019－04－25 | 1.89 | 0.91 | 0.50 | 一年 |
| 华宝稳健养老目标 | 2019－04－25 | 0.03 | 0.13 | 0.60 | 一年 |
| 招商和悦稳健养老目标 | 2019－04－26 | 0.64 | 8.13 | 0.60 | 一年 |
| 民生加银康宁稳健养老目标 | 2019－04－26 | 0.90 | 11.68 | 0.60 | 一年 |
| 国联安安享稳健养老目标 | 2019－04－26 | 0.18 | 3.47 | 0.60 | 一年 |
| 中银安康稳健养老目标 | 2019－05－08 | 0.41 | 4.38 | 0.60 | 一年 |
| 南方富元稳健养老目标 | 2019－05－10 | 0.66 | 4.56 | 0.90 | 一年 |
| 交银施罗德安享稳健养老目标 | 2019－05－30 | 3.41 | 20.43 | 0.60 | 一年 |

资料来源：各公司官网。

2. 尚未发行的目标风险基金

证监会网站显示，截至五月底共有 9 只已经获批但尚未发行的目标风险基金，分别为五年最短持有期的上投摩根锦程积极成长养老目标基金，三年最短持有期的长信颐天平衡养老目标基金、上投摩根锦程均衡养老目标基金、广发均衡养老目标基金、前后开源康颐平衡养老目标基金和景顺长城稳健养老目标基金，一年最短持有期的易方达汇智稳健养老目标基金、银华尊尚养老目标基金和浦银安盛颐和稳健养老目标基金。

## （三）我国目标风险基金的资产配置策略

国内目标风险基金一般采用两种标准界定风险：一种是权益类资产的基准配置比例，另一种是目标波动率。采用不同界定标准的目标风险基金，其资产配置策略也有较大差异，因此我们将分别介绍两种界定标准下的基金资产配置策略。

1. 以权益类资产基准配置比例为风险界定标准

国内已成立的 18 只目标风险基金中，有 15 只使用权益类资产基准配置比例界定风险水平，具体如表 15 所示。

**表 15　相关目标风险基金的资产配置情况**

单位：%

| 基金名称 | 权益类资产配置比例 | | | 商品基金配置上限 | 货币基金配置上限 | 现金资产配置下限 | 单只基金持有上限 |
|---|---|---|---|---|---|---|---|
| | 基准比例 | 配置上限 | 配置下限 | | | | |
| 泰达宏利泰和平衡养老目标 | 50 | 55 | 40 | 10 | 5 | 5 | 20 |
| 兴全安泰平衡养老目标 | 50 | 55 | 40 | | | | |
| 万家平衡养老目标 | 50 | 55 | 40 | | | | |
| 富国鑫旺稳健养老目标 | 25 | 30 | 15 | | | | |
| 广发稳健养老目标 | 25 | 30 | 15 | | | | |
| 国投瑞银稳健养老目标 | 25 | 30 | 15 | | | | |
| 国联安安享稳健养老目标 | 25 | 30 | 15 | | | | |
| 鹏华长乐稳健养老目标 | 25 | 30 | 15 | | | | |
| 交银施罗德安享稳健养老 | 25 | 30 | 15 | | | | |

**续表**

| 基金名称 | 权益类资产配置比例 | | | 商品基金配置上限 | 货币基金配置上限 | 现金资产配置下限 | 单只基金持有上限 |
|---|---|---|---|---|---|---|---|
| | 基准比例 | 配置上限 | 配置下限 | | | | |
| 建信优享稳健养老目标 | 20 | 25 | 10 | 10 | 5 | 5 | 20 |
| 博时颐泽稳健养老目标 | 20 | 25 | 10 | | | | |
| 中银安康稳健养老目标 | 20 | 25 | 10 | | | | |
| 海富通稳健养老目标 | 20 | 25 | 10 | | | | |
| 华宝稳健养老目标 | 20 | 25 | 10 | | | | |
| 南方富元稳健养老 | 20 | 25 | 10 | | | | |

注：权益类资产一般包括股票、股票型基金、偏股混合型基金等，部分公司还将所有类型的混合型基金以及商品基金和权证纳入了权益类资产的范畴。

资料来源：各公司官网。

在权益类资产配置上，泰达宏利、兴全和万家发行的3只目标风险基金的基准比例均为50%，而其他12只基金的基准比例分别为25%或20%。同时，各基金均可以在权益类资产基准配置比例上进行上下浮动，最多可以向上浮动5个百分点，向下浮动10个百分点。

为更准确界定基金的风险水平，同时也为了满足监管的要求，[①] 各基金同时设置了商品基金配置比例、货币基金配置比例和单只基金持有比例上限，分别为10%、5%和20%，并且限定了现金资产的配置比例不低于5%。

养老目标基金面世的初期阶段，各家公司相对比较谨慎。在此背景下，现有的15只基金均属中低风险基金，高风险基金还是一片空白，各家基金公司也尚未形成完整的目标风险基金系列。

2. 以目标波动率为风险界定标准

国内已成立的目标风险基金中，有3只以目标波动率作为基金风险的界定标准。这3只基金并不追求权益类资产配置比例的恒定，而是通过限制预

① 根据《养老目标证券投资基金指引（试行）》，养老目标基金定期开放的封闭运作期或投资人最短持有期限不短于1年、3年或5年的，基金投资于股票、股票型基金、混合型基金和商品基金等品种的比例合计原则上不超过30%、60%、80%。

期波动率和下行风险，将基金风险维持在某个固定水平，以实现风险约束下投资组合收益的最大化为目标（见表16）。

采用这种标准的基金在市场波动较大时，会增加低风险资产的配置；而在市场波动较小时，会增加高风险资产的配置。

**表16　相关目标风险基金的资产配置情况**

单位：%

| 基金名称 | 目标波动率 | 权益类资产配置上限 | 权益类资产配置下限 |
|---|---|---|---|
| 万家稳健养老目标 | 9.5 | 60 | 35 |
| 招商和悦稳健养老目标 | 5 | 30 | 5 |
| 民生加银康宁稳健养老目标 | 5 | 30 | 10 |

资料来源：各公司官网。

根据表16，虽然基金名称都含有“稳健”二字，但3只基金对波动率的容忍程度并不相同。其中，万家稳健养老目标基金的目标波动率最高，为9.5%；招商和民生加银旗下两只基金的目标波动率为5%。此外，万家稳健养老目标基金对投资组合最近一年最大回撤也做出了约定，要求控制在7.5%以内。

在权益类资产配置上，万家设定的配置比例上限为60%，下限为35%，均高于招商和民生加银。60%的权益类资产配置比例上限也是目前已有目标风险基金中最高的。

3只基金的权益类资产配置比例上下限差额分别为25%和20%，高于以权益类资产基准配置比例界定风险的那10只基金的15%，也即以目标波动率为风险界定标准的基金在资产配置比例上的自主空间更大。

## 五　思考与建议

根据《关于开展个人税收递延型商业养老保险试点的通知》，一年期试点结束后，有望将养老目标基金纳入个人商业养老账户投资范围，对接我国养老保障第三支柱，成为个人养老金投资的重要工具选择。基于这一明确预期，我们相信目标风险基金将与我国个人养老金一同发展壮大，成为万千居民的养老投资工具，发挥其重要的历史使命。

### （一）我国目标风险基金发展面临的挑战

1. 个人养老储蓄意识不够，养老投资知识欠缺

我国目标风险基金从诞生起，就肩负着服务养老保障体系第三支柱个人养老金的使命。个人养老金的蓬勃发展，是未来目标风险基金能够做大做强的基础。而从目前来看，个人养老储蓄的意识不够，缺乏对退休养老生活的前瞻规划和主动作为等，都对个人养老金的发展产生了一定的阻碍。

与此同时，个人在养老投资知识和经验上的积累也较少，资产配置、长期投资、权益投资的理念还有待传播，导致经常出现投资目的、风险、期限和流动性方面的错配，从而挫伤个人进行养老投资的积极性。

2. 个人认识自身的风险承受能力并选择合适的产品，存在难度

认识自身的风险承受能力并挑选适合自己的基金，是购买目标风险基金的重要环节。在海外市场，个人投资者可以求助于投资顾问，完成这两个重要的步骤。但在国内，由于缺乏投顾传统，个人投资者在购买基金前很难得到系统的咨询服务，尤其是难以得到基于个人投资者自身情况的定制化指导，加之投资知识的普遍欠缺，个人投资者在购买目标风险基金时将面临一定的困难。

3. 子基金的数量虽多，但普遍风格不够稳定

美国目标风险基金的可选子基金不仅数量众多，且普遍类别清晰，风格稳定，为投资组合的构建提供了丰富的素材。我国公募基金的数量虽然已有长足发展，但相对而言，分类框架还不够清晰，构成结构略不平衡，覆盖的资产种类仍需进一步丰富。此外，我国公募基金换仓比较频繁，风格持续性偏弱，很多产品的投资风格和产品设计存在偏差，导致长期的风格漂移。这些都给目标风险基金的管理运作带来了挑战。

## （二）对我国目标风险基金的发展建议

1. 结合第三支柱发展，继续加强对目标风险基金的政策引导和鼓励

从美国的经验来看，目标风险基金的发展离不开政策的支持和鼓励。结合我国的情况，应推动包括目标风险基金在内的养老目标基金尽快纳入个人税收递延养老的可选投资工具范围，使目标风险基金可以尽早与养老金投资紧密对接，发挥其产品特色优势。

在条件成熟后，我国个人养老金也可参考美国的经验引入默认投资选择机制，并将目标风险基金纳入其中，鼓励个人优先选择包括目标风险基金在内的成熟投资产品。

此外，还应加强政策引导，使投资者在目标风险基金的投资过程中尽量减少短期行为，鼓励进行长期投资，克服短期波动，收获长期回报。

2. 加强投资者教育，使之贯穿目标风险基金的全生命周期

鉴于目标风险基金的特性，投资者教育是非常重要的环节，并且投资者教育应贯穿目标风险基金营销发行和投资运作的全过程。随着目标风险基金的客户逐渐增加，一大批更加成熟的投资者也将从中产生。

同时，投资者教育也是一项系统工程，并非只有基金管理公司需要关注，还需要发挥政府部门、监管机构、行业协会、营销渠道、媒体网络等多方合力，向投资者普及养老规划、养老投资、资产配置、长期投资、权益投资的理念和知识。

3. 打造完整的产品体系，满足多样化的投资需求

目前已发行目标风险基金的基金公司，旗下目标风险基金只数均较少，仅能满足少部分特定风险偏好的投资者，导致目标客户群体过窄。而根据美国的经验，基金公司往往会打造一个目标风险基金系列，系列下包含对应不同风险水平的多只基金，借助精准营销满足不同的投资者，扩展目标风险基金的客户群体。后续，国内基金公司也应重视产品体系的打造，使每一个有意向的投资者都能在其旗下目标风险基金系列中挑选到适合自己的一只。

4. 把握目标风险基金的发展规律，抓住初期发展机遇

通过对美国目标风险基金发展过程的回顾，我们发现初期阶段目标风险基金的发展速度较快，投资者对目标风险基金的接纳程度较高。而经过一段时间以后，目标风险基金的规模增速逐渐平缓。因此，国内基金公司应抓住初期的发展机遇，借助第三支柱发展的契机，争取尽快做大目标风险基金规模，扩大产品影响力。

此外，相对而言，我国投资者对投资的自主性要求较高，倾向于参与到投资过程之中。目标风险基金往往在发行阶段就明确了权益类资产的基准配置比例，给了投资者更加清晰的预期，增加了投资者对投资过程的掌控力，或许更加契合国内投资的偏好，从而在初期阶段能够获得更多的认可，帮助目标风险基金做大规模。

5. 大力发展风格明确的公募基金，为目标风险基金提供更多可选子基金

目标风险基金以 FOF 的形式管理运作，可选的优质子基金越多，对目标风险基金提升投资业绩越有利。建议公募基金行业大力发展风格明确、仓位稳定的标准股票型基金和标准债券型基金，逐步压缩灵活配置型基金，减少投资过程中的机会主义，同时进一步丰富公募基金所覆盖的资产类别，优化现有产品的结构，为目标风险基金提供更多可选优质子基金。

## 参考文献


中国证券投资基金业协会：《个人养老金：理论基础、国际经验与中国探索》，中国金融出版社，2018。

郑秉文：《中国养老金精算报告 2018～2022》，中国劳动社会保障出版社，2018。

董克用：《我国养老金体系的发展历程、现状与改革路径》，《人民论坛·学术前沿》2018 年第 22 期。

袁中美、郭金龙：《私营养老金计划税收优惠模式比较及国际经验借鉴》，《税务与经济》2018 年第 6 期。

胡宇晓、刘涛：《个人退休账户（IRA）制度如何助力美国人养老》，《上海保险》2018 年第 6 期。

齐传钧：《美国个人退休账户的发展历程与现状分析》，《辽宁大学学报》（哲学社会科学版）2018 年第 3 期。

董克用、张栋：《高峰还是高原？——中国人口老龄化形态及其对养老金体系影响的再思考》，《人口与经济》2017 年第 4 期。

Edwin J. Elton, Martin J. Gruber and Andre de Souza, "Target Risk Funds", European Financial Management, December 2014.

Nigel D. Lewis, "The Relationship between target date and target risk funds", Pensions, March 2008.

"2019 Investment Company Fact Book", Investment Company Institute, April 2019.

"2018 Investment Company Fact Book", Investment Company Institute, May 2018.

"The Role of IRAs in US Households Saving for Retirement", Investment Company Institute, December 2017.

"Ten Important Facts about 401 (k) Plans", Investment Company Institute, September 2018.

"Ten Important Facts about IRAs", Investment Company Institute, October 2018.

"Stocktaking of the tax treatment of funded private pension plans in OECD and EU countries", OECD , 2015.

B.18

# 海外养老金默认投资机制与借鉴

孙 瑜 彭维瀚*

**摘 要：** 海外各国的DC型养老金计划实践中，通常赋予参与成员自主选择投资产品的权利，但也带来信息过载等一系列问题，因此很多国家的养老金制度引入了默认机制。通常默认机制的设计主要采用直接规定或机构自主选择等方式，默认产品可以分为保守型产品、平衡型产品和基于生命周期/年龄的产品。凭借简便易懂、费率低廉和分散化投资等优点，默认产品为很多没有投资意愿或投资能力的参与人提供了便利，受到广泛欢迎。在中国私人养老金的顶层设计中，默认投资机制和默认产品应当秉承安全、简便等核心原则，通过循序渐进的方式引入。目前阶段，资金暂存产品或许是一个更值得考虑的替代选择。

**关键词：** 默认产品 默认机制 海外养老金

## 一 默认机制引入的背景与设计原则

### （一）产生背景：个人投资选择权与默认机制

海外各国的DC型养老金计划通常向成员提供一系列的投资产品，允许

* 孙瑜，广发基金管理有限公司养老金部研究员，研究领域为养老金制度与资产管理；彭维瀚，经济学博士，广发基金管理有限公司养老金部研究员，研究领域为养老金资产管理。本文仅代表个人观点，与供职单位无关。

参与成员自主选择如何投资。个人投资选择权的设立包含一个隐含前提，即假定个人能够足够理性地选择管理机构和投资产品，从而在满足不同的风险偏好的基础上，实现投资收益的最大化。

养老金的充足性主要取决于缴费水平、缴费时间、成本管控和投资策略四个方面，其中投资策略是个人参与者最难以理解和掌握的部分。在各国的养老金实践中发现，相当一些人没有意愿或能力对其个人账户进行主动投资。存在的具体问题表现为以下几个方面。

1. 信息过载

对于美国401（k）计划的研究表明，给予个人过多的投资选择权，往往会导致个人进行过度选择。Benartzi 和 Thaler 调查发现，虽然个人有意提高退休收入，却没有能力做出恰当的投资选择。Zyengar 和 Kamenica 研究发现，随着投资基金选择数的增多，股票投资比例反而会降低。Iyengar 等研究发现，随着投资基金选择数的增加，401（k）计划个人实际参与率反而会降低，在只有两种选择的情况下，实际参与率达到75%；在投资基金的选择数达到60只的情况下，实际参与率降为60%。[①]

2. 从众选择

毫无疑问，进行投资选择的个人都想提高退休后的收入，但事实上，他们的投资选择并没有达到预期目标，并容易受从众思想的影响。Zyengar 和 Kamenica 调查发现，在自己的选择与大多数人的选择不同的情况下，被调查者往往按照大多数人的选择进行选择，并没有充分体现出匹配个人风险偏好的投资差异。

3. 过度自信

过度自信往往发生在：一方面在面临众多信息时，个人可能无法完全有

---

① "How Much Is Investor Autonomy Worth?", *The Journal of Finance*, 2002, https://onlinelibrary.wiley.com/doi/pdf/10.1111/1540-6261.00472"; "Choice Overload and Simplicity Seeking", 2006, https://www.researchgate.net/publication/253950716_Choice_Overload_and_Simplicity_Seeking; "Pension Design & Structure New Lessons from Behavioral Finance", 2003; "How much Choice is too much? Contributions to 401 (k) Retirement Plans", https://pensionresearchcouncil.wharton.upenn.edu/.

效利用；另一方面在面对不可控事件时，对自身控制能力过度自信。Barber等对美国60000个家庭为期五年（1991～1996年）的调查发现，交易频率最高的一组收益率为11.4%，而同期交易最少的一组收益率为18.5%。过度自信导致更多的交易，而更多的交易并没有带来收益的提高。[①]

4. 无视风险

Palmer和Edward对瑞典的调查表明，最低收入群体和最高收入群体的投资风险趋同，即随着收入的增长，投资风险水平先降后升呈现U型。高收入者有足够的能力承担风险，而低收入者由于存在最低收益担保机制而无视风险。[②]

综上，参与人自由选择权的扩大可能会使个人无法准确选择市场优秀投管人及产品，同时可能阻碍个体的决策过程，决策者往往倾向于简单选择。默认基金的设立基于“简单选择”的理论，弥补了个人投资选择权在运行中产生的种种不足。在个人账户运营的过程中，一部分参与人无法做出投资决策，因此，许多国家的政策制定者为参与人提供默认投资机制（Default Investment Strategy）。

## （二）实践成果：默认投资机制的引入受到广泛欢迎

默认投资机制是养老金个人账户管理的重要创新，初衷主要是满足两类人群的需要：一类人既不具备相关金融知识，也对参与管理其个人账户投资缺乏兴趣；另一类人虽然想对其个人账户进行主动管理，但苦于缺乏相关金融知识。

默认投资机制最初由美国在其401（k）养老金个人账户投资管理中成功运用。2006年，合格默认投资选择（Qualified Default Investment

① “The Courage of Misguided Convictions: The Trading Behavior of Individual Investors”, Social Science Electronic Publishing, 2000, https://www.researchgate.net/publication/228316585_The_Courage_of_Misguided_Convictions_The_Trading_Behavior_of_Individual_Investors.

② “The Market for Retirement Products in Sweden”, 2008, https://papers.ssrn.com/sol3/papers.cfm?abstract_id=1280010.

Alternative，QDIA）被写入美国国家养老金保护法案——《美国养老金保护法》（*Pension Protection Act*，PPA）中。当401（k）计划参与者未对计划账户的投资做出主动选择时，QDIA机制将个人账户内的资金默认投资于某类基金，以解决投资静态化和投资极端化的问题。之后，养老金默认投资机制受到越来越多国家的青睐。

默认产品虽然不一定是参与人的最优投资选择，但是默认投资机制在兼顾养老金的安全和投资属性的基础上，为那些无法做出选择的参与人提供了便利。美国、澳大利亚、智利等均在养老金制度中引入了默认投资机制；根据欧盟的统计，至少有英国等9个欧洲国家的养老金制度在为个人提供投资选择权的同时，也将默认投资机制作为养老金个人账户管理制度中的重要部分。

默认产品的引入契合了广大养老金参与者的需求，因此大受欢迎。根据国际养老金监督官组织（IOPS）的统计，默认产品在很多国家成为养老金投资的重要选择，甚至占到养老金投资的很大比例（见表1）。

**表1　部分国家参与默认基金的成员比例**

单位：%

| 国家 | 参与默认基金的成员比例 |
| --- | --- |
| 美国 | 80 |
| 澳大利亚 | 42 |
| 爱沙尼亚 | 12 |
| 拉脱维亚 | 15 |
| 瑞典 | 92.5 |
| 意大利 | 25 |
| 英国 | 60～100 |
| 智利 | 60 |
| 墨西哥 | 99 |
| 秘鲁 | 99 |

资料来源：IOPS Working Papers on Effective Pensions Supervision，No. 18，2012。

## 二　默认机制的设计

从海外实际情况来看，养老金默认机制的设计主要有三种不同方式，一是制定法律直接规定特定的默认产品；二是限定默认产品类型；三是由雇主、养老金计划发起人或受托人来选择默认产品，但养老金监管机构一般会提供产品选择指导。

### （一）法律规定

1. 强制性制度

在强制性制度中，弱势群体通常被强制要求加入养老金，因为这类养老金通常是维持生计而不是提供基本保障以外的额外退休收入，所以对于这类成员的保护需要更高标准。但同时，由于是强制性的，涵盖人群范围广泛，包括那些受教育程度有限的个人，导致不愿参加的比例往往很高。为保持高标准的保护，同时约束参与者的行为，这类制度的约束通常是由法律规定的。出于保护性和安全性考虑，强制性默认基金通常为基于生命周期的基金或保守型基金。

强制性方式在拉美国家应用较多。拉美国家的制度设计中，政府假设参与者没有能力做出有利决策，政府像家长一样通过法定条令禁止、限制参与者涉及高风险的资产。拉美国家大多基于生命周期策略为参与者提供默认基金，并且一般按参与者年龄分组，年龄大的参与者的资产投资在风险资产比重较小的默认基金中，年龄小的参与者的资产投资在风险资产比重较大的基金中。例如，智利提供 5 个基金，按年龄将参与者分为三组，参与者默认加入 5 个基金中较为中间的 3 个，超过 55 岁的男性和超过 50 岁的女性只能选择 C、D、E 基金，而缴费 10 年及以下的参与者不能选择 A 基金。

2. 自动注册

自动注册制度与强制性制度类似。自动注册中个人自动加入养老金计划（个人自动注册，不必自主选择加入，随后可以选择退出），默认基金在其中十分重要，通常也由法律规定。[①] 与强制性制度一样，自动注册的默认基金既可以是保守基金，也可以是生命周期基金。

新西兰的自动注册系统 Kiwisaver 以保守基金作为默认选项。税务局自动将没有自主选择的参与者随机分配给六家默认基金管理机构，其提供的默认投资选择由法律规定，其中“增长类资产”不超过25%。

意大利自动注册系统默认保守基金（TFR）。意大利的经验值得注意之处在于它加强了默认基金的重要性，但也有专家在研究意大利默认基金时，批评其忽略不同年龄工人参与养老的时间范围的区别，即默认选项可能特别不适合年轻人。法律规定的默认基金所隐含的信息并不能保证养老基金在长期金融市场上的表现。

英国 NEST 则不同。NEST 是 2012～2018 年分阶段实施的英国雇主养老金的选择之一，[②] NEST 基于自己的研究，选择了一套目标日期基金的结构。不过，目标日期基金的下滑通道的结构值得注意，个人投资于 NEST 的 46 个退休基金之一，基金投资分为三个阶段：基础阶段（约 5 年的保守投资）；增长阶段（多元化投资组合，旨在提供高于通货膨胀的回报，长达 30 年）；巩固阶段（退休前 10 年左右，将资产转移到风险较低的类别中）。[③]

这种结构是 NEST 对其潜在客户所做的广泛的市场调查得到的。[④] NEST 接受任何雇主，无论多小，由于小雇主对其他养老金提供者吸引力不足，这意味着 NEST 将吸引大部分较小的雇主。NEST 认为其大部分参与者可能来自较低收入阶层，财务能力有限，并且没有兴趣选择参与的计划，因此，默认基金十分重要。

---

① 有关自动注册的更多信息，请参阅《经济合作与发展组织 2012 年度养老金展望》（OECD 2012）中关于“养老金体系覆盖率：证据和政策选择” 部分。

② 如果参与者自动加入英国养老计划，必须满足 2008 年《养老金法》第 17（2）条规定的条件。这表明参与者需要表明投资选择，这就要求一个默认基金。

③ 参见 NEST 网站，www. nestpensions. org. uk。

④ 《建立个人账户：设计和投资方法－公众咨询的重要发现》，http：//www. nestpensions. org. uk/schemeweb/NestWeb/includes/public/docs/investmentconsultation-response，PDF. pdf；DWP 个人对风险的态度的报告：http：//statistics. dwp. gov. uk/asd/asd5/rports 2007－2008/rrep550. pdf。

## （二）限定选择类别

除了依据法律设定默认基金外，养老金主管部门可以对默认基金类别设立相关法规。例如，美国劳工部规定了可作为默认基金的类别，包括生命周期基金、平衡基金和管理账户（Managed Accounts）3 种投资方案。[①] 美国劳工部认为，对于那些由于某种原因而没有选择自身投资方案的参与者来说，这些方案对其实现长期退休储蓄是非常有意义的。在实践中，目标日期和生命周期基金被越来越多地作为默认基金。

1. 目标日期基金

基于参与者的年龄、退休日期或预期寿命的收入风险，通过多元化投资，可以尽量减少巨额亏损的风险，为养老金资产提供不同程度的保值增值。该法案没有规定风险资产和无风险资产之间的平衡要求，但是规定了默认基金应当提供适当的资本保值。

2. 平衡基金

该类型基金需要确保整体投资风险与全体计划参与者的目标风险水平一致。出于谨慎目的，基金管理机构应考虑到投资组合的多样化、投资组合的流动性和当前收益相对于计划的预期现金流相关性、投资组合的预期收益与计划的投资目标相关性，以及与投资有关的费用和开支。

3. 管理账户

基于目标退休日期或预期寿命，投资经理通过混合权益和固定收益，分配参与者的个人账户资金，提供投资管理服务，实现一定程度的长期保本与增值。

## （三）自主规范

在欧洲大部分国家，默认选择不是由法律规定，而是由雇主、养老金计

---

① "Default Investment Alternatives under Participant Directed Individual Account Plans", Department of Labor（DOL）, 2007, https://www.dol.gov/agencies/ebsa/about-ebsa/our-activities/resource-center/fact-sheets/default-investment-alternatives-under-participant-directed-individual-account-plans.

划发起人或受托人来选择。通常情况下，私人养老金储蓄是自愿的，因此，养老金计划参与者的特征可能与整体人口有所不同。例如，自愿参与养老金计划的群体往往有更高的收入。① 因此，雇主、养老金计划发起人或受托人可以决定最适合其参与者需求的选择。

相比于强制制度中有限的数量选择，自主规范的情况允许更广泛的选择范围。值得注意的是，澳大利亚的职业养老金制度是强制性的，但是默认基金通常由养老金受托管理机构决定。所有职业养老金都必须提供一个默认选项，由养老金受托管理机构根据会员资格确定。投资策略通常将大部分资产投资于增长类资产。上市股票的配置比例通常可以达到 60% 及以上，有些基金甚至会配置相当高比例的非公开市场资产（30% 以上）。

在某些情况下，如果雇主、养老金计划发起人或受托人选择默认产品，那么养老金监管部门或其他相关机构会就如何选择适当的默认产品提供指导。英国的情况就是如此，职业养老金没有设立法定的默认基金②（尽管就业与养老金部 DWP③ 研究发现 80% ~90% 的雇主提供默认基金，大约 60% ~100% 的员工选择默认基金）。默认基金的选择是由雇主、养老金计划发起人或受托人（或来自养老金顾问的建议）设定的。④ 虽然没有法定默认基金，但是 DWP 为自动注册养老金计划设立默认选项提供了指导，默认基金的设立应遵循以下标准。⑤

1. 目标

默认基金应该设置一个高级别目标，从广义上解释默认基金想要实现的目的及为达到该目的所采取的具体策略，包括应该如何管理风险，如何实现参与者的收益。

---

① 参见 OECD 关于"2012 年养老金展望"（OECD 2012）养老金覆盖范围的工作。

② 提供者或受托人董事会决定投资选择的类型和数量，在进行投资之前必须获得并考虑适当的建议。有多元化的要求和投资原则的陈述（列出投资建议的平衡，预期收益的风险等）。

③ "The use of vesting rules and default options in occupational pension schemes", Department of Work and Pensions （DWP）, 2010, https://assets.publishing.service.gov.uk/government/uploads/system/uploads/attachment_data/file/214500/rrep725.pdf.

④ 2010 年对默认养老金的调查指出，英国对默认基金的依赖程度高于美国。

⑤ "Supervising Default Investment Funds", IOPS, 2012, http://pensionreform.ru/files/107988/2012.12.%20Supervising%20Default%20Investment%20Funds.pdf.

2. 适用性

就资产配置和投资策略而言，默认基金选择应尽可能合理地考虑可能自动加入成员的特征和需求。

3. 可承受性

默认基金费用应该具有竞争力，同时对于提供的特定服务，收费不应该过度。包括计划费用、基金费用、预期或实际的顾问费用和咨询费用在内的所有费用明细应予以明确披露。

4. 风险管理

与其他养老金计划一样，默认基金也将面临投资和其他风险。应该合理管理这些风险，以实现参与者的最佳收益。默认基金的投资策略应通过适当和多元化的资产配置来管理这些风险。风险不应该孤立考虑。投资策略应该反映默认基金的总体目标及风险与增长潜力之间的平衡。投资策略应该合理考虑参与者的退休年数。

英国对默认基金的指导意见还包括：应该清楚列出哪一方决定参与者的默认选择，设计默认基金，默认基金内的资金收益表现，向参与者传达默认信息并审查和更改默认选择。

指导意见还列出了以下可能会对默认基金产生不利影响的因素：收费结构的变化、资金配置的一致性、雇主结构或统计方面的重大变化、金融市场或经济发生的重大变化、立法的重大变化。①

英国国家养老基金协会（NAPF）与英国养老金监管机构还发布了《基于工作的直接养老金计划的投资管理原则》，② 该文件中规范了默认基金设置。

① "Guidance for offering a default option for defined contribution automatic enrolment pension schemes", Department of Work and Pensions (DWP), 2011, https://assets.publishing.service.gov.uk/government/uploads/system/uploads/attachment_data/file/185056/def-opt-guid.pdf.

② 这些原则由投资管理小组（Investment Governance Group，IGG）提出，IGG的成员由财政部（Treasury）和就业与养老金部（DWP）的代表组成，与受托人和其他市场交易机构一起，在养老金监管局（the Pensions Regulator）的指导下完成工作。IGG的职能是监测和报告政府提议的最新原则的执行情况，提出必要的修改建议，并与业界合作，为业界建立执行的新工具和行动指南，参见https://www.pensions-pmi.org.uk/documents/igg-investment-governance-of-dc-pension-schemes/igg-consultation-investment-governance-050510.pdf。相关原则参见《合适的默认基金》中的原则4，http://www.thepensionsregulator.gov.uk/about-us/principles-iggdc.aspx#s3722。

其一，与其他投资方案相比，基金设置的决策者应该预留足够的时间进行设计、审查和监测默认策略；其二，为确保实现预期成果，明确界定默认策略的风险和收益水平；其三，确保默认策略所依据的参与者资料尽可能健全和详细；其四，确保默认策略的设计尽可能考虑广泛成员的需求，其中包括风险和回报（扣除费用和成本），从参与者立场考虑，考虑预计退休年龄，考虑参与者对风险的态度，考虑退休福利的预期形式和结构，考虑业绩预期以确保投资费用和成本合理且具有竞争力。

在实践中，英国的职业养老金计划提供了各种各样的默认基金。就投资策略而言，DWP 调查发现，大多数默认基金偏好多样化的资产配置，并提供生命周期策略：随着退休日期临近，将投资转换为波动较小的资产类别（如现金资产和债券）。[①] DWP 的报告指出，不同养老金计划默认基金采用生命周期策略的方式可能存在差异，默认基金也存在日益分化的趋势：大多数计划的默认方案有转向多元化增长策略的趋势，并且权益投资在地区分布上显著不同，其中英国本土股票的配置比例大致分布在32% ~63% 。

## 三　默认产品的主要类型与特点

从海外各国的养老金实践来看，大多数参与成员很可能最终会选择默认产品，这也意味着：默认产品的选择将是决定成员未来退休收入的一个关键因素，需要慎重考虑。由于需要高度的安全性，默认产品通常分为三类——保守型的默认产品、平衡型的默认产品和基于生命周期/年龄的默认产品，其中又以保守型默认产品和基于生命周期/年龄的默认产品为主（见表2）。

① 2008 年全国养老基金协会（NAPF）调查还发现，89% 的计划使用生命周期策略作为默认选项。

**表 2　部分国家 DC 型养老金的默认基金举例**

| 国家 | 基金选择 | 默认基金 |
|---|---|---|
| 智利<br>（强制储蓄账户） | 5 只基金：<br>5% ~80% 的权益限制，带波段 + 生命周期限制 | 基于生命周期 |
| 墨西哥<br>（Afores） | 5 只基金：0 ~ 30%，权益限制 + 生命周期限制 | 基于生命周期 |
| 斯洛伐克<br>（Occupational pension） | 3 只基金：0/50%/80% 的权益限制；第四只基金——指数养老基金（跟踪股票指数） | 保守基金（0 权益） |
| 保加利亚<br>（Professional voluntary pension plan） | 只要符合当地法律的要求，自愿养老基金可以自行决定 | 只要符合当地法律的要求，自愿养老基金可以自行决定 |
| 克罗地亚<br>（Open voluntary pension funds） | 共有六个公开的自愿养老基金。四只基金提供防御型投资策略，两只基金提供均衡型投资策略 | 投资选择因基金管理机构而异。持有者可以选择投资于具有不同投资策略的基金。<br>①防御型：70% 的债权资产（主要是政府债券）；0 ~ 30% 的权益工具、UCITS 基金等<br>②平衡型：权益工具 40% ~50%，剩余的大多投资于债权资产、UCITS 基金等 |
| 捷克<br>（Supplementary saving plan） | 3 ~4 个选项，取决于公司本身，必须包含强制性保守基金 | 如果客户不选择基金，则默认为强制性保守基金 |
| 德国<br>（Riester-Rente） | 提供以下产品：银行储蓄计划、基金储蓄计划、基金联接养老保险、个人养老保险、职业养老金计划和私人住房里斯特计划 | |
| 卢森堡<br>（Individual pension savings contract） | 有三个主要选项：<br>①货币基金<br>②投资基金（投资连结）<br>③集体投资承诺资本化单位（不允许 CIUs 收入单位）<br>可能的投资十分广泛 | 依法强制执行 |

续表

| 国家 | 基金选择 | 默认基金 |
| --- | --- | --- |
| 荷兰<br>(Retirement annuities) | 取决于管理机构。50%股票/50%债券，或40%股票/60%债券。<br>当保险人接近养老金年龄时，会自动变为更加防御性的策略 | 取决于提供者。50%股票/50%债券，或40%股票/60%债券<br>当保险人接近养老金年龄时，提供者会自动变为更加防御性的策略 |
| 葡萄牙<br>(PPR) | 除了产品的投资政策之外，通常不会规定任何投资选择。一般而言，在投资类型(激进型、防御型或其他投资选择)方面没有选择 | 没有默认投资选择，但有适用的法律限制。基金投资需遵循附加 central values 的投资政策 |
| 斯洛文尼亚<br>(Voluntary supplementary pension insurance scheme) | 通常有三种投资选择:防御型、积极型和平衡型 | 默认投资选择因管理机构而异(例如:70%债券,30%股权;85%股权,10%债券,5%货币市场;90%债券,5%股权,5%货币市场) |
| 英国<br>(Stakeholder pensions) | 投资选择因管理机构而异，并取决于持有人的选择。通常投资对应于股票和公债券 | 需要设置默认产品，但没有通用选项 |

资料来源：根据 IOPS 及欧盟数据整理，https://ec.europa.eu/info/sites/info/files/170629 - personal - pensions - study_ en. pdf。

## （一）默认产品的主要类型

1. 保守型及担保型产品

由于默认产品旨在服务于那些能力较差或不愿主动投资养老基金的人，它们往往被设计为保守型产品，使其成员几乎不承担风险。这类产品主要投资于低风险资产，如银行存款、债券，很少或完全不投资股票。这些产品面临的挑战是，它们所承担的风险是否过低，以及能否提供足够的退休收入。

担保型产品与保守型产品类似，可以提供某种形式的担保。包括保证本金（无负回报）或者保证收益（通常比较优先）。除了保守型产品面临的挑战外，担保型产品还面临保险成本（例如衍生品）的挑战。

2. 平衡型产品

平衡型产品会根据目标资产配置进行自动重新平衡，其配置比例随着时间的推移保持不变。例如，一只基金的投资目标可能是配置于某几类特定资产的组合。当某类资产类别价格上涨导致在组合中占比上升，就将其出售，并将收益投资于其他资产类别，以保持组合中股票和债券比例符合目标。

目标风险产品是平衡型产品中的一种。目标风险产品的优点是风险控制措施明确，产品风险属性清晰且长期稳定，投资范围广泛，是风险偏好明确的个人和有特定目标的机构投资者的方便投资选择。同时该产品对 FOF 投资经理主动管理能力要求低，管理成本较低。而其缺点是以被动管理为主，每年以固定频率调仓，或在极端行情导致组合风险变化时进行调仓，资产组合切换的灵活性低，也很难在特殊行情下捕捉足够的热点以获取超额收益。

目标风险基金主要可以分为三类：一是通过静态资产配置而将风险维持在一定水平的生活方式基金；二是跟踪目标风险指数的基金组合产品；三是全球大类资产配置型资产组合产品。三者的代表分别是先锋基金的 Vanguard Life Strategy 系列、贝莱德的 iShares 系列和 Windhaven 系列基金产品（见表3）。

**表 3　目标风险基金的分类**

| 产品名称 | Vanguard Life Strategy 系列 | iShares 系列 | Windhaven 系列 |
|---|---|---|---|
| 运作模式 | 内部管理 + 内部基金 | 内部管理 + 内部基金 | 内部管理 + 外部基金 |
| 产品分类 | 收益型、保守成长型、稳健成长型、成长型 | 保守型、稳健型、成长型、进取型 | 保守型、成长型和进取型 |
| 资产配置 | 产品主要通过静态资产配置的方式确定债券资产和权益资产比例。其中收益型基金配置 80% 的债券，20% 的股票；保守成长型基金配置 60% 的债券和 40% 的股票；稳健成长型基金配置 40% 的债券和 60% 的股票；而成长型基金则配置 20% 的债券和 80% 的股票。各类资产配置比例一般不会定期调整，投资者可以根据自己不同阶段的风险厌恶水平在基金之间做出选择 | 通过投资不同类型 ETF 基金，跟踪不同风险水平的标普目标风险指数。标普目标风险指数主要通过约束预期下行风险小于最大可容忍概率时，最大化组合的 beta 值，从而得到各类资产对应的权重 | 根据市场环境及公司投研观点，在严格控制向下风险的基础上动态调整全球大类资产配置权重，包括海内外股票、债券、房地产、商品、固定资产等，其中部分资产配置通过投资 ETF 基金实现 |

资料来源：广发基金研究。

3. 基于生命周期/年龄的产品

这类产品主要采用目标日期策略。目标风险策略和目标日期策略是全球多个国家和地区养老金默认产品的主要策略。但在2006年美国将目标日期和目标风险两类产品纳入QDIA后，目标日期基金以年均1500亿美元的速度快速增长，引起市场广泛关注，对目标日期产品的关注度也远远超过了目标风险产品。通常认为生命周期产品是合适的默认选择，因为不仅适合刚加入养老金计划的年轻参与者，也适合在职业生涯末期的临近退休的人。

这类产品会自动重新平衡至目标资产组合。但是，这类产品的目标资产组合并不是保持不变的，相反，随着时间的推移，该产品会越来越保守，直到某个目标日期之后，该目标资产组合才保持不变。例如，假设生命周期基金的目标日期设定在2045年，该基金可能以90%股票和10%债券作为初始投资目标组合，在头五年"下滑航道"将自动重新平衡其投资目标，目标组合将成为85%股票和15%债券。每五年目标组合中的股票配置下降五个百分点，相应地对债券配置增加五个百分点，直到2045年，目标资产组合变成20%股票和80%债券，之后维持稳定。

与平衡型产品一样，生命周期产品的问题在于，生命周期是一个相对宽泛的概念，而具体到投资策略的运用上，不同的"下滑通道"导致投资和风险状况截然不同（例如同为生命周期产品，一些产品的股票占比较低，另一些则相对较高，导致风险迥异）（见表4）。

**表4　海外典型目标日期基金的下滑航道情况**

| 产品名称 | 各年龄段资产配置 | 特点 | 投资理念 |
|---|---|---|---|
| Vanguard | 25～40岁：权益类资产90%，固收类10%<br>40～60岁：固收类资产缓慢增加至40%<br>60～72岁：固收类快速增加至70%<br>72岁以上：资产配置维持不变 | ①国际金融资产与国内金融资产间的配置<br>②退休后资产组合继续调整 | 国内外资产占投资组合的权重与国内外享有指数的市值成比例 |

续表

| 产品名称 | 各年龄段资产配置 | 特点 | 投资理念 |
|---|---|---|---|
| LifePath Capital (BlackRock) | 20～35岁:权益类资产85%,固收类15%<br>35～55岁:固收类资产缓慢增加至35%<br>55～65岁:权益类、固收类占比均快速下降,100%资金配置在货币市场工具上 | 目标退休日期时将100%资产配置到货币市场工具上 | 满足某些投资者对高流动性资产的偏好 |
| LifePath Flexi (BlackRock) | 20～35岁:权益类资产85%,固收类15%<br>35～65岁:固收类资产平稳增加至60% | 退休日期时40%权益类资产和60%固定收益类资产的配置 | 满足某些投资者在退休后持续投资的需求,在退休日期时资产配置的风险收益属性达到最优 |
| LifePath Retirement (BlackRock) | 20～35岁:权益类资产85%,固收类15%<br>35～55岁:固收类资产缓慢增加至40%<br>55～65岁:固收类资产快速增加至75%,货币市场工具占比快速增加至25% | 退休日期时75%固定收益类资产和25%货币市场工具的配置 | 满足某些投资者在退休后使用基金中的全部或大部分资金来购买年金的需求 |
| Freedom Funds (Fidelity) | 20～52岁:权益类资产90%,固收类10%<br>52～85岁:24%股票,46%债券,30%短期债<br>85岁以上:资产配置维持不变 | 投资者早期较长时段内配置90%的权益类资产 | 认为投资者距离退休日期较远时对风险的承受能力较强,所以将90%资金配置于权益类资产 |

资料来源：广发基金研究。

### （二）默认产品的主要特点

设立默认投资选项是经济合作与发展组织（OECD）私人养老金工作组于2012年6月批准的“明确缴费养老金计划的良好设计路线图”的一部分。在国际养老金监督官组织（IOPS）的DC型养老金计划成员工作文件中，也强调了默认投资机制的潜在作用：“一个设计合理的默认选项能有效传递信息和权威建议，应该是在正常情况下最适合成员的选项。”从各国实践来看，默认产品主要具有以下突出特点。

1. 产品设计：简单易懂，兼顾多元偏好

大部分国家的养老金体系涵盖了广泛的社会群体，并且重点服务社会弱势群体，包括受教育水平有限的人，因此默认产品设计应力求简单易懂，便于参与人理解。同时，默认产品应当在考虑整体人口养老属性的基础上，兼顾不同人群的风险偏好。例如，参与者购买目标日期基金只需要知道自身的计划退休年龄即可，产品会根据投资者的退休年龄的临近自动进行资产的重新配置。

2. 投资成本：费用低廉

费率是投资者选择养老金产品的重要因素。在实践中，默认投资机制的成本整体较其他产品更低。首先，规模效应降低固定成本。养老金的固定成本包括机构开办费用、账户维持成本、营销费用、投资者教育等成本。默认产品积累的大规模缴费和资产可以形成规模效应，降低基金的管理费用。对美国合格默认投资选择（QDIA）的研究表明，规模超过 10 亿美元的基金的平均费率为 0.96%，1000 万美元以下的小基金平均费率为 1.54%，近乎前者的 1.6 倍。其次，养老金计划管理主体集中，减少竞争带来的成本，从而降低基金的管理费用。最后，投资策略降低变动成本。默认基金的投资策略相对固定，投资期限长，赎回率低，赎回压力小，因此节省了大量费用。

3. 资产配置：分散化、多元化投资

默认产品很多采用基金中基金（FOF）或平衡基金等形式，策略的核心是分散投资和资产配置。例如，富达投资集团于 1996 年推出了生命周期基金——富达自由系列基金，是默认产品的典型代表。富达自由系列基金在持仓上呈现显著的多元化和分散化特点，目前系列的 13 只产品中，每一只产品持有的子基金数量均超过 25 只。该基金所投子基金为专设的定制型主动管理型基金（Series Fund），子基金资产类别不但涵盖美国等发达市场股票，也涵盖新兴市场股票，而且在通胀保值债券（TIPS）、核心债券（包括美国国债和投资级债券）、高收益债和海外债券上均有配置，同时还包含少量的其他类别投资工具，如另类投资基金、商品基金、市场中性策略基金等。

不过，分散化投资虽然增加了捕捉资产轮动收益的可能性，但同时也提升了投资管理的难度：指数型基金本身已经能够涵盖市场整体的系统性风险，因此只在几个大类资产之间进行配置即可实现分散投资；而如果了基金的种类和风格较为丰富，实现分散投资要求必须在各大类资产类别下进一步筛选出风格显著差异化的子基金。

## 四　启示与借鉴

个人选择权和默认机制恰似一枚硬币的两面，在英美等高度发达的养老金市场，监管机构大多只是规范了默认产品的范围，由雇主、受托人或参与人自行决定具体类型；而在新兴市场，监管机构往往直接规定了特定的产品类型。中国目前私人养老金市场尚处于发展初期，考虑年金和个人养老金的性质差异，建议在默认产品的选择机制上加以区别。

中国年金市场还没有开放个人投资选择权，建议在条件成熟时，年金的默认产品由计划委托人即雇主来确定。雇主有权指定一个产品作为合格默认产品，受托人审核并确保产品符合默认要求，但受托人不必对因投资默认产品而造成的投资损失负责。

个人养老金市场有待培育，因此适宜在初期采用相对严格的规范机制，之后再根据养老金市场的不同发展阶段，逐步适当放松要求，具体而言，建议中国个人养老金默认机制设计和默认产品选择，分三个阶段进行。

### （一）第一阶段：资金暂时存管产品

目前个人养老金尚处于建设初期，纳入投资范围的产品种类和数量都比较有限。并且，目前参与者分业购买产品，各行业不同产品之间难以进行直接比较。因此，目前阶段可能不便设置默认产品。不过，对于个人养老金，可考虑在初期设置资金暂时存管产品，以此作为暂未用于投资的资金的保管方式（初始转入或赎回资金）。

资金暂时存管产品应当具有高安全性（保本保值）和高流动性的特点，

因此固定收益型产品是比较理想的投资工具，建议重点考虑活期存款和货币型公募基金。资金暂时存管产品由各家机构在征求参与人意愿的基础上（如通过合同方式）自行选择提供，并需到监管部门报备。此外，建议各家公司定期（如考虑每60日）通过系统向参与者推送风险提示，告知参与者暂存产品的收益率不足，敦促参与者尽快做出主动的投资选择。

## （二）第二阶段：直接选定特定产品作为默认产品

随着个人养老金试点转常规，公募基金、个人税收递延型商业养老保险、商业银行理财等产品都将纳入个人养老金投资产品范围。经过3~5年，养老金个人投资选择权也将得到落实并逐步运用成熟。在此基础上，建议考虑由监管部门直接规定特定产品作为默认产品，以协助没有投资选择能力和时间的参与者进行投资。默认产品的设计应当以抵抗通胀为底线，并以分享经济发展成果为目标。届时默认产品也应当从公募基金、保险等合格投资产品范围内进一步甄选。

借鉴国外经验做法，在产品设计上，建议选取设计简单、易于理解的保守型产品和平衡型产品，满足缺乏投资能力和投资经验的参与者的基本投资需求，兼顾生命周期不同阶段的风险偏好；在投资成本上，默认产品的管理费用应当低于市场上的同类型产品，从而将更多的投资收益积累为退休者的退休权益；在资产配置上，应选择基金中基金（FOF）等具有多元资产配置能力的产品纳入默认产品的考虑范围，从而做到充分的风险分散。

此外，作为养老金的默认投资载体，默认产品的合规与风险控制措施也至关重要。具体应重点考虑以下四方面。

1. 投资标的

确保产品的主要投资标的的风险水平是否适当，默认产品的风险水平应当比普通的个人养老金投资产品有更加严格的要求。特别应当注意，如果产品的投资范围包括二级市场标的，标的的价格波动需要给出控制范围。例如，对高波动标的的投资比例应当进行限定。由于权益资产的波动性相对较强，风险较高，原则上默认产品中权益投资比例越高，下行风险的控制就越严格。如股票仓位在40%以内，要求近两年最大回撤在同类中排前1/2；股票仓位在40%～80%，要求近两年的最大回撤在同类中排名前1/3。

2. 投资策略

是否明确采用了恰当措施以控制净值波动和净值下行，产品整体的净值回撤范围是否可控，是否通过多元资产配置充分分散风险，是否能够为持有人提供相对稳定的投资回报或符合生命周期的特点，与不同年龄阶段的不同风险特征相匹配。以上要求都要在默认产品的设计条款中予以明确规定。

3. 流动性

一方面，对于某些特定的默认产品，因为参与人可能会有从默认产品转入一般金融产品的需求，因此需要适当考虑产品本身的流动性，另一方面，底层资产现金流是否稳定，例如具有较高票息和股息等，以便于在市场波动时依然能够提供稳定的收益支撑。

4. 政策风险

是否具有政策性风险，着重考虑《关于规范金融机构资产管理业务的指导意见》的要求。至少应剔除政策不鼓励的品种，如高杠杆产品、P2P产品等。

### （三）第三阶段：限定默认产品选择类别由机构自主选择

在相对较长的投资年限内，物价上涨将会侵蚀养老金未来的货币购买力。为确保养老者未来投资收益能够充分保证相应的生活购买能力，建议随着私人养老金市场的成熟和产品的不断丰富，最终向自主选择阶段过渡：由监管部门制定核心的选择原则和标准。在此基础上，当个人第一次参与或更换管理机构时，由管理机构对参与人进行客户画像，个人从风险菜单中选择符合自身风险偏好的投资风格。管理机构以参与人选择的投资画像为基础匹配相应的默认产品，[①] 真正实现养老金投资风险与安全属性的匹配与契合。

---

① 需要特别指出的是，此处所指的默认机制，不是由参与者直接选择默认产品，而是由机构根据参与者自行填报的年龄、风险偏好等信息，描绘出投资者画像后，为参与者匹配与其需求和特点相适合的产品。

## 参考文献

Iyengar, Kamenica, "How Much Is Investor Autonomy Worth? ", *The Journal of Finance* 57 (4), 2002.

Sheena S. Iyengar, Emir Kamenica, "Choice Overload and Simplicity Seeking", 2006.

G. Huberman, SS. Iyengar, and W. Jiang, " How much choice is too much: Determinants of individual Contributions to 401 (k) retirement plans", Working paper presented at the Wharton Pension Research Council, April 2003.

BM. Barber, T. Odean, L. Zheng, "Trading is hazardous to your wealth: the common stock investment performance of individual investors", *The Journal of Finance* 2, 2000.

Palme M. , Sundén A. E. , Söderlind P. , "Investment Choice in the Swedish Premium Pension Plan", *Social Science Electronic Publishing* 285 (1), 2008.

M. Barber, Brad & Odean, Terrance, " The Courage of Misguided Convictions: The Trading Behavior of Individual Investors", *Financial Analyst Journal* 55, 2000.

"Default Investment Alternatives under Participant Directed Individual Account Plans", Department of Labor (DOL) , 2007, https://www.dol.gov/agencies/ebsa/about-ebsa/our-activities/resource-center/fact-sheets/default-investment-alternatives-under-participant-directed-individual-account-plans.

"The use of vesting rules and default options in occupational pension schemes", Department of Work and Pensions (DWP) , 2010, https://assets.publishing.service.gov.uk/government/uploads/system/uploads/attachment_data/file/214500/rrep725.pdf.

"Supervising Default Investment Funds", IOPS, 2012, http://pensionreform.ru/files/107988/2012.12.%20Supervising%20Default%20Investment%20Funds.pdf.

"Guidance for offering a default option for defined contribution automatic enrolment pension schemes", Department of Work and Pensions (DWP), 2011, https://assets.publishing.service.gov.uk/government/uploads/system/uploads/attachment_data/file/185056/def-opt-guid.pdf.

# 附　　录

**Appendix**

# B.19

# 中国养老金融50人论坛人员构成

**学术顾问**（按姓氏拼音排序）

潘功胜　中国人民银行副行长，国家外汇管理局局长

胡晓义　中国社会保险学会会长，人力资源和社会保障部原副部长

王忠民　全国社会保障基金理事会原副理事长

杨子强　中国金融教育发展基金会理事长，中国人民银行原行长助理

**核心成员**（以姓氏拼音为序）

曹德云　中国保险资产管理业协会执行副会长兼秘书长

陈东升　泰康保险集团股份有限公司董事长兼首席执行官

陈锦光　兴业银行副行长

党俊武　中国老龄科学研究中心副主任

董登新　武汉科技大学金融证券研究所所长

董克用　中国人民大学养老金融研究中心主任，教授、博士生导师

冯丽英　建信养老金管理有限责任公司总裁，高级经济师

甘　犁　西南财经大学经济与管理研究院院长，教授、博士生导师

甘为民　平安养老保险股份有限公司董事长兼 CEO

葛延风　国务院发展研究中心社会发展研究部部长

郭树强　天弘基金管理有限公司总经理

洪　崎　中国民生银行董事长

胡继晔　中国政法大学教授、博士生导师

黄王慈明　香港投资基金公会行政总裁

黄友嘉　香港强制性公积金计划管理局（积金局）主席

纪志宏　中国人民银行金融市场司司长

贾　康　华夏新供给经济学研究院首席经济学家

金维刚　中国劳动和社会保障科学研究院院长

井贤栋　蚂蚁金服董事长兼首席执行官

李　文　汇添富基金管理股份有限公司董事长

李　珍　中国医促会健康保障分会会长，中国人民大学公共管理学院教授、博士生导师

林　羿　中国人民大学兼职教授

刘　建　泰达宏利基金管理有限公司总经理

米　红　浙江大学公共管理学院教授、博士生导师

苏　罡　长江养老保险股份有限公司党委书记、董事长

孙晓霞　中国国债协会会长，财政部金融司原司长

唐　宁　宜信公司创始人、CEO

童　威　华安基金管理有限公司总经理

汪　泓　上海市宝山区区委书记，上海工程技术大学教授

王金晖　北京瑞晖丽泽资本管理有限公司董事长

王晓军　中国人民大学统计学院院长，教授、博士生导师

王永利　中国国际期货有限公司副董事长

武建力　全国社会保障基金理事会养老金管理部主任

吴玉韶　全国老龄工作委员会办公室党组成员、副主任

熊　军　天弘基金管理有限公司副总经理兼首席经济学家

杨燕绥　清华大学教授、博士生导师

姚余栋　大成基金副总经理兼首席经济学家

郑秉文　中国社会科学院世界社保研究中心主任，博士生导师

郑　杨　上海市地方金融监督管理局局长

周　红　中国社会保险学会养老保险专委会主任委员

周健男　光大证券股份有限公司执行总裁

**荣誉成员**（以姓氏拼音为序）

杜永茂　平安集团上海总部党委书记

蒲宇飞　国家发改委原就业和收入分配司司长

**国际专家**（以姓氏拼音为序）

Harry Smorenberg　CAFF50 国际峰会联合主席

Hazel Bateman　新南威尔士大学风险与精算研究学院院长

Keith Ambachtsheer　多伦多大学罗特曼管理学院金融教授

Larry Zimpleman　美国信安金融集团前任董事长

Michael Huddart　宏利前行政副总裁兼大中华区总经理

Ren Yuan Cheng　美国富达投资高级研究顾问

**特邀成员**（以姓氏拼音为序）

柴哲彬　人民网采访中心主任

段家喜　长江养老保险股份有限责任公司副总经理

郎立研　三峡建信基金管理公司总经理

李连仁　平安养老保险股份有限公司年金总监

刘建宇　兴业银行零售管理总部养老金融中心总经理

刘致勇　宜信公司副总裁

娄　焱　汇添富基金管理股份有限公司副总经理
马贱阳　中国人民银行金融市场司副司长
史健勇　上海工程技术大学校党委副书记，教授
孙　博　华夏基金管理有限公司养老金管理部总监
谭海鸣　招商银行研究院副总经理
王赓宇　华软资本管理集团股份有限公司副总裁
吴　忠　上海理工大学副校长，教授
席　恒　西北大学公共管理学院教授、博士生导师
叶向峰　中青信投控股有限责任公司投资金融部总经理
叶　蓬　太平洋人寿保险公司拟任副总经理
张　亮　中国银行业协会副秘书长
张　兴　中国劳动和社会保障科学研究院助理研究员
张健明　上海工程技术大学教授
朱海扬　天弘基金管理有限公司养老金业务总监

**特邀研究员**（以姓氏拼音为序）

安　华　内蒙古大学公共管理学院副教授
曹卓君　和君集团健康养老研究中心副主任
陈雪萍　中南民族大学法学院教授
胡玉玮　中证金融研究院研究员
郝　勇　上海师范大学社会保障与社会政策研究中心教授
雷晓康　西北大学公共管理学院副院长，教授、博士生导师
刘德浩　海南大学政治与公共管理学院教授
娄飞鹏　中国邮政储蓄银行总行高级经济师
李　锐　中南财经政法大学公共管理学院教授
浦鹏举　天弘基金养老金产品市场部总经理
孙守纪　对外经济贸易大学保险学院社会保障系主任，副教授
熊学萍　华中农业大学经济管理学院教授、博士生导师

闫化海　建信养老金管理有限责任公司战略研究部副总经理
阳义南　华南理工大学公共管理学院教授、博士生导师
杨一帆　西南交通大学国际老龄科学研究院副教授、副院长
岳　磊　招商基金管理有限公司高级业务经理
张春丽　中国政法大学民商经济法学院副教授
张雨萌　景智财富（北京）信息科技有限公司创始人、董事长
甄新伟　中国银行股份有限公司养老金业务部高级经理

**联席研究员**（以公司名拼音为序）

刘　娅　北京瑞晖丽泽资本管理有限公司总经理助理
朱　炜　长江养老战略行政管理部（董监办）总经理
倪皓超　长江养老战略行政部（董监办）高级副总裁
郭丹颖　长江养老战略行政部（董监办）高级副总裁
陆　悦　长江养老战略行政部（董监办）高级分析师
李宏纲　汇添富基金管理股份有限公司资深产品专家
刘东昂　建信养老金管理有限责任公司分析员
谭　晓　建信养老金管理有限责任公司战略研究部总经理
盛　晨　平安养老保险股份有限公司受托业务部总经理
陈则玮　泰达宏利基金管理有限公司国际业务部总经理
胡俊英　泰达宏利基金管理有限公司销售管理部总经理助理
陈珏婷　天弘基金管理有限公司养老金体系产品经理
刘　宜　天弘基金管理有限公司养老金产品市场部产品经理助理
李志淦　兴业银行养老金融中心副总经理
张学成　兴业银行养老金融中心业务经理
孙天睿　兴业银行办公室干部
张　岚　兴业银行区域经理

**青年研究员**（以姓氏拼音为序）

唐　奎　平安银行医疗健康事业部创新金融部总经理助理

张　栋　清华大学社会与金融研究中心博士后
张　园　内蒙古科技大学副教授、博士
赵祖成　英国雷丁大学 ICMA Centre 金融博士研究员
朱小玉　财政部中国财政科学研究院研究员
曾海军　中国人寿养老险江苏省分公司综合文秘

# B.20
# 后　记

随着我国人口老龄化程度不断加深，养老金融发展日益受到社会各界的广泛关注。然而，目前我国养老金融发展无论是理论上还是实践上都处于初级阶段，与广大国民多元化的养老需求还有较大的差距。在此背景下，中国养老金融 50 人论坛于 2015 年 12 月 9 日正式成立，论坛致力于成为养老金融领域的高端专业智库，旨在为政策制定提供智力支持，为行业发展搭建交流平台，向媒体大众传播专业知识。论坛成立近四年以来，共举办了 15 次峰会、17 次专题论坛，开展近 20 项课题研究，还与多家机构共同举办了多次学术研讨，受到了社会各界的广泛关注和大力支持，成果丰富，影响深远。

为更好地传播论坛学术成果，我们推出了养老金融论坛书系，包括《中国养老金融发展报告》、《养老金融评论》、《养老金融月度资讯》以及《养老金融要报》。其中，《中国养老金融发展报告》是论坛的年度公开出版物，主要关注养老金融行业年度发展情况和趋势展望，以及论坛年度重要课题的研究成果；《养老金融评论》《养老金融月度资讯》是论坛的月度刊物，主要刊登论坛学术活动、成员的学术观点以及养老金融的月度动态等；《养老金融要报》是论坛不定期刊物，主要反映论坛的重要研究成果，报送相关政策部门，突出决策参考功能。

自 2016 年以来，我们发挥论坛集体智慧，在各方大力协助下出版了《中国养老金融发展报告（2016）》《中国养老金融发展报告（2017）》《中国养老金融发展报告（2018）》，受到业界广泛关注，中央电视台、人民网、光明网、新华网等权威媒体也进行了广泛报道。此外，随着中国在世界经济中的地位和重要性不断提升，中国养老金融行业发展也受到了国外金融机构和媒体界关注。鉴于此，我们已与德国斯普林格（Springer）出版集团合作，并于2018年底推出英文版的《中国养老金融发展报告（2017）》，未来将进一步加强合作。

2018年，是我国养老金融行业发展过程中重要的一年：职业年金启动投资运营，个人税延型商业养老保险试点工作有序开展，养老目标基金起航。2018年，蚂蚁金服和富达国际发布了《2018中国养老前景调查报告》，腾讯发布了《国人养老准备报告》。上述实践标志着国人对养老金融的关注程度越来越高，政策层面也有了诸多进展，也将对未来我国养老金融发展产生深远影响。因此，在回顾总结三年工作经验的基础上，我们继续编撰了《中国养老金融发展报告（2019）》。

本报告由论坛学术顾问担任顾问，由论坛核心成员组成编委会。论坛学术委员会就本次报告的选题进行了多次论证和专题研讨，并邀请相关领域的业界精英和专家学者组建课题组。2019年3月，学术委员会在中国人民大学召开了本年度报告撰写启动会，集思广益，明确了《中国养老金融发展报告（2019）》的写作框架、写作规范与时间安排等。本报告共有近20家机构、30余位专家学者共同参与，涵盖银行、基金、保险、第三方财富管理机构等各个资产管理行业。在写作期间，编委会专家多次就问题进行了深入讨论交流，之后，课题组成员在编委会的指导下数次对相关报告进行修订完善。可以说，在继续保持之前行业代表性、前瞻性等优势的同时，2019年报告在内容设计上相对更加聚焦和专业。

2019年的年度报告由多位论坛核心成员领衔，包括论坛秘书长董克用教授，论坛首席经济学家姚余栋博士，长江养老保险股份有限公司党委书记、董事长苏罡博士，泰达宏利基金管理有限公司总经理刘建先生。同时，课题组成员还包括美国信安金融集团亚洲区总裁张维义先生，宜信财富联席总裁、宜人财富总裁尚筱女士，华夏基金管理有限公司养老金业务总监胡兵先生，论坛联席研究员、兴业银行股份有限公司养老金融中心副总经理李志滏先生，论坛特邀成员、华夏基金管理有限公司养老金部产品负责人孙博博士，论坛青年研究员、清华大学博士后张栋博士，论坛特邀研究员、和君集团健康养老研究中心副主任曹卓君女士，论坛特邀研究员、建信养老金管理有限责任公司闫化海博士，中国人寿保险（集团）公司金融研究院青年研究员宣华博士、发展规划部王增强先生，招商银行股份有限公司资产管理部杨董女士，广发基金管理有限公司养老金部研究员孙瑜先生，论坛联席研究员、汇添富基金管理股份有限公司资产配置中心资深产品专家李宏纲博士，华安基金管理有限公司企业发展部袁绪超先生，以及宜信财富私募股权母基金合伙人丁岩松先生。此外，中国人民大学社会保障研究所林佳钰博士，和君集团健康养老研究中心咨询师秦婧女士，泰达宏利基金管理有限公司投资副总监王建钦先生，联席研究员、泰达宏利基金管理有限公司胡俊英女士，汇添富基金管理股份有限公司产品创新服务中心高级经理沈艳芬女士，兴业银行股份有限公司养老金融中心崔文华先生，宜信公司贾佩琳女士、张凌睿女士和赵莎莎女士，美国信安金融集团李斐女士，华安基金管理有限公司丁诗聪先生，广发基金管理有限公司养老金部研究员彭维瀚博士也参与了报告撰写。在此，对他们的辛勤劳动表示衷心感谢。

还应该指出的是，论坛相关学术活动以及多次专题调研为本报告的面世提供了丰富的素材，这些都离不开社会各界的大力支持。感谢中关村华夏新供给经济学研究院对论坛一如既往的支持；感谢人社部、财政部等部委为论坛赴四川、内蒙古等地进行职工基本养老保险待遇计发课题调研提供的支持；感谢中国银行业协会、中国证券投资基金业协会、中国保险资产管理业协会、中国社会保险学会对论坛多次活动的支持和对本报告的指导。感谢建信养老金管理有限责任公司、兴业银行股份有限公司、长江养老保险股份有限公司、平安养老保险股份有限公司、天弘基金管理有限公司、汇添富基金管理有限公司、泰达宏利基金管理有限公司、华安基金管理有限公司、大成基金管理有限公司、东方证券资产管理有限公司、上海工程技术大学等机构对论坛学术活动的大力支持。未来论坛将继续与社会各界携手，继续推动我国养老金融事业发展。

特别感谢社会科学文献出版社，他们在皮书领域具有精深造诣和专业功底，给予我们许多专业、中肯的建议，使本年度报告在各方面都有所进步。

感谢建信养老金管理有限责任公司对本报告的出版资助。此外，还要感谢孙博带领张栋、王振振、林佳钰、邹林娟、李嘉璇等编辑组成员，在报告编辑过程中做了很多具体工作，为课题组工作顺利开展提供了有力保障。

我们对本报告的目标定位是兼具学术性和实践性，希望既能把握养老金融的理论发展，又能贴近养老金融的业务实践，为广大专家学者、政府部门决策人员和业界机构人士提供参考。但是，由于养老金融发展迅速，加之课题组成员专业水平所限，报告难免还存在一些疏漏。我们也将不断总结经验教训和积累经验，力争使以后的年度报告更加系统、完善。同时，我们也诚挚地希望更多养老金融领域的专业机构和资深人士，参与到未来的《中国养老金融发展报告》写作中，我们深信，唯有融合更多的智慧，才能挖掘更为深刻的养老金融思想，从而推动我国养老金融事业健康发展。

中国养老金融50人论坛秘书长　董克用<br>2019年7月9日

## 皮书起源

“皮书”起源于十七、十八世纪的英国，主要指官方或社会组织正式发表的重要文件或报告，多以“白皮书”命名。在中国，“皮书”这一概念被社会广泛接受，并被成功运作、发展成为一种全新的出版形态，则源于中国社会科学院社会科学文献出版社。

## 皮书定义

皮书是对中国与世界发展状况和热点问题进行年度监测，以专业的角度、专家的视野和实证研究方法，针对某一领域或区域现状与发展态势展开分析和预测，具备原创性、实证性、专业性、连续性、前沿性、时效性等特点的公开出版物，由一系列权威研究报告组成。

## 皮书作者

皮书系列的作者以中国社会科学院、著名高校、地方社会科学院的研究人员为主，多为国内一流研究机构的权威专家学者，他们的看法和观点代表了学界对中国与世界的现实和未来最高水平的解读与分析。

## 皮书荣誉

皮书系列已成为社会科学文献出版社的著名图书品牌和中国社会科学院的知名学术品牌。2016 年，皮书系列正式列入“十三五”国家重点出版规划项目；2013~2019 年，重点皮书列入中国社会科学院承担的国家哲学社会科学创新工程项目；2019 年，64 种院外皮书使用“中国社会科学院创新工程学术出版项目”标识。

# 中国皮书网

（网址：www.pishu.cn）

发布皮书研创资讯，传播皮书精彩内容
引领皮书出版潮流，打造皮书服务平台

## 栏目设置

关于皮书：何谓皮书、皮书分类、皮书大事记、皮书荣誉、
　　　　　皮书出版第一人、皮书编辑部

最新资讯：通知公告、新闻动态、媒体聚焦、网站专题、视频直播、下载专区

皮书研创：皮书规范、皮书选题、皮书出版、皮书研究、研创团队

皮书评奖评价：指标体系、皮书评价、皮书评奖

互动专区：皮书说、社科数托邦、皮书微博、留言板

## 所获荣誉

2008 年、2011 年，中国皮书网均在全国新闻出版业网站荣誉评选中获得“最具商业价值网站”称号；

2012 年，获得“出版业网站百强”称号。

## 网库合一

2014 年，中国皮书网与皮书数据库端口合一，实现资源共享。

# S 基本子库
# UB DATABASE

## 中国社会发展数据库（下设 12 个子库）

全面整合国内外中国社会发展研究成果，汇聚独家统计数据、深度分析报告，涉及社会、人口、政治、教育、法律等 12 个领域，为了解中国社会发展动态、跟踪社会核心热点、分析社会发展趋势提供一站式资源搜索和数据分析与挖掘服务。

## 中国经济发展数据库（下设 12 个子库）

基于"皮书系列"中涉及中国经济发展的研究资料构建，内容涵盖宏观经济、农业经济、工业经济、产业经济等 12 个重点经济领域，为实时掌控经济运行态势、把握经济发展规律、洞察经济形势、进行经济决策提供参考和依据。

## 中国行业发展数据库（下设 17 个子库）

以中国国民经济行业分类为依据，覆盖金融业、旅游、医疗卫生、交通运输、能源矿产等 100 多个行业，跟踪分析国民经济相关行业市场运行状况和政策导向，汇集行业发展前沿资讯，为投资、从业及各种经济决策提供理论基础和实践指导。

## 中国区域发展数据库（下设 6 个子库）

对中国特定区域内的经济、社会、文化等领域现状与发展情况进行深度分析和预测，研究层级至县及县以下行政区，涉及地区、区域经济体、城市、农村等不同维度。为地方经济社会宏观态势研究、发展经验研究、案例分析提供数据服务。

## 中国文化传媒数据库（下设 18 个子库）

汇聚文化传媒领域专家观点、热点资讯，梳理国内外中国文化发展相关学术研究成果、一手统计数据，涵盖文化产业、新闻传播、电影娱乐、文学艺术、群众文化等 18 个重点研究领域。为文化传媒研究提供相关数据、研究报告和综合分析服务。

## 世界经济与国际关系数据库（下设 6 个子库）

立足"皮书系列"世界经济、国际关系相关学术资源，整合世界经济、国际政治、世界文化与科技、全球性问题、国际组织与国际法、区域研究 6 大领域研究成果，为世界经济与国际关系研究提供全方位数据分析，为决策和形势研判提供参考。

# 法律声明

“皮书系列”（含蓝皮书、绿皮书、黄皮书）之品牌由社会科学文献出版社最早使用并持续至今，现已被中国图书市场所熟知。“皮书系列”的相关商标已在中华人民共和国国家工商行政管理总局商标局注册，如LOGO（ ）、皮书、Pishu、经济蓝皮书、社会蓝皮书等。“皮书系列”图书的注册商标专用权及封面设计、版式设计的著作权均为社会科学文献出版社所有。未经社会科学文献出版社书面授权许可，任何使用与“皮书系列”图书注册商标、封面设计、版式设计相同或者近似的文字、图形或其组合的行为均系侵权行为。

经作者授权，本书的专有出版权及信息网络传播权等为社会科学文献出版社享有。未经社会科学文献出版社书面授权许可，任何就本书内容的复制、发行或以数字形式进行网络传播的行为均系侵权行为。

社会科学文献出版社将通过法律途径追究上述侵权行为的法律责任，维护自身合法权益。

欢迎社会各界人士对侵犯社会科学文献出版社上述权利的侵权行为进行举报。电话：010-59367121，电子邮箱：fawubu@ssap.cn。

社会科学文献出版社